들어가는 말

지구상에는 시대마다 수없이 많은 사람들이 태어나 살다가 갔습니다. 사람들은 저마다 자기 나름대로 가치관과 인생관을 가지고 가치 있고 보람 있는 인생을 살기 위해서 노력을 하며 살다가 혹은 사고를 당해 혹은 늙고 병들어 죽어갔지요. 현재도 지구상에는 80억이 넘는 많은 사람들이 살고 있습니다. 그러나 인생을 살면서 세상을 살다가 세상을 떠나게 될 때 후회하지 않고 세상을 떠나는 사람은 많지 않지요. 많은 사람들이 '자신이 어디서 와서 어디로 가는지?'를 모르며 세상을 삽니다. 환경과 상황에 지배를 받으며 시간에 떠밀리며 세상을 살다가 최후의 순간을 맞이하지요. 자신이 보고 듣고 배우고 익힌 지식과 살면서 경험한 경험을 가지고 인생은 어머니 뱃속에서 나와 세상을 살다가 한 줌의 흙이 되어 무덤으로 가는 것 (**요람에서 무덤까지의 삶**, from the cradle to the grave)이라고 생각을 합니다. 그러면서도 막연하게나마 영원을 사모하는 마음을 가지고 살지요. 자신에게 죽음이 다가와도 죽음으로 끝나는 것이 아니라 죽음 후에도 영원한 세계가 기다리고 있다는 생각을 하지요. 본인뿐만 아니라 죽음 후의 상황을 경험하지 못했으면서도 사랑하는 사람을 떠나보내는 가족이나 친지들도 다 그런 생각을 합니다. 그래서 사랑하는 부모님이나 형제나 가까운 친구를 떠나보내면서 '우리 부모님은 더 이상 고통과 눈물과 이별이 없는 평안한 곳으로 가셨어. 영원히 안식할 수 있는 하늘로 가셨어. 착하게 살았던 우리 형제와 친구는 좋은 곳으로 갔을 거야.' 생각을 하지요. 그러면서 부모님이 돌아가신 날을 기억하여 제사를 지내고, 명절이 되면 차례를 지내는 것입니다.

왜 그럴까요? 세상에 있는 다른 어떤 책들과는 비교할 수 없는 하나님의 말씀인 성경이 그 이유를 알려줍니다. "**하나님이 이르시되 우리의 형상을 따라 우리의 모양대로 우리가 사람을 만들고 그들로 바다의 물고기와 하늘의 새와 가축과 온 땅과 땅에 기는 모든 것을 다스리게 하자 하시고 하나님이 자기 형상 곧 하나님의 형상대로 사람을 창조하시되 남자와 여자를 창조하시고**"(창 1 : 27~28) "**하나님이 모든 것을 지으시되 때를 따라 아름답게 하셨고 또 사람들에게는 영원을 사모하는 마음을 주셨느니라**"(전도서 3 : 11)고 했지요.

천지 만물을 창조하신 하나님이 유일하게 사람을 하나님의 형상대로 만드셨습니다. 하나님의 형상대로 지음을 받은 사람에게 영원을 사모하는 마음을 주셨지요. 하나님의 형상대로 지음을 받은 사람은 누구에게나 영원을 사모하는 마음이 있습니다. 그래서 막연하게나마 죽음으로 끝나는 것이 아니라 죽음 후에도 영원한 세계가 있다는 생각을 하는 것입니다.

본래 하나님의 형상대로 지음을 받은 사람은 유일하게 다른 피조물과 달리 세상에서 제한

된 시간을 살다가 죽음으로 끝나는 존재로 지음을 받지 않았지요. 기쁨과 희락의 동산인 에덴동산에서 하나님과 교제하며 영생하는 존재로 지음을 받았습니다. 그러나 인류의 조상인 아담과 하와가 하나님의 말씀에 불순종하며 범죄 함으로 하나님과의 관계가 끊어지고 에덴동산에서 쫓겨나게 되었고 죽음을 맞이하게 되었던 것입니다. 죄가 하나님과의 관계가 끊어지는 '영혼의 죽음'을 가져왔고, 흙으로 돌아가야 하는 '육신의 죽음'을 가져온 것이지요. 죄의 삯은 사망이기 때문입니다.

성경이 무엇이라고 말씀을 하십니까? **"죄의 삯은 사망이요"**(롬 6 : 23) **"범죄하는 그 영혼은 죽으리라"**(겔 18 : 4) **"너는 흙이니 흙으로 돌아갈 것이니라"**(창 3 : 19) 고 했지요.

그런데 인류의 조상인 아담과 하와의 범죄의 결과로 주어진 사망은 아담과 하와의 사망으로 끝난 것이 아니라 아담과 하와의 후손으로 죄 성을 가지고 태어나는 모든 사람들에게 영향을 미치게 되었던 것입니다.

"그러므로 한 사람으로 말미암아 죄가 세상에 들어오고 죄로 말미암아 사망이 들어왔나니 이와 같이 모든 사람이 죄를 지었으므로 사망이 모든 사람에게 이르렀느니라"(롬 5 : 12)

사람은 누구나 죄 성(罪 性)을 지니고 있어서 한 번은 죽을 수밖에 없는 존재가 되었지요. 그러나 하나님께서 영원을 사모하는 마음을 주셨기 때문에 죽음으로 끝나지 않고 막연하게나마 이어지는 내세가 있음을 아는 것입니다. 하나님의 형상대로 지음을 받은 사람의 혼(영)은 다른 모든 짐승들의 혼과는 다른 것이지요. 사람이나 짐승이나 육의 몸은 다 같이 흙으로 지음을 받았기 때문에 흙으로 돌아가지만 사람의 혼(영)은 위로 올라가고 짐승의 혼은 아래 곧 땅으로 내려가는 것입니다. **"다 흙으로 말미암았으므로 다 흙으로 돌아가나니 다 한 곳으로 가거니와 인생들의 혼(히, רוּחַ 루아흐/영, spirit)은 위로 올라가고 짐승의 혼은 아래 곧 땅으로 내려가는 줄을 누가 알랴"**(전 3 : 20~21)

땅으로 내려가는 짐승의 혼은 소멸되며 끝나지만 위로 올라가는 사람들의 혼(영)은 소멸되지 않고 영원히 존재하게 되는 것이지요. 그래서 사람은 누구나 영원을 사모하는 마음을 가지고 있는 것입니다.

사람은 누구나 영원을 사모하는 마음을 가지고 있지만 누구나 영생을 누리는 것은 아닙니다. 사람은 누구나 소멸되지 않고 영원히 존재를 하기는 하지만 생명의 부활을 해서 천국에 가서 영생을 누리는 사람이 있고 심판의 부활을 해서 불못(지옥)에 던져져 영벌(영멸)을 당하는 사람이 있는 것이지요.

"이를 놀랍게 여기지 말라 무덤 속에 있는 자가 다 그의 음성을 들을 때가 오나니 선한 일을 행한 자는 생명의 부활로, 악한 일을 행한 자는 심판의 부활로 나오리라"(요 5 : 28~29) **"그들은 영벌에, 의인들은 영생에 들어가리라 하시니라"**(마 25 : 46)

사람은 누구나 죄 성을 가지고 태어난 죄인이기 때문에 죄 문제를 해결 받아야 사망에서 해방을 받고 영생을 누릴 수 있는 것이지요.

그런데 죄 문제는 사람의 능력과 지혜와 노력으로는 절대로 해결을 할 수 없는 것입니다. 죄의 삯이 사망이기 때문에 죄는 사망(죽는 것)으로만 해결할 수 있는 것이기 때문이지요. 사망으로만 해결할 수 있는 문제를 죄 성을 지닌 죄인이 어떻게 자신의 죄를 해결할 수 있겠습니까?

그래서 하나님께서는 죄 가운데서 살다가 '자신이 어디에서 와서 어디로 가는지?' 모르며 죽어가는 사람들을 불쌍히 여기시고 사랑하시며 죄와 사망(영벌, 영멸)에서 구원하시기 위하여 독생자 예수 그리스도를 보내주신 것입니다. 죄와 상관없이 보내시기 위하여 동정녀 마리아의 몸을 통해 보내주셨지요. 그래서 죄가 없으신 예수님이 예수님을 믿으며 죄 문제를 해결하고 영생을 받을 사람들의 죄를 대신 짊어지고 십자가에 달려 죽어주신 것입니다.

"**하나님이 세상을 이처럼 사랑하사 독생자를 주셨으니 이는 그를 믿는 자마다 멸망하지 않고 영생을 얻게 하려 하심이라**"(요 3 : 16) "**예수는 우리가 범죄한 것 때문에 내줌이 되고 또한 우리를 의롭다 하시기 위하여 살아나셨느니라**"(롬 4 : 25) "**그런즉 한 범죄로 많은 사람이 정죄에 이른 것 같이 한 의로운 행위로 말미암아 많은 사람이 의롭다 하심을 받아 생명에 이르렀느니라**"(롬 5 : 18)고 하시지요.

그러므로 남녀노소 빈부귀천 피부 빛깔에 상관없이 누구나 예수님이 하나님이 보내주신 독생자이시고, 그리스도이시고, 자기의 죗값을 지불하시며 십자가에 달려 대신 죽어주신 것을 믿는 사람은 죄를 용서받을 수 있는 것입니다. 죄와 사망에서 해방이 되어 자유를 누리는 새로운 피조물, 영혼이 살아서 영생을 소유한 하나님의 자녀가 되는 것이지요.

"**그러므로 이제 그리스도 예수 안에 있는 자에게는 결코 정죄함이 없나니 이는 그리스도 예수 안에 있는 생명의 성령의 법이 죄와 사망의 법에서 너를 해방하였음이라**"(롬 8 : 1~2) "**그런즉 누구든지 그리스도 안에 있으면 새로운 피조물이라 이전 것은 지나갔으니 보라 새 것이 되었도다**"(고후 5 : 17)

영생을 소유한 하나님의 자녀가 되어 하나님을 아빠 아버지라 부르며 살게 되는 것입니다. 육신의 몸은 한 번 죽겠지만 예수님이 죽음을 이기고 부활하신 것처럼 생명의 부활을 해서 예수님이 예비하시고 있는 영원한 나라(천국)에서 예수님과 함께 영생 복락을 누릴 사람이 되어지는 것이지요. "**한 번 죽는 것은 사람에게 정해진 것이요 그 후에는 심판이 있으리니**"(히 9 : 27)

예수님을 믿는 한 영혼, 영생을 소유한 하나님의 자녀는 얼마나 소중하고 귀한 사람인지 모릅니다. 천국에서 영생 복락을 누릴 한 영혼은 온 천하를 주고도 바꿀 수 없는 존귀하고 보배로운 존재인 것이지요.

　그러므로 예수님을 믿고 영생을 소유한 하나님의 자녀가 된 천국 백성은 세상에서도 천국 백성답게 성별되고 존귀하게 살아야 합니다. 하나님은 하나님의 자녀들이 세상에서 살 때도 영생을 소유한 하나님의 자녀로 자존감을 가지고 존귀하게 살기를 원하시는 분이지요.

　하나님께서 하나님의 자녀들이 세상에서 구별되고 존귀하게 살게 하시기 위하여 하나님의 자녀들에게 주신 것이 있습니다. 하나님의 마음(뜻)을 담은 하나님의 말씀(신구약 성경 말씀)이지요. 하나님의 말씀을 마음에 담고 말씀에 순종하며 사는 것이 천국 백성으로 세상을 사는 것입니다.

　그런데 신구약 성경 모든 말씀이 하나님의 마음이 담겨있는 하나님의 말씀이지만, '말씀'이신 예수님이 성경 전체를 요약하시며 직접 들려주신 말씀이 있습니다. **마태복음 5~7장**에 기록되어 있는 **산상보훈**이지요. 산상보훈의 말씀은 예수님을 믿고 따르는 하나님의 자녀가 된 천국 백성이 세상에서 어떻게 살아야 할 것인가를 요약해서 들려주신 말씀인 것입니다.

　그래서 도룩(F. A. G. Tholuck)은 "신상보훈은 천국의 대헌장(Magna Charta)"이라는 말을 했지요. 그리고 인도 독립의 영웅 마하트마 간디(Gandhi)는 '산상보훈'을 읽고 감명을 받아 '비폭력무저항주의'이념을 세웠습니다. 그리고 그 이념으로 영국의 지배 아래 있던 조국인 인도의 독립을 이끌었던 것입니다.

　한없이 부족하고 연약하기 그지없는 불편한 몸이지만 하나님의 부르심을 받아 신학을 공부하고 목사가 되어 목사로 살면서 교회를 개척하고 30년이 넘도록 많은 설교를 했습니다. 날마다 하나님의 말씀인 성경을 읽고 묵상하면서 하나님의 음성을 듣기를 힘썼지요. 그리고 들은 하나님의 음성을 강단에서 전했고, 전한 말씀대로 살기를 힘썼습니다. 이제는 30여 년의 목회를 정리하고 은퇴를 해야 하는 시기를 맞이하고 있지요. 은퇴를 앞두고 강단에서 수없이 했던 설교 가운데서 연약하고 부족하기 그지없는 종의 설교를 들어보지 못한 사람들에게도 들려주고 싶은 말씀이 무엇인가를 생각해보았습니다. 그러면서 떠오른 것이 '산상보훈'의 말씀이었지요.

　적어도 사람으로 태어나서 인생을 사는 사람이라면 '자신이 어디에서 와서 어디로 가는 존재인지?'를 알아야 할 것이기 때문입니다. 그 사실을 알고 인생을 살아야 인생을 보람 있고 가치 있게 살 수 있을 것이니까요. 죽음 앞에 설 때도 후회하지 않을 인생을 살 것이기 때문입니다.

　하나님의 형상대로 지음을 받은 사람은 '**요람에서 무덤까지**(from the cradle to the grave)**의 삶**'이 아닌 것이지요. 영원을 사모하는 마음을 가진 영존하는 존재인 것입니다. 영생에 들어가거나 영벌에 들어가야 하는 존재인 것이지요. 죄의 문제를 해결하지 못하면 영벌에 들어가야 하고 죄의 문제를 해결하면 영생에 들어가는 존재인 것입니다. 예수님을 살아계신 하나님의 아들로, 죄와 사망에서 구원해 주시는 구원주(그리스도)로, 자신의 주로 믿으면 모든 죄를 용서받고 영생을 얻는 것이지요. 천국에 가서 영생 복락을 누리는 하나님의 자녀가 되는 것입니다. '**하나님으로부터 와서 하나님(from God to God)께로 돌아가는 존재, 하늘로부터 와서 하늘(from Heaven to Heaven)로 돌아가는 존재**'가 되는 것이지요.

"**너희는 하나님으로부터 나서 그리스도 예수 안에 있고 예수는 하나님으로부터 나와서 우리에게 지혜와 의로움과 거룩함과 구원함이 되셨으니**"(고전 1 : 30)

"**이는 만물이 주에게서 나오고 주로 말미암고 주에게로 돌아감이라 그에게 영광이 세세에 있을지어다 아멘**"(롬 11 : 36)라고 하십니다.

나아가서 영생을 소유한 하나님의 자녀인 천국 백성이 되었으면 세상에 사는 날 동안도 반드시 천국에 가서 영생을 누릴 천국 백성으로 세상을 살아야 하는 것입니다.

그러므로 '산상보훈'을 읽고 묵상하는 것은 천국 백성들에게 너무나 복된 일이지요. 한없이 부족한 종이지만 종이 성령의 감동하심 속에 전한 설교를 글로 읽으시는 분들이 종이 깨달으며 기뻐했던 기쁨과 은혜를 함께 맛보시기를 소원합니다.

끝으로 작은 책을 내도록 허락해주시는 하나님께 영광을 돌리며, 부족한 종이 개척하고 섬기는 교회에서 종이 전하는 설교를 들으며 견실하게 신앙생활을 해준 성도들과 특히 멀리 김포 월곶까지 오셔서 종의 마지막 사역에 협력해주시는 손원영 최옥향 권사님 내외분과 반주자 신다혜 집사에게 감사를 드립니다. 그리고 책이 나오기까지 편집과 출판에 수고해주신 홍광사 박재학 목사님에게 깊은 감사를 드립니다. 또한 평생 동역자로 수고해주고 있는 아내 이신애 사모와 큰 아들 송요셉 김선화 집사 내외, 작은 아들 송요한 집사, 목사 할아버지보다도 더 귀하게 하나님의 나라와 하나님의 영광을 위해서 살아줄 사랑하는 송대성 송하영 송대영 손주들에게 감사를 드립니다. 감사합니다.

김포 월곶 생명의숲타운 서재에서 지은이 송영광목사 드림

차 례

산상보훈강해

- 복을 주시는 하나님(마 5 : 1 - 12) ·· 8
- 심령이 가난한 자의 복(마 5 : 3) ·· 14
- 애통하는 자의 복(마 5 : 4) ·· 20
- 온유한 자의 복(마 5 : 5) ·· 26
- 의에 주리고 목마른 자의 복(마 5 : 6) ·· 32
- 긍휼히 여기는 자의 복(마 5 : 7) ·· 38
- 마음이 청결한 자의 복(마 5 : 8) ·· 45
- 화평하게 하는 자의 복(마 5 : 9) ·· 53
- 의를 위하여 박해를 받은 자의 복(마 5 : 10 - 12) ····················· 60
- 세상의 소금과 빛(마 5 : 13 - 16) ·· 67
- 율법의 완성자 예수 그리스도(마 5 : 17 - 20) ··························· 76
- 살인과 분노에 대한 교훈(마 5 : 21 - 26) ··································· 85
- 음욕과 탐욕에 대한 교훈(마 5 : 27 - 32) ··································· 93
- 맹세와 말에 대한 교훈(마 5 : 33 - 37) ····································· 101
- 악한 자를 대적하지 말라(마 5 : 38 - 42) ································· 109
- 원수를 사랑하라(마 5 : 43 - 48) ··· 117
- 실천적인 이웃 사랑(마 6 : 1 - 4) ·· 124
- 기도하는 기본자세(마 6 : 5 - 8) ·· 132
- 주님이 가르쳐주신 기도 서론(마 6 : 9 -13) ······························ 140
- 하나님의 이름이 거룩히 여김을 받으시오며(마 6 : 9) ············· 148
- 하나님의 나라가 임하시오며(마 6 : 10) ···································· 157
- 뜻이 하늘에서 이루어진 것 같이 땅에서도 이루어지이다(마 6 : 10) ········ 166
- 우리에게 일용할 양식을 주시옵고(마 6 : 11) ··························· 173

CONTENTS

- 우리 죄를 사하여 주시옵고(마 6 : 12) ·· 180
- 시험에 들게 하지 마시옵고 악에서 구하시옵소서(마 6 : 13) ············· 189
- 주님이 가르쳐주신 기도의 결론(마 6 : 13) ··································· 198
- 용서하며 행복한 인생을(마 6 : 14 - 15) ···································· 207
- 금식기도에 대한 교훈(마 6 : 16 - 18) ······································ 216
- 보물을 하늘에 쌓아두라(마 6 : 19 - 24) ···································· 222
- 염려하지 말고 먼저 하나님의 나라와 의를 구하라(마 6 : 25 - 34) ······ 231
- 비판하지 말고 선한 권면을 하라(마 7 : 1 - 5) ······························ 239
- 거룩한 것을 개에게, 진주를 돼지 앞에 던지지 말라(마 7 : 6) ············ 247
- 구하라, 찾으라, 두드리라(마 7 : 7 - 11) ···································· 255
- 대접을 받고자 하는 대로 대접하라(마 7 : 12) ······························· 265
- 좁은 문으로 들어가라(마 7 : 13 - 14) ······································· 273
- 거짓 선지자들을 삼가라(마 7 : 15 - 23) ···································· 282
- 반석 위에 집을 짓는 사람이 되라(마 7 : 24 - 29) ·························· 291

복을 주시는 하나님

마태복음 5 : 1~12

"예수께서 무리를 보시고 산에 올라가 앉으시니 제자들이 나아온지라
입을 열어 가르쳐 이르시되 심령이 가난한 자는 복이 있나니 천국이 그들의 것임이요
애통하는 자는 복이 있나니 그들이 위로를 받을 것임이요
온유한 자는 복이 있나니 그들이 땅을 기업으로 받을 것임이요
의에 주리고 목마른 자는 복이 있나니 그들이 배부를 것임이요
긍휼히 여기는 자는 복이 있나니 그들이 긍휼히 여김을 받을 것임이요
마음이 청결한 자는 복이 있나니 그들이 하나님을 볼 것임이요
화평하게 하는 자는 복이 있나니 그들이 하나님의 아들이라 일컬음을 받을 것임이요
의를 위하여 박해를 받은 자는 복이 있나니 천국이 그들의 것임이라
나로 말미암아 너희를 욕하고 박해하고 거짓으로 너희를 거슬러 모든 악한 말을 할 때에는 너희에게 복이 있나니 기뻐하고 즐거워하라 하늘에서 너희의 상이 큼이라 너희 전에 있던 선지자들도 이같이 박해하였느니라"(마 5 : 1~12)

갈릴리 나사렛 동네에서 자라나시며 30년의 사생애를 보내신 예수님은 요단강으로 세례 요한을 찾아가 세례를 받으시고 하나님의 아들로서의 공생애 사역을 시작하셨습니다. 40일 동안 금식 기도하신 후 마귀의 시험을 받으셨지만 '하나님의 말씀'(신명기 말씀)으로 마귀의 시험을 물리치셨지요. 그리고 공생애 사역을 시작하시면서 첫 번째 어떤 말씀을 하셨습니까?

"회개하라 천국이 가까이 왔느니라(헬, Μετανοεῖτε ἤγγικεν γὰρ ἡ βασιλεία τῶν οὐρανῶν(메타노에이테 엥기켄 가르 헤 바실레이아 톤 우라논)/영, Repent, for the kingdom of heaven is near."(마 4 : 17)라고 하셨지요. 천국 복음(하늘나라 복음)을 선포하시면서 공생애를 시작하신 것입니다.

갈릴리 바닷가를 거니시면서 베드로 안드레 야고보 요한을 불러 제자를 삼으셨지요. 그리고 갈릴리 구석구석을 다니시며 회당에서 가르치시고, 천국 복음을 전파하시고, 약하고 병든 자를 고치시는 사역을 하셨습니다. 그중에서도 예수님의 주된 사역은 '천국 복음'을 전하시는 사역이었지요.

예수님이 공생애를 사시면서 하신 이 세 가지 '가르치시는 사역' '천국 복음을 전파하시는 사역' '치료(봉사)하시는 사역'은 오늘날 예수님의 몸 된 교회가 꼭 해야 하는 사역인 것입니다.

예수님이 공생애를 사시면서 선포하신 천국 복음의 핵심 내용들이 마태복음 5~7장에 기록되어 있습니다. 마태복음 5~7장은 예수님의 선포하시고 가르치신 교훈 가운데 가장 유명한 '산상보훈(山上寶訓)'으로 알려진 본문이지요. 예수님께서 가버나움 근처의 어느 한 산에서 선포하신 말씀입니다. '산상보훈'이라는 말은 '산 위에서 가르치신 보배로운 교훈'이기 때문에 붙여진 이름이지요.

이 '산상보훈'은 예수님께서 통치하시는 하나님 나라의 영원한 법이 무엇이며, 또한 예수님을 믿고 따르는 제자(성도, 천국 백성)들이 천국의 시민권을 가진 자로서 어떤 믿음과 삶의 자세를 가져야 하는지를 교훈합니다. '천국 백성이 세상에서 어떤 자세를 가지고 어떻게 살아야 하는 것인지?' '천국 백성의 삶의 원리'를 보여주지요.

그래서 도룩(F. A. G. Tholuck)은 "신상보훈은 천국의 **대헌장(Magna Charta)**"이라고 했습니다. 그리고 인도 독립의 영웅 **마하트마 간디(Gandhi)**는 '산상보훈'의 읽고 감명을 받아 '**비폭력무저항주의**'이념을 세웠지요. 그리고 그 이념으로 영국의 지배 아래 있던 조국인 인도의 독립을 성공적으로 이끌었습니다.

산상보훈 강해 첫 번째 시간으로 **산상보훈이 선포된 장소, 교훈의 대상, 제일 먼저 '팔복(八福)'을 선포하신 말씀의 의미**를 생각하면서 하나님의 음성을 듣기를 원합니다.

성도는 예수님을 따르는 '무리'가 되지 말고, '제자'가 되어야 한다

먼저 본문 1절을 보세요.

"예수께서 무리를 보시고 산에 올라가 앉으시니 제자들이 나아온지라"(마 5 : 1)고 했습니다.

여기에서 보면 예수님을 따르는 두 부류가 있는 것을 보여줍니다. '무리(헬, Τοὺς ὄχλους(투스 오클루스)/영, the mulitudes)'와 '제자들(헬, μαθηταὶ αὐτοῦ(마데타이 아우트)/영, his disciples)'이지요.

그런데 예수님께서 산상보훈을 말씀해주신 대상이 누구입니까? 예수님께서 무리를 보시고 산에 올라가 앉으셨는데 누가 예수님께 나아왔다고 했나요? '제자들이 나아온지라'고 했습니다. 예수님께서 산상보훈을 말씀해주신 대상이 '무리'가 아니라 '제자들'이었던 것입니다.

그렇다면 예수님 당시에 '무리'와 '제자들'은 어떤 차이가 있습니까? '무리'는 예수님이 병든 자를 고치시고, 귀신을 내쫓고, 죽은 자를 살리시고, 오병이어의 기적을 행해서 먹을 떡을 나누어줄 때 – 그런 이적을 보고, 어떤 육신적인 이익을 얻으려고 예수님을 따른 사람들이지요. 그러다가 자신에게 이익이 없으면 예수님 곁을 떠난 사람들입니다.

그렇다면 '제자들'은 누구입니까? 예수님이 부르셨을 때 '자기들이 가진 육신의 것을 버리고' 예수님을 따랐던 사람들이지요. 배와 그물(베드로와 안드레, 야고보와 요한)을 버려두고, 세관 직원(마태 제자)으로서의 직장으로 버리고, 심지어 가족까지 버려두고, 예수님을 따랐던 사람들입니다. 나아가서 십자가(예수님과 함께 당하는 고난)를 지고 예수님께 배우고 익히며 예수님을 따른 사람들인 것입니다.

"또 무리에게 이르시되 아무든지 나를 따라오려거든 자기를 부인하고 날마다 제 십자가를 지고 나를 따를 것이니라"(눅 9 : 23)

"이와 같이 너희 중의 누구든지 자기의 모든 소유를 버리지 아니하면 능히 내 제자가 되지 못하리라"(눅 14 : 33)

"그러므로 예수께서 자기를 믿은 유대인들에게 이르시되 너희가 내 말에 거하면 참으로 내 제자가 되고"(요 8 : 31)라고 하셨지요.

'자기를 부인하고 날마다 제 십자가를 지고 예수님의 뒤를 따르는 사람' '예수님의 말씀 안에 거하는 사람(예수님의 말씀을 마음에 담고 순종하며 사는 사람)'이 예수님의 제자인 것입니다.

똑같이 예수님을 따르는 것처럼 보이나 '무리'와 '제자'사이는 너무나 큰 차이가 있습니다. 전혀 다르지요. '무리'는 천국의 비밀을 보지 못하고, 제자는 천국의 비밀을 봅니다.

'무리'는 구원을 받지 못하나 '제자'는 구원을 받지요. '무리'는 '하나님 자녀'의 기쁨을 누리지 못하지만 '제자'는 하나님 자녀의 기쁨을 누리며 삽니다. '무리'는 천국을 기업으로 받지 못하지만 '제자'는 천국을 기업으로 받는 것입니다.

어떻습니까? 나는 어떤 부류에 속합니까? 무리 쪽입니까? 제자 쪽입니까? 천국 백성은 무리가 되지 말고 제자가 되어 제자로 살아야 하는 것입니다.

하나님은 제자들(자녀들)에게 복을 주시는 분이시고, 복을 주시기를 기뻐하시는 분이다

예수님께서 산에 올라가 앉으셨을 때 '제자들'이 나아왔습니다. 그 때 예수님은 입을 열어 제자들에게 먼저 '팔복'에 대하여 말씀을 해주셨지요.

"~하는 자는 복이 있나니~"라는 말씀을 9번 반복하셨습니다. 3절에 "심령이 가난한 자는 복이 있나니~", 4절에 "애통하는 자는 복이 있나니~", 5절에 "온유한 자는 복이 있나니~" ………

그런데 헬라어로 원어 성경에 보면 3절 말씀이 이렇게 나와 있습니다.

"Μακάριοι οἱ πτωχοὶ τῷ πνεύματι, ὅτι αὐτῶν ἐστιν ἡ βασιλεία τῶν οὐρανῶν.(마카리오이 호이 프토코이 토 프뉴마티, 호티 아우톤 에스틴 헤 바실레이아 톤 우라논)/영, Blessed are the poor in spirit, for theirs is the kingdom of heaven."이지요.

여기에서 '복이 있나니(헬, Μακάριοι(마카리오이)'라는 말은 호격으로 '복이 있음이여'라는 축복의 선언입니다. 이 단어가 9번이나 반복이 되고 있지요. 'Μακάριοι οἱ πτωχοὶ τῷ πνεύματι(마카리오이 호이 프토코이 토 프뉴마티)'를 직역하면, "복이 있다, 심령이 가난한 자는"이라는 뜻으로 복을 강조하고 있습니다. 예수님께서 예수님께 나아온 제자들에게 복을 가르치신 것이 아니라 '복이 있다'고 복을 선언하신 것입니다.

하나님은 하나님의 자녀들에게 복을 주시기를 원하시는 분입니다. 하나님께 나아오는 자들을 향하여 복을 주시기를 기뻐하시는 분이지요.

하나님은 천지 만물을 창조하시고, 제일 마지막으로 하나님의 형상대로 사람을 만드셨지요. 하나님의 형상대로 사람을 만드신 하나님은 무엇이라고 하셨습니까?

"하나님이 자기 형상 곧 하나님의 형상대로 사람을 창조하시되 남자와 여자를 창조하시고 하나님이 그들에게 복을 주시며 하나님이 그들에게 이르시되 생육하고 번성하여 땅에 충만하라, 땅을 정복하라, 바다의 물고기와 하늘의 새와 땅에 움직이는 모든 생물을 다스리라 하시니라"(창 1 : 27~28)

'하나님이 그들(하나님의 형상대로 창조를 받은 사람, 남자와 여자)에게 복을 주시며'라고 했지요. 하나님은 하나님의 형상대로 지음을 받은 사람들에게 복을 주시기를 원하셨습니다.

하나님께서는 믿음의 조상 아브라함을 축복하셨지요. 어떻게 축복을 하셨습니까?

"하나님이 아브라함에게 약속하실 때에 가리켜 맹세할 자가 자기보다 더 큰 이가 없으므로 자기를 가리켜 맹세하여 이르시되 내가 반드시 너에게 복 주고 복 주며 너를 번성하게 하고 번성하게 하리라 하셨더니"(히 6 : 13~14)

육신을 입고 우리를 구원하러 오신 하나님이신 예수님도 우리에게 복을 주시기를 원하셨지요. 그래서 팔복을 말씀하시면서 "복이 있나니(헬, Μακάριοι(마카리오이)"라는 말을 아홉 번이나 반복을 하신 것입니다.

그리고 성경의 계시를 마무리 지으시면서(성경 마지막 장 마지막 절) 어떻게 마무리를 짓고 있습니까? "주 예수의 은혜가 모든 자들에게 있을지어다 아멘"(계 22 : 21) '축복 선언'으로 마무리를 짓고 있는 것입니다.

하나님은 하나님의 자녀들이 복을 받아 행복하게 살기를 원하시는 분이지요. 그런데도 예수님을 믿는 신앙생활을 하면서도, 천국 백성인 하나님의 자녀가 되었으면서도 복을 받지 못하고 행복하게 살지 못하는 성도들이 많이 있습니다. 왜 그럴까요? 복을 받는 비결을 잘 모르기 때문입니다.

복을 받는 비결이 무엇입니까? 복을 주시는 복의 근원, 복의 통로가 누구인가요? 바로 예수님이시지요. 예수님께서 어떤 자들에게 "복이 있다(Μακάριοι)"고 했습니까? 예수님을 찾아온 제자들이었지요.

복을 받는 비결은 복의 근원이며, 통로이신 예수님께 나오는 것입니다. 죄 성을 가지고 태어나 마귀가 유혹하는 세상에서 평안과 안식과 자유를 누리며 사는 비결은 예수님께 나아와 예수님 안에 거하는 것이지요. 예수님의 제자가 되어 예수님을 마음에 주인으로 모시고 사는 것입니다. 그래서 예수님께서 무엇이라고 하셨습니까?

"수고하고 무거운 짐 진 자들아 다 내게로 오라 내가 너희를 쉬게 하리라 나는 마음이 온유하고 겸손하니 나의 멍에를 메고 내게 배우라 그리하면 너희 마음이 쉼을 얻으리니 이는 내 멍에는 쉽고 내 짐은 가벼움이라 하시니라"(마 11 : 28~30)하신 것입니다.

이제 말씀을 맺겠습니다.

자기 이익을 위해 따르다가 이익이 없을 때 떠나가는 무리가 아니라 예수님을 믿고 따르는 제자가 복이 있습니다. 예수님을 마음에 주인으로 모시고 사는 제자가 복이 있지요.

예수님을 믿고 따르는 제자가 되어 예수님을 마음에 주인으로 모시고 사는 것이 무엇일까요? 예수님은 말씀과 성령으로 함께 해주시며 역사하시는 분입니다. 날마다 말씀을 묵상하고 쉬지 말고 기도하는 생활로 예수님을 항상 가까이하는 생활을 하시기를 바랍니다. 예수님을 마음에 주인으로 모시고, 주님께서 주시는 평안과 안식과 자유와 기쁨을 누리며 사는 천국 백성이 되시기를 예수님의 이름으로 축원합니다.   아   멘.

심령이 가난한 자의 복

마태복음 5 : 3

"심령이 가난한 자는 복이 있나니 천국이 그들의 것임이요"(마 5 : 3)

산상보훈 강해 두 번째 시간입니다. 지난 시간에는 서론적으로 예수님께서 산상보훈을 선포하신 대상이 '무리'가 아니라 '제자(예수님을 믿고 따르는 성도, 천국 백성)들'이고, 하나님(예수님)은 제자들에게 '복을 주시기를 기뻐하시고 원하시는 분'이라는 말씀을 살펴보았지요.

그런데 산상보훈의 말씀을 분석해보면 마태복음 5장의 말씀은 '천국 백성의 생활 원리'를 보여 주고, 마태복음 6장의 말씀은 '천국 백성의 생활 내용'을 보여 주고, 마태복음 7장의 말씀은 '천국 백성의 생활에서 조심해야 할 것들'을 보여 줍니다.

예수님은 천국 복음을 선포하시면서 먼저 '팔복(八福)'을 선포하셨지요. 팔복 중에서도 제일 먼저 어떤 말씀을 선포하셨습니까? '심령이 가난한 자의 복'에 대하여 말씀을 해주셨지요.

3절 말씀을 보세요. "심령이 가난한 자는 복이 있나니 천국이 그들의 것임이요"라고 했습니다.

헬라어로 된 성경 원문에 보면 "Μακάριοι οἱ πτωχοὶ τῷ πνεύματι, ὅτι αὐτῶν Ἐστιν ἡ βασιλεία τῶν οὐρανῶν.(마카리오이 호이 프토코이 토 프뉴마티, 호티 아우톤 에스틴 헤 바실레이아 톤 우라논)"로 되어 있고, 영어로 번역을 하면 "Blessed are the poor in spirit. for theirs is the kingdom of heaven."이라는 말입니다.

심령이 무엇입니까?

'심령이 가난한 자'라는 말씀에서 우리 말로 번역된 '심령(心靈)'이 원어에는 헬라어로 'πνεῦμα(프뉴마)'로 나와 있지요. 영어로 번역한 영어 성경에는 'spirit'으로 번역을 했습니다.

사람의 몸이 어떻게 되어 있습니까?

"평강의 하나님이 친히 너희를 온전히 거룩하게 하시고 또 너희의 온 **영과 혼과 몸**이 우리 주 예수 그리스도께서 강림하실 때에 흠 없게 보전되기를 원하노라"(살전 5 : 23)

사람의 몸이 영(헬, πνεῦμα(프뉴마)/영, spirit)과 혼(헬, ψυχή(프쉬케)/영, soul)과 몸(헬, σῶμα(소마)/영, body)으로 되어있는 것을 볼 수 있지요. 사람의 몸은 눈에 보이는 살과 뼈로 되어있는 몸과, 눈에 보이지 않는 영과 혼으로 되어있습니다. 영과 혼을 합해서 '영혼'이라고 하지요.

그런데 '심령(헬, πνεῦμα(프뉴마)/영, spirit)'이라는 말은 '마음'과는 구별이 되는 말입니다. '마음'이라는 말을 '심령'이라고는 하지 않지요. '마음'이라는 말을 성경에는 다른 말로 기록을 하고 있습니다.

"나는 너희에게 이르노니 음욕을 품고 여자를 보는 자마다 **마음**에 이미 간음하였느니라"(마 5 : 28) "네가 만일 네 입으로 예수를 주로 시인하며 또 하나님께서 그를 죽은 자 가운데서 살리신 것을 네 **마음**에 믿으면 구원을 받으리라 사람이 **마음**으로 믿어 의에 이르고 입으로 시인하여 구원에 이르느니라"(롬 10 : 9~10)

'**마음**에 이미 간음하였느니라' '**마음**에 믿으면 구원을 받으리라 사람이 **마음**으로 믿어 의에 이르고'라는 말씀에 나오는 '마음'이라는 말은 헬라어로 된 원어 성경에 보면 'πνεῦμα(프뉴마)'가 아닌 'καρδία(카르디아)'라고 나와 있지요. 이 'καρδία(카르디아)'를 영어로 번역한 성경에 보면 'heart'라고 번역을 한 것을 볼 수 있습니다. '마음'은 '영과 혼'이 지배하며 품는 '생각'을 가리키는 말인 것을 알 수 있지요. 사람은 영(헬, πνεῦμα/영, spirit)이 혼(헬, ψυχή/영, soul)을 지배하고, 혼이 몸(살과 뼈로 된 육신/헬, σῶμα/영, body)을 지배하는 존재인 것입니다.

천국이 어디입니까?

'천국이 그들의 것임이요'라는 말씀에 나오는 '천국'은 '헬, ἡ βασιλεία τῶν οὐρανῶν(헤 바실레이아 톤 우라논)/영, the kingdom of heaven'이라는 말입니다. '천국'은 '**하늘에 있는 왕국**'이라는 뜻이지요.

'천국'은 상징적이고 추상적인 장소가 아닙니다. 하나님 아버지가 계신 곳이고, 십자가 대속의 죽음과 부활로 택한 백성들의 죄를 속량해 주시고 승천하신 예수님이 하나님 보좌 우편에 앉아 계신 곳이고, 성령을 보내주시고 있는 곳이지요. 예수님이 택한 백성들과 영생 복락 누릴 거처를 준비하고 계신 곳(하늘의 왕국)입니다. 실제로 존재하는 곳이지요. 요한계시록에 보면 천국의 모습이 어떤 곳입니까?

"또 내가 보매 거룩한 성 새 예루살렘이 하나님께로부터 하늘에서 내려오니 그 준비한 것이 신부가 남편을 위하여 단장한 것 같더라

내가 들으니 보좌에서 큰 음성이 나서 이르되 보라 하나님의 장막이 사람들과 함께 있으매 하나님이 그들과 함께 계시리니 그들은 하나님의 백성이 되고 하나님은 친히 그들과 함께 계셔서 모든 눈물을 그 눈에서 닦아 주시니 다시는 사망이 없고 애통하는 것이나 곡하는 것이나 아픈 것이 다시 있지 아니하리니 처음 것들이 다 지나갔음이러라~

또 내게 말씀하시되 이루었도다 나는 알파와 오메가요 처음과 마지막이라 내가 생명수 샘물을 목마른 자에게 값없이 주리니 이기는 자는 이것들을 상속으로 받으리라 나는 그의 하나님이 되고 그는 내 아들이 되리라"(계 21 : 2~4, 6~7)

"또 그가 수정같이 맑은 생명수의 강을 내게 보이니 하나님과 및 어린 양의 보좌로부터 나와서 길 가운데로 흐르더라 강 좌우에 생명나무가 있어 열두 가지 열매를 맺되 달마다 그 열매를 맺고 그 나무 잎사귀들은 만국을 치료하기 위하여 있더라

다시 저주가 없으며 하나님과 그 어린 양의 보좌가 그 가운데에 있으리니 그의 종들이 그를 섬기며 그의 얼굴을 볼 터이요 그의 이름도 그들의 이마에 있으리라"(계 22 : 1~4)

천국은 눈물이 없고, 사망이 없고, 애통하는 것 곡하는 것 아픈 것이 다시 있지 아니한 곳, 생명수 강이 흐르고, 생명수 강가에 달마다 열매가 맺히는 생명나무가 자라는 곳입니다. 천국은 말로 표현할 수 없이 아름답고 평화롭고 영원한 동산이지요. 예수님을 믿고 구원을 받은 천국 백성들이 들어가서 하나님(예수님)과 함께 영생 복락을 누리는 곳입니다.

그런데 본문에서는 무엇이라고 했습니까? "심령이 가난한 자는 복이 있나니 천국이 그들의 것임이요"라고 했지요. '심령의 천국'에 대하여 말씀을 하십니다. 심령이 가난한 자는 이 세상에서도 심령으로 천국의 복을 누린다는 것이지요. 천국은 실제로 존재하는 곳입니다. 그래서 예수님을 믿고 구원을 받은 천국 백성들이 들어가서 하나님(예수님)과 함께 영생 복락을 누리는 곳이지요. 동시에 예수님을 믿고 구원을 받은 백성들이 세상에서도 천국에 가서 누릴 복을 '심령(헬, πνεῦμα(프뉴마)/영, spirit)'으로 누리며 살아야 할 것을 말씀

해주신 것입니다.

그리고 "복이 있나니(헬, Μακάριοι)"라는 말은 '복이 있을 가능성이나 복이 있기를 원한다'는 소원의 말이 아니라 '복이 있는 상태의 복'을 선언한 것이지요. 그러므로 '복이 있나니'라는 말씀은 '복을 받도록 살라'는 권면이고, '복을 받아 누리라'는 축복의 선언인 것입니다.

예수님은 공생애를 사시면서 오로지 천국 복음을 전하며 사셨지 않습니까? 예수님은 육신을 입고 세상에 오셨고, 육신을 입고 사는 사람들의 모든 것들을 몸으로 체휼하시며 사셨지만 천국을 누리며 사셨지 않을까요? 예수님은 심령의 천국을 누리며 사셨고, 항상 '천국'에 대한 말씀을 해주셨던 것입니다. 실제로 존재하는 천국에 대한 말씀을 많이 해주셨지만, 심령의 천국에 대해서도 말씀을 해주셨지요.

"바리새인들이 하나님의 나라가 어느 때에 임하나이까 묻거늘 예수께서 대답하여 이르시되 하나님의 나라는 볼 수 있게 임하는 것이 아니요 또 여기 있다 저기 있다고도 못하리니 하나님의 나라는 너희 안에 있느니라"(눅 17 : 20~21)고 하셨지요.

예수님께서 입을 여시기만 하면 늘 하나님 나라(천국)에 대하여 말씀을 하시니까, 바리새인들이 물었지요. '하나님의 나라(천국)가 어느 때에 임하나이까?'

그 질문을 받으신 예수님께서 무엇이라고 하셨습니까? '하나님의 나라는 볼 수 있게 임하는 것이 아니요 또 여기 있다 저기 있다고도 못하리니 하나님의 나라는 너희 안에 있느니라'고 하셨지요.

천국(하나님의 나라)은 눈에 볼 수 있게 임하는 것이 아니어서 '여기 있다 저기 있다고 할 수 없다' '나를 믿고 따르는 너희들 안에, 너희들 속에 있다'고 하신 것입니다. 예수님을 믿고 따르는 천국 백성들이 세상에서 누려야 할 심령의 천국(하나님 나라)을 말씀해주신 것이지요. 세상에서 누려야 하는 심령의 천국이 어떤 천국입니까?

"하나님의 나라(천국)는 먹는 것과 마시는 것이 아니요 오직 성령 안에 있는 의와 평강과 희락이라"(롬 14 : 17)고 했습니다.

'성령을 받은 심령(성령을 주인으로 모신 심령, 예수님을 주인으로 모신 심령)'에 이루어지는 '의와 평강과 희락'이 하나님의 나라라는 것이지요. 모든 죄를 다 용서받은 '의로움', 근심과 불안이 전혀 없는 '평강', '기쁨'이 가득한 심령이 하나님 나라(천국)인 것입니다.

심령이 가난하다는 것이 무엇입니까?

그렇다면 어떤 사람이 세상에서 심령의 천국(하나님 나라)을 누리며 살 수 있을까요? 본문에 어떤 사람들이 '천국(하나님 나라)'의 복을 누리며 산다고 했습니까? '심령이 가난한 자들(헬, οἱ πτωχοὶ τῷ πνεύματι(호이 프토코이 토 프뉴마티)/영, the poor in spirit)'이라고 했지요. '복수형'으로 기록이 되어 있는 것을 볼 수 있습니다. 그렇다면 '심령이 가난한 자들'은 어떤 사람들입니까?

심령이 가난한 자들(헬, οἱ πτωχοὶ(호이 프토코이)을 표현하는 '가난하다'라는 '헬, πτωχος(프토코스)'라는 말은 '전적으로 가난하다'는 의미입니다. 자신의 무지, 무능력, 무기력을 철저하게 깨달은 심령, 자신이 믿고 의지하던 것(지혜, 지식, 건강, 경험, 자존심, 돈, 직업, 사람)을 다 내려놓은 심령을 가리키는 말이지요. 마음을 다 비운 겸손한 심령, 성령(예수 그리스도의 영)을 주인으로 모신 심령을 가리키는 말입니다.

왜 사람들이 세상에서 심령에 의와 평강과 희락을 누리며 살지 못할까요? 두 가지 이유가 있습니다.

하나, 마음에 지나친 탐욕을 가지고 있기 때문입니다. 사람이 마음에 탐욕을 품으면 절대로 심령에 천국을 누릴 수 없지요. 사람이 마음에 품는 탐욕이 얼마나 큰지 아십니까? 탐욕은 아무리 많이 소유한다 하더라도 다 채워지지 않는 것이지요. 세상을 살 때 물질, 명예, 권세는 누구에게나 필요한 것이 아닙니까? 없으면 살 수가 없으니까요. 그러나 물질, 명예, 권세에 대한 욕심을 품으면 – 욕심은 아무리 채우고 채워도 채워지지 않는 것입니다.

물질에 대한 욕심을 품어 보세요. 수십억, 수백억을 가지고 있어도 만족이 없는 것입니다. 명예나 권세에 대한 욕심도 마찬가지이지요. 불행해지는 것입니다.

"그러나 자족하는 마음이 있으면 경건은 큰 이익이 되느니라 우리가 세상에 아무것도 가지고 온 것이 없으매 또한 아무것도 가지고 가지 못하리니 우리가 먹을 것과 입을 것이 있은즉 족한 줄로 알 것이니라"(딤전 6 : 6~8)

세상에서 일어나는 사람과 사람 사이, 민족과 민족 사이, 나라와 나라 사이에 다툼이 벌어지고 전쟁이 일어나는 것은 다 탐욕 때문에 벌어지는 것이지요. 탐욕을 품으면 의와 평강과 기쁨이 사라지는 것입니다.

둘, 예수님을 마음에 주인으로 모시고 살지 못하기 때문입니다. 예수님을 믿는다고 하면서도 예수님보다 자신을 더 믿고, 예수님의 말씀보다 자신의 지혜, 지식, 건강, 능력, 자

기가 가진 경험과 돈, 자기를 도와줄 어떤 사람을 더 믿고 의지하기 때문이지요. 자신이 무엇인가를 가지고 있고 할 수 있다는 교만한 마음을 가지고 그것을 믿고 의지하기 때문입니다.

자신이 무엇인가(지혜, 지식, 건강, 능력, 경험, 돈, 사람)를 가지고 있고 할 수 있다는 교만한 마음을 품으면 천국(의와 평강과 희락)을 누리며 살 수 없지요. 실패하는 것입니다.

왜 맨손으로 사자를 찢어 죽이던 사사 삼손이 블레셋 사람들에게 두 눈이 뽑혀 붙들려 가서 쇠사슬에 묶여 맷돌을 굴리는 처지가 되었습니까?

"들릴라가 이르되 삼손이여 블레셋 사람이 당신에게 들이닥쳤느니라 하니 삼손이 잠을 깨며 이르기를 내가 전과 같이 나가서 몸을 떨치리라 하였으나 **여호와께서 이미 자기를 떠나신 줄을 깨닫지 못하였더라**"(삿 16 : 20)

삼손이 소렉 골짜기에 살고 있는 기생 들릴라에게 미혹되어 나실인의 비밀을 실토하고, 힘의 근원인 머리털을 잘리고, 그러고 난 뒤에도(여호와 하나님께서 떠나시고 난 뒤에도) 자신은 힘이 있다고 착각을 하고 자신을 믿고 의지했던 것입니다.

반면에 배 위에서 예수님의 말씀을 듣고 있던 베드로는 예수님께서 '깊은 데로 가서 그물을 내려 고기를 잡으라'고 하셨을 때, 어떻게 했습니까?

"우리들이 밤이 새도록 수고하였으되 잡은 것이 없지마는 말씀에 의지하여 내가 그물을 내리리이다 하고 그렇게 하니 고기를 잡은 것이 심히 많아 그물이 찢어지는지라"(눅 5 : 5~6)

자신이 가진 지식과 경험과 생각을 다 내려놓고 겸손한 심령으로 예수님의 말씀을 믿고 순종하며 '깊은 데로 가서 그물을 내렸던 것'이지요. 그러면서 많은 고기를 잡았던 것입니다.

이제 말씀을 맺겠습니다.

예수님을 믿고 구원을 받은 하나님의 자녀들은 천국 백성입니다. 천국에 가서 주님과 함께 영생복락을 누릴 사람들이지요. 천국에 가서 영생 복락을 누릴 천국 백성들은 세상에서도 심령으로 천국에 가서 누릴 의와 평강과 희락을 누리며 살아야 합니다. 전적으로 가난한 심령(마음을 다 비운 겸손한 심령)에 예수님을 주인으로 모시고 천국에 가서 누릴 의와 평강과 희락을 누리며 사는 천국 백성이 되시기를 예수님의 이름으로 축원합니다.

아　　　멘.

애통하는 자의 복

마태복음 5 : 4

"애통하는 자는 복이 있나니 그들이 위로를 받을 것임이요"(마 5 : 4)

예수님의 교훈 가운데 가장 유명한 '산상보훈(山上寶訓)'(마태복음 5~7장)을 강론하고 있습니다. 예수님은 천국 복음을 선포하시면서 먼저 '팔복'을 선포하셨지요. 지난 시간에는 팔복 중에서 첫 번째로 하신 '심령이 가난한 자의 복'에 대하여 살펴보았습니다. 이 시간에는 두 번째로 하신 4절 말씀을 살펴보면서 하나님의 음성을 듣기를 원합니다.

"애통하는 자는 복이 있나니 그들이 위로를 받을 것임이요"(마 5 : 4)라고 했지요. '애통하는 자의 복'에 대하여 말씀을 해주셨습니다.

헬라어로 된 성경 원문에 보면 "Μακάριοι οἱ πενθοῦντες, ὅτι αὐτοὶ παρακληθήσονται.(마카리오이 호이 펜둔테스, 호티 아우토이 파라클레손타이)"로 되어 있고, 영어로 번역을 하면 "Blessed are those who mourn, for they will be comforted."입니다.

웃는 자와 우는 자

예수님께서 '애통하는 자가 복이 있다'고 선언을 하십니다. '슬퍼하며 우는 자가 복이 있다'고 하신 것이지요. 잘 이해가 되지 않는 말씀이 아닙니까?

'슬퍼하며 우는 자가 복이 있을까요? 기뻐하며 웃는 자가 복이 있을까요?'

'운다'는 말을 생각하면 떠오르는 기억과 장면이 있습니다. 저도 그 장면을 보면서 뜨거운 눈물을 흘렸으니까요. 나이 드신 분들은 다 경험을 했던 일입니다.

1983년 KBS가 '이산가족찾기' 생방송을 진행했었지요. KBS가 1983년 6월 30일부터 11월 14일까지 무려 138일에 걸쳐 453시간 45분 동안 생방송으로 이산가족찾기 특별프로그램을 진행하여 10,189명의 이산가족이 만났습니다. 한 장면 한 장면이 다 눈물겨웠지만, 그중에서도 북에 남겨두고 온 아들을 위해 평생을 기도하며 홀로 산 노모가 환갑을 넘긴 백발의 아들을 기적적으로 만나 아들의 얼굴을 어루만지며 '우리 애기 우리 애기'하던 장면이 있었지요. 그 상봉 장면을 지켜보는 모든 국민들이 함께 울었습니다. 기쁨과 감격의 눈물이었지요.

그런데 '운다'는 말과 '눈물'을 생각하면 이런 기쁨과 감격의 눈물보다는 고통의 눈물을 생각하지 않을 수 없습니다. 중병에 걸려 신음하며 고통 속에 흘리는 눈물, 가난에 시달리며 흘리는 눈물, 사업을 실패해서 흘리는 눈물, 가정불화로 가정이 깨어지며 흘리는 눈물, 입시를 실패하고 취업 시험에 실패하고 흘리는 눈물, 사랑하는 사람을 사별하며 흘리는 눈물 ……… 사람은 누구나 고통과 슬픔의 눈물을 경험하며 살지 않습니까?

사람들은 누구나 슬퍼하며 우는 것보다는 기뻐하며 웃는 것을 좋아합니다. 기뻐하며 웃어야 건강하고 행복하게 살 수 있지 않나요? 그런데 인생을 살다 보면 즐거운 일보다는 스트레스를 받아야 하고 힘든 일이 더 많지 않습니까? 그래서 보통 사람들은 TV를 보더라도 웃게 만들고 마음을 가볍게 하는 오락 프로나 드라마를 더 좋아하지 않나요? 세상을 살면서 받는 스트레스를 풀고, 잠시라도 힘든 것을 잊고 싶어 하지 않습니까?

애통의 의미

예수님은 팔복 중에 두 번째로 '애통하는 자들이 복이 있다'는 말씀을 하십니다. 쉽게 이해가 되지 않는 말씀이지요. 애통하는 자가 복이 있으면 예수님을 믿고 따르는 성도들은 늘 울며 살아야 합니까?

예수님은 공생애를 사시면서 기뻐하신 적이 없으셨나요? 예수님은 늘 우시면서 사셨습니까? 그렇지 않지요. 예수님은 '성령으로' 기뻐하셨다고 했습니다. "그 때에 예수께서 성령으로 기뻐하시며 이르시되 천지의 주재이신 아버지여 이것을 지혜롭고 슬기 있는 자들에게는 숨기시고 어린 아이들에게는 나타내심을 감사하나이다 옳소이다 이렇게 된 것이 아버지의 뜻이니이다"(눅 10 : 21)

예수님은 반면에 눈물을 흘리신 적도 있습니다. 베다니 마을의 친구 나사로가 병들어 죽었을 때 찾아가셔서 슬퍼하며 울고 있는 마르다와 마리아를 보시면서 예수님도 함께 우셨지요. "예수께서 눈물을 흘리시더라"(요 11 : 35) 장차 로마의 침략으로 불타고 허물어질 예루살렘 성을 보시면서 우셨습니다. "가까이 오사 성을 보시고 우시며"(눅 19 : 41) 예수님은 기뻐하시기도 하시고 울기도 하셨던 것입니다.

기뻐하시기도 하시고 울기도 하셨던 예수님은 제자들에게 어떻게 하라고 하셨습니까?

"화 있을진저 너희 지금 웃는 자여 너희가 애통하며 울리로다"(눅 6 : 25) 웃는 자를 향하여 '애통하며 울라'고 하셨지요.

반면에 "그러나 귀신들이 너희에게 항복하는 것으로 기뻐하지 말고 너희 이름이 하늘에 기록된 것으로 기뻐하라 하시니라"(눅 10 : 20) 예수님의 이름으로 귀신들이 항복하는 것을 경험하고 기뻐하는 제자들에게 '너희 이름이 하늘에 기록된 것으로 기뻐하라'고 하셨습니다. '기뻐하라'고도 하시고 '울라'고도 하셨던 것이지요.

그리고 예수님을 믿고 따르는 성도들에게 성경은 무엇이라고 하십니까? "주 안에서 항상 기뻐하라 내가 다시 말하노니 기뻐하라"(빌 4 : 4) "항상 기뻐하라"(살전 5 : 16)고 하시지 않습니까?

그렇다면 본문 4절에 예수님께서 말씀하시는 '애통의 의미'는 무엇입니까? "애통하는 자는 복이 있나니 그들이 위로를 받을 것임이요"(마 5 : 4)

'애통하는 자(헬, οἱ πενθοῦντες(호이 펜둔테스)는 복이 있나니'에서 말씀하시는 '애통하다(헬, πενθέω(펜데오)'라는 말은 어떤 의미입니까? '심히 고통하며'(고후 12 : 21), '고통스럽게 슬퍼하는 것'(마 9 : 15)을 의미하는 말이지요. 특히 이 단어는 히브리어로 된 구약성경을 헬라어로 번역을 한 70인역에 보면, 야곱이 사랑하는 아들 요셉이 죽었다는 소식을 다른 아들들에게 전해 듣고 애통해하는 것을 표현한 단어(창 37 : 34)로 사용이 된 것을 볼 수 있습니다.

도저히 속으로만 삭일 수 없는, 주체할 수 없는 극심한 슬픔(절대적인 슬픔)을 표현하는 말이지요. 가장 사랑하는 사람이 죽었을 때, 체면이고 뭐고 따질 것 없이, 가슴을 치며, 감정을 숨기지 못하고 드러내는 슬픔을 표현하는 말입니다.

그런데 그렇게 고통으로 슬퍼하며 애통하는 자가 복이 있다는 것이지요. 얼마나 역설적인 말입니까? 왜 그렇게 애통하는 자가 복이 있을까요?

애통하는 자가 누리는 복

역설적인 말이지만 고통을 만나 슬퍼하며 애통하는 것이 축복이 되는 것입니다. 사막의 나라 아랍 사람들의 격언에 이런 격언이 있지요. "태양 빛이 언제나 계속 비친다면 사막을 만든다"

태양 빛이 있어야 식물이 자라고, 동물들이 살 수 있고, 사람도 살 수가 있습니다. 태양 빛이 없으면 생명체는 살 수가 없지요. 그런데 태양 빛만 계속해서 내리쬔다면 아무리 좋은 땅이라도 식물이 자랄 수 없고 동물이나 사람이 살 수 없는 사막이 되어버립니다. 그러므로 식물이 자라고 동물이나 사람이 살 수 있는 땅이 되기 위해서는 태풍이 불기도 하고 궂은 비가 내려야 하는 것이지요. 그래야 사막이 되지 않고 옥토가 되는 것입니다.

사람도 마찬가지인 것입니다. 사람도 좋은 환경보다 고난과 슬픔과 고통 속에서 더 성숙한 사람이 되는 것이지요. 고난과 슬픔과 고통 속에서 신앙과 인격이 더 다듬어지고 성숙한 사람이 되는 것입니다.

애통하는 것이 복이 되는 더 중요한 이유가 있습니다. 애통은 하나님을 찾고 만나게 하기 때문이지요. 오래전의 일이지만 영국 런던의 만민교회 목사였던 존 스타트 목사님이 '어떤 동기로 기독교인이 되었는가?'라는 여론 조사를 한 적이 있었습니다.

그 때 성도들의 보편적인 대답은 "더 이상 인생을 살고 싶지 않다는 절망감이나 막다른 골목에 도달했다는 생각이 기독교인이 된 동기였다"고 했지요.

한국의 최고 지성인으로 늦은 나이에 회심하고 그리스도인으로 살다가 소천하신 **이어령 박사님**이 어떻게 회심을 했습니까? 사랑하는 딸 이민아 목사가 실명의 위기(애통해야 하는 위기)에 처했을 때 회심을 하지 않았나요? 회심한 뒤에 '지성에서 영성으로'라는 책을 쓰지 않았습니까?

법을 공부하던 **마르틴 루터**가 회심을 하고 수도원에 들어가 하나님의 종이 된 동기가 무엇입니까? 함께 길을 걷던 친구가 번개를 맞아 죽어가는 것을 보고 충격을 받아 수도원에 들어갔지요. 앗시시의 성자 **프란시스**도 심한 병중에서 하나님을 만나는 축복을 받았습니다.

이 말씀을 전하는 부족한 종인 **송목사**도 마찬가지이지요. 유교 가정에서 태어나 자란 제가 신앙생활을 하며 하나님을 만난 것도 고2 때 학교에서 작업을 하다가 허리를 다치고 병상에 누워 고난 중에 하나님을 만났습니다.

슬픔과 좌절과 실패와 고통은 하나님을 향해서 눈을 뜨게 하는 가장 좋은 동기가 되는 것이지요. 슬픔과 좌절과 실패와 고통을 만나는 것은 고통스럽겠지만 만났을 때는 낙심하지 말고 오히려 하나님을 깊게 만나는 복된 기회로 삼아야 하는 것입니다.

애통하는(회개의 눈물이 있는) **자는 하나님이 주시는 위로의 복을 받습니다.**

예수님께서 '애통하는 자가 복이 있다'는 하신 말씀은 '세상 일로 인한 근심이나 고통으로 눈물을 흘리는 자가 아니라 자기 죄악을 깨닫고 죄악을 슬퍼하며 애통하는 자가 복이 있다'는 말씀입니다.

하나님을 발견하고, 하나님의 은혜를 깨달은 사람은 죄를 슬퍼하며 회개의 눈물을 흘리지 않을 수 없지요. 죄를 슬퍼하며 통곡하며 회개의 눈물을 흘리는 자가 복이 있는 것입니다.

성령으로 거듭나서 성령의 인도를 받지 못하는 사람은 잘못을 하고 죄를 지으면서도 '내가 잘못 했다' '내가 나쁘다'는 것을 깨닫지 못하지요. 잘못을 하고 죄를 지으면서도 당연한 것으로 여기고, 전혀 불편해하지 않습니다.

그런데 성령이 임하고 성령이 역사를 하시면 자신의 죄와 허물이 밝히 드러나고, 드러난 죄와 허물이 얼마나 더럽고 악한 것인지를 보게 되면 슬퍼하며 애통의 눈물을 흘리지 않을 수 없지요. 자신의 지혜와 능력과 어떤 노력으로 악한 죄와 허물을 해결할 수 없는 것을 절실히 깨닫게 됩니다. 자연히 눈물과 통곡으로 회개하며 하나님 앞으로 나아갈 수밖에 없지요. 죄를 숨기지 못하고, 죄를 슬퍼하고 통곡하며, 십자가 밑으로 나아가게 되는 것입니다.

"여호와의 말씀에 너희는 이제라도 금식하고 울며 애통하고 마음을 다하여 내게로 돌아오라 하셨나니 너희는 옷을 찢지 말고 마음을 찢고 너희 하나님 여호와께로 돌아올지어다"(요엘 2 : 12~13)

자신의 죄를 깨닫고 애통하는 자에게 하나님께서는 복을 주시는 분입니다. 어떤 복을 주신다고 했습니까? "애통하는 자는 복이 있나니 그들이 위로를 받을 것임이요"라고 하셨지요. 하나님께서 주시는 위로의 복을 누리게 되는 것입니다.

여기에서 말씀하는 '위로'가 무엇입니까? '위로'라는 말은 원어인 헬라어로 '$\pi\alpha\rho\alpha\kappa\lambda\eta\theta\acute{\eta}\sigma ov\tau\alpha\iota$(파라크레데손타이)'라는 말입니다. '$\pi\alpha\rho\alpha\kappa\lambda\eta\theta\acute{\eta}\sigma ov\tau\alpha\iota$'라는 단어는 '$\pi\alpha\rho\alpha\kappa\alpha\lambda\epsilon\omega$(파라칼레오)'라는 동사의 미래 수동태형 단어이지요. $\pi\alpha\rho\alpha$(곁에/전치사)+ $\kappa\alpha\lambda\epsilon\omega$(부르다/동사)의 합성어입니다. '곁으로 부른다' '함께 해준다'는 말이지요. 성령인 '보혜사(헬, $\pi\alpha\rho\alpha\kappa\lambda\eta\tau o\varsigma$(파라클레토스)'라는 말도 바로 이 단어에서 나온 말입니다.

무슨 말씀입니까? 애통하며 회개하는 자에게 하나님께서 찾아오셔서 위로를 해주신다는 것이지요. 죄를 용서해 주시고, 씻어주시고, 함께 해주시며, 기쁨과 평안을 주신다는 것입니다.

"그러므로 너희가 회개하고 돌이켜 너희 죄 없이 함을 받으라 이같이 하면 새롭게 되는 날이 주 앞으로부터 이를 것이요"(행 3 : 19)하시지 않습니까?

다윗이 얼마나 신실한 하나님의 사람입니까? 하나님께서 친히 내 마음에 맞는 사람이라고 하시지 않았나요? 다윗을 통하여 하나님의 뜻을 다 이루리라고 하시지 않으셨습니까?

"내가 이새의 아들 다윗을 만나니 내 마음에 맞는 사람이라 내 뜻을 다 이루리라"(행 13 : 22)

그런데 다윗이 얼마나 악한 죄를 지었습니까? 충성스러운 신하인 우리아의 아내 밧세바와 간음을 하고, 밧세바가 임신을 하자 은폐하기 위하여 우리아를 전쟁터에 내보내 죽이지 않았나요? 다윗은 처음에 죄를 숨기려 했지요. 죄를 숨기려 할 때 다윗은 어떠하다고 했습니까?

"내가 입을 열지 아니할 때에 종일 신음하므로 내 뼈가 쇠하였도다 주의 손이 주야로 나를 누르시오니 내 진액이 빠져서 여름 가뭄에 마름 같이 되었나이다"(시 32 : 3~4)

사람에게는 악한 죄를 숨길 수가 있었지만 하나님 앞에는 숨길 수가 없었던 것이지요. 끝까지 숨기려고 했던 다윗은 나단 선지자가 찾아와 악한 죄를 지적하며 일깨울 때 어떻게 했습니까? 더 이상 숨기지 못하고 하나님 앞에 자신의 죄악을 고백하며, 눈물과 통곡으로 요를 적시며 회개하지 않았나요?

"다윗이 나단에게 이르되 내가 여호와께 죄를 범하였노라"(삼하 12 : 13)

악한 죄를 눈물과 통곡으로 회개하고 난 뒤에 다윗은 하나님께서 베푸시는 평안과 기쁨의 은혜를 경험하고 무엇이라고 고백했습니까?

"여호와는 마음이 상한 자를 가까이 하시고 충심으로 통회하는 자를 구원하시는도다"(시 34 : 18) "하나님께서 구하시는 제사는 상한 심령이라 하나님이여 상하고 통회하는 마음을 주께서 멸시하지 아니하시리이다"(시 51 : 17)고 했습니다.

이제 말씀을 맺겠습니다.

"애통하는 자는 복이 있나니 그들이 위로를 받을 것임이요" 예수님을 믿고 따르는 성도들은 세상에서도 천국의 기쁨을 누리며 살아야 합니다. 반드시 하나님이 베푸시는 위로를 받으며 살아야 하는 것이지요. 하나님께서 베푸시는 사죄의 은총, 구원의 은총, 하나님께서 함께 해주시며 주시는 기쁨과 평안을 누리며 살아야 하는 것입니다. 죄에 대하여 애통하는 생활로 주님께서 함께 해주시며 베푸시는 위로를 받으며 사는 천국 백성이 되시기를 예수님의 이름으로 축원합니다.

아 멘.

온유한 자의 복

마태복음 5 : 5

"온유한 자는 복이 있나니 그들이 땅을 기업으로 받을 것임이요"(마 5 : 5)

예수님은 천국 복음을 선포하시면서 먼저 '팔복'을 선포하셨습니다. 이 시간에는 5절 말씀을 본문으로 '팔복'중에서 세 번째로 하신 말씀을 살펴보면서 하나님의 음성을 듣기를 원합니다.

"온유한 자는 복이 있나니 그들이 땅을 기업으로 받을 것임이요"라고 했지요. '온유한 자의 복'에 대하여 말씀을 해주셨습니다.

헬라어로 된 성경 원문에 보면 "Μακάριοι οἱ πραεῖς, ὅτι αὐτοὶ κληρονομήσουσιν τὴν γῆν.(마카리오이 호이 프라에이스, 호이 아우토이 클레로노메수신 텐 겐)"로 되어 있고, 영어로 번역을 하면 "Blessed are the meek, for they will inherit the earth."입니다.

예수님께서 말씀하시는 '팔복'을 보면 아주 역설적입니다. '심령이 가난한 자가 복이 있다. 애통하는 자가 복이 있다. 온유한 자가 복이 있다 ………' 세상 사람들이 알고 있고 생각하는 것과는 정반대가 아닌가요? 세상 사람들은 어떻게 생각을 합니까? '심령이 부자인 사람이 복이 있다. 즐거워하며 웃는 자가 복이 있다. 강한 자가 복이 있다 ………'고 하지 않습니까?

그리고 예수님께서 말씀하시는 '팔복'을 보면, 퍽 질서정연합니다. 천국 백성이 된 사람의 첫 출발은 '심령의 가난'으로부터 출발을 하지요. 자기의 연약함과 부족함을 철저하게 깨닫고 전적으로 하나님을 의지하는 마음으로 시작을 해서, 자기의 죄를 깨닫고 회개하며 통곡의 눈물을 흘리고, 그리고 난 뒤에 온유한 자가 되어지는 것입니다.

예수님께서 "온유한 자는 복이 있나니 그들이 땅을 기업으로 받을 것임이요"라고 말씀을 하십니다. 이 말씀이 어떻게 들립니까? 이 말씀도 세상을 사는 사람들의 모습과 정반대의 말로 들리지 않나요? 우리가 살고 있는 세상을 보면 온유한 자가 땅을 많이 가지고 잘 사는 것이 아니라 강하고 포악하고 탐욕적이고 이기적인 사람이 많은 땅과 돈을 가지고 살고 있지 않습니까? 강하고 포악하고 탐욕적이고 이기적인 사람이 많은 땅과 돈을 가지고 온유한 사람들을 지배하며 살고 있지 않나요? 개인만 그런 것이 아니라 나라도 마찬가지가 아닙니까? 더 크고 강한 나라가 약한 나라를 침략하고 지배하지 않나요? 러시아가 약한 우크라이나를 침략해서 벌어지는 참상이 그 모습을 보여 주지 않습니까? 죄 성을 가진 사람들의 이기적인 탐욕으로 벌어지는 일인 것입니다.

동물들의 세계도 그렇지 않습니까? 동물들의 세계를 보면 철저하게 약육강식의 세계가 아닌가요? 더 힘센 동물이 힘이 없고 약한 동물을 잡아먹으며 살지 않습니까? 사람이 범죄 함으로 땅이 저주를 받고 생태계가 파괴되어서 그렇게 된 것이지요. 장차 이루어질 천국(하나님 나라)은 본래의 모습으로 회복이 될 것입니다.

온유의 의미

예수님께서 말씀하시는 '온유한 자들(헬, οἱ πραεῖς(호이 프라에이스)/영, the meek)'라는 말씀에서 '온유'의 의미가 무엇입니까? '온유(溫柔)'라는 말은 헬라어로 'πραύς(프라우스)'라는 말입니다. 이 말은 영어 성경에는 'meek'라고 번역을 하고 있지요. 우리 말로 번역을 한 '온유'라는 말은 한자 용어입니다. '따스할 온(溫)'과 '부드러울 유(柔)'가 합해져 이루어진 단어이지요. 성품이 온화하고 부드러운 것을 의미하는 단어입니다. 우리 말로도 잘 번역이 된 것이지요.

그런데 '온유(溫柔)'는 비슷하기는 하지만 '온순(溫順)'이라는 말과는 다른 말입니다. '온순(溫順)'이라는 말은 천성적으로 순한 것을 가리키는 말이지만, '온유(溫柔)'는 정의를 이루기 위해서 부드러워진 것을 가리키는 말이지요. '온순(溫順)'은 불의에 대하여 'No(아니오)'라고 못하지만 '온유(溫柔)'는 불의에 대하여 'No(아니오)'라고 하면서 정의를 이루는 부드러운 성품입니다.

온유는 억울한 일을 당할 때, 답답한 일을 당할 때, 남이 나를 괴롭힐 때, 남의 책망을 들을 때, 마음이 불편할 때, 분노하지 않고 부드럽게 참고 견디는 성품이지요. 온유는 자기를 절제하면서 악한 타인의 불의와 싸우는 것이기 때문에 아주 강한 성품인 것입니다.

"노하기를 더디하는 자는 용사보다 낫고 자기의 마음을 다스리는 자는 성을 빼앗는 자보다 나으니라"(잠 16 : 32)

또한 '온유'는 외부로부터 닥치는 억압과 고난에 대하여 거칠게 반발하거나 인간의 힘으로 해결하기 위하여 거칠게 대항하는 것이 아니라 상대방에 대한 미움과 복수심에서 벗어나서 모든 것을 하나님께 맡기고 영적 평강을 유지하는 것입니다. 온유는 하나님에 대하여 자기 고집을 꺾는 것이고, 사람들에 대해 자기의 악한 의지를 꺾는 것이지요. 나약하거나 우유부단한 것이 아니라 외유내강(外柔內剛 - 겉은 부드러우면서도 속은 강한 것)을 가리키는 말인 것입니다.

온유한 자의 모델

성경에 보면 '온유한 자의 모델'이 있지요. 이스라엘 백성들을 애굽에서 이끌어내어 가나안으로 인도한 모세입니다.

"이 사람 모세는 온유함이 지면의 모든 사람보다 더하더라"(민 12 : 3)고 했지요. 성경에 '모세'를 '온유함이 지면의 모든 사람보다 더한 사람'으로 기록을 해주고 있습니다.

모세가 하나님의 말씀에 순종하여 이스라엘 백성들을 박해하는 애굽의 바로 왕 앞에 나아갔을 때는 얼마나 강하고 담대한 사람이었습니까? 자기를 미워하며 죽일 수 있는 바로 왕 앞에 섰을 때는 아주 담대했지요. 반면에 이스라엘 백성들이 가나안으로 향하는 광야길이 험하고 거칠어서 하나님과 자신을 원망하고 불평할 때는 분노하지 않고 잘 참고 인내하지 않았습니까?

모세가 아내가 죽은 후 이스라엘 여자가 아닌 구스 여자를 아내로 취했을 때 누이인 미리암과 형인 아론이 비방을 하지 않습니까?

"모세가 구스 여자를 취하였더니 그 구스 여자를 취하였으므로 미리암과 아론이 모세를 비방하니라 그들이 이르되 여호와께서 모세와만 말씀하셨느냐 우리와도 말씀하지 아니하셨느냐"(민 12 : 1~2)

비방하는 소리를 들으면서 모세는 분노하지 않았지요. 그런데 그 비방하는 소리를 들으신 하나님께서 오히려 비방하는 미리암을 쳐서 나병에 걸리게 하지 않으셨습니까?

모세는 자신을 비방하고 나병에 걸린 누이 미리암을 미워하지 않고 미리암을 위하여 하나님께 고쳐달라고 중보기도를 올리지 않습니까? "**모세가 여호와께 부르짖어 이르되 하나님이여 원하건대 그를 고쳐 주옵소서**"(민 12 : 13) 모세의 기도를 들으신 하나님께서 미리암의 나병을 고쳐 주시지 않았나요? 모세는 참 온유한 사람이었습니다. 그런데 세상에서 가장 온유한 사람이긴 했지만 광야 생활 말기 백성들의 원망과 불평을 더 이상 견디지 못한 모세는 므리바 반석에서 참지 못하고 혈기를 부리며 실수를 하지 않습니까? 그래서 가나안 땅에 들어가지 못하고 모압 땅에 있는 비스가 산에서 요단강 건너 가나안 땅을 바라보며 하나님께 부름을 받아야 했지요.

온유의 절대적인 모델은 예수 그리스도이십니다. 예수님은 얼마나 온유(강하시면서도 부드러우심)하셨습니까? 예수님은 성전을 더럽히고 있는 제사장들과 상인들을 향하여 크게 분노하셨지요. 외식하는 서기관과 바리새인들을 향하여 "화 있을진저! 외식하는 서기관들과 바리새인들이여!" 분노하시며 책망하셨습니다.

그러나 예수님을 알아보지 못하고 시기 질투하고, 박해하고, 재판하고, 비난하는 무리들을 향하여는 어떻게 하셨습니까?

"욕을 당하시되 맞대어 욕하지 아니하시고 고난을 당하시되 위협하지 아니하시고 오직 공의로 심판하시는 이에게 부탁하시며 친히 나무에 달려 그 몸으로 우리 죄를 담당하셨으니"(벧전 2 : 23~24)라고 했지요.

예수님은 욕을 받으시되 욕하지 아니하시고, 오직 공의로 심판하시는 분(성부 하나님)에게 부탁하시며, 친히 십자가에 달려 우리의 죄를 담당하시며 대신 죽어주셨지요. 그런데 예수님은 자신을 하나님의 아들로 알아보지 못하고 외식하는 대제사장 서기관 장로들의 선동을 받아 '십자가에 못 박아 죽이라'는 군중들, 예수님을 십자가에 못 박아 죽이는 로마 군인들에 의해 십자가에 못 박혀 고통 중에 죽어가시면서도 어떻게 하셨습니까?

"아버지 저들을 사하여 주옵소서 자기들이 하는 것을 알지 못함이니이다"(눅 23 : 34) 오히려 그들의 죄를 용서해 달라고 기도하셨지요. 전적으로, 온전히, 온유하셨던 것입니다.

온유한 자가 누리는 복

예수님께서 "온유한 자는 복이 있나니 그들이 **땅**을 기업으로 받을 것임이요"라고 하셨지요. 온유한 자가 어떤 복을 받는다고 했습니까? '**땅을 기업으로 받는다**'고 하셨습니다.

'온유한 자가 땅을 기업으로 받는다'는 말은 세상의 경험으로는 이해가 잘 안되는 말이지요. 왜냐하면 보편적으로 보면 온유한 사람이 땅을 더 많이 차지하고 더 잘 사는 것이 아니라 더 강하고 포악하고 이기적이고 탐욕적인 사람이 땅을 더 많이 차지하며 살고 있는 모습으로 보이지 않습니까? 죄 성을 가진 사람들이 사는 세상에서는 얼핏 생각하면 그렇게 보입니다.

그러나 온유한 사람이 복을 받는 것이지요. 궁극적으로 여기에서의 땅은 구약의 선민이었던 이스라엘 백성들이 받은 가나안 땅과, 예수님을 믿고 구원을 받은 하나님의 자녀들에게 약속 되어 있는 천국을 의미하는 말입니다. 그러나 온유한 사람이 천국(새 하늘과 새 땅)을 기업으로 받기도 하지만, 땅에서도 복을 받고 잘 사는 것이지요.

인테리어 사업을 하는 한 크리스천 사업가가 간증한 글을 읽은 적이 있습니다. 아침에 차를 몰고 출근을 하다가 신호대기에서 차를 멈추었는데 뒤에서 달려오던 차가 멈추지 않고 달려들어 '꽝'들이 받치는 교통사고를 당했지요. 너무나 기분이 언짢았습니다. 웬만한 사람 같으면 교통사고를 유발한 뒷 차량 운전자를 향해서 얼굴상을 찌푸리며 화를 낼 상황이었지요. 그런데 사고를 낸 차량 운전자가 얼른 내려 '실수로 사고를 내서 매우 죄송하다'고 사과를 하며, 운전면허증과 명함을 내밀며 '치료비와 차량 수리비를 드릴 테니 연락을 달라'고 했습니다.

정비공장에 가서 견적을 받아 보니 수리비가 70만원이 나왔지요. 사무실로 돌아온 크리스천 사업가는 사고를 낸 사람이 건넨 명함으로 전화를 걸었습니다. 차량 수리비가 70만원 나오기는 했는데, 그것은 신경 쓰시지 말고 밥이나 한 번 사달라고 했지요. 그래서 사고를 낸 운전자와 밥을 먹으면서 전도를 했습니다. 그러면서 친절한 사이가 되었지요. 그런데 후에 그 사람이 자신이 알고 지내던 외국인 회사와 연결시켜 주어서 10억짜리 인테리어 공사를 하게 되었다고 했습니다. 온유하게 사람을 대했을 때 복을 받았던 것입니다.

온유해지는 방법

온유한 자가 복을 받는데, 온유한 사람이 되기 위해서는 어떻게 해야 합니까? 온유한 사람이 되는 두 가지 비결이 있습니다.

하나, 예수님께 배우는 것입니다.

예수님께서 무엇이라고 하십니까? "수고하고 무거운 짐 진 자들아 다 내게로 오라 내가 너희를 쉬게 하리라 나는 마음이 온유하고 겸손하니 나의 멍에를 메고 내게 배우라 그리하면 너희 마음이 쉼을 얻으리니 이는 내 멍에는 쉽고 내 짐은 가벼움이라 하시니라"(마 11 : 28~30)고 하셨지요.

예수님은 온유하시고 겸손하신 분입니다. 예수님의 멍에를 메고 예수님께 배워야 하는 것이지요. 예수님께서 메신 멍에를 함께 메고 예수님이 가시는 대로 따라가는 것입니다.

예수님께서 십자가의 고통을 당하신 것을 생각하며, 어떤 억울한 일을 당하고 힘들 때 화를 내지 않고 참는 것이지요.

둘, 성령이 충만해서 성령의 인도에 순종을 하는 것입니다. '온유는 성령의 열매' 중의 하나이지요.

"오직 성령의 열매는 사랑과 희락과 화평과 오래 참음과 자비와 양선과 충성과 온유와 절제니 이같은 것을 금지할 법이 없느니라"(갈 5 : 22~23)고 했습니다.

성령이 인도를 하실 때 순종을 하면 어떤 상황에서도 온유한 사람이 되어지는 것입니다.

이제 말씀을 맺겠습니다.

"온유한 자는 복이 있나니 그들이 땅을 기업으로 받을 것임이요" 온유한 자는 복을 받는 것입니다. 땅을 기업으로 받는 것이지요. 이 땅에서도 잘 되어지고, 주님께서 가셔서 예비하시고 있는 새 하늘과 새 땅을 기업으로 받는 것입니다. 예수님과 함께 멍에를 메고 예수님께 배우며, 성령의 충만함 속에서 성령의 인도에 순종하며, 온유한 자로 세상을 사는 천국 백성이 되시기를 예수님의 이름으로 축원합니다.   아   멘.

의에 주리고 목마른 자들의 복

마태복음 5 : 6

"의에 주리고 목마른 자는 복이 있나니 그들이 배부를 것임이요"(마 5 : 6)

예수님의 교훈 가운데 가장 유명한 '산상보훈(山上寶訓)'(마태복음 5~7장) 말씀에 대한 강론을 하고 있습니다. 예수님은 천국 복음을 선포하시면서 먼저 '팔복'을 선포하셨지요. 이 시간에는 '팔복'중에서 네 번째로 하신 말씀을 살펴보면서 하나님의 음성을 듣기를 원합니다.

어떤 말씀입니까? "의에 주리고 목마른 자는 복이 있나니 그들이 배부를 것임이요" '의에 주리고 목마른 자의 복'에 대하여 말씀을 해주셨지요.

헬라어로 된 성경 원문에 보면 "Μακάριοι οἱ πεινῶντες καὶ διψῶντες τὴν δικαιοσύνην ὅτι αὐτοὶ χορτασθήσονται.(마카리오이 호이 페이논테스 카이 딮손테스 텐 디카이오슈넨 호티 아우토이 코르타스데손타이)"로 되어 있고, 영어로 번역을 하면 "Blessed are those who hunger and thirst for rigsteousness, for they will be filled."입니다.

예수님께서 말씀하시는 '팔복'을 보면 질서정연하고 점진적이지요. 마치 산 밑에서 산 위로 올라가는 것처럼 점점 높아져 가는 복의 개념을 선포하셨습니다.

천국 백성이 되어 천국 문에 설 때는 무엇보다도 심령이 가난해야 하고, 천국 문에 들어가는 첫 발자국은 애통하며 회개해야 하고, 애통하고 회개해서 하나님과 바른 관계를 맺으며 온유해지고, 온유한 마음을 지닌 천국 백성의 다음 단계는 '의에 주리고 목마른 자'가 되어지는 것이지요. 천국 문을 열고 하나님이 계신 높은 보좌를 향하여 한 계단 한 계단 올라가는 모습을 연상케 하는 말씀인 것입니다.

예수님께서 네 번째로 말씀해 주신 '의에 주리고 목마른 자의 복'에 대한 말씀에서, 예수님이 말씀하시는 '의'는 무엇을 의미하며, '주리고 목마른 자'는 어떤 자이며, '배부를 것이라'는 의미가 무엇일까요?

'의(헬, δικαιοσύνη (디카이오슈네)/영, rigsteousness)'란 무엇인가?

예수님께서 말씀하시는 '의 (義/헬, δικαιοσύνη(디카이오슈네)/영, rigsteousness)'는 무엇을 의미하는 말입니까? '의'는 '올바른 관계'를 의미하는 말이지요. 누구와의 '올바른 관계'일까요? 하나님과의 올바른 관계와 사람들과의 올바른 관계입니다.

먼저 우선순위는 하나님과의 올바른 관계이지요. 하나님과 올바른 관계를 맺는 것이 의인데, 하나님과의 올바른 관계를 파괴하는 것이 무엇입니까? '죄'인 것이지요.

"여호와의 손이 짧아 구원하지 못하심도 아니요 귀가 둔하여 듣지 못하심도 아니라 오직 너희 죄악이 너희와 너희 하나님 사이를 갈라 놓았고 너희 죄가 그의 얼굴을 가리어서 너희에게서 듣지 않으시게 함이니라"(사 59 : 1~2)

'오직 너희 죄악이 너희와 너희 하나님 사이를 갈라 놓았고'라고 하시지요. 하나님과의 관계가 파괴되고 단절되는 것은 '죄' 때문입니다. 인류의 조상인 아담과 하와가 하나님이 계시는 에덴동산에서 하나님과 함께 있지 못하고 쫓겨난 것이 '죄' 때문이었지요. 죄(원죄) 때문에 모든 사람이 하나님과 단절이 된 것입니다.

그러므로 하나님과의 올바른 관계를 맺으려면 '죄의 문제'를 해결해야 하는 것이지요. 죄의 문제를 해결하지 않으면 하나님과 올바른 관계를 맺을 수 없는 것입니다. 그리고 단절이 계속되면 죽을 수밖에 없는 것이지요.

죄의 문제를 해결하기 위해서는 어떻게 해야 합니까? 죄의 문제는 아무도 자신의 능력과 지혜와 노력으로는 해결할 수 없는 것이지요. 화목제물로 세상에 오신 예수 그리스도가 십자가에 달려 대신 죽어주시며 흘려주신 예수 그리스도의 피만이 죄를 씻어주실 수 있는 것입니다.

"사랑은 여기 있으니 우리가 하나님을 사랑한 것이 아니요 하나님이 우리를 사랑하사 우리 죄를 속하기 위하여 화목제물로 그 아들을 보내셨음이라"(요일 4 : 10)

"그리스도께서는 장래 좋은 일의 대제사장으로 오사 손으로 짓지 아니한 것 곧 이 창조에 속하지 아니한 더 크고 온전한 장막으로 말미암아 염소와 송아지의 피로 하지 아니하고 오직 자기의 피로 영원한 속죄를 이루사 단번에 성소에 들어가셨느니라

염소와 황소의 피와 및 암송아지의 재를 부정한 자에게 뿌려 그 육체를 정결하게 하여

거룩하게 하거든 하물며 영원하신 성령으로 말미암아 흠 없는 자기를 하나님께 드린 그리스도의 피가 어찌 너희 양심을 죽은 행실에서 깨끗하게 하고 살아 계신 하나님을 섬기게 하지 못하겠느냐"(히 9 : 11~14)

"율법을 따라 거의 모든 물건이 피로써 정결하게 되나니 피흘림이 없은즉 사함이 없느니라"(히 9 : 22)

하나님은 우리가 예수님의 십자가 대속의 죽으심과 십자가에 달려 흘려주신 피를 믿고 의지하고 회개하면 아무리 크고 많은 죄라도 모든 죄를 다 용서해 주시고 씻어주십니다. 눈과 같이 양털같이 희게 해주시지요. 기억하지도 않으시는 분입니다.

"만일 우리가 우리 죄를 자백하면 그는 미쁘시고 의로우사 우리 죄를 사하시며 우리를 모든 불의에서 깨끗하게 하실 것이요"(요일 1 : 9)

"여호와께서 말씀하시되 오라 우리가 서로 변론하자 너희의 죄가 주홍 같을지라도 눈과 같이 희어질 것이요 진홍같이 붉을지라도 양털같이 희게 되리라"(사 1 : 18)

"나 곧 나는 나를 위하여 네 허물을 도말하는 자니 네 죄를 기억하지 아니하리라"(사 43 : 25)

그러므로 천국 백성들은 죄를 멀리하기를 힘쓰며, 죄를 지은 것이 있을 때는 숨기려고 하지 말고 회개하며, 하나님과 올바른 관계를 맺으며 살기를 힘써야 하는 것입니다.

다음으로 하나님과 올바른 관계를 맺은 사람은 사람과도 올바른 관계를 맺어야 합니다. 사람과 올바른 관계를 맺는 것이 '의'인 것이지요. 그런데 하나님과 올바른 관계를 맺지 못한 사람은 사람과도 올바른 관계를 맺을 수가 없습니다. 그렇기에 하나님과 올바른 관계를 맺는 것이 우선순위인 것이지요.

창세기 4장에 보면 하나님과 올바른 관계를 맺지 못한(하나님께서 열납하시는 제사를 드리지 못한) 가인이 죄도 없고 자기에게 잘못한 일도 없는 동생 아벨을 쳐 죽이지 않습니까?

민수기 16장에 보면, 하나님과 올바른 관계를 맺지 못한 고라 일당(고라와 다단과 아비람과 온)이 당을 짓고 하나님이 세우신 지도자 모세와 아론의 권위에 도전을 하지 않았나요? 하나님께서 진노하셔서 땅이 갈라져 산 채로 땅에 장사 되는 비극을 당하지 않았습니까? 하나님과 올바른 관계를 맺지 못하면 사람과도 올바른 관계를 맺을 수 없는 것이지요.

그런데 하나님과 올바른 관계를 맺은 사람은 사람들과도 올바른 관계를 맺은 것이 드러나야 하는 것입니다. "누구든지 하나님을 사랑하노라 하고 그 형제를 미워하면 이는 거짓

말하는 자니 보는 바 그 형제를 사랑하지 아니하는 자는 보지 못하는 바 하나님을 사랑할 수 없느니라 우리가 이 계명을 주께 받았나니 하나님을 사랑하는 자는 또한 그 형제를 사랑할지니라"(요일 4 : 20～21)

천국 백성은 먼저 하나님과 올바른 관계를 맺고, 자기와 관계를 맺는 모든 사람들(가족, 형제, 믿음의 형제, 친척, 친구, 이웃)을 사랑하며 올바른 관계를 맺으며 살아야 하는 것입니다.

'주리고 목마르다(헬, πεινῶντες καὶ διψῶντες(페이논테스 카이 딮손테스)/영, hunger and thirst)'는 말은 무슨 의미일까요?

'의에 주리고 목마른 자는 복이 있나니'라고 말씀하시는데, '주리고 목마르다'는 말씀이 무슨 말씀입니까? '주리고 목마르다'라는 말은 먹을 것을 먹지 못해 '굶주리고', 마실 물을 마시지 못해 '목이 마른'것을 표현하는 말입니다.

사람은 누구나 '욕망과 갈망'을 가지고 있지요. 살아있는 사람은 누구나 욕망과 갈망이 있습니다. 물질, 명예, 권세에 대한 욕망과 갈망이 있지요.

그런데 사람에게 가장 큰 욕망과 갈망은 먹는 것과 마시는 것입니다. 먹을 것이 없어 굶주리고, 마실 물이 없어 목이 마르면 사람은 살 수가 없으니까요. 고통 중에 가장 큰 고통은 먹을 것이 없어 굶주리고, 마실 물이 없어 목이 마른 것입니다.

먹을 것이 하나도 없어 먹지 못하고 굶어 죽어가는 사람에게 무엇이 제일 필요하겠습니까? 금과 은이 필요할까요? 좋은 아파트, 좋은 승용차가 필요할까요? 명예와 권력이 필요할까요? 먹을 것이 훨씬 더 필요한 것입니다.

마실 물도 마찬가지이지요. 사람의 몸은 물로 이루어져 있습니다. 갓 태어난 신생아는 77%, 어린아이는 70%, 어른은 60%, 노인은 50%가 물로 되어 있다고 하지요. 사람은 물을 마시지 않으면 살 수가 없는 것입니다. 음식과 물은 돈, 명예, 권력보다도 우선순위인 것이지요.

그런데 예수님께서 '의'에 대하여 '주리고 목마른 자가 복이 있다'고 하시는 것입니다. '하나님과의 올바른 관계를 회복하고 유지하며, 사람들과의 올바른 관계를 회복하고 유지하기 위하여 굶주리고 목말라하는 자가 복이 있다고 하신 것이지요.

천국 백성은 하나님과의 올바른 관계, 사람들과의 올바른 관계를 맺고 유지하기 위하여 주리고 목마른 자가 되어야하는 것입니다.

'배부르다'는 의미는 무엇인가?

그렇다면 '그들이 배부를 것임이요'라고 말씀하시는 '배부르다(헬, χορτάζω(코르타조)/영, fill)'는 어떤 의미입니까? 이 말은 허기나 갈증을 겨우 면하는 정도가 아니라 차서 넘칠 만큼 채워지는 것을 의미하는 말이지요. 특히 본문에는 '헬, χορτασθήσονται(코르타스데손타이), 미래형/영, will be filled'으로 기록되어 있는데, 완전한 배부름은 한순간에 이루어지는 것이 아니라 계속해서 이루어지고, 그 완전한 성취가 미래에 도래할 것임을 보여 주는 단어입니다.

'의에 주리고 목마른 자(하나님과 올바른 관계, 사람들과의 올바른 관계를 맺고 유지하기 위하여 주리고 목마른 자)는 부족한 것이 없이 가득하게 채워진다, 계속해서 가득하게 채워질 것이라'는 의미인 것이지요.

사람은 누구나 세상을 살면서 욕심을 가지고 부족한 것을 채우기 위하여 노력을 합니다. 세상을 살 때는 돈이 반드시 필요하니까 돈을 벌기 위하여 노력을 하고, 명예도 필요하니까 명예를 얻기 위하여 노력을 하고, 권세도 필요하니까 권세를 얻기 위하여 노력을 하지요.

그런데 알아야 할 것이 있습니다. 사람의 욕망은 한없이 크기 때문에 아무리 채우고 채워도 다 채워지지 않는다는 것입니다. 돈을 많이 가지고 있어도 돈 욕심을 다 채울 수 없고, 명예와 권력을 가지고 있어도 명예와 권력의 욕심을 다 채울 수 없는 것이지요. 오히려 가지면 가질수록 더 주리고 목이 마른 것입니다.

하나님의 사람 다윗을 보세요. 다윗은 이스라엘 나라의 왕이었습니다. 사람들이 볼 때 부족한 것이 전혀 없는 사람이었지요. 왕이라는 가장 높은 권력을 가지고 있고, 부강한 나라(주변의 나라들이 조공을 바치는 나라)의 왕이었고, 아내들도 여럿이 있었고, 자녀들도 여럿이 있지 않았습니까? 그런데도 만족이 없었지요. 그래서 우리아의 아내 밧세바와 간음죄를 짓고 우리아를 전쟁터에 내보내 죽이고 밧세바를 자기 아내로 삼는 죄를 짓지 않습니까? 하나님과 올바른 관계가 파괴되었을 때 얼마나 괴로워했나요? 그러나 죄를 회개하고 하나님과의 올바른 관계를 회복했을 때 다윗은 어떠했습니까? 여호와 하나님을 목자로 삼았을 때 어떠했나요?

"여호와는 나의 목자시니 내게 부족함이 없으리로다 그가 나를 푸른 풀밭에 누이시며 쉴 만한 물 가로 인도하시는도다 내 영혼을 소생시키시고 자기 이름을 위하여 의의 길로

인도하시는도다"(시 23 : 1~3)

여호와 하나님을 목자로 삼았을 때, 하나님을 마음에 주인으로 모셨을 때 부족함이 없이 풍요로움을 누렸던 것입니다.

요한복음 4장에 보면 야곱의 우물가에서 예수님을 만난 사마리아 수가 성 여자 이야기가 나옵니다. 수가 성 여자는 어떤 여자였습니까? 정욕에 사로잡혀 살던 여자가 아닌가요? 예수님을 만나기 전에 남편이 다섯이나 있었고, 예수님을 만날 당시 다른 남자와 살고 있던 여자가 아닙니까? 그러면서도 목마름을 해결하지 못했던 여자였지요.

그런데 이 여자가 그 목마름을 어떻게 해결할 수 있었습니까? 예수님을 만나 예수님이 하나님의 아들이신 것을 알아보고 믿게 되었을 때 그 모든 목마름이 다 해결이 되지 않았습니까?

그렇습니다! '의에 주리고 목마른 자가 되어질 때(예수님을 만날 때, 예수님을 마음에 주인으로 모실 때, 모든 사람들과 올바른 관계를 맺을 때) 세상의 어떤 것으로도 채워지지 않는 것들이 부족함이 없이 가득하게 채워지는 것입니다.

이제 말씀을 맺겠습니다.

"의에 주리고 목마른 자는 복이 있나니 그들이 배부를 것임이요" 의에 주리고 목마른 자(예수님을 마음에 주인으로 모시고 사는 사람, 하나님과 사람들과 올바른 관계를 맺고 유지하기 위하여 가장 우선순위를 두고 생활하는 사람)이 되어, 주님께서 부족한 것이 채워주시는 복을 누리며 사는 천국 백성이 되시기를 예수님의 이름으로 축원합니다.

아 멘.

긍휼히 여기는 자의 복

마태복음 5 : 7

"긍휼히 여기는 자는 복이 있나니 그들이 긍휼히 여김을 받을 것임이요"(마 5 : 7)

예수님의 교훈 가운데 가장 유명한 '산상보훈(山上寶訓)'(마태복음 5~7장) 말씀에 대한 강론을 하고 있습니다. '산상보훈(山上寶訓)'이라는 말은 '산 위에서 가르치신 보배로운 교훈'이기 때문에 붙여진 이름이라고 했지요.

이 '산상보훈(山上寶訓)'은 예수님께서 통치하시는 하나님 나라의 영원한 법이 무엇이며, 또한 성도들은 천국의 시민권을 가진 자로서 세상에서 어떤 삶의 자세를 가지고, 어떻게 살아야 하고, 무엇을 조심해야 하는지를 보여 줍니다.

예수님은 천국 복음을 선포하시면서 먼저 '팔복'을 선포하셨지요. 이 시간에는 '팔복'중에서 다섯 번째로 하신 말씀을 살펴보면서 하나님의 음성을 듣기를 원합니다.

"긍휼히 여기는 자는 복이 있나니 그들이 긍휼히 여김을 받을 것임이요"(마 5 : 6)라고 했지요. '긍휼히 여기는 자의 복'에 대하여 말씀을 해주셨습니다.

헬라어로 된 성경 원문에 보면 "Μακάριοι οἱ ἐλεήμονες, ὅτι αὐτοὶ ἐλεηθήσονται.(마카리오이 호이 엘레에모네스, 호티 아우토이 엘레에데손타이)"로 되어 있고, 영어로 번역을 하면 "Blessed are the merciful, for they will be shown mercy."입니다.

긍휼이 무엇인가?

예수님께서 말씀하시는 '긍휼히 여기는 자(헬, οἱ ἐλεήμονες(호이 엘레에모네스)'라는 말씀에서 '긍휼(헬, ἔλεος, 명사)'이라는 단어는 신약성경에 많이 사용되고 있는 단어가 아니지요. 우리 말로 '긍휼'이라는 말로 번역된 이 단어는 영어로는 'mercy'라는 단어로 번역을 하고 있습니다. '자비'라는 의미이지요.

그런데 이 단어에 상응하는 구약성경의 단어는 히브리어로 '라함(רחם)'이라는 단어와 '헤세드(חסד)'라는 단어입니다. '라함(רחם)'이라는 단어는 '슬픔'과 '애통'이라는 뜻이지요. 상대방의 처지를 깊게 이해하고, 상대방의 입장에서 슬픔과 고통을 함께 느낀다는 의미의 단어입니다. '헤세드(חסד)'라는 단어는 상대방의 감정에 공감할 뿐만 아니라 상대방의 슬픔과 고통을 해결하기 위하여 실제적으로 행동하여 구체적인 도움을 주는 것까지를 포괄하는 의미의 단어인 것입니다.

그러므로 '긍휼(헬, ἔλεος, 명사)'이라는 말은 슬픔과 고통을 당하는 사람의 처지를 깊게 이해하고 공감하며, 슬픔과 고통을 당하는 사람의 슬픔과 고통을 해결하기 위하여 행동으로 구체적인 도움을 주는 것을 의미하는 말이지요.

그런데 '긍휼'은 '은혜'라는 말과는 차이가 있는 말입니다. '은혜'는 죄 중에 빠진 자를 돕는 것이고, '긍휼'은 죄의 결과인 불행 중에 빠진 자를 돕는 것이지요. 은혜가 죄의 원인을 다루는 것이라면, 긍휼은 죄로 인하여 주어진 비참한 결과를 다루는 것입니다. 긍휼은 죄로 인해 고통당하는 자를 동정하고 그 고통을 제거해 주려는 선한 마음과 행동을 가리키는 말이지요. 긍휼은 죄인을 용서하고 불행한 사람을 돕는 것입니다.

그리고 '긍휼'은 '온유'와도 다른 의미의 말입니다. '온유'는 피해를 당한 자가 피해를 준 가해자에게 앙심을 품지 않는 부드러운 마음을 가리키는 말이고, '긍휼'은 고통을 당하고 있는 자를 도와주는 것이지요. '온유'는 피해를 당한 자가 자기의 마음을 부드럽게 다스리는 것이라면 '긍휼'은 고통을 당하는 자를 적극적으로 도와주는 것입니다.

'긍휼'은 하나님의 성품을 가리키는 말이지요. 하나님의 형상대로 지음을 받은 사람들(특히, 택한 백성들)을 위해 하나님께서 보여 주신 성품입니다. 긍휼이 하나님의 성품이기 때문에 성령을 받고 성령으로 거듭나서 성령의 지배를 받는 사람에게만 나타날 수 있는 것이 긍휼이지요. 긍휼은 고통을 당하는 자와 공감하는 마음(동정)만 갖는 것이 아니라 하나님께서 행하시는 것처럼 적극적으로 도와주는 행동을 수반하는 것입니다.

하나님께서 베푸시는 긍휼

하나님께서 베풀어주셨고 베풀어주시는 긍휼이 무엇입니까? 구약의 성도였던 이스라엘 백성들에게 베풀어주신 하나님의 긍휼이 어떠했나요?

하나님께서 이스라엘 백성들을 애굽에서 이끌어내실 때 어떻게 하셨습니까? 애굽의 바로 왕이 이스라엘 백성들을 보내주지 않으니까 마지막 열 번째로 어떤 재앙을 내리셨나요? 온 애굽 땅에 살고 있는 사람들의 집(궁궐에 있는 왕으로부터 신하들과 모든 사람들의 집)에 장자와 가축의 초태생을 죽이는 재앙을 내리시지 않았습니까? 이 때 하나님께서는 하나님의 선민인 이스라엘 백성들을 그 재앙에서 구원하시기 위해서 어떻게 하셨나요? 1년 되고 흠 없는 어린 양을 잡아 문인방과 문설주(좌우 설주)에 양의 피를 바르라고 하셨습니다. 하나님께서 천사를 보내 온 애굽 땅에 장자와 초태생을 죽이는 재앙을 내리실 때 문인방과 문설주에 어린 양의 피가 묻어 있는 집에는 재앙이 임하지 않게 해주셨지요. 재앙이 임하지 않고 넘어가게 해주셨습니다. 그래서 유월절이 생겨난 것입니다.

택한 백성인 하나님의 자녀들을 향한 하나님의 긍휼은 어떻게 나타났습니까? 유월절 어린 양과는 비교할 수 없는 독생자이신 예수 그리스도를 '세상 죄를 지고 가는 하나님의 어린 양'으로, 화목제물로 세상에 보내주셨지요. 그리고 택한 백성들의 죄를 짊어지고 십자가에 달려 피를 흘리며 대신 죽게 하셨습니다. 그래서 누구든지 예수님을 하나님의 아들로, 자신의 죗값을 지불하시며 십자가에 달려 피 흘려 죽어주시고 부활하신 것을 믿는 사람은 죄와 사망에서 구원해 주시는 은혜를 베풀어주셨지요. 이것이 바로 하나님의 긍휼인 것입니다.

그렇기에 하나님의 독생자로 택한 백성들을 죄와 사망에서 구원하러 오신 예수님은 육신을 입고 세상을 사실 때에 온전히 긍휼을 베푸시는 삶을 살지 않으셨습니까? 병든 자, 귀신들린 자, 앞을 보지 못하는 자, 듣지 못하는 자를 만나면 고쳐 주셨지요. 죽은 자를 살려 주셨습니다. 창녀들과 세리들과 죄를 지은 자들을 만나실 때 죄는 미워하시면서도 그들의 죄를 용서해 주시고 친구로 여기시며 가까이 해주셨지요. 심지어 간음을 하다가 현장에서 붙들린 여자까지도 돌로 치려는 무리들 앞에서 '너희 중에 죄 없는 자가 먼저 돌로 치라'(요 8 : 7)고 하시고, 죄를 용서해 주시며 구원해 주셨던 것입니다.

성도가(우리가) 베풀어야 할 긍휼

우리가 구원을 받고 하나님의 자녀가 된 것은 전적으로 하나님께서 긍휼히 여기시고 은혜를 베풀어 주셔서 된 것입니다.

"우리를 구원하시되 우리가 행한 바 의로운 행위로 말미암지 아니하고 오직 그의 긍휼하심을 따라 중생의 씻음과 성령의 새롭게 하심으로 하셨나니 우리 구주 예수 그리스도로 말미암아 우리에게 그 성령을 풍성히 부어 주사 우리로 그의 은혜를 힘입어 의롭다 하심을 얻어 영생의 소망을 따라 상속자가 되게 하려 하심이라"(딛 3 : 5~7)

하나님께서 우리를 구원하실 때 우리가 행한 어떤 의로운 행위(착한 행위, 의로운 행위)를 보시고 구원해 주신 것이 아닙니다. 하나님께서 독생자 예수 그리스도를 세상에 보내 택한 백성들을 위해 죗값을 대신 지불하시며 십자가에 못 박혀 죽게 하시고 부활하게 하신 복음, 그 복음을 들을 때 성령을 부어 주셔서 예수님을 살아계신 하나님의 아들, 그리스도, 자기의 주님으로 믿어지게 하시며 구원해 주신 것이지요. 오직 하나님의 긍휼하심을 따라 은혜로 된 것입니다.

하나님의 긍휼로 구원을 받은 하나님의 자녀인 천국 백성들은 이웃들에게 반드시 긍휼을 베풀면서 살아야 하는 것이지요. 천국 백성들의 긍휼은 이웃들에게 어떻게 나타나야 할까요?

첫째, 이웃과 형제의 죄와 허물을 용서해 주는 것으로 나타나야 합니다.

누구나 세상을 살다 보면 자기에게 손해를 끼치고, 감정을 상하게 하고, 섭섭하게 해주는 사람이 생겨나기 마련입니다. 세상을 살면서 그런 일을 당하지 않은 사람은 한 사람도 없는 것이지요. 그런데 하나님의 긍휼로 구원을 받은 성도들은 그런 사람이 생겨날 때 반드시 용서해 주어야 하는 것입니다.

예수님께서 죄를 지은 형제가 있을 때 어떻게 해야 할 것인가를 말씀해주시지 않으셨습니까?

"네 형제가 죄를 범하거든 가서 너와 그 사람과만 상대하여 권고하라 만일 들으면 네가 네 형제를 얻은 것이요 만일 듣지 않거든 한두 사람을 데리고 가서 두세 증인의 입으로 말마다 확증하게 하라 만일 그들의 말도 듣지 않거든 교회에 말하고 교회의 말도 듣지 않거든 이방인과 세리와 같이 여기라"(마 18 : 15~17)

이 말씀을 들은 베드로가 어떤 질문을 했습니까?

"주여 형제가 내게 죄를 범하면 몇 번이나 용서하여 주리이까 일곱 번까지 하오리이까"(마 18 : 21) 그 말을 들으신 예수님께서 무엇이라고 하셨습니까?

"일곱 번뿐 아니라 일곱 번을 일흔 번까지라도 할지니라"(마 18 : 22)

이어서 예수님께서는 '빚진 종 이야기'를 들려주셨지요. "천국은 그 종들과 결산하려 하던 어떤 임금과 같으니"라고 하시면서, 임금에게 만 달란트(1 달란트는 6000데나리온) 빚진 종과 그 종에게 100데나리온(1데나리온은 당시 장정 하루의 품삯) 빚진 동료 이야기를 들려주셨지 않습니까?

"너희가 각각 마음으로부터 형제를 용서하지 아니하면 나의 하늘 아버지께서도 너희에게 이와 같이 하시리라"(마 18 : 35)

죄를 지은 형제(해롭게 하고 감정을 상하게 한 형제)가 있을 때 입술로만 용서하지 말고 '마음으로부터 온전히 용서하라'고 하신 것입니다.

둘째, 연약하고 병들고 굶주리고 헐벗은 사람들을 돌보는 것으로 나타나야 합니다.

세상에는 언제나 어디에나 굶주리며 헐벗고, 약하고, 병든 사람들, 가난한 고아와 과부들이 있기 마련입니다. 예수님께서 다시 오시는 날까지 이웃에 그런 사람들이 그치지 않을 것이라고 하셨지요.

"네 하나님 여호와께서 네게 주신 땅 어느 성읍에서든지 가난한 형제가 너와 함께 거주하거든 그 가난한 형제에게 네 마음을 완악하게 하지 말며 네 손을 움켜쥐지 말고 반드시 네 손을 그에게 펴서 그에게 필요한 대로 쓸 것을 넉넉히 꾸어주라

삼가 너는 마음에 악한 생각을 품지 말라 곧 이르기를 일곱째 해 면제년이 가까이 왔다 하고 네 궁핍한 형제를 악한 눈으로 바라보며 아무것도 주지 아니하면 그가 너를 여호와께 호소하리니 그것이 네게 죄가 되리라 ………

땅에는 언제든지 가난한 자가 그치지 아니하겠으므로 내가 네게 명령하여 이르노니 너는 반드시 네 땅 안에 네 형제 중 곤란한 자와 궁핍한 자에게 네 손을 펼지니라"(신 15 : 7~11)

하나님께서는 언제든지 어디든지 네 땅 안(네가 살고 있는 이웃)에 가난한 자, 곤란한 자, 궁핍한 자, 고아와 과부가 그치지 않을 것이라고 하셨습니다. 그런 자들에게 반드시 손을 펴라고 하셨지요. 긍휼을 베풀라고 하신 것입니다.

긍휼을 베푸는 자가 받는 복

하나님은 자신이 살고 있는 이웃에 어려움을 만난 사람, 굶주리며 헐벗고, 약하고, 병든 사람들, 가난한 고아와 과부들에게 긍휼을 베푸는 것을 주님께 해드리는 것으로 간주를 하시는 분입니다.

"인자가 자기 영광으로 모든 천사와 함께 올 때에 자기 영광의 보좌에 앉으리니 모든 민족을 그 앞에 모으고 각각 구분하기를 목자가 양과 염소를 구분하는 것 같이 하여 양은 그 오른편에 염소는 왼편에 두리라

그 때에 임금이 그 오른편에 있는 자들에게 이르시되 내 아버지께 복 받을 자들이여 나아와 창세로부터 너희를 위하여 예비된 나라를 상속받으라

내가 주릴 때에 너희가 먹을 것을 주었고 목마를 때에 마시게 하였고 나그네 되었을 때에 영접하였고 헐벗었을 때에 옷을 입혔고 병들었을 때에 돌보았고 옥에 갇혔을 때에 와서 보았느니라

이에 의인들이 대답하여 이르되 주여 우리가 어느 때에 주께서 주리신 것을 보고 음식을 대접하였으며 목마르신 것을 보고 마시게 하였나이까 어느 때에 나그네 되신 것을 보고 영접하였으며 헐벗으신 것을 보고 옷 입혔나이까 어느 때에 병드신 것이나 옥에 갇히신 것을 보고 가서 뵈었나이까 하리니

임금이 대답하여 이르시되 내가 진실로 너희에게 이르노니 너희가 여기 내 형제 중에 지극히 작은 자 하나에게 한 것이 곧 내게 한 것이니라"(마 25 : 31~40)

무슨 말씀입니까? 예수님은 굶주리고 목마르고 헐벗고 병들고 옥에 갇힌 사람, 가난한 사람, 고아와 과부를 돌보는 것을 예수님께 해드리는 것으로 간주를 하시는 분입니다. 그리고 그런 자들에게 풍성한 복을 주시는 분이지요. 그러므로 천국 백성들은 이웃에 어려움을 만난 사람, 굶주리고, 헐벗고, 약하고, 병든 사람, 가난한 고아와 과부들에게 반드시 긍휼을 베풀며 살아야 하는 것입니다.

"너는 반드시 그에게 줄 것이요, 줄 때에는 아끼는 마음을 품지 말 것이니라 이로 말미암아 네 하나님 여호와께서 네가 하는 모든 일과 네 손이 닿는 모든 일에 네게 복을 주시리라"(신 15 : 10)

"구제를 좋아하는 자는 풍족하여질 것이요 남을 윤택하게 하는 자는 자기도 윤택하여지리라"(잠 11 : 25)

"내가 어려서부터 늙기까지 의인이 버림을 당하거나 그의 자손이 걸식함을 보지 못하였도다 그는 종일토록 은혜를 베풀고 꾸어 주니 그의 자손이 복을 받는도다"(시 37 : 25~26)

영국의 런던에 살고 있는 한 소년(도시 소년)이 여름방학을 맞아 시골 여행을 떠났다가 무더운 여름날 너무나 더워 더위를 식히려고 냇물에 들어갔습니다. 그런데 수영이 미숙한 이 소년은 물속에 빠져 허우적거리며 죽어가게 되었지요. 소년이 익사 직전에 처했을 때 마침 지나가던 시골 소년이 그 모습을 목격하고 물속에 뛰어들어 물에 빠져 죽어가던 소년을 구했습니다.

이 도시 소년이 집으로 돌아와 부모에게 그 이야기를 했지요. 아들을 통해 아들의 생명을 살려준 시골 소년 이야기를 들은 도시 소년의 부모는 시골 소년을 런던으로 불러 소원이 무엇이냐고 물었습니다. 시골 소년은 의학을 공부하고 의사가 되고 싶다고 했지요. 도시 소년의 부모는 아들을 살려준 시골 소년이 공부하는 것을 뒷바라지해 주었고, 시골 소년은 훌륭한 의사가 되었습니다.

도시 소년도 훌륭하게 자라 훗날 영국을 다스리는 수상이 되었고, 세계2차대전을 연합군의 승리로 이끈 역대 영국의 수상들 가운데 가장 위대한 수상이 되었지요. 그런데 세계2차대전 중에 전황을 논의하기 위해 미국과 소련 대통령과 외국에서 정상회의를 하게 되었는데, 그 회의에 참석을 했던 영국 수상이 급성 폐렴에 걸려 사경을 헤매게 되었습니다. 이때 영국에서 새롭게 발명한 의약품인 '페니실린'을 공수해와서 사경을 헤매는 수상이 살아날 수 있었지요. 그런데 페니실린을 발명한 사람이 의사가 되었던 시골소년이었습니다.

영국 수상이 되어 세계2차대전을 승리로 이끈 사람이 도시 소년이었던 '윈스턴 처질 경'이고, 의사가 되어 '페니실린'을 발명한 사람이 바로 시골 소년이었던 '알렉산더 플레밍 경'입니다.

시골에서 이름없이 살다가 인생을 끝냈을 시골 소년이었던 플레밍이 물에 빠져 죽어가는 도시 소년 처칠을 살려내는 긍휼을 베풀었을 때 런던으로 유학을 해서 의사가 될 수 있었지요. 그리고 '페니실린'를 발명하여 인류 역사에 큰 공헌을 했습니다. 익사 직전에 있던 자기를 살려준 시골 소년이 공부를 할 수 있도록 긍휼을 베풀어준 도시 소년 윈스턴 처칠은 시골 소년이 의사가 되어 발명한 '페니실린' 덕분에 죽음의 자리에서 다시 살아날 수가 있었지요. 긍휼을 베풀었을 때 자신이 풍성한 긍휼을 입을 수 있었던 것입니다.

"긍휼히 여기는 자는 복이 있나니 그들이 긍휼히 여김을 받을 것임이요" 긍휼을 베푸는 자가 긍휼을 입을 수 있는 것입니다.

이제 말씀을 맺겠습니다.

하나님의 자녀된 천국 백성은 하나님의 긍휼로 구원을 받은 사람들입니다. 세상을 살 때 긍휼을 베풀면서 살아야 하는 사람들이지요. 나에게 해를 끼치고 감정을 상하게 산 사람들을 용서하며 살아야 합니다. 굶주리고 헐벗고 병들고 연약한 이웃을 불쌍히 여기며 도우며 살아야 하지요. 그래서 하나님께서 주시는 더 풍성한 긍휼을 입으며 살아야 하는 것입니다. 그런 천국 백성이 되시기를 예수님의 이름으로 축원합니다.   아   멘.

마음이 청결한 자의 복

마태복음 5 : 8

"마음이 청결한 자는 복이 있나니 그들이 하나님을 볼 것임이요"(마 5 : 8)

예수님의 교훈 가운데 가장 유명한 '산상보훈(山上寶訓)'(마태복음 5~7장) 말씀에 대한 강론을 하고 있습니다.

예수님은 천국 복음을 선포하시면서 먼저 '팔복(八福)'을 선포하셨지요. 이 시간에는 '팔복'중에서 여섯 번째로 하신 말씀을 살펴보면서 하나님의 음성을 듣기를 원합니다.

"마음이 청결한 자는 복이 있나니 그들이 하나님을 볼 것임이요"(마 5 : 8)라고 했습니다. '마음이 청결한 자의 복'에 대하여 말씀을 해주셨지요.

헬라어로 된 성경 원문에 보면 "Μακάριοι οἱ καθαροὶ τῇ καρδίᾳ, ὅτι αὐτοὶ τὸν Θεὸν ὄψονται.(마카리오이 호이 카다로이 테 카르디아. 호티 아우토이 톤 데온 옾손타이)"로 되어 있고, 영어로 번역을 하면 "Blessed are the pure in heart, for they will see God."입니다.

마음이 청결한 자가 하나님을 보는 복을 받는다는 것입니다. 사람이 세상을 살면서 사랑하는 사람을 향하여 갖는 가장 강렬한 욕망이 무엇입니까? '보고 싶다'는 감정이 아닐까요? 사랑하는 연인이 있으면 한없이 보고 싶은 것입니다. 그렇기에 연인이 되면 함께 있고 싶어서 결혼을 하는 것이지요.

자식이 집을 떠나 객지에 나가 있으면 부모는 못 견디게 자식이 보고 싶고, 집을 떠나 있는 자식도 못 견디게 부모가 보고 싶은 것입니다. 부모 곁을 떠나 생활해 본 자식들은 그것을 알고, 자식을 떠나보낸 경험이 있는 부모들은 그것을 알지요. 중학교 다니던 시절에 집을 떠나 생활했던 저는 소년 시절 그런 경험을 했습니다.

그리고 보통 자식들은 부모가 살아계실 때는 못 느끼다가 부모가 돌아가시고 난 뒤에야 부모가 그리워 눈물을 짓는 것을 볼 수 있지요. 나이가 70이 넘고 80이 넘은 노인이 되어서도 돌아가신 아버지 어머니가 보고 싶고, 철이 없어 부모의 마음을 섭섭하게 해드린 것이 생각날 때면, 너무나 죄송스럽고 아버지 어머니가 그리워 뜨거운 눈물을 흘리는 것입니다.

그런데 예수님을 믿고 하나님을 경외하며 하나님의 자녀가 된 성도가 세상을 살면서 가장 보고 싶은 분이 누구일까요? '하나님'이 아니겠습니까? 자신을 구원하기 위하여 십자가에 달려 대신 죽으셨다가 부활하시고 승천하신 예수님, 하나님 보좌 우편에 앉아 계신 예수님이 아닐까요? 그런데 본문에 보니까, 예수님께서 팔복 가운데 여섯 번째 복을 선포하시면서 무엇이라고 하십니까?

"마음이 청결한 자는 복이 있나니 그들이 하나님을 볼 것임이요"라고 하셨지요. 마음이 청결한 자가 하나님을 보는 복을 누린다는 것입니다.

이 시간에 '마음이 청결하다는 말이 무엇인가?' '마음을 어떻게 청결하게 할 수 있는가?' '마음이 청결한 자가 왜 복이 있는가?'를 말씀을 드리면서 하나님의 음성을 듣고자 합니다.

'마음이 청결하다'는 말이 무슨 말인가?

예수님께서 말씀하시는 '마음(헬, καρδία(카르디아)/영, heart)'이 무엇을 가리킵니까? 본절에서 말씀하신 '마음(헬, καρδία(카르디아)'은 3절에서 말씀하신 '심령(헬, πνεῦμα(프뉴마)/영, spirit)'과는 구별되는 말입니다. 사람의 몸이 영(헬, πνεῦμα(프뉴마)/영, spirit)과 혼(헬, ψυχή(프쉬케)/영, soul)과 몸(헬, σῶμα(소마)/영, body)으로 되어 있다고 했지요. '심령(헬, πνεῦμα(프뉴마)/영, spirit)'은 '영이신 하나님과 접촉이 이루어지는 사람의 영'을 가리키고, '마음(헬, καρδία(카르디아)/영, heart)'은 '영과 혼이 지배하는 속사람'을 가리키는 말입니다. 알고 느끼고 생각하고 결정하는 지정의(知情意)를 가리키는 말이지요. 사람의 전인격을 가리키는 말입니다.

'마음(헬, καρδία(카르디아)'은 하나님의 성령(예수 그리스도의 영)이 오셔서 머무시는 자리(座所), 신앙의 자리를 가리키는 말이지요. 그러므로 예수 그리스도를 믿지 않는 모든 사람들은 영이 죄와 허물로 죽어 있는 상태여서 하나님을 알지 못하고 믿지 않지만, 혼이 살아있어서 마음으로는 무엇을 보았을 때 알고 느끼고 생각을 하고 결정을 하고 행동을 하는 것입니다.

하나님을 믿고 섬기는 신앙생활은 영과 혼이 지배하는 마음으로 하는 것입니다. 성령이 오셔서 머무시는 자리가 마음인 것이지요. 하나님이 어떤 분이신가를 알고, 하나님께서 살아끼시고 일하시는 분인 것을 느끼고, 하나님을 믿고, 생각을 하고, 결정을 하는 것이 바로 마음인 것입니다.

예수님을 살아계신 하나님의 아들로 믿고, 그리스도로 믿고, 주님으로 믿는 것은 예수 그리스도에 대한 말씀(복음)을 들을 때 성령께서 역사하셔서 마음으로 믿는 것이지요. 마음으로 믿으면서 구원을 받는 것입니다. 성경이 무엇이라고 말씀을 하십니까?

"네가 만일 네 입으로 예수를 주로 시인하며 또 하나님께서 그를 죽은 자 가운데서 살리신 것을 네 마음에 믿으면 구원을 받으리라 사람이 마음으로 믿어 의에 이르고 입으로 시인하여 구원에 이르느니라"(롬 10 : 9~10)

구원을 받는 것, 하나님의 자녀가 되는 것, 신앙생활을 하는 것은 전적으로 마음에 달려 있지요. 마음으로 믿지 않으면 구원을 받을 수 없고, 신앙생활을 할 수 없는 것입니다. 겉으로 보기에 신앙생활을 하는 것처럼 보일 수도 있겠지만 마음으로 믿고 있지 않다면 그것은 외식하는 것이지요.

"모든 지킬 만한 것 중에 더욱 네 마음을 지키라 생명의 근원이 이에서 남이니라"(잠 4 : 23) "주께서 이르시되 이 백성이 입으로는 나를 가까이 하며 입술로는 나를 공경하나 그들의 마음은 내게서 멀리 떠났나니 그들이 나를 경외함은 사람의 계명으로 가르침을 받았을 뿐이라"(사 29 : 13)

사람들은 보통 생각할 때에 환경이 중요하고, 환경이 문제라는 생각을 합니다. 그래서 잘 된 것은 자기가 똑똑하고 잘 나서 잘 된 것이고, 잘 못 되고 안된 것은 다 환경 탓으로 돌리지 않습니까?

사람들이 신앙생활을 하는 것도 마찬가지입니다. 환경이 좋지 않아서 신앙생활을 잘 할 수 없다는 핑계를 대지요. 코로나 시대를 만나 신앙이 게을러지고, 하나님을 멀리하게 되었다고 환경을 핑계 댑니다.

그러나 그것은 다 핑계일 뿐이지요. 아담과 하와는 부족한 것이 하나도 없는(환경이 아주 좋은) 에덴동산에서 죄를 짓지 않았습니까? "만물보다 거짓되고 심히 부패한 것은 마음이라"(렘 17 : 9)고 했지요. 마음이 문제이고, 마음에 달려 있는 것입니다.

'청결하다(헬, καθαρος(카다로스))'는 말씀은 무슨 말씀일까요?

'청결(헬, καθαρος(카다로스)'이라는 말에는 두어 가지 의미가 있습니다. 헬라어 '카다로스'라는 말은 키질을 하고 체로 쳐서 모든 쭉정이를 제거한 '알곡'을 표현할 때 사용이 되었지요. 알곡 같은 마음이 청결한 마음인 것입니다.

"손에 키를 들고 자기의 타작 마당을 정하게 하사 알곡은 모아 곳간에 들이고 쭉정이는 꺼지지 않는 불에 태우시리라"(마 3 : 12)

쭉정이를 제거한 알곡, 쭉정이 같은 모든 죄를 회개하고 제거한 마음이 청결한 마음인 것입니다.

그리고, '청결(헬, καθαρος)'는 말은 비혼합, 비화합, 비합금의 의미를 가지고 있지요. 그러므로 청결한 마음은 '혼합되지 않은(섞여 있지 않은), 순수한, 진실한, 나뉘어지지 않은 마음'을 가리키는 말입니다. 하나님은 순수하지 않은 마음, 두 마음, 의심하는 마음, 나뉘어지는 마음을 기뻐하지 않으시는 분이지요.

"오직 믿음으로 구하고 조금도 의심하지 말라 의심하는 자는 마치 바람에 밀려 요동하는 바다 물결 같으니 이런 사람은 무엇이든지 주께 얻기를 생각하지 말라 두 마음을 품어 모든 일에 정함이 없는 자로다"(약 1 : 6~8)

예수님은 차지도 아니하고 더웁지도 아니한 라오디게아교회 형제들을 향하여 "라오디게아 교회의 사자에게 편지하라 아멘이시요 충성되고 참된 증인이시요 하나님의 창조의 근본이신 이가 이르시되 내가 네 행위를 아노니 네가 차지도 아니하고 뜨겁지도 아니하도다 네가 차든지 뜨겁든지 하기를 원하노라 네가 이같이 미지근하여 뜨겁지도 아니하고 차지도 아니하니 내 입에서 너를 토하여 버리리라"(계 3 : 14~16)고 책망을 하셨지요.

엘리야 선지자는 여호와 하나님과 바알 사이에서 머뭇거리는 이스라엘 백성들을 향하여 "엘리야가 모든 백성에게 가까이 나아가 이르되 너희가 어느 때까지 둘 사이에서 머뭇머뭇하려느냐 여호와가 만일 하나님이면 그를 따르고 바알이 만일 하나님이면 그를 따를지니라"(왕상 18 : 21)책망하며 선택을 요구했습니다.

영이신 하나님을 보려면 반드시 마음이 청결해야 되는 것이지요. 마음이 청결하지 못하면 하나님을 볼 수 없는 것입니다.

어떻게 하면 마음을 청결하게 할 수 있는가?

우리가 입고 생활하는 옷은 세탁기에 넣어 세제를 넣고 세탁을 하면 깨끗해집니다. 세탁기에 넣어 세탁을 하기가 어려운 것은 세탁소에 보내 세탁을 할 수도 있지요. 먼지가 묻고 땀을 흘리며 더러워진 몸은 비누를 칠하고 물로 씻으면 깨끗해집니다.

그런데 우리의 마음은 세탁기에 넣어 세탁을 할 수가 없고, 비누를 칠하고 아무리 물로 씻어도 청결해지지 않지요. 깨끗해지지 않습니다. 우리의 마음은 어떻게 해야 청결해집니까?

첫째, 마음의 청결은 예수 그리스도의 십자가 피로 씻을 수 있습니다. 마음의 청결은 '죄'를 씻고 깨끗해지는 것을 의미하는 말이지요. 그런데 우리가 지은 죄를 깨끗하게 씻어주는 것은 오직 예수 그리스도께서 십자가에서 흘려주신 피인 것입니다.

"그리스도께서는 장래 좋은 일의 대제사장으로 오사 손으로 짓지 아니한 것 곧 이 창조에 속하지 아니한 더 크고 온전한 장막으로 말미암아 염소와 송아지의 피로 하지 아니하고 오직 자기의 피로 영원한 속죄를 이루사 단번에 성소에 들어가셨느니라

염소와 황소의 피와 및 암송아지의 재를 부정한 자에게 뿌려 그 육체를 정결하게 하여 거룩하게 하거든 하물며 영원하신 성령으로 말미암아 흠 없는 자기를 하나님께 드린 그리스도의 피가 어찌 너희 양심을 죽은 행실에서 깨끗하게 하고 살아 계신 하나님을 섬기게 하지 못하겠느냐"(히 9 : 11~14)

"너희가 알거니와 너희 조상이 물려 준 헛된 행실에서 대속함을 받은 것은 은이나 금 같이 없어질 것으로 된 것이 아니요 오직 흠 없고 점 없는 어린 양 같은 그리스도의 보배로운 피로 된 것이니라"(벧전 1 : 18~19)

"그가 빛 가운데 계신 것 같이 우리도 빛 가운데 행하면 우리가 서로 사귐이 있고 그 아들 예수의 피가 우리를 모든 죄에서 깨끗하게 하실 것이요"(요일 1 : 7)

어떤 죄를 지었다 하더라도 회개하고 예수님께서 흘려주신 십자가의 피로 씻으면 양털 같이 흰 눈같이 청결해지는 것입니다.

둘째, 마음의 청결은 하나님의 말씀이 할 수 있습니다. 하나님의 말씀은 우리의 마음을 깨끗이 씻어주는 '물'과 같고, 우리 마음의 더러운 것을 태워 버리는 '불'과 같은 것이지요.

"그들을 진리로 거룩하게 하옵소서 아버지의 말씀은 진리니이다"(요 17 : 17)

"이는 곧 물로 씻어 말씀으로 깨끗하게 하사 거룩하게 하시고"(엡 5 : 26)

"여호와의 말씀이니라 내 말이 불같지 아니하냐 바위를 쳐서 부스러뜨리는 방망이 같지 아니하냐"(렘 23 : 29)

그러므로 하나님의 말씀을 사모하며, 읽고 묵상하며, 하나님의 말씀을 마음에 가득히 담으면 마음이 깨끗해지는 것입니다.

셋째, 마음의 청결은 성령께서 하실 수 있습니다. 성령은 거룩한 영이기 때문에 청결한 곳에만 임할 수 있지요. 그러므로 성령이 임하면 청결해지지 않을 수 없는 것입니다.

"우리를 구원하시되 우리가 행한 바 의로운 행위로 말미암지 아니하고 오직 그의 긍휼하심을 따라 중생의 씻음과 성령의 새롭게 하심으로 하셨나니"(딛 3 : 5)

마음은 예수님의 십자가 보배 피로, 하나님의 말씀으로, 성령으로 청결하게 할 수 있는 것입니다.

마음이 청결한 자가 누리는 복이 무엇인가?

"마음이 청결한 자는 복이 있나니 그들이 하나님을 볼 것임이요"라고 했습니다. 마음이 청결한 사람이 하나님을 볼 수가 있다고 하신 것이지요.

예수님을 믿는 하나님의 자녀들은 누구나 하나님을 보고 싶어하지 않습니까? 그런데 육신의 눈에 보이지 않는 영이신 하나님을 누가 볼 수 있다는 것인가요? 마음이 청결한 자가 볼 수 있다는 것입니다.

하나님은 사람을 보실 때 외모를 보시지 않고 중심(마음)을 보시는 분입니다.

"여호와께서 사무엘에게 이르시되 그의 용모와 키를 보지 말라 내가 이미 그를 버렸노라 내가 보는 것은 사람과 같지 아니하니 사람은 외모를 보거니와 나 **여호와는 중심을 보느니라** 하시더라"(삼상 16 : 7)

중심(마음)을 보시는 예수님은 당시에 겉으로는 하나님을 잘 섬기는 것처럼 보이는 외식하는 서기관들과 바리새인들을 향하여 강하게 책망을 하셨지요. 먼저 안(마음)을 깨끗이 하라고 하셨습니다.

"**화 있을진저 외식하는 서기관들과 바리새인들이여** 잔과 대접의 겉은 깨끗이 하되 그 안에는 탐욕과 방탕으로 가득하게 하는도다 눈 먼 바리새인이여 너는 먼저 **안을 깨끗이 하라 그리하면 겉도 깨끗하리라** 화 있을진저 외식하는 서기관들과 바리새인들이여 회칠한 무덤 같으니 겉으로는 아름답게 보이나 그 안에는 죽은 사람의 뼈와 모든 더러운 것이 가득하도다 이와 같이 너희도 겉으로는 사람에게 옳게 보이되 **안으로는 외식과 불법이 가득하도다**"(마 23 : 25~28)

하나님은 외모를 보시지 않고 마음을 보시는 분이기 때문에 마음이 청결한 자가 복이 있는 것이지요. 마음이 청결하면 하나님을 보는 복을 누리는 것입니다.

예수님께서는 육신을 입고 세상에 오셔서 천국 복음을 전하시며 따르는 제자들에게 '아버지'란 말씀을 많이 하셨습니다. 그래서 예수님께서 십자가에 못 박히시기 전날 저녁 제자들을 데리고 최후의 만찬을 나누신 후 다락방에서 마지막 강론을 하시며 "너희가 나를 알았더라면 내 아버지도 알았으리로다 이제부터는 너희가 그를 알았고 또 보았느니라"(요 14 : 7)고 하실 때 제자인 **빌립**이 무엇을 요구했습니까?

"빌립이 이르되 **주여 아버지를 우리에게 보여 주옵소서 그리하면 족하겠나이다**"(요 14 : 8) 그 요청을 받으신 예수님이 무엇이라고 하셨습니까?

"예수께서 이르시되 빌립아 내가 이렇게 오래 너희와 함께 있으되 네가 나를 알지 못하느냐 **나를 본 자는 아버지를 보았거늘 어찌하여 아버지를 보이라 하느냐 내가 아버지 안에 거하고 아버지는 내 안에 계신 것을 네가 믿지 아니하느냐**"(요 14 : 9)고 하셨지요.

제자인 빌립이 예수님께서 늘 말씀하시는 '하늘 아버지(성부 하나님)'를 보여달라고 했을 때, 예수님께서는 '내가 아버지 안에 거하고 아버지가 내 안에 계신다'고 하시면서, '나를 본 자는 아버지를 본 것이라'고 하셨습니다.

'하나님은 영이시라' 육신의 눈에는 보이지 않으시는 분이지요. 그래서 영안이 열리고, 마음이 청결한 자만이 하나님을 볼 수 있는 것입니다.

성경에 보면 누가 하나님을 보았습니까? 꿈속에서 **야곱**이 보았고, 인내의 사람 **욥**이 보았고, 위대한 선지자 **이사야**가 보았고, 사도 요한이 보았고 스데반 집사님이 보았지요.

"(야곱이) 꿈에 본즉 사닥다리가 땅 위에 서 있는데 그 꼭대기가 하늘에 닿았고 또 본즉 하나님의 사자들이 그 위에서 오르락내리락 하고 또 본즉 **여호와께서 그 위에 서서 이르시되 나는 여호와니 너의 조부 아브라함의 하나님이요 이삭의 하나님이라 네가 누워 있는 땅을 내가 너와 네 자손에게 주리니**"(창 28 : 12~13)

"내가(욥이) 주께 대하여 귀로 듣기만 하였사오나 이제는 눈으로 주를 **뵈옵나이다**"(욥 42 : 5)

"웃시야 왕이 죽던 해에 내(이사야 선지자)가 본즉 주께서 높이 들린 **보좌**에 앉으셨는데 그의 옷자락은 성전에 가득하였고 스랍들이 모시고 섰는데 각기 여섯 날개가 있어 그 둘로는 자기의 얼굴을 가리었고 그 둘로는 자기의 발을 가리었고 그 둘로는 날며 서로 불러 이르되 거룩하다 거룩하다 거룩하다 만군의 여호와여 그의 영광이 온 땅에 충만하도다 하더라"(사 6 : 1~3)

"내(사도 요한)가 곧 성령에 감동되었더니 보라 하늘에 보좌를 베풀었고 그 **보좌 위에**

앉으신 이가 있는데 앉으신 이의 모양이 벽옥과 홍보석 같고 또 무지개가 있어 보좌에 둘렸는데 그 모양이 녹보석 같더라"(계 4 : 2~3)

"스데반이 성령 충만하여 하늘을 우러러 주목하여 하나님의 영광과 및 예수께서 하나님 우편에 서신 것을 보고"(행 7 : 55)

야곱, 욥, 이사야 선지자, 사도 요한이 영안이 열려 하나님을 보았습니다. 스데반 집사님은 복음을 전하다가 돌 맞아 순교를 당하면서 영안이 열려 '하나님의 영광과 승천하신 예수님이 하나님 우편에 서신 것'을 보았지요. 그러나 이들은 하나님을 보기는 보았지만 온전하게 보지 못하고 거울로 보는 것처럼 희미하게 보았을 것입니다. 하나님의 모습을 희미하게 보지 아니하고 온전하게 보는 것은 구원받은 성도들이 장차 하나님 나라에 가서 보게 될 것입니다.

성경이 어떻게 증언을 하고 있습니까? "우리가 지금은 거울로 보는 것 같이 희미하나 그 때에는 얼굴과 얼굴을 대하여 볼 것이요 지금은 내가 부분적으로 아나 그 때에는 주께서 나를 아신 것 같이 내가 온전히 알리라"(고전 13 : 12)고 말씀하지 않습니까?

그렇기에 본문에 나오는 '그들이 하나님을 볼 것이요(헬, τὸν Θεὸν ὄψονται(톤 데온 옾손타이)/영, will see God.)'라는 말이 '미래형 동사(헬, ὄψονται(옾손타이)/ 영, will see)'로 되어 있는 것을 볼 수 있는 것입니다.

이제 말씀을 맺겠습니다.

날마다 마음을 청결하게 하는 생활을 하시기를 바랍니다. 늘 영안이 열려 영이신 하나님을 바라보며 사는 천국 백성이 되시기를 예수님의 이름으로 축원합니다.

아　　멘.

화평하게 하는 자의 복

마태복음 5 : 9

"화평하게 하는 자는 복이 있나니 그들이 하나님의 아들이라 일컬음을 받을 것임이요"(마 5 : 9)

예수님의 교훈 가운데 가장 유명한 '산상보훈(山上寶訓)'(마태복음 5~7장) 말씀에 대한 강론을 계속하고 있습니다. '山上寶訓'이라는 말은 '산 위에서 가르치신 보배로운 교훈'이기 때문에 붙여진 이름이라고 했지요.

예수님은 천국 복음을 선포하시면서 먼저 '팔복(八福)'을 선포하셨습니다. 오늘은 '팔복' 중에서 일곱 번째로 하신 말씀을 살펴보면서 하나님의 음성을 듣기를 원합니다. 어떤 말씀입니까? 9절 말씀을 보세요. "화평하게 하는 자는 복이 있나니 그들이 하나님의 아들이라 일컬음을 받을 것임이요"(마 5 : 9)라고 했습니다. '화평하게 하는 자의 복'에 대하여 말씀을 해주셨지요.

헬라어로 된 성경 원문에 보면 "Μακάριοι οἱ εἰρηνοποιοί, ὅτι αὐτοὶ υἱοὶ Θεοῦ κληθήσονται.(마카리오이 호이 에이레노포이오이, 호티 아우토이 휘오이 데우 크레데손타이)"로 되어 있고, 영어로 번역을 하면 "Blessed are the peacemakers, for they will be called sons of God."입니다.

화평하게 하는 자가 하나님의 아들이라 일컬음을 받는다는 것이지요. 화평하게 하는 자의 복에 대한 말씀인 것입니다.

우리가 세상을 살면서 알고 있는 사람, 반가운 사람을 만나면 처음 나누는 인사말이 있습니다. '안녕하세요?' '안녕하셨어요?' 구약성경의 언어인 히브리어를 사용하는 유대인들은 만나면 나누는 인사가 '샬롬 (히, שָׁלוֹם)'이지요. '평화, 평강, 평안'이라는 의미로 같은 말입니다.

너무 평범한 말 같지만 삶 속에서 가장 중요한 부분을 묻는 말이지요. 세상을 살 때 굶주리고 있거나 건강을 잃고 몸이 아프거나 힘들고 어려운 일을 만나 염려가 되어 마음이 평안하지 않다면 세상의 금은보화와 명예와 권세가 다 소용이 없는 것입니다.

위나 장이 탈이 나면 진수성찬도 아무 소용이 없지 않습니까? 아무리 좋은 음식이라도 전혀 먹고 싶지 않은 것입니다. 마음이 괴롭고 평안하지 않으면 아름다운 음악을 들어도 기쁘지 않고, 아무리 아름다운 것을 보아도 아름답지 않은 것이지요. 사랑하는 사람이 죽어서 장례를 치르는 사람의 마음은 아무리 아름다운 것을 보아도 좋은 음악을 들어도 전혀 기쁘지 않고 슬픈 것입니다.

하나님이 사랑하는 자녀들을 향하여 가진 소망 가운데 가장 큰 소망은 바로 '평화, 평강, 샬롬 (히, שלום)'인 것입니다.

그래서 독생자 예수 그리스도가 육신을 입고 아기 예수로 강탄하셨을 때 천군 천사들이 어떻게 찬송을 했나요? "지극히 높은 곳에서는 **하나님께 영광**이요 땅에서는 **하나님이 기뻐하신 사람들 중에 평화로다**"(눅 2 : 14) 찬송을 했습니다.

그리고 십자가에 달려 피 흘려 죽으시며 속량 사역을 완성하시고, 부활하신 예수님께서 사랑하는 제자들을 찾아오셔서 하신 말씀이 무엇입니까? "너희에게 **평강이 있을지어다**"(요 20 : 19, 21, 26)를 세 번이나 반복하시지 않았나요? 사람에게 제일 필요한 것이 평강(평화)인 것입니다.

예수님은 천국 복음을 선포하시면서 '팔복'가운데 여섯 번째 복으로 '화평하게 하는 자는 복이 있나니 그들이 하나님의 아들이라 일컬음을 받을 것임이요'라고 하셨지요.

이 시간에 '화평하게 하는 자란 어떤 자인가?' '화평하게 하는 자가 되려면 어떻게 해야 하는가?' '화평하게 하는 자에게 주어지는 복이 무엇인가?'에 대하여 말씀을 드리면서 같이 하나님의 음성을 듣기를 원합니다.

화평하게 하는 자란 어떤 자인가?

'화평하게 하는 자(헬, οἱ εἰρηνοποιοί(호이 에이레노포이오이)'라는 말씀은 '화평' '평강(헬, εἰρήνη(에이레네)/영, peace)이라는 명사와 '만들다(헬, ποιέω(포이에오)/영, make)' '행하다'는 동사의 합성어인 '헬, εἰρηνοποιός(에이레노포이오스)'의 복수형입니다. '**평화를 만드는 사람들**'이라는 뜻이지요.

'화평하게 하는 자들(헬, οἱ εἰρηνοποιοί)'은 단순히 '화평을 누리는 자' '화평을 사랑하는 자' '화평을 유지하는 자(peace-keepers)'가 아니라 '**화평을 만드는 자들(peace-makers)**'

이라는 말입니다. 단순히 화평을 좋아하고 화평을 지켜가는 사람이 아니라 적극적으로 화평을 만들어가는 사람을 가리키는 말이지요.

얼핏 보기에는 '화평을 좋아하고 화평을 유지하는 사람'이나 '화평을 만들어 가는 사람'이 같은 의미로 생각될지 모르지만 그 의미는 전혀 다른 것입니다. 평화를 좋아하는 사람은 '평화애호가'일 수는 있지만 반드시 평화를 만들어가는 사람은 아닌 것이지요.

예를 들면, 자기가 몸 담고 있는 가정이나 교회나 직장에 무엇인가 잘못되어 있는 것을 알고 있고, 시정되지 않으면 안 된다는 것을 알게 되었다고 합시다. 그런데 '평화주의자, 평화애호가'는 잘못되어 있는 것을 시정하려면 자기가 고통을 당해야 하고 비난과 따돌림을 당해야 하고, 손해를 보아야 할 때 침묵을 지키며 아무런 행동도 취하지 않는 사람이지요. 반면에 '화평하게 하는 자'는 자기가 손해가 나고 비난을 당하며 고통을 당하고 욕을 먹으면서도 능동적으로 화평을 만들어가는 사람인 것입니다.

화평하게 하는 자가 되려면 어떻게 해야 할까요?

사람에게 '샬롬(평화, 평강)'이 깨어지는 것은 '죄' 때문에 생겨나는 것입니다. '죄' 때문에 하나님과의 '평화'가 깨어지고, 사람과의 '평화'가 깨어지고, 하나님이 지으신 자연과의 '평화'가 깨어지는 것이지요.

아담과 하와가 하나님이 금하신 선악과를 따먹고 죄를 지었을 때 하나님을 볼 수가 없어서, 하나님께 보이지 않으려고, 무화과나무 뒤에 숨은 것입니다. 아담과 하와가 죄를 짓고 난 뒤에 아담은 하와를 핑계 대고, 하와는 유혹한 뱀(사탄, 마귀)을 핑계 대며, 아담과 하와(부부) 사이가 불편해졌지요. 아담과 하와가 죄를 지으니까 땅이 저주를 받아 가시덤불과 엉겅퀴를 내게 되었습니다. 죄 때문에 하나님과의 '평화'깨어지고, 사람과의 '평화'가 깨어지고, 하나님이 지으신 자연과의 '평화'가 깨어진 것입니다.

'화평'이 깨어진 것이 '죄'이기 때문에 '화평'하기 위해서는 반드시 '죄'문제가 해결이 되어야 하는 것이지요. 그런데 죄의 문제는 죄를 지은 사람이 스스로 해결할 수 없는 것입니다. 죄가 없는 사람이 죄를 지은 사람을 사랑하며 용서해야 하는 것이지요.

그러므로 사랑과 용서이신 하나님께서 독생자인 예수 그리스도를 세상에 보내시고, 십자가에 대신 내주셔서 죗값을 대신 지불하시며 택한 백성들의 죄를 속량해 주신 것입니다. 그래서 누구든지 예수님을 믿기만 하면 죄를 용서해 주시고, 하나님의 자녀로 삼아주시고, 하나님과의 관계를 화목하게 해주시는 것이지요.

"하나님이 세상을 이처럼 사랑하사 독생자를 주셨으니 이는 그를 믿는 자마다 멸망하지 않고 영생을 얻게 하려 하심이라"(요 3 : 16)

"그는 우리 죄를 위한 화목제물이니 우리만 위할 뿐 아니요 온 세상의 죄를 위하심이라"(요일 2 : 2)

"그 때에 너희는 그리스도 밖에 있었고 이스라엘 나라 밖의 사람이라 약속의 언약들에 대하여는 외인이요 세상에서 소망이 없고 하나님도 없는 자이더니 이제는 전에 멀리 있던 너희가 그리스도 예수 안에서 그리스도의 피로 가까워졌느니라 그(예수 그리스도)는 우리의 화평이신지라 둘로 하나를 만드사 원수 된 것 곧 중간에 막힌 담을 자기 육체로 허시고 법조문으로 된 계명의 율법을 폐하셨으니 이는 이 둘로 자기 안에서 한 새 사람을 지어 화평하게 하시고 또 십자가로 이 둘을 한 몸으로 하나님과 화목하게 하려 하심이라"(엡 2 : 12~16)

예수님의 십자가는 '죄 문제'를 해결하신 '화평의 십자가' '화목의 십자가'입니다. 하나님과 나 사이, 나와 너 사이를 화평하게 하신 화평의 십자가인 것이지요.

십자가의 세로 막대는 '하나님과 나 사이'를 화평하게 하신 것이고, 가로 막대는 '나와 너 사이'를 화평하게 하신 것입니다.

예수님이 화평하게 하시는 일을 하신 것처럼 우리가 '화평하게 하는 자'가 되기 위해서는 어떻게 해야 합니까?

첫째, 자신이 먼저 하나님과 화평해야 합니다. 달이 태양 빛을 받아 반사하며 빛을 내듯이 우리가 화평하게 하는 자가 되기 위해서는 먼저 내가 하나님과 화평해야 하는 것이지요. "너는 하나님과 화목하고 평안하라 그리하면 복이 네게 임하리라"(욥 22 : 21)

예수님을 마음으로 온전히 믿어야 하는 것입니다. 예수님을 믿으면 하나님과 화평(화목)이 이루어지는 것이지요.

"의인을 위하여 죽는 자가 쉽지 않고 선인을 위하여 용감히 죽는 자가 혹 있거니와 우리가 아직 죄인 되었을 때에 그리스도께서 우리를 위하여 죽으심으로 하나님께서 우리에 대한 자기의 사랑을 확증하셨느니라 그러면 이제 우리가 그의 피로 말미암아 의롭다 하심을 받았으니 더욱 그로 말미암아 진노하심에서 구원을 받을 것이니 곧 우리가 원수 되었을 때에 그의 아들의 죽으심으로 말미암아 하나님과 화목하게 되었은즉 화목하게 된 자로서는 더욱 그의 살아나심으로 말미암아 구원을 받을 것이니라 그뿐 아니라 이제 우리로

화목하게 하신 우리 주 예수 그리스도로 말미암아 하나님 안에서 또한 즐거워하느니라"(롬 5 : 7~11)

누구든지 예수님을 믿으면 하나님과 화평이 이루어지고, 하나님의 자녀가 되는 것입니다.

둘째, 사람들과도 화평하고, 화목을 이루어야 합니다.

"아무에게도 악을 악으로 갚지 말고 모든 사람 앞에서 선한 일을 도모하라 할 수 있거든 너희로서는 모든 사람과 더불어 화목하라"(롬 12 : 17~18)

자신이 먼저 하나님과 이웃들과 화평(화목)해야 화평하게 할 수 있는 사람이 될 수 있는 것이지요. 자신이 화평하지 못한 사람이 다른 사람을 화평하게 할 수는 없는 것입니다.

셋째, 자신의 욕심을 십자가에 못 박아야 합니다. 욕심을 품지 말아야 하는 것이지요. 욕심을 품으면 평화가 깨어지는 것입니다.

인류가 살아온 역사는 '평화의 역사'가 아니라 '전쟁의 역사'가 아닙니까? 역사학자들에 의하면 역사가 기록된 이래 세상에는 전쟁이 없었던 때는 거의 없었다고 하지요. 6000년 동안 전쟁이 없는 평화의 때는 채 50년도 안 된다고 합니다.

'Q. 라이트'라는 사람이 쓴 「전쟁의 연구」라는 책에 보면 1480년~1941년에 일어난 전쟁의 역사를 이렇게 기록하고 있지요. 영국에서 78번, 프랑스에서 71번, 서바나에서 64번, 러시아에서 41번, 미국에서 13번, 일본에서 9번 ……… 그 외에도 수많은 전쟁이 일어났다고 기록을 하고 있습니다.

세계2차대전이 끝나고 미국과 유럽에서 여론 조사를 했지요. '인간이 가장 원하는 것이 무엇인가?' 거의 모든 사람들이 '평화'라고 대답을 했습니다.

지금도 러시아가 우크라이나를 침략해서 전쟁이 벌어지고 있지 않나요? 미사일과 폭탄을 퍼부으며, 전투기와 탱크와 장갑차를 동원해서 죽고 죽이는 전쟁을 하고 있지 않습니까? 죄 없는 수만 명의 군인들이 죽음을 당하고 있고, 많은 민간인들이 죽음을 당하고 있지 않나요? 침략을 한 러시아나 침략을 당한 우크라이나가 마음으로 원하는 것이 무엇이겠습니까? '평화'가 아닐까요?

너무나 아이러니한 일이 아닙니까? 마음으로는 다 '평화'를 원하면서도 왜 개인과 개인이 싸움을 하고, 왜 나라와 나라가 전쟁을 할까요? 얼마 전 미국의 하원의회 의장(국가 서열 3위)인 '펠로시'가 대만을 방문할 때 중국이 왜 '펠로시' 하원의장을 위협하고, 미국에서는 항공모함을 보내 방문하는 '펠로시' 하원의장과 대만을 보호했습니까? 아니 우리나라 기업체에서도 임원들과 노동자들 사이에 끊임없이 노사분규가 일어나고 있지 않나요?

"너희 중에 싸움이 어디로부터 다툼이 어디로부터 나느냐 너희 지체 중에서 싸우는 정욕으로부터 나는 것이 아니냐"(약 4 : 1) "욕심이 잉태한즉 죄를 낳고 죄가 장성한즉 사망을 낳느니라"(약 1 : 15)

정욕, 탐심 때문에 일어나는 것입니다. 욕심이 들어가면 시기와 다툼이 벌어지고 전쟁이 일어나는 것이지요. 그러므로 성도들은 욕심을 버려야 하는 것입니다. 욕심을 십자가에 못 박아야 하는 것이지요. 자신이 죽어야 하는 것입니다.

"그리스도 예수의 사람들은 육체와 함께 그 정욕과 탐심을 십자가에 못 박았느니라"(갈 5 : 24) "형제들아 내가 그리스도 예수 우리 주 안에서 가진 바 너희에 대한 나의 자랑을 두고 단언하노니 나는 날마다 죽노라"(고전 15 : 31)고 했지요.

넷째, 적극적으로 자신을 희생하는 자가 되어야 합니다. 예수 그리스도의 십자가 속량으로 죄에서 구원해 주시고 화목을 이루어주신 하나님께서 우리 성도들에게 무엇을 부탁하며 어떤 직분을 주셨습니까?

"모든 것이 하나님께로서 났으며 그가 그리스도로 말미암아 우리를 자기와 화목하게 하시고 또 우리에게 화목하게 하는 직분을 주셨으니"(고후 5 : 18)라고 하셨지요.

하나님께서는 하나님과 화목을 이룬 우리 성도들에게 '화목(화평)하게 하는 직분'을 주셨습니다. 성도들은 누구나 화목하게 하는 직분을 가지고 있는 사람들이지요. 어떤 대상들을 화목하게 하는 직분입니까?

하나, 하나님과 사람들이 화목하게 하는 직분이지요. 예수 그리스도의 복음을 전해서 죄를 회개하게 하고 예수님을 믿으며 하나님과 화목하게 하는 직분입니다. 복음을 전하는 직분이지요.

둘, 형제의 죄와 허물을 용서하며 적극적으로 화목하게 하는 직분입니다.

"너희가 각각 마음으로부터 형제를 용서하지 아니하면 나의 하늘 아버지께서도 너희에게 이와 같이 하시리라"(마 18 : 35) "아무에게도 악을 악으로 갚지 말고 모든 사람 앞에서 선한 일을 도모하라 할 수 있거든 너희로서는 모든 사람과 더불어 화목하라 내 사랑하는 자들아 너희가 친히 원수를 갚지 말고 하나님의 진노하심에 맡기라 기록되었으되 원수 갚는 것이 내게 있으니 내가 갚으리라고 주께서 말씀하시니라 원수가 주리거든 먹이고 목마르거든 마시게 하라"(롬 12 : 17~20)

특히 예수님은 막 9 : 50에서 "너희 속에 소금을 두고 서로 화목하라"고 하셨지요. 무슨 말씀입니까? 소금이 녹아지며(자신이 희생을 하며) 맛을 내고 부패를 방지하듯이 희생을 하며 화목하게 하는 직분을 감당하라고 하신 것이지요. 화목하게 하는 직분을 감당하려면 반드시 자신이 소금처럼 녹아지는 희생을 해야 하는 것입니다.

화평하게 하는 자에게 주어지는 복이 무엇인가?

예수님께서 무엇이라고 하십니까? "화평하게 하는 자는 복이 있나니 그들이 **하나님의 아들이라 일컬음을 받을 것임이요**"

화평하게 하는 자는 '하나님의 아들'이라 일컬음을 받게 된다는 것입니다. 예수님이 하나님의 독생자(외아들)로 '화평하게 하는 자'가 아니십니까? 그런 것처럼 '화평하게 하는 자'는 '하나님의 아들(자녀)이라 일컬음을 받게 된다'는 것이지요. '일컬음을 받는다'는 말은 존재의 변화를 의미하는 말입니다. '하나님의 아들(자녀)이 되어지는 것'을 의미하는 말이지요. 천지 만물을 창조하시고 섭리하시는 하나님, 천국의 주인이신 하나님이 아버지가 되어지는 것이지요. 하나님께서 예비하신 모든 것을 다 받을 수 있는 복된 하나님의 자녀(상속자)가 되어지는 것입니다.

이제 말씀을 맺겠습니다.

말로 표현할 수 없는 하나님의 사랑과 용서(십자가 사랑과 용서)를 받은 우리 성도들은 하나님과 화평한 사람들이 되었습니다. 하나님과 화평을 이룬 우리 성도들에게 하나님은 화평(화목)하게 하는 직분을 맡겨 주셨지요. 욕심을 버리며, 자신을 희생하며, 화평하게 직분(불신자에게 전도하는 직분, 형제와 형제를 화목하게 하는 직분)을 잘 감당하며 사는 우리들이 되어야 할 것입니다. 그래서 하나님과 온전히 화평을 이룬 하나님의 자녀된 복을 온전히 누리며 사는 천국 백성이 되시기를 예수님의 이름으로 축원합니다.

아　　　멘.

의를 위하여 박해를 받은 자의 복

마태복음 5 : 10~12

"의를 위하여 박해를 받은 자는 복이 있나니 천국이 그들의 것임이라. 나로 말미암아 너희를 욕하고 박해하고 거짓으로 너희를 거슬러 모든 악한 말을 할 때에는 너희에게 복이 있나니 기뻐하고 즐거워하라. 하늘에서 너희의 상이 큼이라. 너희 전에 있던 선지자들도 이같이 박해하였느니라"(마 5 : 10~12)

예수님의 교훈 가운데 가장 유명한 '산상보훈(山上寶訓)'(마태복음 5~7장) 말씀에 대한 강론을 하고 있습니다.

예수님은 천국 복음을 선포하시면서 먼저 '팔복(八福)'을 선포하셨지요. 이 시간에는 '팔복'중에서 마지막 복인 여덟 번째로 하신 복에 대한 말씀을 살펴보면서 하나님의 음성을 듣기를 원합니다. 어떤 말씀입니까? "의를 위하여 박해를 받은 자는 복이 있나니 천국이 그들의 것임이라. 나로 말미암아 너희를 욕하고 박해하고 거짓으로 너희를 거슬러 모든 악한 말을 할 때에는 너희에게 복이 있나니 기뻐하고 즐거워하라. 하늘에서 너희의 상이 큼이라. 너희 전에 있던 선지자들도 이같이 박해하였느니라."고 했지요. '의를 위하여 박해를 받은 자의 복'에 대한 말씀입니다.

'의를 위하여 박해를 받은 자는 복이 있나니 천국이 그들의 것임이라'는 말씀은 헬라어로 된 성경 원문에 보면 "Μακάριοι οἱ δεδιωγμένοι ἕνεκεν δικαιοσύνης, ὅτι αὐτῶν ἐστιν ἡ βασιλεία τῶν οὐρανῶν.(마카리오이 호이 데디오그메노이 헤네켄 디카이오쉬네스, 호티 아우톤 에스틴 헤 바실레이아 톤 우라논.)"로 되어 있고, 영어로 번역을 하면 "Blessed are those who are persecuted because of righteousness, for theirs is the kingdom of heaven."이지요.

'의를 위하여 박해를 받은 자의 복'에 대한 말씀을 하시면서, '천국이 그들의 것임이라'고 하셨지요. 그런데 그 말씀만 하신 것이 아니라 이어서 '나로 말미암아 너희를 욕하고

박해하고 거짓으로 너희를 거슬러 모든 악한 말을 할 때에는 너희에게 복이 있나니 기뻐하고 즐거워하라. 하늘에서 너희의 상(헬, μισθὸς(미스도스)/영, reward/단순한 상이 아니라 보상)이 큼이라. 너희 전에 있던 선지자들도 이같이 박해하였느니라.'는 말씀을 더 하셨습니다.

예수님께서 말씀하시는 '팔복'의 말씀은 '천국(하나님 나라)의 가치관'으로 보지 아니하고, '세상 나라의 가치관'으로 보면 다 복이라고 할 수 없는 말씀들이 아닐까요? 그러나 천국 백성으로 세상에서 살면서 천국 백성들이 누려야 할 복을 말씀해주신 것입니다.

이미 말씀을 드렸지만 '팔복'은 마치 높은 산을 한 계단 한 계단 올라가는 모습을 그리고 있는 말씀이라고 했지요. 이 시간에 강론하고자 하는 **여덟 번째 복은 정상에 올라서는 복, 팔복 가운데 최고봉의 복**을 말씀해주신 것입니다.

에베레스트산을 등산하는 산악인이 산 아래에 베이스 캠프(base camp)를 설치하고, 제1 캠프, 제2 캠프를 지나 한 걸음 한 걸음 등정을 해서 정상에 서면 그 감격, 그 기쁨이 얼마나 크겠습니까?

그러나 '의를 위하여 박해를 받은 자는 복이 있나니 천국이 그들의 것임이라'는 말씀은 세상의 가치관으로 볼 때는 감격과 기쁨이 아니라 오히려 박해로 인하여 고통을 당하는 것인데 복이 있다고 하신 것입니다.

사람들에게 욕을 먹고, 악한 말로 비난을 당하고, 박해를 받는 것이 감격스럽고 기쁜 일일까요? 고통스럽고 힘들고 싫은 일이 아니겠습니까? 그런데 예수님께서는 '의'를 위하여 욕을 먹고, 비난을 당하고, 박해를 받는 것이 복이 있다고 하신 것입니다.

이 시간 팔복 가운데 최고봉인 '의를 위하여 박해를 받은 자의 복'에 대하여 말씀을 드리면서 하나님의 음성을 듣기를 원합니다.

의를 위하여 박해를 받은 자란 무슨 뜻인가?

예수님께서 '의를 위하여 박해를 받은 자는 복이 있다'고 하시는데 이 말씀이 무슨 의미일까요?

세상에서 박해를 받을 수밖에 없는 사람들이 있습니다. 예수 그리스도를 믿고 따르는 제자들, 성도들이지요. 성도들이 이방인들처럼 세상의 풍속을 따라 살지 아니하고, 성별되게 예수님을 따라 살다 되면 반드시 미움을 받고 박해를 받게 되어있는 것입니다.

예수님께서는 그 사실을 잘 알고 계셨지요. 그래서 제자들에게 무엇이라고 하셨습니까? "세상이 너희를 미워하면 너희보다 먼저 나를 미워한 줄을 알라 너희가 세상에 속하였으면 세상이 자기의 것을 사랑할 것이나 너희는 세상에 속한 자가 아니요 도리어 내가 너희를 세상에서 택하였기 때문에 세상이 너희를 미워하느니라"(요 15 : 18~19)

예수님께서 성부 하나님께 대제사장적 기도를 올리시며 어떤 기도를 올리셨나요? "내가 아버지의 말씀을 그들에게 주었사오매 세상이 그들을 미워하였사오니 이는 내가 세상에 속하지 아니함 같이 그들도 세상에 속하지 아니함으로 인함이니이다"(요 17 : 14)라고 했습니다.

예수님께서 선택하셔서 제자(성도)들로 부르시고, 제자(성도)들이 세상에 속해 있지 않고, 예수님께서 주신 말씀을 따라 살게 되면 반드시 세상 사람들이 제자들을 미워하며 박해할 것을 아셨지요. 그래서 십자가를 지시기 전에 미리 그 말씀을 해주셨고, 아버지 하나님(성부)께 기도를 올리시면서 그렇게 기도하셨던 것입니다.

천국 백성들인 주의 백성들이 주님께서 주신 말씀을 순종하며 세상에서 성별되게 살면 세상 사람들에게 반드시 미움을 받고 박해를 받으며 환난을 당하게 되어있는 것이지요.

그렇다면 의를 위하여 박해를 받는다는 말은 구체적으로 무슨 뜻일까요? 예수님께서는 '박해를 받은 자가 복이 있다'고 하시지 않고, '의를 위하여 박해를 받은 자가 복이 있다'고 하셨습니다.

박해를 받는 것이 다 복이 있는 것은 아닙니다. 예수님을 믿고 따르는 자라 하더라도 자신이 실수하고 잘못해서 당하는 박해, 자신의 지혜가 모자라서 당하는 박해는 복이 있는 것이 아니지요. '의를 위하여 박해를 받은 자'가 복이 있는 것입니다.

본문 10절에 예수님은 "의를 위하여 박해를 받은 자는 복이 있나니 천국이 그들의 것임이라"고 하시면서 11절에서 무엇이라고 하셨습니까? "나로 말미암아 너희를 욕하고 박해하고 거짓으로 너희를 거슬러 모든 악한 말을 할 때에는 너희에게 복이 있나니"라고 하셨지요.

'의를 위하여 박해를 받은 자'는 '예수님을 믿고 따르는 사람(제자, 그리스도인)으로, 예수 그리스도의 이름을 위하여, 예수 그리스도의 복음을 위하여 박해를 받은 자'를 가리키는 말인 것입니다.

　베드로 사도는 제자로 살면서 많은 박해를 받으며 고난을 당하지 않았습니까? 많은 박해로 고난을 당하면서 믿음의 형제들에게 어떤 권면을 했나요?

　"너희 중에 누구든지 살인이나 도둑질이나 악행이나 남의 일을 간섭하는 자로 고난을 받지 말려니와 만일 그리스도인으로 고난을 받으면 부끄러워하지 말고 도리어 그 이름으로 하나님께 영광을 돌리라"(벧전 4 : 15~16)고 했지요. '그리스도인으로 고난을 받으면 부끄러워하지 말고 도리어 그 이름으로 하나님께 영광을 돌리라'고 했습니다.

　그리고 주님의 말씀에 순종하면서 성령에 이끌려 복음을 전하며 산 바울 사도도 많은 환난을 당하지 않았습니까? 자신이 많은 환난을 당하면서 예수님을 믿고 따르는 믿음의 형제들을 어떻게 권면했나요?

　바울은 바나바와 함께 소아시아 지방 「루스드라성」에서 복음을 전하다가 박해하는 무리들에게 돌을 맞아 죽음의 지경에 이르지 않았습니까? 사람들이 죽은 줄 알고 성 밖으로 내다 버렸지요. 그런데 죽음에서 살아난 바울 사도는 당하는 고난을 피하지 않고 가까운 곳에 있는 「더베성」으로 가서 복음을 전하지 않습니까? 그러면서 따르는 제자들에게 무엇이라고 했나요?

　"제자들의 마음을 굳게 하여 이 믿음에 머물러 있으라 권하고 또 우리가 하나님의 나라에 들어가려면 많은 환난을 겪어야 할 것이라"(행 14 : 22)고 했습니다.

　그리고 믿음을 지키면서 고난을 당하는 신실한 빌립보교회 형제들을 향하여, "그리스도를 위하여 너희에게 은혜를 주신 것은 다만 그를 믿을 뿐 아니라 또한 그(그리스도)를 위하여 고난도 받게 하려 하심이라"(빌 1 : 29)고 했고, 당시 에베소교회를 섬기며 고난을 당하는 믿음의 아들 디모데를 향하여, "무릇 그리스도 예수 안에서 경건하게 살고자 하는 자는 박해를 받으리라"(딤후 3 : 12)고 위로하며 권면했던 것입니다.

의를 위하여 박해를 받고 고난을 당할 때 어떻게 해야 할까요?

　그렇다면 예수님 믿고 따르는 제자(성도)들이 의를 위하여(예수님을 위하여, 예수님의 말씀에 순종하기 위하여, 복음을 위하여) 반드시 박해를 받게 되어있는데 박해를 받을 때 어떻게 해야 합니까?

　하나, 박해를 받으며 고난을 당할 때 낙심하지 말고 인내해야 합니다.

　"너희에게 인내가 필요함은 너희가 하나님의 뜻을 행한 후에 약속하신 것을 받기 위함이라"(히 10 : 36)고 했지요. 박해를 당할 때 낙심하며 굴복하지 말고 길이 참는 인내가 반드시 필요한 것입니다.

둘, 박해를 받으며 고난을 당할 때 기뻐하고 즐거워해야 합니다.

본문 11~12a절을 다시 한번 보세요. "나로 말미암아 너희를 욕하고 박해하고 거짓으로 너희를 거슬러 모든 악한 말을 할 때에는 너희에게 복이 있나니 기뻐하고 즐거워하라"고 했습니다.

'의를 위하여 미움을 받고 비난을 당하고 박해를 받을 때 기뻐하고 즐거워하라'고 하셨지요. 사람은 누구나 사람들에게 미움을 받고 비난을 당하고 박해를 받을 때 즐거워할 수가 없지않습니까? 싫고 고통스러운 것이지요. 그런데 예수님을 따르면서 – 하나님(예수님)의 이름을 위하여, 예수님의 말씀에 순종하는 일 때문에, 복음을 전하는 일 때문에 박해를 받을 때는 기뻐하고 즐거워해야 하는 것입니다.

모세는 그리스도를 위하여 받는 수모를 어떻게 여겼습니까? "믿음으로 모세는 장성하여 바로의 공주의 아들이라 칭함 받기를 거절하고 도리어 하나님의 백성과 함께 고난 받기를 잠시 죄악의 낙을 누리는 것보다 더 좋아하고 그리스도를 위하여 받는 수모를 애굽의 모든 보화보다 더 큰 재물로 여겼으니 이는 상 주심을 바라봄이라"(히 11 : 24~26)고 했지요.

'하나님께서 주실 상을 바라보면서 그리스도를 위하여 받는 수모를 애굽의 모든 보화보다 더 큰 재물로 여기며 좋아했다'고 했습니다.

바울 사도는 복음을 전하면서 많은 박해를 받을 때 어떻게 했습니까? 동족이면서도 예수님을 하나님의 아들로 믿지 않는 유대인들에게, 이방지역에 다니며 복음을 전하며 많은 이방인들에게 얼마나 박해를 받았나요? 소아시아 지방에서, 빌립보에서, 아덴에서 – 예수 그리스도의 복음을 전하러 어디를 가든지 가는 곳마다 박해하는 사람들이 많았습니다.

동족인 유대인들이 죽이려 할 때 로마 황제에게 재판을 받겠다고 호소하면서 로마로 가게 되지 않았나요? 끝내 로마 감옥에서 순교의 제물이 되지 않았습니까?

그런데 바울은 로마 감옥에 갇혀 순교의 시간이 다가오는 것을 알면서도 기뻐하며 즐거워하지 않았나요? 기뻐하고 즐거워하면서 빌립보교회 형제들에게 "주 안에서 항상 기뻐하라 내가 다시 말하노니 기뻐하라"(빌 4 : 4)고 했던 것입니다.

의를 위하여 박해를 받은 자에게 주어지는 복은 무엇인가?

의를 위하여 박해를 받은 자는 복이 있습니다. 복이 있기 때문에 '기뻐하고 즐거워하라'고 하신 것이지요. 의를 위하여 박해를 받은 자에게 주어지는 복이 어떤 복이 있을까요? 본문 10절에 "천국이 그들의 것임이라" 11절에 "하늘(천국)에서 너희의 상이 큼이라"고 했지요. 의를 위하여 박해를 받은 자는 반드시 천국에 가고, 천국에서 큰 상을 받는다는 것입니다.

우리가 잘 알고 있지만 구원을 받고 천국에 가는 것은 오직 예수님을 자신의 구주로 믿는 믿음으로 구원을 받고 천국에 가는 것이 아닙니까? 그런데 그 믿음은 하나님께서 은혜로 주시는 선물이 아닌가요?.

"너희는 그 은혜에 의하여 믿음으로 말미암아 구원을 받았으니 이것은 너희에게서 난 것이 아니요 하나님의 선물이라"(엡 2 : 8) 예수님을 믿고 구원을 받고 천국에 가는 것은 전적으로 하나님의 은혜로 주어지는 것입니다.

그런데 예수님을 믿는 하나님의 자녀는 누구나 천국에 가기는 하지만 천국에서 부끄러움을 당할 자녀가 있고 상을 받을 자녀들이 있습니다.

"만일 누구든지 금이나 은이나 보석이나 나무나 풀이나 짚으로 이 터 위에 세우면 각 사람의 공적이 나타날 터인데 그 날이 공적을 밝히리니 이는 불로 나타내고 그 불이 각 사람의 공적이 어떠한 것을 시험할 것임이라

만일 누구든지 그 위에 세운 공적이 그대로 있으면 상을 받고 누구든지 그 공적이 불타면 해를 받으리니 그러나 자신은 구원을 받되 불 가운데서 받은 것 같으리라"(고전 3 : 12~13)고 하시지 않습니까?

예수님을 믿는 믿음을 가지고 있지만 예수님을 위하여, 예수님의 몸된 교회를 위하여, 복음을 위하여 한 일(공적, 功績)이 하나도 없으면 구원을 받기는 하지만 불 가운데서 구원을 받은 것처럼 부끄러운 구원을 받는다는 것이지요. 천국에 가서 전혀 상을 받지 못합니다. 예수님과 함께 십자가에 못 박혀 죽어가면서 생애 마지막에 예수님을 하나님의 아들로 믿고, 내세를 믿으면서 겨우 구원을 강도 같이 부끄러운 사람이 되는 것이지요.

예수님은 행한 대로, 수고하고 충성하고 헌신한 대로, 갚아주시는 분이시기 때문입니다.

"보라 내가 속히 오리니 내가 줄 상이 내게 있어 각 사람에게 그가 행한 대로 갚아 주리라"(계 22 : 12)고 하시지 않습니까?

그런데 천국에 가서 큰 상을 받을 사람이 있지요. 예수 그리스도를 위하여, 예수 그리스도의 몸된 교회를 위하여, 예수 그리스도의 복음을 위하여, 수고하며 박해를 받은 사람인 것입니다. 그러므로 최고의 상은 주님과 복음을 위하여 목숨을 바친 순교자들인 것이지요.

"네가 죽도록 충성하라 그리하면 내가 생명의 관을 네게 주리라"(계 2 : 10)고 하시지 않습니까?

그렇기에 위대한 전도자 바울은 천국에 가서 받을 상을 바라보며 복음을 전하는 일을 자신의 생명보다 더 귀하게 여기며 살았지요. "오직 성령이 각 성에서 내게 증언하여 결박과 환난이 나를 기다린다 하시나 내가 달려갈 길과 주 예수께 받은 사명 곧 하나님의 은혜의 복음을 증언하는 일을 마치려 함에는 나의 생명조차 조금도 귀한 것으로 여기지 아니하노라"(행 20 : 23~24)고 했고, 순교를 앞두고 로마 감옥에서 믿음의 아들 디모데에게 유언과도 같은 글을 쓰면서 이렇게 고백을 했던 것입니다.

"전제와 같이 내가 벌써 부어지고 나의 떠날 시각이 가까웠도다 나는 선한 싸움을 싸우고 나의 달려갈 길을 마치고 믿음을 지켰으니 이제 후로는 나를 위하여 의의 면류관이 예비되었으므로 주 곧 의로우신 재판장이 그 날에 내게 주실 것이며 내게만 아니라 주의 나타나심을 사모하는 모든 자에게도니라"(딤후 4 : 6~8)했지요.

죽음을 목전에 두고서도 자신을 위하여 준비된 의의 면류관을 바라보면서 기뻐했고 주님을 위하여 충성하고 헌신하고 있는 디모데와, 그리고 같은 믿음을 가지고 헌신하며 충성하고 있는 믿음의 형제들에게 '자신처럼 의의 면류관을 받게 될 것이라'고 위로하고 격려했던 것입니다.

이제 말씀을 맺겠습니다.

예수님을 믿고 따르는 성도들의 최고의 복이 무엇입니까? 예수 그리스도를 위하여, 예수 그리스도의 몸 된 교회를 위하여, 예수 그리스도의 복음을 위하여 수고하며 박해를 받는 자입니다. 그런 성도는 반드시 천국에 갈 것이고, 천국에 가서도 가장 귀하고 복된 상(보상, 면류관)을 받을 것입니다. 의를 위하여 박해를 받으며, 천국에서의 상급을 바라보며, 기뻐하고 즐거워하는 삶을 사는 천국 백성이 되시기를 예수님의 이름으로 축원합니다.

아　멘.

세상의 소금과 빛

마태복음 5 : 13~16

"너희는 세상의 소금이니 소금이 만일 그 맛을 잃으면 무엇으로 짜게 하리요 후에는 아무 쓸 데 없어 다만 밖에 버려져 사람에게 밟힐 뿐이니라

너희는 세상의 빛이라 산 위에 있는 동네가 숨겨지지 못할 것이요 사람이 등불을 켜서 말 아래에 두지 아니하고 등경 위에 두나니 이러므로 집 안 모든 사람에게 비치느니라

이같이 너희 빛이 사람 앞에 비치게 하여 그들로 너희 착한 행실을 보고 하늘에 계신 너희 아버지께 영광을 돌리게 하라"(마 5 : 13~16)

예수 그리스도를 믿고 따르는 그리스도인들, 천국 백성인 하나님의 자녀들이 세상을 살면서 이웃들에게 보여주어야 하는 삶의 모습은 어떤 모습이어야 할까요?

제2차 세계대전이 끝난 지 3년째가 되던 1948년 9월에 있었던 일입니다. 미국의 뉴욕에서 서부지역인 LA로 달리는 특급열차 안에 패전국인 일본의 유학생 '이누가이 미찌꼬'라는 여학생이 타고 있었습니다. 미국인들이 싫어해야 할 일본인이었지요.

폐결핵이 잘 낫지 않던 시절에 미찌꼬는 폐결핵에 걸렸고 폐결핵이 점점 심해져서 LA 「몬로비아」에 있는 폐결핵 요양소를 찾아가는 중이었습니다. 폐결핵이 깊어져 탈진되어 축 늘어져 있는 그녀에게 열차 안을 순찰하던 승무원이 "어디까지 가느냐?"고 물었지요. 미찌꼬가 「몬로비아」 병원까지 간다고 하자 승무원은 몹시 난감한 표정을 지었습니다. 그도 그럴 것이 「몬로비아」 역은 작은 간이역이어서 특급열차가 서지 않는 역이었으니까요. 일본인 유학생인 '미찌꼬'도 그 사실을 잘 알고 있었기에 걱정을 하고 있었습니다. 폐결핵에 시달리며 약해진 몸으로 특급열차가 서는 역에서 내려 먼 길을 걸어 「몬로비아」 병원을 찾아가는 일은 결코 쉬운 일이 아니었으니까요.

그런데 승무원이 지나간 후 잠시 후에 열차 안의 확성기를 통해 다음과 같은 안내 방송

이 흘러나왔습니다.

"승객 여러분! 이 열차 안에는 몸이 아파 「몬로비아」 병원을 찾아가는 일본인 유학생이 타고 있습니다. 이 열차는 몬로비아 역에 서지 않는 열차이지만, 몸이 아픈 그녀를 위해 철도청 본부로부터 임시 정차할 것을 허락받았습니다. 불편하시더라도 잠시 양해하여 주시기 바랍니다."

열차에 타고 있던 승객들은 모두 자기 일처럼 기뻐했습니다. 놀라운 호의에 감동한 일본인 유학생 미찌꼬는 뜨거운 눈물을 흘렸지요. 「몬로비아」 역에는 역을 대표하는 역장과 그녀를 병원으로 수송할 구급차가 마중 나와 있었습니다.

열차가 멈추고 미찌꼬가 열차에서 내릴 때(그 역에서는 미찌꼬 혼자 내리고 있었으니까요) 모든 승객들은 저마다 손을 흔들며 사랑으로 격려하는 말을 건넸습니다.

"용기를 내세요." "꼭 나을 겁니다." "빨리 나아야 돼요."

친절한 승무원, 철도청 당국, 기관사, 몬로비아역 역장, 구급차 요원, 열차에 함께 탔던 많은 승객들 …… 미찌꼬는 감동하지 않을 수 없었지요.

'아! 하나님을 섬기는 나라, 하나님을 섬기는 사람들이 바로 이런 것이구나.'

미워하고 싫어해야 할 전쟁국의 유학생인 자신을 위해 따뜻한 배려와 친절을 베푸는 기독교 신앙 위에 세워진 미국과 미국인들의 모습에서 크게 감동하지 않을 수 없었던 것입니다.

예수님께서 친히 천국 백성들이 세상에서 살아야 할 삶의 원리를 말씀해 주신 것이 마태복음 5~7장에 기록된 '산상보훈'입니다.

예수님은 산상보훈을 선포하시면서 제일 먼저 '팔복'대하여 말씀을 해주셨습니다. '심령이 가난한 자' '애통하는 자' '온유한 자' '의에 주리고 목마른 자' '긍휼히 여기는 자' '마음이 청결한 자' '화평하게 하는 자' '의를 위하여 박해를 받은 자'가 '복이 있다'는 말씀을 해주셨습니다. 팔복의 말씀은 천국 백성이 지녀야 할 성품(예수님의 성품)을 말씀해 주신 것이지요. 천국 백성이 세상에서 살 때 예수님의 성품(인격)을 가지고 살아야 할 것을 말씀해 주신 것입니다.

이어서 '천국 백성들이 세상(사회)에서 어떻게 살아야 할 것인가?'를 말씀해 주셨지요. 본문에 예수님께서 천국 백성들을 향하여 무엇이라고 하십니까? '너희는 세상의 소금이다' '너희는 세상의 빛이다'라고 하시지요. 천국 백성들은 세상에서 소금이며 빛이라는 것입니다.

하나님의 자녀(천국 백성, 성도)는 세상의 소금이다

먼저 13절에 무엇이라고 하십니까? "너희는 세상의 소금이니 소금이 만일 그 맛을 잃으면 무엇으로 짜게 하리요 후에는 아무 쓸 데 없어 다만 밖에 버려져 사람에게 밟힐 뿐이니라"고 하시지요.

'너희는 세상의 소금이라'고 하시면서 '맛을 잃지 말아야 한다' '맛을 잃으면 아무 쓸 데가 없다' '밖에 버려져 사람에게 밟힐 뿐이라'고 하십니다.

왜 예수님께서 하나님의 자녀인 성도들을 '사람의 미각을 자극하는 달콤한 설탕이나 꿀이라 하시지 않고, 짠 소금이라'고 하셨을까요? 소금의 역할에 염두를 두고 하신 말씀인 것입니다. 소금이 어떤 역할을 합니까?

첫째, 소금은 변하지 않고 깨끗하게 하는 순결을 상징합니다.

성경에서 소금은 변하지 않고 깨끗하게 하는 '순결'을 상징하지요. 소제를 드릴 때 '소제물에 소금을 치라'고 하셨습니다. "네 모든 소제물에 소금을 치라 네 하나님의 언약의 소금을 네 소제에 빼지 못할지니 네 모든 예물에 소금을 드릴지니라"(레 2 : 13)

소제를 드릴 때 '하나님의 언약의 소금을 빼서는 안 된다' 하셨지요. '소제'는 구약의 성도들인 이스라엘 백성들이 하나님께 드린 제사(예배)의 한 종류입니다. 곡식 가루에 기름을 붓고 유향을 놓아 드리는 제사이지요. 소제를 드리는 '소제물에 반드시 소금을 치라'고 하신 것입니다.

또한 번제를 드릴 때에도 '소금을 치라'고 하셨지요. "정결하게 하기를 마친 후에는 흠 없는 수송아지 한 마리와 떼 가운데에서 흠 없는 숫양 한 마리를 드리되 나 여호와 앞에 받들어다가 제사장은 그 위에 소금을 쳐서 나 여호와께 번제로 드릴 것이며"(겔 43 : 24)라고 하십니다. '번제'는 소와 염소와 양으로 드리는 제사이지요.

왜 번제를 드리고 소제를 드릴 때 제물에 소금을 치라고 하셨을까요? 제물을 순결하게 하기 위해서 소금을 치라고 하신 것입니다.

그리고 민 18 : 19에서는 "이스라엘 자손이 여호와께 거제로 드리는 모든 성물은 내가 영구한 몫의 음식으로 너와 네 자녀에게 주노니 이는 여호와 앞에 너와 네 후손에게 **영원한 소금 언약이니라**" 하셨습니다. 하나님께서 이스라엘 백성들이 하나님께 제사를 드릴 때 '거제(제물을 두 손으로 받들어 올리며 드리는 제사)'로 드리는 예물을 제사를 집례하는 제사장과 제사장의 자녀들에게 음식으로 주신다고 하시면서 '영원한 소금의 언약'이라고 하셨지요. 영원히 변하지 않는 언약이라는 말씀인 것입니다.

성도는 세상에서 악하고 더러운 세상의 풍속에 물들지 말고(변질되지 말고), 순결해야 하는 것입니다. 정조의 순결, 양심의 순결, 신앙의 순결을 지키며 살아야 하는 것이지요. 신랑되신 그리스도의 정결한 신부로 세상을 살아야 하는 것입니다.

둘째, 소금은 부패를 방지하는 방부제의 역할을 합니다.

소금은 썩는 것을 방지하는 방부제의 역할을 합니다. 소금은 음식물이 부패하는 것을 방지하지요. 현대는 전기가 발명이 되고, 냉장고와 냉동고가 발명되어 음식물이나 생선이 부패하지 않도록 오랫동안 잘 보관을 할 수 있습니다. 그런데 문명의 이기가 발명되기 전에는 어떻게 생선이나 고기를 보관했습니까? 생선이나 고기를 소금에 절이고 말려서 보관을 했었지요. 소금은 부패하는 것을 방지할 때에 사용이 되었던 것입니다.

성도는 세상에서 부패하는 것을 방지하는 소금 역할을 해야 하는 것이지요. 거짓이나 불의가 난무하는 세상에서 정직하고 진실하게 살며 양심과 정의가 부패하지 않도록 하는 역할을 해야 하는 것입니다.

셋째, 소금은 맛을 내는 역할을 합니다.

소금은 음식에 맛을 내게 하는 역할을 하지요. 어떤 음식(생선, 고기, 채소등, 모든 요리)에도 소금이 들어가야 하지 않습니까? 아무리 유능한 요리사라 하더라도 소금이 없으면 음식에 맛을 낼 수가 없는 것입니다.

성도는 세상에서 맛을 내며 살아야 하는 것이지요. 살 맛을 잃어버리고 사는 사람들이 너무나 많지요. 성도는 살고 있는 곳에서 살 맛을 내며 살아야 하는 것입니다. 가정에서, 직장에서, 마을에서 살 맛을 내는 사람이 되어야 하는 것이지요.

그리고 말도 무슨 말을 하든지 악취가 나는 말이 아니라 맛을 내는 말을 하며 살아야 하는 것입니다. "너희 말을 항상 은혜 가운데서 소금으로 맛을 냄과 같이 하라"(골 4 : 6)고 했지요. 상대방(다른 사람들)을 기쁘고 평안하게 해주는(맛을 내는, 덕을 세우는) 말을 하며 살아야 하는 것입니다.

맛을 잃어버린 성도는 쓸모가 없는 것이지요. 밖에 버려져 사람들의 발에 밟히는 존재가 되는 것입니다. 가정에 변화를 줄 수 없고, 직장에 변화를 줄 수 없고, 이웃에 변화를 줄 수 없는 것이지요. 그래서 이런 교인들 때문에 하나님의 영광이 가리고 예수님의 몸된 교회가 욕을 먹는 것입니다.

이런 일화가 있습니다. 중세의 성자 성 프란시스(1181/82~1226년)가 어느 날 거리에 하나님의 말씀을 전하러 나갈 때 여러 제자들이 큰 기대를 가지고 따라 나섰지요. 그러나 제자들은 몹시 실망을 했습니다. 프란시스가 거리에서 그 날 한 일은 알지도 못하는 어떤 행인의 신세타령을 들어주고, 힘들게 과일을 수확하는 농부를 도와주고, 퇴비를 싣고 가는 달구지를 밀어준 일이었지요. 한 제자가 실망하며 불평을 했습니다.

"선생님이 좋은 말씀(설교)하시는 것을 들으려고 따라나섰는데, 한 번도 안 하시니 너무 실망입니다."

제자의 불평을 들은 프란시스는 이렇게 말했지요.

"그게 무슨 말인가? 나는 오늘 열 번 이상 설교를 했다네."

무슨 말씀입니까? 일상생활 속에서 신세타령을 하며 한숨 쉬는 자를 위로하는 것, 약한 자를 도와주는 것, 힘들어하는 자를 도와주는 것이 다 설교라고 한 것입니다.

그렇습니다! 하나님의 말씀대로 순종하며 살면서 이웃에게 유익을 주고 덕을 끼치며 사는 것이 '세상에서 소금의 역할'을 하는 것이지요. 이기적이고 추하고 악한 세상에서 순결하게, 부패를 방지하며, 무미건조한 세상에서 맛을 내며 사는 천국 백성이 되어야 하는 것입니다.

하나님의 자녀(천국 백성, 성도)는 세상의 빛

예수님은 이어서 "너희는 세상의 빛이라 산 위에 있는 동네가 숨겨지지 못할 것이요 사람이 등불을 켜서 말 아래에 두지 아니하고 등경 위에 두나니 이러므로 집 안 모든 사람에게 비치느니라 이같이 너희 빛이 사람 앞에 비치게 하여 그들로 너희 착한 행실을 보고 하늘에 계신 너희 아버지께 영광을 돌리게 하라"(마 5 : 14~16)고 하셨지요.

예수님은 예수님을 믿는 하나님의 자녀들에게 '너희는 세상의 빛이라'고 하십니다. 그런데 본래 하나님이 빛이시고 독생자이신 예수님이 빛이시지요.

"우리가 그에게서 듣고 너희에게 전하는 소식은 이것이니 곧 **하나님은 빛이시라** 그에게는 어둠이 조금도 없으시다는 것이니라"(요일 1 : 5) "**참 빛(예수님)** 곧 세상에 와서 각 사람에게 비추는 빛이 있었나니"(요 1 : 9) "**내가(예수님이)** 세상에 있는 동안에는 **세상의 빛이로라**"(요 9 : 5)고 했습니다. 성부 하나님, 성자 예수님이 참 빛이시고, 세상의 빛이신 것이지요.

그리고 예수님을 믿는 하나님의 자녀들이 빛이요 빛의 자녀인 것입니다. "너희가 전에는 어둠이더니 이제는 주 안에서 빛이라 빛의 자녀들처럼 행하라"(엡 5 : 8)고 하시지 않습니까? 그래서 본문에서 예수님은 '너희는 세상의 빛이라'고 하신 것이지요. 하나님의 자녀들이 세상에서 빛의 사명을 감당해야 하는 것을 말씀하신 것입니다. '소금'은 가만히 있으면서 소금 자신에게 접촉하는 물체에만 영향을 끼치지만 '빛'은 적극적으로 어두운 주변을 환하게 밝히지 않습니까? 소금은 성도의 소극적인 사명을 말씀하신 것이고, 빛은 성도의 적극적인 사명을 말씀해 주신 것입니다.

그렇다면 하나님의 자녀들은 세상에서 빛의 역할을 감당해야 하는데, 빛이 하는 역할이 무엇입니까?

첫째, 빛은 어둠을 밝힙니다. 예수님은 '너희는 세상의 빛이라'고 하시면서 이어서 '산 위에 있는 동네가 숨겨지지 못할 것이요 사람이 등불을 켜서 말 아래에 두지 아니하고 등경 위에 두나니 이러므로 집 안 모든 사람에게 비치느니라'고 하셨지요.

빛은 어둠을 밝히는 역할을 하는 것을 말씀해 주신 것입니다. 빛은 어둠을 밝히는 역할을 하지요. 아무리 캄캄한 밤이라도 빛이 비치면 어둠은 물러갑니다. 빛은 어둠 속에 있는 것을 그대로 드러나게 하는 것이지요.

캄캄한 한밤중이라도 핸드폰을 켜면 핸드폰에 나타난 작은 글씨라도 읽을 수 있지 않습니까? 핸드폰이 손전등 역할도 하지 않나요? 캄캄한 한밤중에는 작은 촛불 하나라도 십리 밖에서도 볼 수 있는 것입니다. 빛은 어둠보다 훨씬 더 강한 것이지요. 빛은 어둠을 밝히 드러내기 때문에 어둠이 감당을 하지 못하는 것입니다.

예수님이 세상에서 '참빛'으로 공생애를 사셨기 때문에 예수님 당시에 사람들은 어떤 반응을 보였습니까? 두 종류의 반응을 보였지요. 예수님을 하나님의 아들로 알아본 사람들(죄인들, 세리들)은 참빛이신 예수님의 빛이 자신들의 죄와 허물을 드러낼 때 자신들의 죄와 허물을 회개하며 참빛이신 예수님을 믿고 따랐습니다. 반면에 예수님을 알아보지 못한 사람들(외식하는 대제사장, 장로들, 서기관들과 바리새인들)은 참빛이신 예수님의 빛이 자신들의 죄와 허물을 드러낼 때, 자신들의 죄와 허물이 드러나는 것이 싫어서(부끄러워서) 예수님을 싫어하고 미워했지요. 끝내 예수님을 시기하고 질투하며 십자가에 못 박아 죽이지 않았습니까?

지금도 마찬가지인 것입니다. 하나님의 자녀들이 세상에서 밝은 빛을 드러내면 세상 사람들은 두 가지 반응을 보이지요. 한 종류의 사람들은 자신들의 죄와 허물이 드러나는 것이 싫어서 싫어하고 미워합니다. 반면에 하나님께서 택한 자녀라면 밝은 빛에 자신들의 죄와 허물이 드러날 때 회개하며 하나님 앞으로 나오게 되어있지요. 변화되어지는 것입니다.

그러므로 하나님의 자녀들이 빛이 되어 세상을 살 때는 반드시 각오를 해야 하는 것이지요. 빛이 되어 살고 있으면 빛을 싫어하는 사람들에게 미움을 받고 박해를 받을 각오를 해야 하는 것입니다.

둘째, 빛은 경고하고 인도하는 역할을 합니다. 빛의 또 한 가지 역할은 위험을 경고하며 바르게 인도하는 역할을 하지요.

밤이 되면 바닷가 항구에는 등대가 불을 밝힙니다. 배들이 길을 잃지 않고 항해를 하며 항구에 들어올 수 있도록 인도를 하는 것이지요. 캄캄한 밤에 등대가 없다면 배는 밤에 운항을 할 수 없는 것입니다.

그리고 밤이 되면 비행기가 이착륙하는 공항 활주로에는 유도등이 환하게 밝혀지지 않나요? 비행기가 길을 잃지 않고 안전하게 이착륙을 할 수 있도록 인도를 하는 것입니다. 유도등이 밝혀지지 않으면 비행기는 이착륙을 할 수 없는 것이지요. 이처럼 빛은 길을 잃지 않도록 위험을 경고하며 길을 바르게 인도하는 역할을 하는 것입니다.

하나님의 자녀인 천국 백성들은 세상에서 빛이 되어 사람들이 길을 잃고 실족하지 않도록 위험을 경고하고 인도하는 역할을 해야 하는 것이지요. 하나님의 자녀들은 하나님을 알지 못하고 내세를 알지 못하고 하나님의 진노를 당할 사람들에게 빛이 되어 위험을 경고하며 하나님 앞으로 인도하는 역할을 해야 하는 것입니다.

예수님은 참빛이 되어 사시면서 말씀으로 위험을 경고하시며 천국으로 인도하시는 사역을 하셨습니다. 시대 시대마다 하나님의 사람들은 하나님의 말씀에 순종하며 빛이 되어 살면서 위험을 경고하며 인도하는 사역을 했지요.

노아는 죄악이 관영하는 세상에서 하나님의 홍수 심판을 예고하며 방주를 지었지 않습니까? 엘리야는 우상 숭배에 빠진 아합왕과 이스라엘 백성들을 경고하며 여호와 하나님께로 돌아오라고 일깨웠지요.

이 시대에는 누가 세상 사람들에게 위험을 경고하며 인도하는 사역을 해야 하겠습니까? 예수님을 믿고 구원을 받은 하나님의 자녀들이 빛이 되어야 하는 것이지요. 그런데 어떻게 하면 하나님의 자녀들이 빛을 비치며 경고하고 인도하는 일을 할 수 있을까요?

본문 16절에 무엇이라고 말씀하십니까? "이같이 너희 빛이 사람 앞에 비치게 하여 그

들로 너희 착한 행실을 보고 하늘에 계신 너희 아버지께 영광을 돌리게 하라"(마 5 : 16)
고 하셨지요.

하나님의 자녀들이 하나님의 말씀에 순종하며 사는 '착한 행실'로 빛이 되어야 하는 것이지요. 하나님의 자녀들이 착하게 살면 사람들이 그 착한 행실을 보고 하나님께 영광을 돌리게 되어지는 것입니다.

이제 말씀을 맺겠습니다.

하나님의 자녀들이 세상에서 소금이 되어 부패를 방지하며 맛을 내야 하고, 빛이 되어 착한 행실로 어둠을 밝히며 사람들에게 위험을 경고하고 사람들이 실족하지 않도록(하나님의 진노를 당하지 않도록) 인도해야 하는데 그렇게 하기 위해서는 어떻게 해야 합니까?

하나님의 자녀들이 소금과 빛의 역할을 감당하기 위해서는 반드시 **희생**을 해야 합니다. 소금이 녹아져야 짠맛을 내고 양초가 녹아져야 빛을 내듯이 하나님의 자녀들이 자신을 희생할 때 맛을 내고 빛을 낼 수 있는 것이지요. 희생을 할 때 착한 행실이 드러나고 맛을 내고 빛을 낼 수 있는 것입니다.

여러 해전 신문에서 읽은 기사(記事)입니다. 사업에 실패하고 택시 운전을 하는 택시 기사(이정현씨, 2005년 당시 49세)가 전한 아름다운 이야기이지요.

어느 날 서울의 서대문 근처에서 할머니 손을 붙잡고 젊은 여대생이 손을 흔들며 택시를 세웠답니다. 여대생은 밝게 웃으면서 할머니를 택시에 타게 하고는 기사에게 이런 부탁을 했지요.

"기사님! 할머니를 이대부속병원까지 모셔다 드리세요." 그러면서 만 원짜리 지폐를 건넸습니다.

택시 기사는 할머니를 택시에 모시고 가면서 말을 건넸지요.

"할머니! 예쁜 손녀를 두셔서 참 좋으시겠어요."

그러자 할머니가 이런 말을 했습니다.

"아니야! 내 손녀가 아니야! 지하철역에서 처음 만났어. 길을 잃었다고 하니까 내 손을 잡고 택시를 잡아주더라고. 그러면서 '예수님 믿고 건강하게 오래오래 사세요. 조심해서 가세요.' 하더라고."

할머니는 그 날 아침 침을 맞으러 나섰다가 길을 잃고 오전 내내 시내를 헤매다가 그 학생을 만났다고 했습니다.

다시 오신다고 하신 예수님이 다시 오실 날이 점점 가까이 오는 시대입니다. 점점 사람들이 이기적이고 마음이 악해져 가는 세상이 아닙니까? 죄악으로 어두워지고 있고, 부패하고 있는 세상이 아닌가요? 악해져 가는 세상에서 소금과 빛으로 사는 저와 여러분이 되시기를 소원합니다. 세상에서 맛을 내며, 어두운 세상을 밝히며 사는 천국 백성이 되시기를 예수님의 이름으로 축원합니다. 아 멘.

율법의 완성자 예수 그리스도

마태복음 5 : 17~20

"내가 율법이나 선지자를 폐하러 온 줄로 생각하지 말라 폐하러 온 것이 아니요 완전하게 하려 함이라 진실로 너희에게 이르노니 천지가 없어지기 전에는 율법의 일점 일획도 결코 없어지지 아니하고 다 이루리라

그러므로 누구든지 이 계명 중의 지극히 작은 것 하나라도 버리고 또 그같이 사람을 가르치는 자는 천국에서 지극히 작다 일컬음을 받을 것이요 누구든지 이를 행하며 가르치는 자는 천국에서 크다 일컬음을 받으리라 내가 너희에게 이르노니 너희 의가 서기관과 바리새인보다 더 낫지 못하면 결코 천국에 들어가지 못하리라"(마 5 : 17~20)

예수 그리스도를 믿고 따르는 그리스도인들, 천국 백성인 하나님의 자녀들이 세상을 살면서 이웃들에게 보여주어야 하는 삶의 모습은 어떤 모습이어야 할까요?

예수님은 산상보훈을 선포하시면서 먼저 '팔복'대한 말씀을 통하여 하나님의 자녀인 천국 백성들이 지녀야 할 성품(예수님을 닮은 성품, 인격)을 말씀해 주셨습니다.

이어서 '천국 백성들이 세상(사회)에서 어떻게 살아야 할 것인가?'를 말씀해 주셨지요. 예수님께서 무엇이라고 하셨습니까? '너희는 세상의 소금이다' '너희는 세상의 빛이다'라고 하셨지요. 하나님의 자녀인 천국 백성들이 세상에서 소금과 빛으로 살라고 하신 것입니다.

이 시간에 상고하고자 하는 본문의 말씀은 예수님께서 예수님을 믿고 따르면서 예수님의 성품을 닮아가는 사람이 되어지고, 세상에서 소금과 빛이 되어 살아야 할 천국 백성들에게 기준이 되는 말씀을 들려주신 것이지요.

천국 백성들이 세상에서 생활해야 되는 기준(잣대)이 되는 '하나님의 뜻인 말씀(율법)과 예수님과의 관계' '천국 백성이 말씀에 대하여 가져야하는 자세' '말씀을 가지고 어떻게 살아야 하는지?'에 대한 말씀을 해주신 것입니다.

예수 그리스도는 율법과 선지자(말씀)의 완성자이시다

예수님의 성품을 닮아가는 사람이 되어지고, 세상에서 소금과 빛이 되어 살아가기 위해서는 '하나님의 뜻'인 하나님의 말씀을 바르게 알아야 합니다. 하나님의 뜻을 바르게 알아야 예수님의 성품을 닮아갈 수 있고, 세상에서 소금과 빛으로 살 수 있으니까요. 그래서 예수님은 본문 17절에서 무엇이라고 하십니까?

"내가 율법이나 선지자를 폐하러 온 줄로 생각하지 말라 폐하러 온 것이 아니요 완전하게 하려 함이라"(마 5 : 17) 예수님은 율법이나 선지자를 폐하러 오신 것이 아니라 완전하게 하려 오셨다고 하셨습니다.

예수님께서 말씀하신 '율법(헬, νόμος(노모스)'은 구약성경의 '토라(תורה)'를 가리키는 말이지요. 모세가 기록한 모세오경을 가리키는 말입니다. 그리고 '선지자(헬, προφήτας(프로페타스)'는 본문에 '복수형'으로 사용되고 있는데, 구약성경의 역사서로 분류되는 전기 예언서와 선지서로 불리는 후기 예언서들을 다 가리키는 말이지요. 그러므로 '율법과 선지자'라는 말씀은 구약성경 전체를 가리키는 말입니다.

'폐하러 온 것이 아니라'에서 '폐하다(헬, καταλύω(카탈루오)'라는 말은 '해체하다' '무효화하다'라는 말로 '없애 버린다'는 말이지요. 그리고 '완전하게 하려 함이라(헬, ἀλλὰ πληρῶσαι(알라 프레로사이)'는 말씀에서 '완전하게 하려(헬, πληρῶσαι(프레로사이)'라는 말은 '가득 채우다' '완성하다'라는 말입니다. 예수님께서는 구약성경의 말씀을 없애려고 오신 것이 아니라 완성하시기 위해서 오셨다고 하신 것이지요. 예수님은 구약성경의 말씀을 완성하시기 위해서 오신 '말씀의 완성자'이신 것입니다.

사실 예수님은 창세 전에 '말씀'으로 계시면서 성부 하나님과 성령 하나님과 함께 천지만물을 창조하신 성자이신 하나님이시지요. 말씀이신 성자가 말씀을 완성하러 육신의 몸을 입고 세상에 오신 분이 바로 예수님이신 것입니다.

"태초에 말씀이 계시니라 이 말씀이 하나님과 함께 계셨으니 이 말씀은 곧 하나님이시니라 그가 태초에 하나님과 함께 계셨고 만물이 그로 말미암아 지은 바 되었으니 지은 것이 하나도 그가 없이는 된 것이 없느니라"(요 1 : 1~3)

"말씀이 육신이 되어 우리 가운데 거하시매 우리가 그의 영광을 보니 아버지의 독생자의 영광이요 은혜와 진리가 충만하더라"(요 1 : 14)

그래서 히브리서 1 : 1~2에 "옛적에 선지자들을 통하여 여러 부분과 여러 모양으로 우리 조상들에게 말씀하신 하나님이 이 모든 날 마지막에는 아들을 통하여 우리에게 말씀하셨으니 이 아들을 만유의 상속자로 세우시고 또 그로 말미암아 모든 세계를 지으셨느니라"(히 1 : 1~2)하신 것이지요.

구약성경의 모든 말씀이 말씀의 완성자이신 성자이신 예수님에 대한 예언의 말씀을 기록한 것입니다. 먼저 예수님의 탄생에 대한 말씀을 기록하고 있지요. 예수님께서 여자의 후손(창 3 : 15)으로, 동정녀를 통하여(사 7 : 14), 한 아기(사 9 : 16)로, 베들레헴(미 5 : 2)으로 오신다고 예언을 했습니다. 그리고 택한 백성들의 죄를 위하여 수난을 당하시고 대속의 죽음을 당하실 것을 그림을 그리듯이 예언(시 22편, 이사야 53장)을 했고, 예수님의 육체의 몸이 썩지 않고 부활하실 것을 예언(시 16 : 10)했고, 부활하신 예수님께서 승천하실 것을 예언(시 68 : 18)했지요. 그리고 예수님께서 승천하셔서 새 하늘과 새 땅을 예비(사 65 : 17~18)하실 것과 다시 오실 것을 대한 예언(말 3 : 1)을 했습니다.

그래서 예수님은 친히 "너희가 성경에서 영생을 얻는 줄 생각하고 성경을 연구하거니와 이 **성경이 곧 내(예수님)게 대하여 증언하는 것이니라**"(요 5 : 39)고 하신 것입니다.

구약성경에 예언된 모든 말씀이 예수님을 통하여 완성이 되었지요.

그래서 **완성되지 못한 율법과 선지자(구약성경 말씀)를 통해서는 구원을 받을 수 없지만 율법의 완성자이신 예수님을 믿으면 구원을 받는 것입니다.**

율법이 요구하는 것을 다 지키고 순종함으로 구원을 받을 수 있는 사람은 아무도 없는 것이지요. 율법의 요구를 다 지키고 순종하므로 구원을 받을 수 있다면 예수님이 필요하지 않은 것입니다. 그렇게 주장하는 사람이 있다면 하나님의 뜻과 말씀을 잘 알지 못하는 이단인 것이지요. 오히려 율법은 하나님의 뜻이 무엇인가를 분명히 알려주며, 사람이 그 율법의 요구를 다 지켜 행할 수 없는 죄인인 것을 깨닫게 해주지요. 오직 모든 성경은 예수님을 바르게 알고(살아계신 하나님의 아들, 구주이신 그리스도, 동정녀 탄생, 십자가 죽음과 부활, 승천, 재림) 믿어야 의롭다 함을 받을 수 있고 구원을 받을 수 있는 것을 알려 주는 것입니다.

"그러므로 율법의 행위로 그의 앞에 의롭다 하심을 얻을 육체가 없나니 율법으로는 죄를 깨달음이니라 이제는 율법 외에 하나님의 한 의가 나타났으니 율법과 선지자들에게 증거를 받은 것이라 곧 예수 그리스도를 믿음으로 말미암아 모든 믿는 자에게 미치는 하나님의 의니 차별이 없느니라"(롬 3 : 20~22)고 하시는 것이지요.

그렇습니다! 성자이신 예수님은 말씀으로 계시면서 성부와 성령과 함께 천지 만물을 창조하신 창조주이십니다. 모세와 선지자들(구약성경)을 통하여 예언되었던 분이시고, 예언

되었던 대로 육신을 입고 오셔서 택함 받은 주의 백성들이 누구나 알기 쉽게 이해하고 믿을 수 있도록 천국 복음을 전해주시고, 예언된 것을 다 이루어주신 분인 것입니다.

그리고 예수님이 오셔서 전해주신 천국 복음과 이미 예언되었던 대로 성취하신 것(동정녀 탄생, 십자가 죽음, 부활, 승천, 재림)을 성령에 감동된 사도들이 기록한 것(예수님은 친히 기록하지 않으심)이 신약성경인 것이지요. 예수님이 신구약 성경 말씀을 완성하신 것입니다.

말씀을 바르게 알고, 말씀이 교훈하시는 예수님을 바르게 알고, 약속하신 말씀과 예수님을 믿는 믿음으로 구원을 받은 기쁨과 평안을 누리며 사는 천국 백성이 되어야 하는 것입니다.

하나님의 말씀은 모든 말씀이 아멘이시다

그러므로 예수님을 믿고 구원을 받은 천국 백성들이 알아야 할 것이 있습니다. 예수님이 말씀이시고, 말씀이신 예수님이 오셔서 완성하신 것이 신구약 성경 말씀인 것을 안다면 말씀에 대하여 어떤 자세를 가져야 할까요? 본문 18절에 무엇이라고 하셨습니까?

"진실로 너희에게 이르노니 천지가 없어지기 전에는 율법의 일점일획도 결코 없어지지 아니하고 다 이루리라"(마 5 : 18)

'천지가 없어지기 전에는 율법의 일점일획도 결코 없어지지 아니하고 다 이루리라'고 하셨지요. 율법(모든 성경 말씀)은 다 이루어진다고 하신 것입니다. 하나님의 말씀은 진리(요 17 : 17)이기 때문에 다 이루어질 수 밖에 없는 것이지요.

그러므로 본문에서 예수님이 '천지가 없어지기 전에는 율법의 일점일획도 결코 없어지지 아니하고 다 이루리라'고 하시기 전에 먼저 어떤 말씀을 하셨습니까?

'진실로 너희에게 이르노니(헬, ἀμὴν γὰρ λέγω ὑμῖν(아멘 갈 레고 휘민))'라는 말씀을 하셨지요. 그런데 이 말씀을 헬라어로 된 원어 성경에 보면 '진실로'라는 말씀이 'ἀμὴν(아멘)'이라는 말로 기록된 것을 볼 수 있습니다. 예수님께서 하시는 말씀이 'ἀμὴν(아멘)'이라는 것이지요.

예수님은 말씀을 전하실 때 'ἀμὴν'이라는 말씀을 자주 사용을 하셨습니다.(마 6 : 2; 6 : 16; 8 : 10; 10 : 15, 23, 42/요 1 : 51; 3 : 3, 11; 5 : 24, 25; 16 : 23) 특히 요한복음에서는 중요한 말씀을 하시면서 'ἀμὴν' 'ἀμὴν'을 반복하시기도 하셨지요.

'ἀμὴν(아멘)'이 무슨 뜻입니까? '진실로 그렇다' '그대로 이루어진다'는 뜻이지요. 하나님의 말씀(예수님의 말씀, 모든 성경 말씀)은 그대로 이루어진다는 것입니다.

하나님의 말씀이 진리이고, 그대로 다 이루어기 때문에 예수님을 믿는 천국 백성들이 성경 말씀을 읽거나 설교를 들을 때 가져야 하는 아주 중요한 자세가 있지요. '하나님의 말씀'으로, 'ἀμὴν'으로, 받아야 하는 것입니다.

"이러므로 우리가 하나님께 끊임없이 감사함은 너희가 우리에게 들은 바 하나님의 말씀을 받을 때에 사람의 말로 받지 아니하고 하나님의 말씀으로 받음이니 진실로 그러하도다 이 말씀이 또한 너희 믿는 자 가운데에서 역사하느니라"(살전 2 : 13)

"하나님의 약속(말씀)은 얼마든지 그리스도 안에서 예가 되니 그런즉 그로 말미암아 우리가 아멘 하여 하나님께 영광을 돌리게 되느니라"(고후 1 : 20)

하나님의 말씀인 성경이 완성된 이 시대는 하나님께서 말씀과 성령으로 역사를 하십니다. 하나님의 말씀이 임하는 곳에는 성령이 역사를 하시지요. 그러므로 이 시대를 천국 백성으로 사는 성도들은 하나님의 말씀인 성경을 사랑해야 하는 것입니다. 성경을 사랑하며 날마다 읽고 듣는 사람들이 되어야 하는 것이지요. 그런데 성경을 읽을 때도 'ἀμὴν'이어야 하고, 성경 말씀을 설교로 들을 때도 'ἀμὴν'으로 들어야 하는 것입니다.

지난 주일 우리 성도들과 예배를 드리고 김포 월곶 사택으로 돌아가 교회당 건축을 강하게 반대하고 있는 마을 주민들의 내방을 받았습니다. 주민들의 내방을 받으면서 지난 주일 설교하며 여러분들과 함께 들은 '팔복의 말씀과 세상에서 소금과 빛이 되라' 말씀이 얼마나 힘이 되었는지 모릅니다.

주민들 10여 명이 떼로 몰려와 거칠게 항의를 했지요. 건축허가를 받고 교회당 건축을 하는 것을 아는 주민들이었으니까, 소음이 나지 않도록 해달라, 교인들이 와서 길에 차를 대지 않게 해달라, 교회당을 짓더라도 네온사인 십자가를 세우지 말고, 교회 간판도 걸지 말고, 주일낮예배만 드리고, 다른 예배나 모임을 갖지 말라고 하는 협의서를 만들어 와서 협의서에 싸인을 요구했습니다. 목사인 저로서는 도저히 수용할 수 없는 문서를 만들어 10명이 넘는 사람들이 떼로 몰려와서 협박을 하며 요구를 했지요. 어떤 주민은 '교회당을 지으면 내버려 두지 않겠다' '재앙을 당할 것이라'는 말을 반복하면서 협박을 했습니다.

얼마나 힘들고 감정이 상했는지 모릅니다. 감정은 몹시 상했지만 성령께서 '온유한 자는 복이 있다, 의를 위하여 박해를 받은 자는 복이 있다'는 말씀과 함께 '강하고 담대하라'는 음성으로 저를 위로하며 격려해 주셨지요. 저는 주민들과 똑같이 감정으로 대하지 않고 주민들이 돌아갈 때까지 온유한 마음으로 대했습니다. 너무나 충격이 커서 집사람은 저녁을 먹지도 못했지요. 낮에 협박을 하고 돌아간 사람이 해코지를 하러 올 것도 같아 밤에 잠이 잘 오지를 않았습니다. 그러나 밤이 깊어갈 때에 협박을 받으면서도 그들의 부당한 요구에 굴복하지 않고, 감정으로 대하지 않고, 인내한 저를 하나님께서는 '참 잘 했다'고 따뜻하게 위로해 주시며 평안한 마음을 주셨지요.

그렇습니다! 성경을 사랑하며 날마다 읽고 'άμὴν(아멘)'으로 받고, 설교를 들을 때마다 'άμὴν(아멘)'으로 들으며 말씀을 통해 역사하시는 성령의 인도와 보호와 위로를 받으며 사는 천국 백성이 되어야 하는 것입니다.

하나님의 말씀대로 살며 전하고 가르쳐야 한다

천국 백성이 성경 말씀을 'άμὴν(아멘)'으로 읽고, 'άμὴν(아멘)'으로 들었으면 어떻게 해야 할까요? 예수님께서 이어서 하신 말씀이 어떤 말씀입니까?

"그러므로 누구든지 이 계명 중의 지극히 작은 것 하나라도 버리고 또 그같이 사람을 가르치는 자는 천국에서 지극히 작다 일컬음을 받을 것이요 누구든지 이를 행하며 가르치는 자는 천국에서 크다 일컬음을 받으리라 내가 너희에게 이르노니 너희 의가 서기관과 바리새인보다 더 낫지 못하면 결코 천국에 들어가지 못하리라"(마 5 : 19~20)

하나님 나라 천국에서는 '누구든지 계명 중의 지극히 작은 것 하나라도 버리고 또 그같이 사람을 가르치는 자는 천국에서 지극히 작다 일컬음을 받을 것이요' '누구든지 이를 행하며 가르치는 자는 천국에서 크다 일컬음을 받으리라'고 하셨습니다. 천국에서는 '지극히 작다' 일컬음을 받을 자가 있고, '크다' 일컬음을 받을 자가 있다는 것이지요. 천국에서 '크다' 일컬음을 받으려면 말씀을 지켜 행하며 가르치는 자가 되라는 것입니다. 천국에서 영생 복락을 누리게 될 때 똑같은 것이 아니라 '차별'이 있을 것이라는 말씀인 것이지요.

장차 들어가 영생을 누릴 천국과 천국에서 큰 자와 작은 자를 생각할 때 알아야 할 것이 있습니다. '公(공변될 공)平(평평할 평)'과 '公(공변될 공)正(바를 정)'이라는 단어이지요. '공평한 것'과 '공정한 것'이라는 단어는 비슷한 것 같지만 큰 차이가 있는 말입니다.

'공평'이라는 말은 똑같이 함께 일하고, 똑같이 함께 나누고, 똑같이 함께 누리는 것을 의미하지요. 일을 잘 하는 사람이나 못하는 사람이나 똑같이 취급을 하는 것입니다. 사유재산을 인정하지 않고 일을 열심히 하고 잘 하는 사람이나 적당히 일을 하고 게으르게 하는 사람이나 똑같이 대접을 하는 것이지요. 공산주의 이론입니다. 이론적으로 좋아 보이지만 그렇게 하면 열심히 성실하게 일을 할 필요가 없지 않습니까? 당연히 생산 능력이 떨어지고, 품질이 떨어지기 마련이지요. 그래서 공산주의 이론은 잘못 된 것이고 실패한 것입니다. 그래서 지금은 공산주의 국가인 러시아나 중국도 공산주의 독재국가이면서도 사유재산을 인정을 하지 않습니까? 그래서 중국이나 러시아에도 세계적으로 돈 많은 부자들이 많이 생겨난 것입니다.

'공정'이라는 말은 비슷해 보이지만 '공평'이라는 말과는 많이 다른 말이지요. 공정이라는 말은 공평하기도 하지만 올바른 것입니다. 공정은 노력하고 수고한 대로(일을 한 대로) 취급을 하고 대접을 하는 것이지요. 많이 수고하고 많이 일한 사람에게는 많이 주고, 적게 수고하고 적게 일한 자에게는 적게 주고, 수고하지 않고 일을 하지 않은 사람에게는 주지 않는 것입니다.

하나님의 말씀인 성경은 '공평'과 '공정'을 다 같이 말씀을 하십니다. 하나님은 공평하기도 하시고 공정하기도 하신 분이지요.

하나님은 해를 악인과 선인에게 비추시며 비를 의로운 자와 불의한 자에게 내려 주십니다.(마 5 : 45) 차별을 하지 않으시는 공평하신 분이지요. '구원'을 받고 천국 백성이 되어 천국에 가는 것은 노력이나 공로가 아니라 하나님의 사랑과 은혜로 되는 것입니다. 전적으로 하나님의 긍휼과 은혜로 되어지는 것이지요. 하나님의 선택의 은혜를 입고 긍휼을 입은 사람들이 예수님에 대한 말씀(복음)을 들을 때 예수님이 믿어지고, 천국이 믿어져서 그 '믿음'으로 구원을 받는 것이지요. 하나님께서 은혜로 '믿음'을 선물로 주시어서 구원을 받고, 천국백성이 되는 것입니다. "너희는 그 은혜에 의하여 믿음으로 말미암아 구원을 받았으니 이것은 너희에게서 난 것이 아니요 하나님의 선물이라"(엡 2 : 8)

그러나 하나님은 '공정'하기도 하신 분입니다. 하나님의 자녀들이 이 세상을 살 때나 천국에 가서 영생 복락을 누릴 때나 하나님은 노력하고 수고한 대로 주시는 분이지요. 반드시 심은 대로 거두게 하시는 분입니다. 많이 수고하고 많이 일한 자에게는 많이 주시고 적게 수고하고 적게 일한 자에게는 적게 주시는 분이지요.

"스스로 속이지 말라 하나님은 업신여김을 받지 아니하시나니 사람이 무엇으로 심든지 그대로 거두리라"(갈 6 : 7) "이것이 곧 적게 심는 자는 적게 거두고 많이 심는 자는 많이 거둔다 하는 말이로다"(고후 9 : 6)라고 했지요.

예수님이 재림하셔서 심판하시고 상을 주실 때 행한 대로 갚아주신다고 하십니다. 영원한 하나님 나라에서 주의 백성들이 받을 상급과 영광이 다 다르다고 했지요.

"보라 내가 속히 오리니 내가 줄 상이 내게 있어 각 사람에게 그가 행한 대로 갚아 주리라"(계 20 : 12) "해의 영광이 다르고 달의 영광이 다르며 별의 영광도 다른데 별과 별의 영광이 다르도다"(고전 15 : 41)하셨습니다.

그래서 예수님을 믿고 부활신앙을 가지고 천국에서 영생복락을 누릴 소망을 가지고 사는 성도들에게 어떻게 권면을 합니까?

"그러므로 내 사랑하는 형제들아 견실하며 흔들리지 말고 항상 주의 일에 더욱 힘쓰는 자들이 되라 이는 너희 수고가 주 안에서 헛되지 않은 줄 앎이라"(고전 15 : 58)

주의 일을 위해 수고하는 것이 헛되지 않을 것이니, 천국에 가서 영생 복락을 누릴 때에 부끄럽지 않도록 '항상 주의 일에 더욱 힘쓰는 자들이 되라'고 하시는 것입니다.

천국에서 '지극히 작다'일컬음을 받을 자가 있고, '크다' 일컬음을 받을 자가 있습니다. 평등하지 않은 것이지요. 어떤 자가 '크다'일컬음을 받는다고 했습니까? '하나님의 말씀을 행하며 가르치는 자가 크다는 일컬음을 받는다'고 했지요.

천국에서는 세상에서 하나님의 말씀을 지키며 생활(선행)하고, 하나님의 말씀을 전하고 가르치며 사는(복음 전도) 자가 큰 자가 되는 것입니다. 하나님의 말씀을 지키며 생활하고, 전하며 가르치는 생활로 많은 사람들을 옳은 대로 돌아오게 하는 자, 많은 사람들을 그리스도에게로 돌아오게 하는 자가 천국에서 큰 자가 되어 별과 같이 빛나는 성도가 되는 것이지요.

"땅의 티끌 가운데에서 자는 자 중에서 많은 사람이 깨어나 영생을 받는 자도 있겠고 수치를 당하여서 영원히 부끄러움을 당할 자도 있을 것이며 지혜 있는 자는 궁창의 빛과 같이 빛날 것이요 많은 사람을 옳은 데로 돌아오게 한 자는 별과 같이 영원토록 빛나리라"(단 12 : 2~3)고 하십니다.

말씀을 지키며 순종하는 생활, 말씀을 전하고 가르치는 생활로, 많은 사람들을 예수님께 돌아오게 하는 생활을 해야 하는 것이지요. 그래서 이 땅에서도 복을 받고, 천국에 가서 큰 자, 별과 같이 빛나는 천국 백성이 되어야 하는 것입니다.

이제 말씀을 맺겠습니다.

예수 그리스도를 믿고 구원을 받은 하나님의 자녀들, 천국 백성은 세상에서 소금과 빛으로 살아야 합니다. 소금과 빛으로 살기 위해서는 하나님의 뜻인 하나님의 말씀을 잘 알아야 하지요. 예수님이 바로 말씀이시고, 율법과 선지자의 완성자로 오셔서 말씀을 완성하신 분입니다. 신구약성경을 완성하신 분이지요. 누구든지 예수님을 살아계신 하나님의 아들로 그리스도로 믿으면 구원을 받으며 하나님의 자녀가 되는 것입니다. 예수님이 완성하신 하나님의 말씀인 성경을 사랑하는 사람이 되어야 하고, 성경 말씀을 읽고 들을 때마다 언제나 아멘으로 받아야 하는 것이지요. 말씀을 아멘으로 받아 지키며 생활해야 하고, 말씀을 전하고 가르치며 살아야 하는 것입니다. 그런 천국 백성이 되시기를 예수님의 이름으로 축원합니다.   아   멘.

살인과 분노에 대한 교훈

마태복음 5 : 21~26

"옛 사람에게 말한 바 살인하지 말라 누구든지 살인하면 심판을 받게 되리라 하였다는 것을 너희가 들었으나 나는 너희에게 이르노니 형제에게 노하는 자마다 심판을 받게 되고 형제를 대하여 라가라 하는 자는 공회에 잡혀가게 되고 미련한 놈이라 하는 자는 지옥 불에 들어가게 되리라

그러므로 예물을 제단에 드리려다가 거기서 네 형제에게 원망들을 만한 일이 있는 것이 생각나거든 예물을 제단 앞에 두고 먼저 가서 형제와 화목하고 그 후에 와서 예물을 드리라

너를 고발하는 자와 함께 길에 있을 때에 급히 사화하라 그 고발하는 자가 너를 재판관에게 내어 주고 재판관이 옥리에게 내어 주어 옥에 가둘까 염려하라 진실로 네게 이르노니 네가 한 푼이라도 남김이 없이 다 갚기 전에는 결코 거기서 나오지 못하리라"
(마 5 : 21~26)

예수 그리스도를 믿고 구원을 받은 성도들은 귀한 사람들입니다. 천지 만물을 창조하시고 섭리하시는 하나님의 자녀, 천국에 가서 영생 복락을 누릴 천국 백성이니까요. 그 누구와 그 무엇과 비교가 되지 않는 귀한 사람인 것입니다. 귀한 천국 백성인 하나님의 자녀들이 세상에서 어떻게 살아야 할까요?

예수님께서 친히 세상에서 천국 백성들이 살아야 할 삶의 원리를 말씀해 주신 것이 마태복음 5~7장에 기록된 '산상보훈'입니다.

예수님은 산상보훈을 선포하시면서 먼저 '팔복'대하여 말씀을 해주셨지요. '심령이 가난한 자' '애통하는 자' '온유한 자' '의에 주리고 목마른 자' '긍휼히 여기는 자' '마음이 청결한 자' '화평하게 하는 자' '의를 위하여 박해를 받은 자'가 '복이 있다'는 말씀을 해주셨지요. 하나님의 자녀인 천국 백성들이 지녀야 할 성품(예수님의 성품)을 말씀해 주신 것입니다.

이어서 '천국 백성들이 세상(사회)에서 어떻게 살아야 할 것인가?'를 말씀해 주셨지요. 예수님께서 무엇이라고 하십니까? '너희는 세상의 소금이다' '너희는 세상의 빛이다'라고 하셨지요. 하나님의 자녀인 천국 백성들이 세상에서 소금과 빛으로 살라고 하신 것입니다.
　그리고 이어서 천국 백성으로 세상에서 소금과 빛으로 살아야 할 성도들에게 하나님의 뜻을 알고 하나님의 뜻대로 살게 하기 위해서 하나님의 뜻인 '율법(말씀)'에 대한 말씀을 해주셨지요. 말씀이신 예수님께서 율법의 완성자로 오셔서 말씀을 완성하셨고, 말씀은 일점일획 없어지지 아니하고 다 이루어지기 때문에 말씀을 읽고 들을 때는 언제나 '아멘'으로 받아야 하고, 말씀을 지키며 살아야 하고, 전하고 가르치며 살아야 한다고 했습니다. 그래야 천국에 가서 큰 자가 된다고 했지요.

　이 시간에 상고하고자 하는 말씀에는 천국 백성이 세상에서 살 때 사람들과 바른 관계를 맺어야 하는 말씀을 들려주시고 있습니다. 사람은 세상에서 혼자 사는 것이 아니지 않습니까? 사람들과 바른 관계를 맺을 때 평안하고 행복하게 살 수 있는 것입니다.
　예수님은 먼저 십계명 중에서 **여섯 번째 계명인 '살인하지 말라'**는 계명을 말씀하시면서 '살인하지 말라'는 계명 속에 담겨 있는 하나님의 마음과 하나님의 뜻에 대해서 자세하게 일깨워주셨지요. 그런데 예수님께서 이 말씀을 하실 때 높은 권위를 가지고 하신 것을 볼 수 있습니다.
　"옛 사람에게(성부 하나님께서 모세를 통하여) 말한 바 살인하지 말라 누구든지 살인하면 심판을 받게 되리라 하였다는 것을 너희가 들었으나 나는(예수님은) 너희에게 이르노니 ········"(마 5 : 21~22a)라고 하셨지요.
　하나님께서 모세를 통하여 율법을 주시면서 여섯째 계명으로 '살인하지 말라'는 계명을 주셨지 않습니까? 그러면서 '실수가 아닌 고의로 살인하는 자는 반드시 죽이라'고 하셨지요. 그런데 예수님께서 '하나님께서 모세를 통하여 들려주신 말씀'을 상기시키면서 '나는 너희에게 이르노니'라고 하신 것입니다. 성부 하나님께서 계명을 주신 것과 같이 예수님께서 동등하신 권위로 '나는 너희에게 이르노니'라고 하신 것이지요. 무슨 말씀입니까? 지난 시간에 말씀을 드렸지만 예수님은 창세 전에 말씀으로 계시면서 성부 하나님과 천지 만물을 창조하신 성자 하나님이시라고 했지요. 성부 하나님과 동등하신 분이기에 예수님이 하신 말씀들은 다 하나님의 말씀인 것입니다.

살인하지 말라는 말씀을 자세하게 일깨우신 예수님

예수님 당시에 바리새인들은 '살인하지 말라'는 계명을 '외적으로 나타나는 행위'만을 생각했습니다. 율법에는 살인하는 자는 심판을 받게 될 것이라(외적인 행위의 결과)고 했지요. 그래서 살인만 하지 않으면 율법을 잘 지키는 것으로 여겼습니다. 심지어 살인을 한다 하더라도 자기 손에 사람을 죽인 피를 묻히지 아니하면 살인하지 않은 것으로 생각을 했지요. 하나님께서 주신 '살인하지 말라'는 계명을 올바르게 이해하지 못했던 것입니다.

하나님께서 주신 '살인하지 말라'는 계명은 살인하는 외적인 행위만이 아니라 '마음의 살인'까지 담고 있는 말씀인 것이지요. '마음에 살인의 악의를 품지 말라(동기와 원인)'는 의미까지 담겨 있는 계명인 것입니다.

그래서 예수님께서 "옛 사람에게(성부 하나님께서 모세를 통하여) 말한 바 **살인하지 말라 누구든지 살인하면 심판을 받게 되리라 하였다는 것을 너희가 들었으나, 나는 너희에게 이르노니 형제에게 노하는 자마다 심판을 받게 되고 형제를 대하여 라가라 하는 자는 공회에 잡혀가게 되고 미련한 놈이라 하는 자는 지옥 불에 들어가게 되리라**"(마 5 : 22)하신 것이지요.

사람의 모든 행위는 마음에서 나오는 것입니다. 입으로 하는 말도 마음에서 나오는 것이고, 행위도 마음에서 나오는 것이지요. 사람이 어떤 사람을 유익하게 하고 해롭게 하는 행위도 다 마음에서 나오는 것입니다. 사람은 누구나 마음에 '어떤 마음을 품고 있느냐?'에 따라 얼굴색이 달라지고 행동이 달라지는 것이지요.

'마음에 기쁨과 즐거움이 있으면 얼굴이 밝고, 마음이 슬프고 괴로우면 얼굴이 어두워집니다.' '마음에 사랑을 품으면 얼굴이 온화해지고, 마음에 미움을 품으면 얼굴이 굳어지지요.'

사람이 누구를 싫어하고 미워하는 마음을 품고 있으면 그 사람을 해롭게 하고, 죽이는 죄를 짓는 것입니다. 그래서 "**그 형제를 미워하는 자마다 살인하는 자니 살인하는 자마다 영생이 그 속에 거하지 아니하는 것을 너희가 아는 바라**"(요일 3 : 15)고 하시는 것이지요.

하나님은 우리 성도들이 마음에 진실함을 품고 진실하게 살기를 원하시는 분입니다. "**보소서 주께서는 중심이 진실함을 원하시오니 내게 지혜를 은밀히 가르치시리이다**"(시 51 : 6)

그래서 예수님은 '누구든지 살인하면 심판을 받게 되리라'는 율법의 외적인 면(결과)만을 말씀하신 것이 아니라, 미워하는 마음을 가지고 살인하게 되는 3가지 원인과 동기, 그

결과에 대하여 자세하게 말씀을 해주시고 있는 것입니다.

첫째, 형제에게 분노하는 마음을 품지 말아야 합니다.

형제에게 노하는 자마다 심판을 받게 된다고 하셨습니다. "형제에게 노하는 자마다 심판을 받게 되고"(마 5 : 22a)라고 하셨지요. '노한다(헬, ὀργιζόμενος(오르기조메노스)'는 말은 마음에서 일어나는 일시적인 분노가 아니라 '악의를 가지고 남을 해하고자 하는 지속적인 분노 (불같이 일어나는 분노)'를 가리키는 말입니다.

어떤 문제로 감정이 상해서 사람이 누군가를 미워하면 먼저 '분노'를 품게 되지요. 그런데 분노하는 것, 성을 내는 것은 절대로 하나님의 의를 이룰 수가 없는 것입니다. 물론 성도는 불의와 죄악을 보았을 때 하나님의 마음으로 '의로운 분노'는 발할 줄 아는 사람이 되어야 하지요. 그러나 사람들이 드러내는 대부분의 분노는 자기감정이 상했을 때 분노의 감정을 절제하지 못하고, 감정을 상하게 한 대상을 향하여 발하는 분노가 아닙니까? 감정을 절제하지 못하고 발하는 '불의한 분노'는 조심해야 하는 것입니다.

신실한 크리스천으로 미국의 독립선언서를 작성에 공헌한 벤자민 프랭크린(B. Franklin, 1706. 1. 17~1790. 4. 17.)은 "분노로 시작한 것은 수치로 끝난다"는 말을 했지요. 혈기를 부리며 분노하는 것은 좋은 열매를 맺지 못하고, 부끄러운 열매를 맺는다는 것입니다.

분노는 자신을 해롭게 하고, 상대방을 해롭게 하고, 하나님과의 교제를 끊어지게 하는 것입니다.

분노는 자기 자신을 해롭게 합니다. 자기 자신의 상한 감정을 절제하지 못하는 분노는 자기 자신의 정신과 육체를 병들게 하지요. 자신을 망하게 하는 것입니다. 의사들의 말에 의하면 화를 잘 내며 혈기가 높은 사람은 낮은 사람보다 죽을 확률이 4배나 높다고 하지요. 외과수술의 개척자로 영국의 국왕 조지 3세(George Ⅲ세)의 주치의였던 존 헌터(John Hunter)라는 의사가 있었습니다. 존 헌터(John Hunter)는 분노 때문에 몸에 이상이 생기는 것을 잘 알았지요. 그래서 그는 "나의 삶은 나를 격정으로 몰고 가는 어떤 분노의 손에 좌우된다"라는 말을 했습니다. 존 헌터(John Hunter)는 그 사실을 잘 알면서도 영국의 한 법원에서 회의 도중 다른 사람과 말다툼을 하다가 화를 참지 못하고 밖으로 나가 옆방에서 쓰러져 죽었지요. 분노는 자기 자신을 해롭게 하고 자신을 망하게 하는 것입니다.

분노는 다른 사람에게 피해를 줍니다. 분노는 다른 사람의 명예와 인격을 살해하지요. 다른 사람과의 관계를 파괴합니다. 분노해서 감정으로 부딪히고 나면 그 대상과는 관계 회복이 잘 안 되는 것입니다.

그리고 분노는 하나님과의 교제가 끊어지게 합니다. 누군가를 미워하고 분노를 품고 있으면 하나님 앞에 기도가 되지 않는 것입니다.

자신의 감정을 절제하지 못하는 부당한 분노는 아무런 유익이 없는 것이지요. 분노는 자기 자신을 해롭게 하고, 남을 해롭게 하고, 하나님과의 교제가 끊어지게 하는 것입니다.

그렇기에 엡 4 : 26~27에 어떻게 하라고 하십니까?

"분을 내어도 죄를 짓지 말며 해가 지도록 분을 품지 말고 마귀에게 틈을 주지 말라"

화가 난다 하더라도 죄를 짓지 말고, 해가 지도록 분을 품지 말고, 마귀에게 틈을 주지 말라고 하셨지요. 천국 백성은 감정을 상하게 하고 화를 나게 하는 사람이 있을 때 그런 대상과도 미워하는 감정을 절제하고 사랑하는 마음을 가지고 긍휼히 여기며 화목해야 하는 것입니다.

당시 세계 제일의 부자였고 미국의 부통령을 지낸 하나님의 사람 존 록펠러가 있습니다. 록펠러는 회사 임원이 잘못된 결정을 해서 회사에 2백만 불(한화 24억)의 손해를 끼치는 사고를 냈을 때 그 임원을 불러 화를 내며 나무라기 전에 먼저 종이쪽지에 '그 임원의 장점을 적었고, 그동안 그 임원이 회사를 위하여 공헌한 것을 적었다'고 하지요. 그러면서 록펠러는 부하 임원을 대했다고 합니다. 화가 난 감정을 잘 다스린 것이지요.

하나님의 자녀는 감정이 상해서 화가 나더라도 '부당한 분노'를 발하지 말고, 잘 절제하며 사람들과 아름다운 관계를 맺어야 하는 것입니다.

둘째, 형제에 대하여 '라가(헬, Ρακά(라카)'라 욕하지 말아야 합니다. '라가'라는 말은 히브리 사람들이 사용하는 욕설이지요. 이 말은 '형편없고 쓸모없는 놈(얼간이, 골빈놈)'이라는 의미입니다. 자기를 괴롭히는 대상을 향하여 미워하며 무시하며 내뱉는 욕설이지요. 그런데 미움을 가지고 다른 사람을 욕하는 것은 당시 유대인 최고 법정인 '산헤드린공회'에 잡혀갈 죄목이 된다고 하신 것입니다.

예수님께서 이 말씀을 하신 것은 형제를 미워하는 마음을 가지고 '라가'라고 욕을 하는 사람은 '하나님의 심판대 앞에 서게 된다'고 하신 것이지요. 하나님께 벌을 받는 사람이 된다는 것입니다.

셋째, 미련한 놈(헬, Μωρέ(모레)이라 저주하지 말아야 합니다. 예수님은 이어서 형제에게 '미련한 놈이라 하는 자는 지옥 불에 들어간다'고 하셨습니다. '미련한 놈'이라는 말은

'어리석게 사는 사람, 하나님이 없다고 하는 사람'이라는 뜻이지요. '미련한 놈'이라고 하는 것은 세상의 지식과 지혜가 모자라는 것을 비판하는 말이 아니라 그의 인격적이고 도덕적인 면을 비판하며 정죄하는 말입니다.

하나님은 교만해서 자신이 마치 하나님인 것처럼 다른 사람의 인격을 무시하고 비판하며 정죄하는 것을 아주 싫어하시는 분이지요. 그런 사람은 지옥 불에 들어가게 된다는 것입니다.

원망들을 만한 이웃을 만들지 말고 화목하라고 하신 예수님

형제를 미워하고 정죄하고 모욕하고 비난하는 일은 살인하는 일이고, 자기 자신을 해하고 죽이는 일이기 때문에, 그런 형제(원망 들을 만한 사람)가 있을 때는 반드시 사화(私和)해야 하고 화목해야 하는 것입니다.

하나님의 자녀인 천국 백성이 형제에게 원망들을 만한 행동을 하고서도 화해하며 화목하지 않으면 하나님께 드리는 기도가 상달되지 않고, 예배를 드려도 하나님께서 예배를 받지 않으시는 것이지요. 그래서 예수님께서 무엇이라고 하십니까?

"그러므로 예물을 제단에 드리려다가 거기서 네 형제에게 원망들을 만한 일이 있는 것이 생각나거든 예물을 제단 앞에 두고 먼저 가서 형제와 화목하고 그 후에 와서 예물을 드리라"(마 5 : 23~24)

하나님의 자녀인 성도에게 기도하는 것과 예배를 드리는 것보다 더 중요한 일이 어디 있겠습니까? 그런데 형제에게 원망들을 행동을 해서 불편한 관계에 있고, 형제를 미워하는 마음을 가지고 있으면 기도를 해도 하나님이 듣지 않으시고, 예배를 드려도 하나님이 받지 않으신다는 것이지요. 그러므로 하나님의 자녀인 천국 백성에게는 오히려 기도하고 예배를 드리는 것보다 먼저 원망들을 만한 형제와 사화하고 화목하는 것이 더 우선순위인 것입니다.

여기에서 '사화(私和)하라'는 말이 무슨 말씀일까요? '사화하라(헬, ἴσθι εὐνοῶν(이스디 에우노온)'는 말씀에서 'ἴσθι(이스디)'는 영어 be동사에 해당하는 'εἰμί(에이미)'동사의 현재 능동태 명령형이고, 'εὐνοῶν(에우노온)'은 '우호적인 생각을 가지다'라는 동사 εὐνοέω(에우노에오)'의 분사형이지요. 그러므로 '사화하라'는 말은 단순히 '타협하라'는 의미가 아니고, '계속해서 좋은 관계를 회복하라'는 말인 것입니다.

그런데 원망들을 만한 형제가 있을 때 언제 어떻게 사화하고 화목을 하라고 했습니까?

"그러므로 예물을 제단에 드리려다가 거기서 네 형제에게 원망들을 만한 일이 있는 것이 생각나거든 예물을 제단 앞에 두고 먼저 가서"라고 했지요.

그런 형제가 있을 때 그런 형제가 찾아와 사화하며 화목을 청할 때까지 기다리지 말고 먼저 찾아가라고 했습니다. 형제와 불편한 관계를 맺게 되었을 때는 형제가 찾아올 때를 기다리지 말고 먼저 찾아가라고 하신 것이지요.

그리고 언제 사화하며 화목하라고 했습니까?

"너를 고발하는 자와 함께 길에 있을 때에 급히 사화하라 그 고발하는 자가 너를 재판관에게 내어 주고 재판관이 옥리에게 내어 주어 옥에 가둘까 염려하라"(마 5 : 25)

'**함께 길에 있을 때에 사화하라**'고 하셨지요. '**함께 길에 있을 때에 사화하라**'는 말씀이 무슨 말입니까? **지체하지**(미루지) 말고 즉시 **사화하고**(좋은 관계를 회복하고) **화목하라**는 것입니다.

형제와 어떤 일로 불편한 관계가 되었을 때, 즉시 사화하며 화목하지 않고 시간이 흘러가면 점점 더 사화가 되지 않고 화목을 할 수가 없는 것이지요. 좋은 관계로 회복이 되지 않고 아주 불편한 관계가 되어지고, 영원히 회복이 되지 않을 수도 있는 것입니다.

그런데 이기적이고 교만한 사람, 속이 좁은 사람은 자신이 잘못해서 형제와 불편한 관계를 맺었으면서도 먼저 찾아가 사화하며 좋은 관계를 회복하지 못하고 불편한 관계를 맺고 사는 것을 볼 수 있지요. 그래서 신앙생활을 하면서도 형제들과 불편해지고 친한 형제나 이웃이 없이 외톨이가 되어지는 것을 볼 수 있습니다. 그런 불행한 인생을 사는 사람들이 많이 있는 것입니다.

예수님은 자신을 은 30에 팔고 배신한 가룟 유다를 미워하지 않으셨습니다. 사랑으로 가룟 유다의 발을 씻어주셨고, 함께 음식을 나누면서 마지막까지 회개하기를 기다리셨지요. 그러나 안타깝게도 가룟 유다는 회개하지 않고 멸망의 길을 간 것입니다.

다윗은 자기를 시기하고 질투하며 죽이려고 하는 사울 왕에게 쫓기면서도 사울 왕을 미워하며 대적을 하지 않았지요. 오히려 사울왕을 죽일 수 있는 기회가 주어졌지만 용서하며 두 번씩이나 살려주지 않았습니까? 자신을 해하려고 했던 사울 왕의 신하들까지도 용서하며 화목한 관계를 맺었지요. 하나님은 그런 다윗을 기뻐하셨고, 복을 주셨습니다. 싸울 때마다 승리하게 해주시고 강성한 나라를 건설하게 해주셨던 것입니다.

이제 말씀을 맺겠습니다.

천국 백성들은 세상에서 천국 백성답게 살아야 하는 것입니다. 이웃들과 불편한 관계를 맺지 말고 화목한 관계를 맺으며 살아야 하는 것이지요. 감정을 상하게 하는 이웃이 있을 때 '화가 나는 대로' 분노하지 말고, '라가'라 욕하지 말고, '미련한 놈이라' 무시하며 저주하지 말고, 감정을 잘 다스리며 화목한 관계를 맺어야 하는 것입니다. 원망들을 만한 이웃이 생겼을 때는 지체하지 말고 찾아가서 사과하고 화목하며 아름다운 관계를 맺어야 하는 것이지요. 화가 나는 일이 생길 때마다 분노의 감정을 잘 절제하며, 원망들을 만한 이웃이 생길 때마다 먼저 찾아가서 좋은 관계를 회복하고 화목하게 관계를 맺으며 복된 인생을 사는 천국 백성이 되시기를 예수님의 이름으로 축원합니다.   아   멘.

음욕과 탐욕에 대한 교훈

마태복음 5 : 27~32

"또 간음하지 말라 하였다는 것을 너희가 들었으나 나는 너희에게 이르노니 음욕을 품고 여자를 보는 자마다 마음에 이미 간음하였느니라

만일 네 오른 눈이 너로 실족하게 하거든 빼어 내버리라 네 백체 중 하나가 없어지고 온 몸이 지옥에 던져지지 않는 것이 유익하며 또한 만일 네 오른손이 너로 실족하게 하거든 찍어 내버리라 네 백체 중 하나가 없어지고 온 몸이 지옥에 던져지지 않는 것이 유익하니라

또 일렀으되 누구든지 아내를 버리려거든 이혼 증서를 줄 것이라 하였으나 나는 너희에게 이르노니 누구든지 음행한 이유 없이 아내를 버리면 이는 그로 간음하게 함이요 또 누구든지 버림받은 여자에게 장가드는 자도 간음함이니라"(마 5 : 27~32)

예수 그리스도를 믿고 구원을 받은 천국 백성인 성도들은 귀한 사람들입니다. 천지 만물을 창조하시고 섭리하시는 하나님의 자녀, 천국에 가서 영생 복락을 누릴 천국 백성이니까요. 그 누구와 그 무엇과 비교가 되지 않는 아주 귀한 사람인 것입니다. 귀한 천국 백성인 하나님의 자녀들이 세상에서 어떻게 살아야 할까요? 예수님께서 천국 백성인 하나님의 자녀들이 천국 백성으로 세상에서 살아야 할 원리를 교훈하신 것이 '산상보훈'입니다.

예수님께서 말씀해 주신 산상보훈의 말씀을 계속해서 살펴보고 있습니다. 지난 시간에는 십계명 중에 여섯 번째 계명인 '살인하지 말라'는 계명을 말씀하시며 들려주신 말씀을 살펴보았지요. 살인은 사람과의 관계를 파괴하는 가장 악한 범죄인 것입니다.

이 시간에는 일곱 번째 계명인 '간음하지 말라'는 말씀을 하시며 들려주신 말씀을 살펴보면서 하나님의 음성을 듣고자 합니다. '간음하지 말라'는 계명도 '살인하지 말라'는 계명과 버금가는 계명이지요.

"또 간음하지 말라 하였다는 것을 너희가 들었으나 나는 너희에게 이르노니 음욕을 품고 여자를 보는 자마다 마음에 이미 간음하였느니라"

'살인하지 말라'는 계명이 겉으로 드러나는 살인 행위만이 아니라 '마음으로 미워하는 것'이 바로 살인이라고 하신 것처럼, '간음하지 말라'는 계명도 마음으로 간음하는 것이 바로 간음이라고 하신 것이지요. 마음이 사람의 행위를 지배하기 때문인 것입니다. 그래서 '음욕을 품고 여자를 보는 자마다 마음에 이미 간음하였느니라'고 하신 것이지요. 마음으로 음욕을 품는 자마다 이미 간음을 한 것이라고 하시는 것입니다.

이 시간 '간음하지 말라'는 말씀을 살펴보면서 주님께서 들려주시는 하나님의 음성을 듣는 시간이 되기를 원합니다.

음욕과 탐욕은 사탄의 표적이 된다

"또 간음하지 말라 하였다는 것을 너희가 들었으나 나는 너희에게 이르노니 음욕을 품고 여자를 보는 자마다 마음에 이미 간음하였느니라"

이 말씀은 일곱 번째 계명인 "간음하지 말라"(출 20 : 14)는 계명과, 열 번째 계명인 "네 이웃의 집을 탐내지 말라 네 이웃의 아내나 그의 남종이나 그의 여종이나 그의 소나 그의 나귀나 무릇 네 이웃의 소유를 탐내지 말라(탐욕을 품지 말라)"(출 20 : 17)는 두 계명에 대한 해석입니다.

'간음하지 말라(음욕을 품지 말라)' '탐내지 말라(탐욕을 품지 말라)'는 말씀은 '마음의 상태'에 대한 계명이지요. 그래서 이 계명은 외식이나 위선으로 행할 수 없는 것입니다.

다른 계명이나 말씀들은 마음에는 없으면서도 외식이나 위선으로 행할 수 있지요. 안식일(주일을) 지키고, 예배를 드리고, 기도하는 일은 마음에는 없으면서도 외식으로 할 수 있습니다. 하나님을 경외하는 마음, 하나님께 감사하고 사랑하는 마음이 없더라도 주일을 지킬 수 있지요. 주일날 엿새 동안 세상에서 하던 일을 쉴 수 있고, 성도들이 모이는 성전에 올라와 예물을 드리며 예배를 드릴 수 있습니다. 사람들이 볼 때는 보통 사람들보다 주일을 더 잘 지키고 예배를 더 잘 드리는 것처럼 보일 수도 있지요. 외식을 할 수 있습니다. 기도하는 것도 외식을 할 수가 있지요. 하나님을 의식하지 않고, 형식적으로 기도를 할 수가 있습니다. 사람들이 볼 때는 기도를 아주 잘 하는 것처럼 보일 수도 있겠지요. 외식할 수가 있는 것입니다.

예수님 당시에 그런 사람들이 있었지 않습니까? 바리새인들이었지요. 바리새인들은 안식일을 철저하게 지켰습니다. 장로들이 유전으로 물려준 안식일 규정까지 철저하게 지켰지요. 다른 사람들보다 더 잘 지키는 것처럼 보였습니다. 그러면서 예수님의 제자들이 안식일 날 시장해서 밀밭 사이를 지나다가 밀 이삭을 따먹는 것을 보면서 안식일을 범한다고 비난을 했고, 심지어 예수님께서 안식일 날 병자를 고치시는 것을 보고 예수님이 안식일을 범한다고 예수님까지 비난을 하지 않았습니까?

바리새인들은 기도를 드리는 것도 잘 드리는 것처럼 보였지요. 하루에 시간을 정해놓고 (오전 9시, 낮 12시, 오후 3시) 하루에 세 번씩 철저하게 시간을 지키면서 기도를 드렸습니다. 정한 기도시간이 되면 길을 가다가도 멈추어 서서 사람들이 보는 가운데서 기도를 드렸지요.

그런데 예수님은 그런 서기관들과 바리새인들을 향하여 무엇이라고 하셨습니까?

"화 있을진저 외식하는 서기관들과 바리새인들이여"(마 23장)라며 일곱 번이나 반복해서 '외식을 한다'고 책망하시며 '너희에게 화가 있을지어다'라고 저주를 하셨던 것입니다.

그런데 '음욕'과 '탐욕'은 눈에 보이지 않는 죄 성을 가진 '마음의 상태'에 대한 계명이기 때문에 외식을 할 수 없는 것이지요. 그래서 신실한 하나님의 사람인 바울 사도는 자기 마음의 상태를 보며 무엇이라고 했습니까?

"내 속사람으로는 하나님의 법을 즐거워하되 내 지체 속에서 한 다른 법이 내 마음의 법과 싸워 내 지체 속에 있는 죄의 법으로 나를 사로잡는 것을 보는도다 오호라 나는 곤고한 사람이로다 이 사망의 몸에서 누가 나를 건져내랴"(롬 7 : 22~24)고 탄식한 것입니다.

예수님은 본문에서 "간음하지 말라 하였다는 것을 너희가 들었으나 나는 너희에게 이르노니 음욕을 품고 여자를 보는 자마다 마음에 이미 간음하였느니라"고 하셨지요. 간음을 하는 것과 음욕을 품는 것을 같은 것으로 간주를 하신 것입니다.

왜 간음을 하는 것과 음욕을 품는 것을 같은 것으로 간주를 하셨을까요? 어미 닭이 21일 동안 '달걀'을 품고 있으면 어떻게 됩니까? 병아리가 나오지요. 오리가 21~23일 동안 '알'을 품고 있으면 오리가 나옵니다. 이와 같이 사람이 음욕을 품고 있으면 사탄이 유혹을 할 때 이기지 못하고 죄를 짓게 되기 때문인 것입니다.

다윗이 얼마나 신실한 하나님의 사람입니까? 어떻게 하나님을 신뢰하며 하나님을 경외한 사람인가요? 하나님께서 하나님의 마음에 맞는 사람이라고 하셨고, 다윗을 통하여 하나님의 뜻을 다 이루시겠다고 하신 사람이 아닙니까? 그런 다윗이 왜 부하 장수인 우리아의 아내 밧세바와 간음을 하고 밧세바의 남편 우리아를 전쟁터에 내보내 간접 살인을 하는 죄를 지었나요? 옥상을 거닐다가 밧세바가 목욕하고 있는 것을 보고, 사탄이 넣어준 음욕을 절제하지 못하고 죄를 지었던 것입니다.

　음욕은 사탄이 넣어주는 마음입니다. 음욕을 품고 있으면 사탄의 유혹을 이기지 못하지요. 하나님의 자녀들은 사탄이 넣어주는 음욕을 품지 말아야 하는 것입니다.

음욕과 성욕은 분별할 줄 알아야 한다

　그런데 우리 성도들이 바르게 알아야 할 것이 있습니다. '성욕'과 '음욕'은 다른 것이지요. 성욕과 음욕은 잘 분별을 해야 하는 것입니다.

　'음란한 욕구(음욕)'는 문제가 되지만 '성적인 욕구(성욕)'는 그 자체가 잘못된 것이 아니지요. 지나치게 성결을 강조하며 '성욕' 자체를 죄악시하는 사람이 있는데 그것은 옳지 않은 것입니다.

　하나님께서 하나님의 형상대로 사람을 창조하실 때 남자(아담)와 여자(하와)로 창조를 하셨지요. 성을 창조하신 것입니다. 그리고 감정이나 욕구가 없는 돌이나 나무로 창조하지 않으시고 감정과 욕구를 지닌 생명체로 창조를 하셨지요.

　그래서 맛있는 음식을 보면 자연스럽게 먹고 싶은 욕구(식욕)가 일어나고, 좋은 물건을 보면 자연스럽게 소유하고 싶은 욕구(소유욕)가 일어나고, 마음에 드는 이성을 만나면 자연스럽게 사랑하고 싶은 욕구(성욕)가 일어나는 것입니다. 식욕, 소유욕, 성욕은 하나님이 주신 것이고 자연스러운 것이지요.

　그래서 육체적으로 정신적으로 건강한 사람이라면 누구든지 식욕이 있는 것처럼 성욕이 있기 마련인 것입니다. 시장할 때 음식을 먹고 싶은 것처럼 아름다운 이성을 볼 때 성욕이 일어나기 마련인 것이지요. 식욕이 죄가 아닌 것처럼 성욕 자체도 죄가 되는 것이 아닙니다. 식욕이 있기 때문에 음식을 먹으며 사람이 건강하게 살 수 있는 것이고, 성욕이 있기 때문에 남자와 여자가 사랑을 하며 가정을 이루고 자녀가 태어나고 생육하고 번성하여 땅에 충만하라는 하나님의 뜻이 이루어지는 것이지요.

　식욕과 성욕은 하나님이 주신 것이고, 누구에게나 있는 사람의 본성이기 때문에 선하게 쓰면 선하고 좋은 것이고, 불의하게 쓰면 악하고 더러운 탐욕과 음욕이 되는 것입니다.

하나님께서는 하나님이 주신 성욕을 선하게 사용하며 하나님의 뜻을 이루게 하시기 위하여 남자와 여자가 사랑하게 하시며, 결혼하게 하시고, 가정을 이루게 하시는 것이지요. 음욕을 품고 음행하지 말고, 부부가 되어 사랑하며 하나가 되어 살도록 결혼을 하게 하시는 것입니다.

"음행을 피하기 위하여 남자마다 자기 아내를 두고 여자마다 자기 남편을 두라 남편은 그 아내에 대한 의무를 다하고 아내도 그 남편에게 그렇게 할지라 아내는 자기 몸을 주장하지 못하고 오직 그 남편이 하며 남편도 그와 같이 자기 몸을 주장하지 못하고 오직 그 아내가 하나니 서로 **분방하지 말라** 다만 기도할 틈을 얻기 위하여 합의상 얼마 동안은 하되 다시 합하라 이는 너희가 절제 못함으로 말미암아 사탄이 너희를 시험하지 못하게 하려 함이라"(고전 7 : 2~5)

'음행을 피하기 위하여 남자마다 자기 아내를 두고 여자마다 자기 남편을 두라' '부부는 **분방하지 말라**(같은 방을 쓰라)' 하시는 것입니다.

성욕은 사랑하는 부부가 되어 사용할 때 아름다운 것이지요. 그러면서 자녀가 태어나고 '생육하고 번성하여 땅에 충만하라'는 하나님의 뜻이 이루어지는 것입니다.

그러나 부부가 아닌 사이에 음행이 일어나는 성범죄는 악하고 더러운 것이지요. 율법에는 간음하는 자를 어떻게 하라고 했습니까? '돌로 쳐 죽이라'고 했지요. 사람을 죽이는 살인과 함께 간음을 가장 큰 죄로 다스리게 하신 것입니다.

왜 그렇게 엄하게 말씀을 하셨을까요? 간음은 가정이 깨어지게 하는 것이고, 공동체인 사회를 병들게 하는 것이고, 하나님의 창조질서를 파괴하는 것이기 때문입니다.

음행은 가정을 깨뜨리는 행위인 것이지요. 음행은 이혼 사유에 가장 1순위인 것입니다. 남편이나 아내가 음행을 하면 이미 부부가 아닌 것이지요. 그래서 **예수님**도 무엇이라고 하십니까?

"또 일렀으되 누구든지 아내를 버리려거든 이혼 증서를 줄 것이라 하였으나 나는 너희에게 이르노니 **누구든지 음행한 이유 없이 아내를 버리면 이는 그로 간음하게 함이요** 또 누구든지 버림받은 여자에게 장가드는 자도 간음함이니라"(마 5 : 31~32)

"바리새인들이 예수께 나아와 그를 시험하여 이르되 사람이 어떤 이유가 있으면 그 아내를 버리는 것이 옳으니이까 예수께서 대답하여 이르시되 사람을 지으신 이가 본래 그들을 남자와 여자로 지으시고 말씀하시기를 그러므로 사람이 그 부모를 떠나서 아내에게 합하여 그 둘이 한 몸이 될지니라 하신 것을 읽지 못하였느냐 그런즉 이제 둘이 아니요 한 몸이니 그러므로 **하나님이 짝지어 주신 것을 사람이 나누지 못할지니라** 하시니 여짜오되 그러면 어찌하여 모세는 이혼 증서를 주어서 버리라 명하였나이까 예수께서 이르시되 모세가 너희 마음의 완악함 때문에 아내 버림을 허락하였거니와 본래는 그렇지 아니하니라 내가 너희에게 말하노니 누구든지 **음행한 이유 외에 아내를 버리고 다른 데 장가드는 자는 간음함이니라**"(마 19：3~9)

'부부는 하나님께서 짝지어 주신 것이다. 부부는 한 몸이다. 부부는 이혼해서는 안 된다'고 하시면서도 '음행'을 했을 때는 이혼 사유가 되는 것으로 말씀하신 것을 볼 수 있지요. 음행이 정당한 이혼 사유가 되기는 하지만 신실한 성도라면 비록 배우자가 음행을 했더라도 회개하고 뉘우치면 용서를 해야 하는 것입니다.

그래서 중세의 성자 어거스틴은 "음행한 아내까지도 용서하지 못하면 참 기독교인은 아니다"라는 말을 했던 것입니다.

죄와 싸우기 위해서는 단호한 결단이 요구된다

음행은 자신을 해롭게 하고, 상대방을 해롭게 하는 것이지요. 그런데 세상에는 음행으로 인한 성범죄가 얼마나 만연한지 모릅니다. 신문이나 TV에 뉴스가 되는 것은 빙산의 일각인 것이지요. 성범죄로 인한 살인 사건이 일어나고, 성범죄가 탄로 날 것이 두려워 유명 정치인들이 스스로 목숨을 끊는 일도 종종 일어나지 않습니까? 절제가 잘되지 않는 성욕이 왕성한 청소년들을 유혹하는 성범죄가 비일비재하게 일어나지 않나요?

사탄이 음욕으로 유혹할 때 성도들은 단호하게 결단해야 되고 단호하게 대처해야 하는 것입니다. 어느 정도 단호하게 대처를 해야 할까요? 예수님께서 본문에 무엇이라고 하십니까?

"만일 네 오른 눈이 너로 실족하게 하거든 **빼어 내버리라** 네 백체 중 하나가 없어지고 온 몸이 지옥에 던져지지 않는 것이 유익하며 또한 만일 네 오른손이 너로 실족하게 하거든 **찍어 내버리라** 네 백체 중 하나가 없어지고 온 몸이 지옥에 던져지지 않는 것이 유익하니라"(마 5：29~30)고 했지요.

음욕은 마음에서 일어나고, 눈으로 옮겨지고, 손(행동)으로 옮겨지는 것이 아닙니까? 그래서 예수님은 눈의 범죄와 손(행동)의 범죄를 말씀하시면서 범죄하는 눈을 **빼버리고**, 범죄하는 손을 찍어버리라고 하신 것입니다.

그러나 이 말씀을 문자적으로 해석을 해서는 안 되는 것이지요. 문자적으로 해석을 하고 행동을 한다면 눈이 성한 사람, 손이 성한 사람이 하나도 없을 것입니다.

주님은 우리가 스스로 육체를 훼손하는 것을 원치 않으시는 분이지요. 오히려 맹인의 뜨게 해주시고, 한편 손 마른 자를 고쳐주신 분이 아닙니까? 특히 성령을 모신 성도의 몸을 성전이라고까지 하지 않습니까?(고전 3 : 16)

그렇다면 '네 오른 눈이 너로 실족하게 하거든 빼어 내버리라' '네 오른손이 너로 실족하게 하거든 찍어 내버리라'는 말씀이 무슨 말씀일까요? 죄에 대한 마음의 결단을 촉구하신 것입니다. 사탄이 넣어주는 음욕이 자신을 주장하지 못하도록 단호한 결단을 하라는 것이지요. 음행의 유혹을 받을 때는 단호한 결단이 필요한 것입니다.

창세기에 나오는 족장 요셉은 애굽의 친위대장 보디발의 집에서 총무로 있을 때 보디발의 아내에게 성적인 유혹을 받지 않았습니까? 그 때 요셉은 어떻게 했나요?

"그 후에 그의 주인의 아내가 요셉에게 눈짓하다가 동침하기를 청하니 요셉이 거절하며 자기 주인의 아내에게 이르되 내 주인이 집안의 모든 소유를 간섭하지 아니하고 다 내 손에 위탁하였으니 이 집에는 나보다 큰 이가 없으며 주인이 아무것도 내게 금하지 아니하였어도 금한 것은 당신뿐이니 당신은 그의 아내임이라 그런즉 **내가 어찌 이 큰 악을 행하여 하나님께 죄를 지으리이까 여인이 날마다 요셉에게 청하였으나 요셉이 듣지 아니하여 동침하지 아니할뿐더러 함께 있지도 아니하니라**"(창 39 : 7~9)

요셉이 영의 눈을 열어 하나님을 바라보며, 보디발 아내의 유혹을 단호하게 거절하며 물리친 것입니다. 보디발 아내와 함께 있지 아니하고 그런 자리를 피했지요. 보디발의 아내가 옷을 붙잡으며 늘어질 때 옷을 벗어버리고 그 자리를 피했던 것입니다.

음행의 유혹을 받지 않기 위해서는 눈을 조심해야 하고, 음행을 자극하는 장소는 피해야 하는 것이지요. 방송윤리위원회에서 강력하게 단속하며 규제를 하는데도 인터넷이나 유튜브에는 선정적인 영상물들이 수없이 올라오지 않습니까? 그런 영상물은 보지 말아야 하는 것이지요. 눈을 조심해야 하는 것입니다.

그리고 성범죄가 일어나는 그런 장소는 가지 말아야 하고, 원치 않아 가게 되었을 때는 머무르지 말고 얼른 그 장소를 떠나야 하는 것이지요.

그래서 성 어거스틴은 "나무 기둥에 있는 묶여있는 사람은 새가 그 머리 위에 앉는 것은 막을 수 없어도 둥지를 트는 일을 막을 수 있다" 말을 했던 것입니다.

이제 말씀을 맺겠습니다.
천국에 가서 영생을 누릴 천국 백성들은 세상에서도 천국 백성으로 살아야 합니다. 지옥에 가서 고통을 당할 이방인들과는 성별되게 살아야 하는 것이지요. 성범죄가 벌어지는 악한 세상에서 사탄이 넣어주는 음욕을 품지 말고 그리스도의 신부로 성결하게 세상을 사는 천국 백성이 되시기를 예수님의 이름으로 축원합니다.   아   멘.

맹세와 말에 대한 교훈

마태복음 5 : 33~37

"또 옛 사람에게 말한 바 헛 맹세를 하지 말고 네 맹세한 것을 주께 지키라 하였다는 것을 너희가 들었으나 나는 너희에게 이르노니 도무지 맹세하지 말지니 하늘로도 하지 말라 이는 하나님의 보좌임이요 땅으로도 하지 말라 이는 하나님의 발등상임이요 예루살렘으로도 하지 말라 이는 큰 임금의 성임이요 네 머리로도 하지 말라 이는 네가 한 터럭도 희고 검게 할 수 없음이라 오직 너희 말은 옳다 옳다, 아니라 아니라 하라 이에서 지나는 것은 악으로부터 나느니라"(마 5 : 33~37)

사람은 누구나 말을 하며 삽니다. 그런데 입으로 하는 말이 얼마나 중요한지 모르지요. 입으로 하는 말은 자기 자신에게도 영향을 미치고 말을 듣는 다른 사람들에게도 영향을 미치는 것입니다.

1982년 막노동을 하며 힘겹게 생활하던 한 50대 남성이 술에 취해 버스를 타고 가다가 버스 안에서 누구한테 한 말이 아니라 '혼잣말'로 푸념하듯이 이런 말을 했지요.

'전두환이 김일성보다 정치를 더 못해' 술에 취해 자신도 모르게 당시의 대통령에 대한 험담을 한 것이지요.

이 취중발언을 들은 버스 안내양이 즉시 경찰에 신고를 했습니다. 그는 경찰에 연행되어 조사를 받으며 술에 취해 한 말이었다고 했지요. 솔직히 자신이 무슨 말을 했는지조차 생각이 나지 않는다고 항변을 했습니다. 그러나 아무 소용이 없었지요.

서슬 퍼런 5공 시절이었기에 그는 그 한 마디로 재판에 회부되어 3년 동안 감옥살이를 했습니다. 그로 인한 충격으로 몸과 마음이 상한 그는 출소한 다음 해에 세상을 떠났지요.

그러나 그것으로 그 집 안의 불행은 끝나지 않았습니다. 졸지에 가장을 잃은 그의 가족들은 그때부터 '빨갱이 부인' '빨갱이 자식'이란 취급을 받으며 인생이 송두리째 망가지게 되었지요. 신원조회를 하면 어김없이 불이익을 당했습니다. 학교에서 차별대우를 받아야 했고, 직장에 취직을 하려고 해도 취직이 되지를 않았지요. 주변의 시선이 너무나 싫어서 외국으로 나가려 했지만 정부에서 외국으로 나가는 것조차 허용하지 않았습니다.

불순분자로 낙인이 찍혀 34년을 음지에서 지내야 했던 유족들은 당시의 재판 결과가 부당하다며 재심을 청구했고, 몇 해 전인 34년 만에야 청주지방법원에서 무죄 판결을 받았지요.

술에 취해 던진 한 마디 말로 3년의 옥살이와 원통한 죽음을 당해야 했고, 그리고 남겨진 가족들에게 34년 동안 그 모진 고통과 설움을 당하게 할 줄은 몰랐을 것입니다.

몇 해 전 『 화법에 대하여 』라는 책을 낸 국내 아나운서 박사 1호인 전영우 박사가 있습니다. 아나운서, 교수, 국어학자로 60년 동안 '말'을 다루며 살아온 전영우 박사는 이런 말을 했지요.

"입이 말하는 것이 아니라 인격이 말하는 것입니다. 페르시아 속담에 총에 맞은 상처는 치료할 수 있어도 사람의 말에 맞은 상처는 아물지 않는다는 경구가 있지요." 입으로 하는 말의 소중함을 그렇게 말했습니다.

예수님께서 '무리'가 아닌 '제자'들에게 선포하신 '천국의 대헌장' '천국 백성의 삶의 원리(윤리)'인 산상보훈(마태복음 5~7장)의 말씀을 살펴보고 있습니다.

이 시간에는 '맹세하지 말라'는 말씀을 통하여 '맹세와 말'에 대하여 교훈하시는 말씀을 살펴보면서 하나님의 음성을 듣기를 원합니다.

예수님께서 '헛 맹세(책임지지 못할 거짓 맹세)를 하지 마라' '(거짓말을 하지 말고) 정직하고 진실한 말을 하라'고 하셨지요.

성경은 '맹세(서원, 약속)' '말'에 대하여 어떻게 말씀하고 있습니까? 하나님께서 십계명을 주시면서 말에 대하여 주신 계명이 무엇인가요?

"너는 네 하나님 여호와의 이름을 망령되게 부르지 말라 여호와는 그의 이름을 망령되게 부르는 자를 죄 없다 하지 아니하리라(셋째 계명)"(출 20 : 7) "네 이웃에 대하여 거짓 증거(위증)하지 말라(아홉째 계명)"(출 20 : 16) 고 하셨지요. 십계명 중에 두 계명이 말에 대한 계명인 것입니다.

그리고 레 19 : 12에는 "너희는 내(하나님) 이름으로 거짓 맹세함으로 네 하나님의 이름을 욕되게 하지 말라 나는 여호와이니라"고 했고, 민 30 : 2에는 "사람이 여호와께 서원하였거나 결심하고 서약하였으면 깨뜨리지 말고 그가 입으로 말한 대로 다 이행할 것이니라"고 했지요. 또한 신 23 : 21에는 "네 하나님 여호와께 서원하거든 갚기를 더디하지 말라 네 하나님 여호와께서 반드시 그것을 네게 요구하시리니 더디면 그것이 네게 죄가 될 것이라"고 했습니다.

'하나님의 이름을 망령되이 부르지 말라' '이웃에 대하여 거짓 증거(위증)하지 말라' '하나님의 이름으로 거짓 맹세함으로 하나님의 이름을 욕되게 하지 말라' '하나님께 서원하고 서약한 것이 있으면 깨뜨리지 말고 이행하라' '하나님께 서원하거든 갚기를 더디하지 말라' - 성경의 모든 말씀은 다 하나님께서 천국 백성(하나님의 자녀)들과 맺은 약속의 말씀이지요. 그래서 구약(Old Testament), 신약(New Testament)이라고 하는 것입니다.

서기관들과 바리새인들(예수님 당시 종교지도자들)의 잘못된 해석

이런 '맹세' '서원' '약속' '말'에 대하여 예수님 당시의 서기관들과 바리새인들(종교지도자들)은 '미쉬나 세부오트(Mishna shebuoth) - 서원의 신학(theology of oaths)'이라는 해석을 하면서 잘못된 해석을 했습니다.

율법의 정신보다 문자 위주로 해석을 했지요. 율법에서 '거짓 맹세하지 말라'는 말씀은 '거짓이 없이 정직한 맹세를 하라'는 말씀인데, 그 정신을 저버리고 문자에만 매달렸습니다. '하나님의 이름을 망령되게 부르지 말라'는 말씀은 '하나님의 이름을 헛되이 부르지 말라'는 말씀인데, 그들은 '하나님의 이름을 부르지 않으면서 맹세하는 것은 무방하다'는 식으로 해석을 했지요. 그래서 맹세할 때 '하나님의 이름'이 들어가면 죄가 되지만, 맹세를 하더라도 '하나님의 이름'이 들어가지 않으면 상관이 없다고 했습니다.

'하나님의 이름'으로만 맹세하지 않으면 되니까(마치 죄를 짓더라도 법망을 피하면 괜찮듯이) 당시 유대 사회에는 '맹세'가 아주 만연했습니다. 그러니까 서기관들과 바리새인들(종교지도자들)은 '맹세'중에도 어떤 맹세는 지켜야 하고, 어떤 맹세는 지키지 않아도 된다는 식으로 구분을 해서 가르쳤지요.

그래서 예수님께서 외식하는 서기관들과 바리새인들을 향하여 '눈 먼 인도자, 맹인'이라 칭하시면서 강하게 책망을 하셨던 것입니다.

"화 있을진저 눈 먼 인도자여 너희가 말하되 누구든지 성전으로 맹세하면 아무 일 없거니와 성전의 금으로 맹세하면 지킬지라 하는도다 어리석은 맹인들이여 어느 것이 크냐 그 금이냐 그 금을 거룩하게 하는 성전이냐 너희가 또 이르되 누구든지 제단으로 맹세하면 아무 일 없거니와 그 위에 있는 예물로 맹세하면 지킬지라 하는도다 맹인들이여 어느 것이 크냐 그 예물이냐 그 예물을 거룩하게 하는 제단이냐 그러므로 제단으로 맹세하는 자는 제단과 그 위에 있는 모든 것으로 맹세함이요 또 성전으로 맹세하는 자는 성전과 그 안에 계신 이로 맹세함이요 또 하늘로 맹세하는 자는 하나님의 보좌와 그 위에 앉으신 이로 맹세함이니라"(마 23 : 16~23)

맹세에 대한 오해

본문에서 예수님은 무엇이라고 하십니까? 예수님께서는 맹세에 대하여 교훈을 하시면서 "도무지 맹세하지 말라. 하늘로도 하지 말라 이는 하나님의 보좌임이요, 땅으로도 하지 말라 이는 하나님의 발등상임이요, 예루살렘으로도 하지 말라 이는 큰 임금의 성임이요, 네 머리로도 하지 말라 이는 네가 한 터럭도 희고 검게 할 수 없음이라."고 하시면서 "오직 너희 말은 옳다 옳다, 아니라 아니라 하라 이에서 지나는 것은 악으로부터 나느니라"고 하셨지요.

이 말씀의 의미가 무엇입니까? 천국 백성은 전혀 '맹세'나 '서원'이나 '약속'이나 '어떤 말'도 하지 말라는 말씀일까요? 그런 말씀이 아닙니다. '맹세'나 '서원'이나 '약속'이나 '어떤 말'도 하지 않고 어떻게 세상을 살 수 있겠습니까?

하나님도 맹세를 하셨습니다. "하나님이 아브라함에게 약속하실 때에 가리켜 맹세할 자가 자기보다 더 큰 이가 없으므로 자기를 가리켜 맹세하여 이르시되 내가 반드시 너에게 복 주고 복 주며 너를 번성하게 하고 번성하게 하리라 하셨더니 그가 이같이 오래 참아 약속을 받았느니라"(히 6 : 13~15)

성자이신 예수님도 맹세를 하셨지요. 예수님께서 말씀을 하실 때에 "진실로 너희에게 이르노니"(마 5 : 18, 26; 6 : 2, 5, 6)라는 말씀이나 "진실로 진실로 너희에게 이르노니"(요 1 : 51; 3 : 3; 5 : 19, 24)라는 '진실로 이르노니'라는 말씀은 예수님께서 맹세를 하신 것입니다.

사람은 누구나 세상을 살면서 '맹세'나 '약속'을 하지 않을 수가 없는 것이지요. 성도들이 교회에서 장로 권사 안수집사로 세움을 받을 때 다 '충성과 헌신서약'을 하지 않습니까? 결혼을 할 때 주례자와 하객들 앞에서 '혼인서약'을 하지 않나요? 직장에 취직을 하여 직장에 다닐 때 사장이나 회장과 약속을 하지 않습니까? 땅이나 집을 팔고 살 때, 어음, 통장, 증권을 거래할 때 – 모두가 '약속'이지 않습니까?

그러므로 '도무지 맹세하지 말라'는 말씀은 '전혀 맹세하지 말라. 약속하지 말라'는 말씀이 아니라 거짓된 맹세, 헛된 맹세, 책임지지 않을 '맹세나 서원', '약속'이나 '말'을 하지 말라는 것입니다.

예수님의 해석과 결론

'맹세' '서원' '약속'에 대하여 예수님은 무엇이라고 하셨습니까? '맹세한 것' '서원한 것' '약속한 것'을 지키지 않아도 될 것은 하나도 없다고 하셨지요. 하나님의 이름으로 한 맹세든지, 하나님의 이름으로 하지 않은 맹세든지 '맹세'는 다 '하나님 앞에서(Coram Deo)' 한 것임으로 반드시 지켜야 한다고 하셨습니다.

'하늘로도 하지 말라 이는 하나님의 보좌임이요, 땅으로도 하지 말라 이는 하나님의 발등상임이요, 예루살렘으로도 하지 말라 이는 큰 임금의 성임이요, 네 머리로도 하지 말라 이는 네가 한 터럭도 희고 검게 할 수 없음이라.'

하늘은 하나님의 보좌, 땅은 하나님의 발등상, 예루살렘은 큰 임금(하나님)의 성이라는 것이지요. 하늘, 땅, 예루살렘이 다 하나님의 것이라는 것입니다. 그리고 머리와 머리에 난 털(목숨과 몸)까지도 다 하나님께서 주신 것이고 희고 검게 하신다(하나님께서 관리하신다)는 것이지요. 하나님과 상관이 없는 것은 하나도 없다는 것입니다.

그래서 이 진리를 바르게 깨달은 싱클레어 페르거슨(Sinclair Buchanan Ferguson, 스코틀랜드 개혁교회 신학자)은 "어떠한 약속이나 어떠한 말도 하나님의 존전에서 이루어지지 않는 것은 없다"라는 말을 했고, 영국의 목사이며 신학자인 윌리암 바클레이(William Barclay)는 "하나님은 어디에나, 즉 삶 전체에 삶의 모든 활동 속에 계신다. 하나님은 자신의 이름으로 되는 말도 들으시지만 모든 말을 들으신다. 하나님을 개입시키지 않는 말은 없다. 모든 약속은 다 하나님 앞에서 한 것임으로 다 거룩한 것이다."라고 했습니다.

천국 백성은 세상에서 무슨 말을 하든지 정직하고 진실한 언어를 가지고 살아야 합니다. 자기가 한 약속이나 말은 언제나 지켜야 하는 것이지요. 자기가 한 약속이나 말이 자기에게 유익할 때뿐만 아니라 손해가 날 때도 지켜야 하는 것입니다. 지키지 못할 때는 자신의 실수와 허물을 인정하며 용서를 구하고 화해를 해야 하는 것이지요.

하나님은 거짓을 아주 싫어하시는 분입니다. 거짓은 마귀의 속성이고 마귀가 넣어주는 것이기 때문이지요. 마귀가 하와에게 거짓을 넣어주어 아담과 하와가 선악과를 따먹으며 범죄하지 않았습니까?

하나님은 아담에게 "여호와 하나님이 그 사람에게 명하여 이르시되 동산 각종 나무의 열매는 네가 임의로 먹되 선악을 알게 하는 나무의 열매는 먹지 말라 네가 먹는 날에는 반드시 죽으리라"(창 2 : 16~17)고 하셨지요.

그런데 마귀가 하와를 거짓말로 유혹하며 무엇이라고 했습니까? "뱀이 여자에게 이르되 너희가 결코 죽지 아니하리라 너희가 그것을 먹는 날에는 너희 눈이 밝아져 하나님과 같이 되어 선악을 알 줄 하나님이 아심이니라"(창 3 : 4~5)

마귀의 유혹에 넘어간 하와가 선악과를 따먹으며 죄를 지었고, 남편인 아담에게도 주어 죄를 짓게 하지 않았습니까?

마귀는 거짓의 아비이고, 거짓을 넣어주는 존재인 것입니다. 그래서 예수님이 예수님을 하나님의 아들로 알아보지 못하고, 예수님이 들려주시는 말씀을 깨닫지 못하고, 예수님을 미워하며 박해하는 유대인들을 향하여 무엇이라고 했습니까?

"어찌하여 내 말을 깨닫지 못하느냐 이는 내 말을 들을 줄 알지 못함이로다 **너희는 너희 아비 마귀에게서 났으니** 너희 아비의 욕심대로 너희도 행하고자 하느니라 그는 처음부터 살인한 자요 진리가 그 속에 없으므로 진리에 서지 못하고 **거짓을 말할 때마다** 제 것으로 말하나니 이는 그(마귀)가 **거짓말쟁이요 거짓의 아비가 되었음이라**"(요 8 : 43~44)고 하시지 않았나요?

마귀는 거짓말쟁이요 거짓의 아비이고, 마귀가 넣어주는 생각을 가지고 말하고 행동하는 자를 마귀의 자식이라고 하신 것입니다. 하나님은 마귀를 싫어하시고 마귀가 넣어주는 생각을 가지고 거짓말을 하는 사람을 몹시 싫어하시는 분이지요.

하나님은 거짓을 미워하시고 진실을 기뻐하시는 분입니다. "거짓 입술은 여호와께 미움을 받아도 진실하게 행하는 자는 그의 기뻐하심을 받느니라"(잠 12 : 22)고 하시지요.

본문에서 예수님은 '맹세'와 '말'에 대하여 어떻게 하라고 하시며 결론을 맺고 계십니까?
"오직 너희 말은 옳다 옳다, 아니라 아니라 하라. 이에서 지나는 것은 악으로부터 나느니라."고 하셨지요.

'오직 너희 말은 옳다 옳다, 아니라 아니라 하라.'는 말씀이 무슨 의미입니까? '옳은 것은 옳다'하고 '아닌 것은 아니라'고 하라는 것, 정직하고 진실한 말을 하라는 것이지요. 하나님은 정직하고 진실한 말을 하며 정직하고 진실하게 사는 사람을 축복하시는 분입니다.

흑인 노예를 해방한 미국의 16대 아브라함 링컨 대통령은 정직하고 진실한 그리스도인이 아닙니까? 아브라함 링컨은 일찍 어머니를 여의고 가난하게 자랐지요. 학교에 다니지 못했고, 고학으로 공부를 해서 변호사가 되었고, 미국의 대통령까지 되었던 분이 아닙니까? 아브라함 링컨에게는 여러 개의 별명이 있었지요. 그 중에 '정직한 아브라함'이라는 별명도 있습니다.

아브라함이 10대 청소년 시절 어느 가게의 점원으로 있을 때 이야기입니다. 어떤 손님이 와서 물건을 사고 돈을 내고 갔는데 나중에야 10센트를 거슬러 주지 않은 것을 알게 되었지요. 그는 10센트를 거슬러주지 않은 것 때문에 밤새도록 괴로워하다가 휴일인 다음 날에 3마일이나 떨어진 곳까지 찾아가 10센트를 돌려주었지요. 주변 사람들은 그런 링컨의 정직한 모습에 칭찬을 아끼지 않았습니다. 사람들이 칭찬할 때 링컨은 이렇게 말했지요.

"내가 왜 칭찬을 받아야 하는지 모르겠습니다. 저는 당연히 해야 할 일을 한 것 뿐입니다."

그러면서 링컨은 마음속으로 맹세를 했습니다.

'나는 당연히 해야 할 것 때문에 칭찬을 받는 사람이 아니라 당연히 해야 할 것 이상을 해서 칭찬을 받는 사람이 되겠다' 하나님께 서원을 했지요.

훗날 링컨이 변호사가 되어 제일 먼저 한 일은 돈이 없어 소송을 못하고 있는 억울한 사람을 위해서 무료 변론을 해주는 일을 했지요. 무료 변론을 해주면서 링컨은 이런 말을 했습니다.

"10대 시절 맹세했던 하나님과의 약속을 지킬 수 있어 너무 기쁘고 행복합니다"

하나님 앞에 정직하게 살기를 힘썼던 링컨은 대통령이 되어 '노예제도'를 반대하며 남북전쟁까지(북부는 노예제도 반대, 남부는 노예제도 찬성) 치루어야 했지요. 남북전쟁을 승리로 이끌며 흑인 노예를 해방하는 위대한 대통령, 역사적인 인물이 되었던 것입니다.

이제 말씀을 맺겠습니다.

하나님은 거짓이 없이 진실하신 분입니다. 하신 말씀, 하신 약속을 일점일획 바꾸지 않으시고 그대로 이루시는 분이지요.

하나님의 성령을 모시고 사는 하나님의 자녀, 천국 백성은 세상에서 정직하고 진실하게 살아야 합니다. 자기 입으로 한 약속, 한 말은 법이 되어지는 사람들이 되어야 하는 것이지요. 자기에게 손해가 나더라도(거짓말을 못하고 진실한 사람들은 손해가 날 때가 많다.

어리석게 보이고 모자라 보인다) 정직하고 진실하게 살아야 하는 것입니다. 언제나 자기가 한 말, 한 약속을 지키면서 정직하고 진실하게 사는, 하나님께서 기뻐하시고 축복해주시는, 천국 백성으로 사는 주인공이 되시기를 예수님의 이름으로 축원합니다.

아　　멘.

악한 자를 대적하지 말라

마태복음 5 : 38~42

"또 눈은 눈으로, 이는 이로 갚으라 하였다는 것을 너희가 들었으나 나는 너희에게 이르노니 악한 자를 대적하지 말라 누구든지 네 오른편 뺨을 치거든 왼편도 돌려 대며 또 너를 고발하여 속옷을 가지고자 하는 자에게 겉옷까지도 가지게 하며 또 누구든지 너로 억지로 오 리를 가게 하거든 그 사람과 십 리를 동행하고 네게 구하는 자에게 주며 네게 꾸고자 하는 자에게 거절하지 말라"(마 38~42)

예수님께서 '무리'가 아닌 '제자'들에게 선포하신 '천국의 대헌장' '천국 백성의 삶의 원리(윤리)'인 산상보훈(마태복음 5~7장)의 말씀을 살펴보고 있습니다.

산상보훈의 말씀을 보면 아주 질서 정연하지요. 먼저 천국 백성이 지녀야 하는 성품(팔복)에 대해서 말씀해 주시고, 이어서 세상에서 '소금과 빛으로 살라'고 말씀해 주시고, 소금과 빛으로 살기 위해서 알아야 할 '하나님의 뜻인 하나님의 말씀(율법과 선지자, 율법과 선지자의 완성자인 예수님 자신)'에 대하여 말씀을 해주셨지요.

그리고 사람과의 관계를 맺을 때 어떻게 맺어야 할 것인가를 말씀해 주셨습니다. '살인하지 말라' '간음하지 말라' '맹세를 하지 말라(진실한 말을 하며 살라)' '악한 자를 대적하지 말라'는 말씀을 하시면서, 그 계명의 의미를 자세하게 풀어가며 설명해 주셨지요. 그리고 '원수를 사랑하라'고까지 하셨습니다.

이 시간에는 '악한 자를 대적하지 말라'는 말씀을 통하여 교훈하시는 말씀을 살펴보면서 하나님의 음성을 듣기를 원합니다.

예수님께서 "또 눈은 눈으로, 이는 이로 갚으라 하였다는 것을 너희가 들었으나 나는 너희에게 이르노니 악한 자를 대적하지 말라 누구든지 네 오른편 뺨을 치거든 왼편도 돌려 대며 또 너를 고발하여 속옷을 가지고자 하는 자에게 겉옷까지도 가지게 하며 또 누구든지 너로 억지로 오 리를 가게 하거든 그 사람과 십 리를 동행하고 네게 구하는 자에게 주며 네게 꾸고자 하는 자에게 거절하지 말라"고 하셨지요.

'악한 자를 대적하지 말라'고 하시며, 천국 백성이 세상을 살면서 악한 자를 대하는 자세에 대하여 말씀을 해주신 것입니다.

'악한 자를 대적하지 말라'는 말씀은 먼저 말씀해 주신 '살인하지 말라(형제나 이웃을 미워하지 말라)' '간음하지 말라(음행하지 말라)' '헛된 맹세를 하지 말라(진실한 말을 하며 살라)'는 말씀보다 더 차원이 높은 말씀입니다. 이 말씀들은 이웃(다른 사람들)에게 해를 끼치지 말라는 말씀이지요.

그런데 '악한 자를 대적하지 말라'는 말씀은 내가 이웃(상대방)에게 잘못하거나 실수한 것도 없는데 **나를 괴롭히고 고통을 주는 사람이 있을 때 그런 이웃에 대하여 취해야 할 자세**를 말씀해 주신 것입니다.

사람들은 누구나 죄 성을 지니고 있고, 마귀가 활동하는 세상이기 때문에 실수나 허물과 상관없이 나에게 피해를 주고 고통을 주고 상처를 주는 악한 사람이 생겨날 수 있는 것이지요.

천국 백성은 본의 아니게 자신이 잘못하고 실수해서 고통을 주고 괴롭히는 사람이 생겨났을 때는 얼른 찾아가서 용서를 구하고 화해하며 화목하는 사람이 되어야 합니다. 그런데 전혀 내 가 잘못하거나 실수한 것이 없는데, 나에게 피해를 주고 고통을 주는 악한 자가 생겨났을 때는 어떻게 해야 합니까? 예수님께서는 그런 악한 자가 생겨났을 때 악한 자를 대하는 자세를 본문에서 말씀해 주시고 있습니다.

구약의 가르침과 서기관들과 바리새인들의 오해

예수님께서 먼저 무슨 말씀을 하셨습니까? "또 눈은 눈으로, 이는 이로 갚으라 하였다는 것을 너희가 들었으나 나는 너희에게 이르노니 악한 자를 대적하지 말라"(마 5 : 38~39a)고 하셨지요.

예수님께서 '눈은 눈으로, 이는 이로 갚으라'는 구약 성경의 율법을 먼저 인용하시면서, 너희가 서기관들과 바리새인들이 가르치는 '눈은 눈으로, 이는 이로 갚으라'는 말을 들었으나 '나는 너희에게 이르노니 악한 자를 대적하지 말라'고 하신 것입니다.

하나님께서 시내 산에서 모세를 통하여 어떤 말씀(율법)을 주셨습니까?

"사람이 서로 싸우다가 임신한 여인을 쳐서 낙태하게 하였으나 다른 해가 없으면 그 남편의 청구대로 반드시 벌금을 내되 재판장의 판결을 따라 낼 것이니라

그러나 다른 해가 있으면 갚되 생명은 생명으로, 눈은 눈으로, 이는 이로, 손은 손으로, 발은 발로, 덴 것은 덴 것으로, 상하게 한 것은 상함으로, 때린 것은 **때림**으로 갚을지니라"(출 21 : 22~25)고 하셨지요.

이 말씀의 의미가 무엇입니까? '피해를 입힌 사람에게 피해를 입은 그대로 피해를 갚아 주라'는 것입니다. 생명은 생명으로, 눈은 눈으로, 이는 이로, 손은 손으로, 발은 발로, 덴 것은 덴 것으로, 상하게 한 것은 상함으로, 때린 것은 때림으로 갚아 주라는 것이지요.

그런데 이 말씀 속에서 중요한 것이 있습니다. '재판장의 판결을 따라'라는 말씀이지요. '피해를 입은 피해자 자량으로 가해자에게 피해를 갚으라'는 말씀이 아닙니다. '재판장의 판결을 따라 하라'는 것이지요. 개인의 손에 피해 갚는 것을 맡기지 않고, **법정에서 정확한 정의를 구현하라는 것입니다.**

이 **보응법**은 의미가 있지요. 가해자가 범죄하는 것을 막는 효과가 있고, 피해자가 가해자에게 지나치고 잔인한 복수를 하지 못하게 함으로써 정의를 구현하는 법인 것입니다.

오늘날 국가를 경영하고 사회의 질서와 평화를 유지하기 위하여 만들었고, 또 만드는 모든 법(헌법, 민법, 세법, 형법, 교통법, 노동법 등)들이 다 이런 효과를 가지고 있는 것이지요. 모든 법의 모법인 '헌법', 그리고 국회에서 만드는 법, 각 기관이나 단체에서 만드는 시행령이나 법들은 다 국민들과 그 공동체의 구성원들이 지켜야 하는 것입니다. 지키지 않으면 법대로 법원에서 공의롭게 재판을 하고 피해자에게는 보상을 하게 해주고, 가해자에게는 형벌을 가하는 것이지요.

국가와 사회가 견고하고 평안하고 질서가 유지되고 정의로운 사회가 되기 위해서는 국회에서 한쪽으로 치우치지 않는 공정한 법이 만들어져야 하고, 행정부에서는 법대로 나라를 경영해야 하고, 법원의 재판관들은 법대로 공의롭게 재판을 해야 하는 것이지요. 하나님의 선하시고 기뻐하시고 온전하신 뜻이 반영이 되는 법이 만들어져야 하고, 만들어진 법은 모두가 지켜야 하고, 법원의 재판관들은 법대로 공의롭게 재판을 해야 하는 것입니다.

그런데 예수님 당시에 서기관 바리새인들의 가르침이 무엇이 잘못되었습니까? '재판정

의 판결을 따라'가 아니라 '개인의 판단 아래'로 바꾸어놓았던 것입니다. 이 법을 개인의 복수를 하는데 사용을 했던 것이지요. 그리고 그 복수를 정당화하는데 사용을 했던 것입니다.

악한 자를 대하는 자세(보응법의 정신)

예수님께서는 이 보응법을 설명하시기 위해 4가지 실례를 들면서 '악한 자를 대하는 자세(보응법의 정신)'를 설명해 주셨습니다.

첫째, 누구든지 네 오른편 뺨을 치거든 왼편도 돌려 대라.

'누구든지 네 오른편 뺨을 치거든 왼편도 돌려 대며'라고 하셨지요. '존엄권'의 문제를 다룬 것입니다.

'오른편 뺨을 친다'는 말씀은 인격을 모독한다는 말이지요. 지금도 누군가가 뺨을 친다는 것은 최고의 인격 모독이 아닙니까? 종종 드라마에서 보면 오른손을 펴서 손바닥으로 상대방의 오른편 뺨을 세차게 내리치는 장면을 볼 수 있지요. 오른편 뺨을 얻어맞으면 아프고 정신이 얼얼하겠지요. 그러나 아픈 것보다도 뺨을 맞는다는 것은 무시당하고 모욕을 당하는 것입니다. 그런데 드라마에서 어떤 경우 어떤 상황에서 뺨을 내리칩니까? 상대방이 아주 악하고 못된 행동을 했을 때, 인간답지 못하고 짐승 같은 행동을 했을 때, 오른편 뺨을 내려치는 것을 보지 않습니까?

'오른편 뺨을 친다'는 말씀은 예수님 당시에 '손등으로 친다'는 의미였지요. 그런데 그 행위는 지금과 마찬가지로 그것은 최고의 인격 무시요 인격 모독이었습니다. 당시에 손등으로 칠 때의 벌금형은 보통 사람이 일 년 이상 번 돈이었고 하지요.

그런데 예수님께서는 이처럼 상대방에게 인간 이하의 인격 모독을 당했을 때 '왼편도 돌려대라'고 하신 것입니다. 그런데 오른편 뺨을 치는 자에게 왼쪽까지도 치라고 돌려대면 상대방을 더 화나게 하는 행위가 아닐까요? 이 말씀의 의미는 '같은 말과 같은 표정과 같은 행동으로 자기를 무시하고 모독하는 악한 자를 대하지 마라' '자존심을 죽이라' '온유하고 겸손한 자세로 선하게 악한 자를 대하라'는 것입니다.

둘째, 너를 고발하여 속옷을 가지고자 하는 자에게 겉옷까지도 가지게 하라.

이어서 무엇이라고 하셨습니까? "또 너를 고발하여 속옷을 가지고자 하는 자에게 겉옷까지도 가지게 하라"하셨지요. 이 말씀은 '안락권(평안하게 해줄 권리)'의 문제'를 다룬 것입니다.

당시에 겉옷은 대단히 중요한 옷이었지요. 겉옷은 전당을 잡더라도 해지기 전에 돌려주어야 했습니다.

"네가 만일 이웃의 옷을 전당 잡거든 해가 지기 전에 그에게 돌려보내라 그것이 유일한 옷이라 그것이 그의 알몸을 가릴 옷인즉 그가 무엇을 입고 자겠느냐"(출 22 : 26~27)

겉옷은 당시에 외투이기도 했지만 밤에 잠을 잘 때 덮고 자는 이불 역할을 했지요. 그래서 옷을 전당 잡더라도 해가 지기 전에 (밤에 겉옷을 입고 편하게 잠을 잘 수 있도록, 추우면 잠을 잘 수가 없다) 겉옷은 돌려보내라고 한 것입니다.

그런데 예수님은 "너를 고발하여 속옷을 가지고자 하는 자에게 겉옷까지도 가지게 하라"고 하셨지요. 율법이 '겉옷은 전당을 잡더라도 해지기 전에 돌려주라'고 말씀을 하셨기 때문에 겉옷을 빼앗기 위하여 고발을 할 수는 없지만, 속옷은 고발을 해서 빼앗을 수 있으니까 '속옷을 달라'고 고발을 하는 사람이 있을 수 있었던 것이지요.

그런데 '속옷을 달라'고 고발하는 악한 자가 있을 때 '겉옷까지 주라'고 하신 것이지요. 자신의 **안락권**(평안히 잠을 자며 생활할 수 있는 것)까지 포기하고, 속옷을 빼앗으려고 하는 악한 자를 선하게 대하라고 하신 것입니다.

셋째, 누구든지 너로 억지로 오 리를 가게 하거든 그 사람과 십 리를 동행하라.

이어서 "또 누구든지 너로 억지로 오 리를 가게 하거든 그 사람과 십 리를 동행하라"하셨지요. '자유권'의 문제를 말씀하신 것입니다.

'너로 억지로 오 리를 가게 하거든 그 사람과 십 리를 동행하라' 예수님 당시에는 로마가 세계를 지배하고 있었습니다. 유대 나라도 로마의 지배를 받고 있었지요.

당시에 로마 군인들(관리들)은 물건을 옮길 때 어떤 유대인에게든지 '오 리(1 mile)'를 옮겨달라고 요구할 권한이 있었습니다. 유대인들이 로마 군인들의 요구에 의해 억지로 오 리를 옮기는 힘든 일을 할 때는 무거운 짐을 옮기는 일도 힘들지만 피지배 민족으로서의 굴욕을 함께 당해야 했던 것이지요. 그런데 예수님은 로마 군인들이 억지로 '오 리를 옮겨달라'고 할 때, 오 리만 옮겨주지 말고 두 배인 '십 리'를 기쁘게 옮겨주라고 하신 것입니다.

그래서 로마 황제와 로마법보다도 더 우월한 하나님과 하나님의 법으로 살고 있음을 보여주라고 하신 것입니다.

넷째, 네게 구하는 자에게 주며 네게 꾸고자 하는 자에게 거절하지 말라.

"네게 구하는 자에게 주며 네게 꾸고자 하는 자에게 거절하지 말라"고 하셨지요. '재산권' 문제를 말씀해 주신 것입니다.

이 말씀은 사기꾼이나, 도둑이나, 강도들을 도와주라는 말씀이 아니지요. 굶주리고 가난한 이웃이나 형제가 도움을 청할 때 거절하지 말고 '능력이 되는 대로 도와주라'고 하신 것입니다.

굶주리고 가난한 이웃을 도와주려면 내 재산이 줄어들게 되지요. 굶주리고 가난한 이웃을 돌보는 것은 돌려받지 못하지 않습니까? 희생을 해야 하는 것이지요. 그래도 거절하지 말고 도와주라는 것이지요. 이 말씀은 6장을 강론할 때 더 자세히 말씀을 드릴 수가 있을 것입니다.

예수님이 교훈하신 교훈의 핵심

그렇다면 '악한 자를 대적하지 말라'는 교훈의 핵심이 무엇일까요? 예수님께서 말씀해 주신 말씀을 바르게 이해하면 두 가지 의미가 있습니다.

첫째, 악을 악으로 갚지 말라(악에게 지지 말고 선으로 악을 이기라).

성경에는 "하나님의 뜻을 대적하지 말라"(롬 9 : 19) "하나님의 진리(말씀)를 거역하지 말라"(눅 21 : 15; 행 6 : 10; 13 : 8; 딤후 3 : 8; 4 : 15) "하나님의 권위를 대적하지 말라"(롬 13 : 2)고 하시지요.

반면에 "마귀를 대적하라"(약 4 : 7; 벧전 5 : 9) "마귀가 조종하고 지배하는 악한 세력은 대적하라"(롬 12 : 9; 살전 5 : 22; 딤후 4 : 18)고 하십니다.

예수님은 하나님의 성전을 더럽히는 악을 용납하지 않으시고 분노하시며 물리치셨지요.(요 2 : 15) 마귀의 지배를 받으며 외식하는 서기관 바리새인들을 향하여 분노하시며 책망을 하셨습니다. 사탄 마귀의 지배를 받으며 예수님의 십자가 사역을 넘어뜨리려는 베드로를 향하여 "사탄아 내 뒤로 물러가라 너는 나를 넘어지게 하는 자로다"(마 16 : 23) 책망을 하셨지요.

그리고 마귀의 지배를 받으며 범죄한 사람이 있을 때 책망하여 다른 사람들로 하여금 범죄하는 것을 두려워하게 하라(딤전 5 : 20)고도 하십니다.

그러므로 천국 백성들이 알아야 할 것이 있습니다. '악한 자를 대적하지 말라'는 말씀은 악한 자가 악한 행동을 할 때 '그것을 다 그대로 당하라'는 말씀이 아닌 것이지요.

강도가 나를 죽이려고 할 때 '강도의 손에 그냥 죽어라', 사기꾼이 사기를 치며 손해를 끼치려고 할 때 '그냥 사기를 당해라' 성폭행범이 성폭행을 하려고 할 때 '그냥 성폭행을 당해라' – 그런 말씀은 아닌 것입니다. 그런 상황이 될 때는 지혜롭게 벗어나야 하고 물리쳐야 하는 것이지요.

하나님은 천국 백성들에게 "악에게 지지 말고 선으로 악을 이기라"(롬 12 : 21)고 하십니다. 악한 자를 대적하는 것은 악에게 지는 것이지요. '악한 자를 대적하지 말라'는 말은 '악에게 지지 말고 (지혜롭게) 선으로 악을 이기라'는 말씀인 것입니다.

복싱 선수를 하다가 회심하고 목사가 된 젊은 목사님(영국 아일랜드 출신)이 있었습니다. 목사가 되어 어느 마을로 전도를 하러 나갔지요. 전도를 나가서 전도용 텐트를 치고 있는데 불량배들이 몰려와 모욕적인 말을 하며 시비를 걸었습니다.

목사님은 모욕적인 말을 들으면서도 잘 참았지요. 그런데 불량배 하나가 목사님의 얼굴 한쪽을 주먹으로 쳤습니다. 한쪽 얼굴을 얼어맞은 목사님은 예수님이 '누구든지 네 오른편 뺨을 치거든 왼편도 돌려대라'는 말씀을 생각하며, 얼굴을 돌려 이쪽도 때리라고 했지요. 그러자 불량배는 다른 한쪽을 더 강하게 강타했습니다.

다른 한쪽까지 강하게 얼어맞은 목사님은 '예수님이 더 이상은 말씀하지 않으셨다'는 말을 내뱉으며, 불량배를 향하여 강한 펀치를 날렸지요. '퍽' 소리를 내며 불량배가 쓰러졌습니다. 어떻게 되었겠습니까? 전도를 나갔던 목사님은 전도는 고사하고 욕을 먹으며 돌아와야 했지요. 불량배가 주먹질을 하며 달려들 때 지혜롭게 피하거나 불량배의 손을 붙잡고 치지 못하게 했으면 얼마나 좋았겠습니까?

둘째, 베풀면서 살라.

이 말씀은 6장에서 자세하게 살펴보겠지만 천국 백성은 세상에서 베풀면서 살아야하는 것입니다. 천국 백성은 하나님으로부터 측량할 수 없는 은혜를 이미 받고 있지요. 구원의 은혜, 하나님의 자녀로 천국에 가서 영생할 은혜를 입었습니다. 그리고 세상에 올 때 빈손으로 왔는데, 생활에 필요한 것들을 하나님께서 주시고 계시지 않습니까? 지금 가지고 있는 모든 것(집, 직장, 재산)은 다 하나님께서 주신 것이 아닌가요?

말로 표현할 수 없는 하나님의 은혜를 입은 천국 백성들은 세상에서 마땅히 베풀면서 살아야 하는 것입니다. 나에게 피해를 주고 고통을 준 사람을 용서하며 살아야 하고, 굶주리고 헐벗은 이웃을 만날 때 베풀면서 살아야 하는 것이지요. 그래야 천국에 가서 보상(상급)을 받는 성도가 되는 것입니다.

 이제 말씀을 맺겠습니다.
 천국 백성은 세상에서 존귀하게 살아야 합니다. 악한 자를 대적하지 말아야 하지요. 악에게 지지 말고 선으로 악을 이기며 살아야 하는 것입니다. 굶주리고 헐벗은 이웃을 만날 때, 연약한 이웃을 만날 때 은혜를 베풀면서 살아야 하는 것이지요. 그런 천국 백성이 되시기를 예수님의 이름으로 축원합니다.   아 멘.

원수를 사랑하라

마태복음 5 : 43~48

"또 네 이웃을 사랑하고 네 원수를 미워하라 하였다는 것을 너희가 들었으나 나는 너희에게 이르노니 너희 원수를 사랑하며 너희를 박해하는 자를 위하여 기도하라 이같이 한즉 하늘에 계신 너희 아버지의 아들이 되리니 이는 하나님이 그 해를 악인과 선인에게 비추시며 비를 의로운 자와 불의한 자에게 내려주심이라

너희가 너희를 사랑하는 자를 사랑하면 무슨 상이 있으리요 세리도 이같이 아니하느냐 또 너희가 너희 형제에게만 문안하면 남보다 더하는 것이 무엇이냐 이방인들도 이같이 아니하느냐 그러므로 하늘에 계신 너희 아버지의 온전하심과 같이 너희도 온전하라"(마 5 : 43~48)

예수님께서 '무리'가 아닌 '제자'들에게 선포하신 '천국의 대헌장' '천국 백성의 삶의 원리(윤리)'인 산상보훈(마태복음 5~7장)의 말씀을 살펴보고 있습니다.

이 시간에는 '원수를 사랑하라'고 하신 예수님의 말씀을 살펴보면서 하나님의 음성을 듣기를 원합니다.

예수님께서 "또 네 이웃을 사랑하고 네 원수를 미워하라 하였다는 것을 너희가 들었으나 나는 너희에게 이르노니 너희 원수를 사랑하며 너희를 박해하는 자를 위하여 기도하라"고 하시며, '이같이 한즉 하늘에 계신 너희 아버지의 아들이 된다'고 하셨습니다.

'원수를 사랑하며 박해하는 자를 위하여 기도하는 사람이 하늘에 계신 하나님의 자녀가 된다'고 하신 것이지요.

하나님의 자녀인 천국 백성이 세상을 살면서 사람들과 관계를 맺는 '대인관계의 최고봉'을 말씀해 주신 것입니다.

정신과 의사인 칼 메닝거 박사(Karl Augustus Menninger, 미국 정신의학자, 1893 ~

1990)는 이런 말을 했습니다. "사랑은 모든 사람을 치료합니다. 사랑은 사랑하는 자(자기 자신)도 치료하고, 사랑을 받는 자(상대방)도 치료해 줍니다."

그런데 메닝거 박사의 이 말에서 '사랑'이라는 말을 '미움'으로 바꾸면 어떻게 될까요? "미움은 모든 사람을 병들게 합니다. 미움은 미워하는 사람(자기 자신)을 병들게 하고, 미움을 받는 자(상대방)를 병들게 합니다." 정신적인 건강에서 사랑은 최고의 약이고, 미움은 최고의 독이 되는 것입니다.

그리고 알프레드 프러머라는 사람은 이런 말을 했지요. "선을 악으로 갚는 것은 마귀적이다. 선을 선으로 갚는 것은 인간적이다. 악을 선으로 갚는 것은 하나님적이다."

세상에는 선을 악으로 갚는 짐승 같은 사람이 있지요. 마귀적인 사람이 있습니다. 선을 선으로 갚는 사람이 있지요. 인간적인 사람이 있습니다.

그런데 흔치는 않지만 악을 선으로 갚는 사람도 있지요. 악을 선으로 갚는 것은 사람이 할 수 없고 오직 하나님만이 하실 수 있는 일입니다. 악을 선으로 갚는 것은 하나님만이 할 수 있는 일이기 때문에 하나님을 신실하게 경외하는 하나님의 사람, 예수 그리스도를 주인으로 모신 성령이 충만한 하나님의 사람만이 할 수 있는 일인 것입니다.

예수님께서는 천국 백성인 성도들에게 "너희 원수를 사랑하며 너희를 박해하는 자를 위하여 기도하라"고 하셨지요. 예수님의 이 가르침은 당시의 랍비들(인격과 지식이 높은 스승들)이 가르치던 교훈과는 차원이 다른 높은 가르침이었습니다.

랍비(당시 사람들이 존경하던 인격과 지식을 갖춘 스승)들의 가르침

예수님 당시의 랍비들은 '네 이웃을 사랑하고 네 원수를 미워하라'고 가르쳤습니다. 인간적인 가르침이었지요. 선한 양심을 가진 사람이라면 할 수 있는 일입니다.

그러나 당시의 랍비들은 율법(구약 성경)을 잘못 해석하고 가르치고 있었던 것이지요. 하나님께서 시내 산에서 모세를 통하여 주신 율법에는 '원수를 미워하라'는 말씀이 없습니다.

하나님께서 시내 산에서 모세를 통하여 주신 율법은 어떻게 말씀하고 있습니까? '원수'에 대하여 어떻게 하라고 했나요?

"네가 만일 네 원수의 길 잃은 소나 나귀를 보거든 반드시 그 사람에게로 돌릴지며 네가 만일 너를 미워하는 자의 나귀가 짐을 싣고 엎드러짐을 보거든 그것을 버려두지 말고 그것을 도와 그 짐을 부릴지니라"(출 23 : 4~5)

"너는 네 형제를 마음으로 미워하지 말며 네 이웃을 반드시 견책하라 그러면 네가 그에 대하여 죄를 담당하지 아니하리라 원수를 갚지 말며 동포를 원망하지 말며 네 이웃 사랑하기를 네 자신과 같이 사랑하라 나는 여호와이니라"(레 19 : 17~18)

'원수를 갚지 말라' '네 원수의 길 잃은 소나 나귀를 보거든 반드시 그 사람에게로 돌려주라' '네가 너를 미워하는 자의 나귀가 짐을 싣고 엎드러짐을 보거든 그것을 버려두지 말고 그것을 도와 그 짐을 부릴지니라' '네 이웃 사랑하기를 네 자신과 같이 하라'

이 말씀이 무슨 말씀입니까? '**네 이웃 사랑하기를 네 자신과 같이 하라**' '**원수를 갚지 말라**' '**원수가 어려움을 당했을 때 도와주라(원수를 사랑하라)**'는 말씀이 아닌가요?

그런데 당시의 랍비들은 이 말씀을 잘못 해석을 하며 '네 이웃을 사랑하고 네 원수를 미워하라'고 가르치고 있었던 것입니다. 왜 랍비들이 율법을 잘못 해석을 하며 가르치고 있었을까요? 이스라엘 백성들이 가나안 정복 전쟁을 할 때 '가나안 원주민들을 진멸하라'고 하신 하나님의 말씀에 기준을 둔 해석이었을 것입니다.

그런데 '가나안 원주민들을 진멸하라'고 하신 것은 가나안 원주민들은 단순히 미워해야 하는 원수들이 아니라 하나님 앞에 부패하고 타락한 세력이었기 때문이었던 것이지요. 우상숭배와 죄악으로 관영한 그들을 내버려 두면 가나안에 들어가 살게 될 이스라엘 백성들까지도 물들게 할 수 있는 무리들이었기 때문에 '진멸하라'고 명하셨던 것입니다.

예수님의 가르침

예수님은 원수에 대하여 어떻게 하라고 하십니까? 예수님은 '나는 너희에게 이르노니, 너희 원수를 사랑하며 너희를 박해하는 자를 위하여 기도하라'고 하시면서 '이 같이 한즉 너희가 하늘에 계신 너희 아버지의 아들이(자녀가) 된다'(마 5 : 43~44a)고 하십니다.

원수를 사랑하고 박해하는 자를 위하여 기도하는 자가 하늘에 계신 아버지(하나님 아버지)의 아들(자녀)이 된다고 하신 것이지요. 하나님의 자녀인 천국 백성이라면 반드시 원수를 사랑해야 하고, 자신을 박해하는 자를 위하여 기도해야 한다고 하신 것입니다.

왜냐하면 하나님은 악인과 선인에게 똑같이 해를 비추어 주시는 분이고, 의로운 자와 불의한 자에게 똑같이 비를 내려주시는 분이시기 때문이지요. 하나님은 죄인과 원수까지 사랑하시는 사랑의 하나님이신 것입니다.

하나님이 죄인과 원수까지 사랑하시는 분이기 때문에 우리가 구원을 받았고, 하나님의 자녀가 되었고, 천국 백성이 된 것이지요.

하나님께서 마땅히 멸망 받을 죄인이고 하나님과 원수인 우리들을 구원하시고 영생을 주시기 위하여 어떻게 하셨습니까? 독생자이신 예수 그리스도를 세상에 보내주셨지요.

"하나님이 세상을 이처럼 사랑하사 독생자를 주셨으니 이는 그를 믿는 자마다 멸망하지 않고 영생을 얻게 하려 하심이라"(요 3 : 16)

그리고 택한 백성들의 죗값을 대신 지불하시기 위하여 독생자 예수 그리스도를 대신 십자가에 내주셨습니다.

그런데 하나님과 우리들이 어떤 관계에 있을 때 하나님께서 예수 그리스도를 십자가에 내주셨나요? 예수 그리스도가 언제 십자가에 달려 죽으셨습니까?

"우리가 아직 **연약할 때**에 기약대로 그리스도께서 경건하지 않은 자를 위하여 죽으셨도다. 의인을 위하여 죽는 자가 쉽지 않고 선인을 위하여 용감히 죽는 자가 혹 있거니와 우리가 아직 **죄인 되었을 때**에 그리스도께서 우리를 위하여 죽으심으로 하나님께서 우리에 대한 자기의 사랑을 확증하셨느니라 그러면 이제 우리가 그의 피로 말미암아 의롭다 하심을 받았으니 더욱 그로 말미암아 진노하심에서 구원을 받을 것이니 곧 **우리가 원수 되었을 때**에 그의 아들의 죽으심으로 말미암아 하나님과 화목하게 되었은즉 화목하게 된 자로서는 더욱 그의 살아나심으로 말미암아 구원을 받을 것이니라"(롬 5 : 6~10)고 했지요.

'**우리가 연약할 때**(의와 선을 행할 수 없었을 때, 전혀 쓸모없었을 때)' '**우리가 죄인이었을 때**(멀리 해야 했을 때)' '**원수되었을 때**(싫어하고 미워하고 저주해야 했을 때)' – 예수 그리스도를 세상에 보내주시고, 대신 십자가에 내주어 피 흘려 죽게 하시고, 하나님과의 관계를 화목하게 해주시고, 구원해 주시고, 자녀로 삼아주시고, 천국 백성을 삼아 주신 것이지요. 말로 표현할 수 없는 하나님의 사랑인 것입니다.

죄인이었고 하나님과 원수였던 우리가 하나님의 그 크신 사랑으로 하나님의 자녀가 되었으므로 하나님의 자녀 된 성도는 마땅히 죄인과 원수를 사랑해야 하고, 박해하는 자를 위하여 기도해야 되는 것이지요.

예수님께서 그렇게 하지 않으면 안 되는 이유를 어떻게 설명을 하십니까? "너희가 너희를 사랑하는 자를 사랑하면 무슨 상이 있으리요. 세리도 이같이 아니하느냐? 또 너희가 너희 형제에게만 문안하면 남보다 더하는 것이 무엇이냐? 이방인들도 이같이 아니하느냐? 하늘에 계신 아버지가 온전하심과 같이 너희도 온전하라."(마 5 : 46~48)고 하십니다.

'(이기적이고 탐욕적인) 세리들(당시에 모든 사람들이 죄인 취급을 했던 사람들/로마의 관리, 친일파 같은 사람들)도 자기를 사랑하는 사람을 사랑할 줄 알고, 하나님을 알지 못하는 이방인들도 자기 형제들에게는 문안을 할 줄 안다' '하나님의 자녀인 천국 백성들은 이기적이고 탐욕적인 세리나 하나님을 알지 못하는 이방인들과는 달라야 한다'는 것이지요. '하늘에 계신 아버지가 온전하심과 같이 너희도 온전하라'고 하신 것입니다.

우리에게 '원수를 사랑하라' '박해하는 자를 위하여 기도하라'고 가르치신 예수님은 어떻게 사셨습니까? 우리에게 가르치신 대로, 원수를 사랑하셨고, 박해하는 자를 위하여 기도하셨지요. 이마에 가시관을 씌우고, 조롱하고, 채찍으로 때리고, 골고다 언덕으로 끌고 가 십자가에 못 박은 로마 군인들(원수들)을 위해서 어떻게 하셨습니까?

"아버지 저들을 사하여 주옵소서 자기들이 하는 것을 알지 못함이니이다"(눅 23 : 34)

예수님을 알아보지 못하고, 박해하는 원수들(죄인들인 우리들)을 용서해 달라고 성부 하나님께 기도하신 것이지요.

예수님은 '원수를 사랑하라'는 말씀을 하시며 눅 6 : 27~28에서 무엇이라고 하십니까?

"그러나 너희 듣는 자에게 내가 이르노니 너희 원수를 사랑하며 너희를 미워하는 자를 선대하며 너희를 저주하는 자를 위하여 축복하며 너희를 모욕하는 자를 위하여 기도하라"고 하셨지요. 미워하고, 저주하고, 모욕하는 원수를 사랑하라고 하시면서 구체적으로 어떤 말씀을 해주셨습니까? 하나님의 자녀가 원수를 사랑하는 말과 행동과 기도에 대하여 구체적으로 말씀을 해주셨지요.

『'입으로 하는 말' '저주하는 자(원수)를 축복하라'』 『'행동' '미워하는 자(원수)를 선대하라(착하게 대하라)'』 『'기도' '모욕하는 자(원수)를 위해 기도하라.'』

하나님 아버지의 사랑, 예수님의 십자가 대속의 사랑이 하나님 앞에 죄인 되고 하나님 앞에 원수 되었던 우리를 죄와 사망에서 구원해 주시고, 하나님의 자녀가 되게 해주시고, 영생을 소유한 천국 백성이 되게 해주셨지 않습니까? 하나님의 사랑으로 하나님의 자녀가 되고 천국 백성이 된 성도는 원수를 사랑하며 박해하는 자를 위하여 기도하는 성도가 되어야 하는 것입니다.

예수님의 가르침에 순종하면 어떻게 될까?

하나님의 자녀인 천국 백성들이 원수를 사랑하며 박해하는 자를 위하여 기도하면 원수와 박해하는 자가 어떻게 될까요?

"내 사랑하는 자들아 너희가 친히 원수를 갚지 말고 하나님의 진노하심에 맡기라 기록되었으되 원수 갚는 것이 내게 있으니 내가 갚으리라고 주께서 말씀하시니라 네 원수가 주리거든 먹이고 목마르거든 마시게 하라 그리함으로 네가 숯불을 그 머리에 쌓아 놓으리라"(롬 12 : 19~20)

원수에게 자신이 원수를 갚지 않고 '원수가 주릴 때에 먹을 것을 주고 목마를 때에 마실 것을 주는 것(실천적인 사랑)은 원수의 머리에 숯불을 쌓아 놓는 것이라'는 것이지요.

'원수의 머리에 숯불을 쌓아 놓는 것이라'는 말씀이 무슨 의미일까요? 두 가지 의미가 있습니다.

하나는 박해하는 원수가 견딜 수 없는 양심의 가책을 느끼게 해서 회개하게 한다는 의미이지요. 원수가 회개하게 해서 원수와 화목하게 해준다는 말씀인 것입니다.

다른 하나는 원수가 회개하지 않을 때는 하나님께서 대신 진노와 징계로 원수를 갚아주신다는 의미인 것이지요.

박해하는 원수를 사랑하면(축복하고, 선대하고, 기도하면) 하나님께서 원수의 마음을 감동시키고 회개하게 해서 원수가 변하여 친구가 되게 해주시든지, 그렇지 않으면 하나님께서 진노로 징계하셔서 대신 원수를 갚아주시는 것입니다.

하나님의 사람 다윗은 '원수를 사랑하라' '박해하는 자를 위하여 기도하라'는 말씀을 잘 순종했지요. 자신이 실수하거나 잘못한 것도 없는데 시기하고 질투하며 죽이려고 하는 사울 왕을 어떻게 대했습니까? 오히려 자기가 사울 왕을 죽일 수 있는 두 번의 기회가 있었지만 사랑으로 용서하며 사울 왕에게 손을 대지 않았지요. 하나님의 진노하심에 맡기고 기도했습니다.

끝내 회개하지 못한 사울 왕을 블레셋 나라와의 전쟁에서 세 아들과 함께 죽어가게 하지 않으셨습니까? 하나님께서 친히 진노로 징계하셨던 것입니다. 그리고 다윗이 왕이 되도록 해주시지 않았나요?

우리나라에도 짧은 기독교 역사이지만 영원히 남을 하나님의 종들이 여러 사람 나오지 않았습니까? 그런 분들 중에 한 분이 **손양원 목사님**이지요. 공산주의자들의 폭동으로 일어난 여순반란사건 사건 때 손양원 목사님은 두 아들 동인(순천사범학교 재학), 동신(순천중학교 재학)이를 공산주의자 안재선의 손에 잃지 않았습니까? 그런데 손양원 목사님은

자기 두 아들을 죽인 안재선을 용서할 뿐만 아니라 양아들로 삼았지요.

따님인 손동희 권사님이 그 당시의 상황을 간증하는 이야기를 직접 들은 적이 있습니다. 안재선은 회개하고 손양원 목사님을 아버지로 모셨지요. 손양원 목사님이 6·25 전쟁 중에 순교하셨을 때 안재선은 아들로서 상주 노릇을 했습니다. 그리고 안재선의 아들이 복음을 전하는 목사님이 되었습니다.

이제 말씀을 맺겠습니다.

하나님은 하나님의 자녀인 천국 백성들에게 '원수를 사랑하라' '박해하는 자를 위하여 기도하라'고 하십니다. 그런데 죄 성을 가진 사람의 감정으로는 비록 성도라 하더라도 원수를 사랑하고 박해하는 자를 위하여 기도하는 것은 되지 않는 일이지요. 사람의 감정으로는 도저히 할 수 없는 일인 것입니다. 오직 성령이 충만해서 마음에 계신 그리스도가 주인이 되실 때만 할 수 있는 일이지요. 그런데 성령이 충만해서 원수까지 사랑하고 박해하는 자를 위하여 기도하는 사람이 되어지면 자신이 평안하고 행복한 것입니다. 그리고 다른 사람을 행복하게 해주는 사람이 되는 것이지요. 성령이 충만해서 원수를 사랑하고 박해하는 자를 위하여 기도하며, 하나님께서 주시는 평안과 기쁨을 누리며 사는 천국 백성이 되시기를 예수님의 이름으로 축원합니다. 아 멘.

실천적인 이웃 사랑

마태복음 6 : 1~4

"사람에게 보이려고 그들 앞에서 너희 의를 행하지 않도록 주의하라 그리하지 아니하면 하늘에 계신 너희 아버지께 상을 받지 못하느니라

그러므로 구제할 때에 외식하는 자가 사람에게서 영광을 받으려고 회당과 거리에서 하는 것 같이 너희 앞에 나팔을 불지 말라 진실로 너희에게 이르노니 그들은 자기 상을 이미 받았느니라

너는 구제할 때에 오른손이 하는 것을 왼손이 모르게 하여 네 구제함을 은밀하게 하라 은밀한 중에 보시는 너의 아버지께서 갚으시리라"(마 6 : 1~4)

예수님께서 '무리'가 아닌 '제자'들에게 선포하신 '천국의 대헌장' '천국 백성의 삶의 원리(윤리)'인 산상보훈(마태복음 5~7장)의 말씀을 살펴보고 있습니다.

지난 시간까지 마태복음 5장의 말씀을 살펴보았지요. 마태복음 5장의 말씀은 예수님을 믿고 따르는 제자들인 '천국 백성의 생활 원리'에 대한 말씀이 아닙니까?

천국 백성은 예수님의 성품(팔복으로 교훈하신 성품)을 지니고 세상에서 '소금과 빛'으로 살아야 한다고 하셨지요. 소금과 빛으로 살기 위해서는 하나님의 뜻인 '하나님의 말씀'을 알아야 할 것이기 때문에, 예수님께서 친히 '율법과 선지자의 완성자'로 오셨음을 말씀해 주셨습니다. 그러시면서 예수님은 이어지는 마태복음 5 : 21~48절에서 사람과의 관계를 맺을 때 중요한 '율법'에 대한 바른 해석을 해주셨지요.

'살인하지 말라' '간음하지 말라' '헛 맹세(거짓 맹세)를 하지 말라' '악한 자를 대적하지 말라' '원수를 사랑하라' 말씀을 해주셨습니다. 예수님의 이 말씀들은 율법에 담겨 있는 '문자' 이상을 뛰어넘는 율법의 '정신'까지 일깨우시는 말씀인 것입니다.

이제는 마태복음 6장의 말씀을 살펴보면서 하나님의 음성을 듣는 시간을 가지려고 합니다. 마태복음 6장의 말씀은 5장에서 말씀해 주신 '천국 백성의 생활 원리'에 입각해서 '천국 백성의 생활 내용'에 대한 말씀을 해주신 것이지요. '천국 백성의 경건 생활'에 대한 말씀을 해주신 것입니다.

천국 백성이 세상을 살 때 필요한 '구제하는 일' '기도하는 일' '금식하는 일' '물질 생활'에 대한 말씀이지요. 그런데 '구제하는 일' '기도하는 일' '금식하는 일' '물질 생활'에 대한 말씀은 처음 해주신 말씀이 아닙니다. 이미 율법을 통하여 주어졌고, 예수님 당시의 율법 선생인 랍비들도 힘써서 지키려고 노력하며 가르치던 말씀이었지요.

그런데 당시에 사람들이 '구제하는 일' '기도하는 일' '금식하는 일' '물질 생활'을 하나님이 기뻐하시는 모습으로 하고 있지 못했습니다. 그래서 예수님은 그 모습을 지적하시면서 '구제' '기도' '금식' '물질 생활'에 대하여 '필요 없다'는 무용론을 말씀하신 것이 아니라, '참된 구제' '참된 기도' '참된 금식' '참된 물질 생활'을 해야 될 것을 교훈해주신 것이지요. 세상에서 '천국 백성들이 경건하게 사는 참된 모습이 무엇인가?'를 교훈하신 것입니다.

이 시간에는 '실천적인 이웃 사랑'이란 제목으로, 예수님께서 말씀해 주신 하나님께서 기쁘게 보시고 갚아주시는 '참된 구제'에 대하여 말씀을 드리면서 하나님의 음성을 듣기를 원합니다.

천국 백성은 반드시 구제를 하되 외식을 해서는 안 된다

하나님의 말씀인 '율법'에 대한 바른 실천을 말씀하시면서 제일 먼저 무슨 말씀을 하셨습니까? "사람에게 보이려고 그들 앞에서 너희 의를 행하지 않도록 주의하라 그리하지 아니하면 하늘에 계신 너희 아버지께 상을 받지 못하느니라"(마 6 : 1)

'사람에게 보이려고 그들 앞에서 너희 의를 행하지 않도록 주의하라' 이 말씀은 천국 백성이 세상에서 살아야 하는 '천국 백성의 경건 생활에 대한 총론'이라 할 수 있습니다.

예수님 당시에 서기관들과 바리새인들의 잘못된 말과 행위를 지적하며 '주의해야' 할 것을 말씀해 주신 것이지요. '사람에게 잘 보이려고 의를 행하는 외식하는 행동을 주의하라'고 하신 것입니다.

예수님께서 외식하는 서기관들과 바리새인들을 책망하시며 저주하시는 말씀을 하실 때 예수님을 믿고 따르는 제자들에게 무엇이라고 하셨나요?

"서기관들과 바리새인들이 모세의 자리에 앉았으니 그러므로 무엇이든지 그들이 말하는 바는 행하고 지키되 그들이 하는 행위는 본받지 말라. 그들은 말만 하고 행하지 아니하며, 또 무거운 짐을 묶어 사람의 어깨에 지우되 자기는 이것을 한 손가락으로도 움직이려 하지 아니하며, 그들의 모든 행위를 사람에게 보이고자 하나니, 곧 그 경문 띠를 넓게 하며 옷술을 길게 하고 잔치의 윗자리와 회당의 높은 자리와 시장에서 문안 받는 것과 사람에게 랍비라 칭함을 받는 것을 좋아하느니라"(마 23 : 2~7)고 하셨지 않습니까?

본문 1절에도 외식하는 서기관들과 바리새인들이 하는 것처럼 '사람에게 칭찬 듣고 존경을 받기 위해 사람에게만 잘 보이려고 하는(외식하는) 의로운 행동을 하지 말라.'고 하신 것입니다.

'외식한다'는 말은 사람들에게 잘 보이려고 '연극'을 하는 것을 의미합니다. 그런데 '연극'이라는 것은 연극이라고 밝히고 하기 때문에 문제가 되지 않지만, '외식'은 실제라고 하면서 실제가 아니기 때문에 문제가 되는 것이지요. 사람들에게 좋지 않은 영향을 주며 해롭게 하는 것입니다.

예수님께서는 '외식'을 '양의 옷을 입은 이리'(마 7 : 15), '회칠한 무덤'(마 23 : 27), '누룩'(눅 12 : 1)이라고 비유를 하셨지요.

외식을 한 대표적인 사람들은 다윗 왕의 아들로 아버지를 반역하고 왕이 되려 했던 '압살롬 왕자', 예수님의 제자였던 '가룟 유다', 예수님 당시의 서기관들과 바리새인들입니다.

압살롬 왕자는 아버지 다윗 왕을 위하는 척하면서 백성들이 자기를 따르게 만들고 음모를 꾸미며(삼상 15 : 7~10) 반역을 하지 않았나요? 가룟 유다는 예수님을 은 30에 팔고 예수님을 잡으러 오는 무리를 이끌고 겟세마네 동산에 와서 어떻게 했습니까? 제자들과 예수님이 함께 있을 때에 어떤 사람이 예수님인가를 알려주는 군호를 짜서, 예수님께 입을 맞추며 '랍비여 안녕하십니까?'(마 26 : 49)인사를 하지 않았나요? 얼마나 가증한 인사입니까?

서기관들과 바리새인들은 어떠했습니까? 사람들에게 잘 보이고 사람들에게 영광을 얻기 위해서 외식을 했지요. 그래서 예수님은 서기관들과 바리새인들을 향하여 '화 있을진저 외식하는 서기관들과 바리새인들이여!' 일곱 번이나 반복하시면서 책망하시고 저주를 하셨던 것입니다.

천국 백성은 의를 행하는 사람들이 되어야 하지요. 그런데 '사람에게 보이기 위해' 의로운 행동을 하지 말고, '하나님께 보여드리기 위해' 의로운 행동을 해야 하는 것입니다.

그런데 예수님께서 '사람에게 잘 보이고 영광을 받기 위한 의로운 행위를 주의하라'고 하시면서 제일 먼저 언급하신 것이 무엇입니까? "그러므로 구제할 때에 외식하는 자가 사람에게서 영광을 받으려고 회당과 거리에서 하는 것 같이 너희 앞에 나팔을 불지 말라 진실로 너희에게 이르노니 그들은 자기 상을 이미 받았느니라"(마 6 : 2)

'구제'에 대한 말씀을 해주셨습니다. 구제는 가난하고 연약한 자, 굶주리고 헐벗은 자를 돌보는 것이지요. '구제'는 예수님을 믿고 따르는 천국 백성들이 반드시 해야 하는 일인 것입니다.

"네 하나님 여호와께서 네게 주신 땅 어느 성읍에서든지 가난한 형제가 너와 함께 거주하거든 그 가난한 형제에게 네 마음을 완악하게 하지 말며 네 손을 움켜쥐지 말고 반드시 네 손을 그에게 펴서 그에게 필요한 대로 쓸 것을 넉넉히 꾸어주라 삼가 너는 마음에 악한 생각을 품지 말라 곧 이르기를 일곱째 해 면제년이 가까이 왔다 하고 네 궁핍한 형제를 악한 눈으로 바라보며 아무것도 주지 아니하면 그가 너를 여호와께 호소하리니 그것이 네게 죄가 되리라"(신 15 : 7~9)

"땅에는 언제든지 가난한 자가 그치지 아니하겠으므로 내가 네게 명령하여 이르노니 너는 반드시 네 땅 안에 네 형제 중 곤란한 자와 궁핍한 자에게 네 손을 펼지니라"(신 15 : 11)

천국 백성이 세상에서 '소금과 빛'으로 살며 이웃들에게 천국 백성인 것을 드러내는 것, 하나님의 말씀을 순종하며 경건하게 사는 것을 드러내는 것이 무엇이겠습니까?

"하나님 아버지 앞에서 정결하고 더러움이 없는 경건은 곧 고아와 과부를 그 환난 중에 돌보고 또 자기를 지켜 세속에 물들지 아니하는 그것이니라"(약 1 : 27)고 했지요.

고아와 과부가 환난을 당할 때 돌보는(구제) 것, 곤란한 자와 궁핍한 자를 구제하는 것, 자기를 지켜 세속에 물들지 않는 것이 하나님 앞에서 정결하고 더러움이 없는 경건인 것입니다.

무슨 말씀인가요? 죄 성을 가진 사람들은 누구나 본질적으로 이기적이고 자기 중심적이고 탐욕적이지 않습니까? 자기가 더 많이 가지려고 하고, 자기가 더 높아지려고 하고, 자기가 대접을 받으려고 하지 않나요? 그래서 시기하고 질투하고 싸우는 것이 아닙니까?

성실하게 자신이 노력을 하고 착실하게 일을 해서 더 많이 갖고 더 높아지고 더 대접을 받는 것은 좋은 것이지만(그래야 사회가 발전하니까요), 그런데 세상은 그렇지 않고 힘을 가지고 강제로 남의 것을 빼앗고, 속여서 빼앗고, 상대방을 끌어내리고 자기가 높아지려는 사람들로 가득하지 않은가요? 그래서 세상에는 끊임없이 개인과 개인, 기업과 기업, 나라와 나라 사이에 싸움이 벌어지는 것이 아닙니까? 강도와 사기꾼이 생겨나고, 나라 사이에 전쟁이 벌어지고, 죽는 사람이 생겨나지 않습니까? 그래서 세상이 악하고 어두운 것입니다.

이런 악하고 어두운 세상에서 천국 백성은 더러운 세속에 물들지 말고 경건하게 살아야 하는 것이지요. 하나님의 말씀을 순종하는 것, 하나님의 말씀이 말과 행동을 통하여 드러나야 하는 (그것이 경건이다)는 것입니다.

그런데 천국 백성이 경건을 드러내는 모습이 무엇일까요? 그것은 고아와 과부가 환난을 당할 때 돌보는 것, 가난하고 연약하고 힘이 없는 자가 어려움을 당할 때 돌보는 것(이것이 구제이다)입니다. 구제하는 것이 어둡고 악한 세상에서 소금이 되고 빛이 되는 것이지요. 구제가 하나님 앞에서 정결하고 더러움이 없는 경건, 경건 중의 경건인 것입니다.

그런데 중요한 것이 있습니다. 고아와 과부가 환난을 당할 때 돌보는 것, 가난하고 연약하고 힘이 없는 자(곤란한 자와 궁핍한 자)가 어려움을 당할 때 돌보는 것을 사람에게서 영광을 받으려고 나팔을 불며(자랑하며) 해서는(외식해서는) 안 되는 것이지요. 자신이 영광을 받으려고 나팔을 불면서 구제를 하는 것은 아름다운 것이 아닙니다. 구제가 의롭고 아름답고 귀한 것이지만 나팔을 불며 하면 추해지는 것이지요. 절대로 사람들에게 칭찬을 받고 존경을 받으려고 나팔을 불며 구제의 선행을 해서는 안 되는 것입니다.

천국 백성은 하나님이 보시며 기뻐하시는 구제를 해야 한다

천국 백성과 천국 백성들로 이루어진 교회는 할 능력과 힘만 있다면 구제를 많이 해야 하는 것이지요. 그러면 천국 백성과 교회는 어떻게 구제를 해야 합니까? 본문 2~4a절에서 예수님께서 무엇이라고 말씀을 하십니까?

"그러므로 구제할 때에 외식하는 자가 사람에게서 영광을 받으려고 회당과 거리에서 하는 것 같이 너희 앞에 나팔을 불지 말라. 진실로 너희에게 이르노니 그들은 자기 상을 이미 받았느니라. 너는 구제할 때에 오른손이 하는 것을 왼손이 모르게 하여 네 구제함을 은밀하게 하라"

예수님 당시에 서기관들과 바리새인들은 구제할 때 나팔을 불었던 것입니다. 나팔을 불며 회당과 사람들이 많이 오가는 거리에서 사람들에게 알려서 사람들이 모이게 하고 사람들에게 칭송을 받으며 구제를 했던 것이지요. 그런데 예수님께서 나팔을 불며 구제를 하는 사람들은 이미 자기 상을 받았다고 하시는 것입니다. 사람들에게 이미 다 칭송을 받았다는 것이지요. 그래서 더 이상 받을 상이 없다는 것입니다. 세상에 사는 거의 모든 사람들이 나팔을 불며(소문을 내며) 구제를 하는 것을 보지 않나요? 그래서 사람들에게 칭송을 듣는 것을 보지 않습니까?

그러나 천국 백성과 교회는 구제의 선행을 할 때 나팔을 불며(소문을 내며) 하는 것이 아니지요. 예수님께서 어떻게 하라고 말씀을 하십니까? '오른손이 하는 것을 왼손이 모르게 하여 네 구제함을 은밀하게 하라'고 하셨지요.

'오른손이 하는 것을 왼손이 모르게 하여 네 구제함을 은밀하게 하라'는 말씀이 무슨 말씀입니까? '은밀하게 하라'는 말은 다른 사람이 모르게 하라는 것이지요. 그리고 '오른손이 하는 것을 왼손이 모르게 하라'는 말은 '자기 자신도 모르게 하라' '구제를 한 선행은 자신도 기억하지 말고 잊어버리라'는 의미인 것입니다.

왜 구제를 하는데 '은밀하게(다른 사람들이 모르게)', '오른손이 하는 것을 왼손이 모르게(구제의 선행을 기억하지 말고 잊어버려야)'해야 합니까?

첫째는 구제의 선행을 하는 자기 자신을 위해서이고, 둘째는 구제를 받는 상대방을 위해서인 것입니다. 무슨 말입니까? 구제의 선행을 하는 자기 자신이 교만해지지 않기 위해서이고, 구제를 받는 상대방의 자존감을 상하지 않게 해주기 위해서인 것이지요. 이런 구제가 하나님께서 기쁘게 보시는 참된 구제인 것입니다.

하나님이 기뻐하시는 구제를 하면 하나님께서 갚아주신다

하나님이 보시며 기뻐하시는 참된 구제를 하면 하나님께서 어떻게 해주실까요? 본문 4b절에 무엇이라고 말씀하십니까? "은밀한 중에 보시는 너의 아버지께서 갚으시리라"고 하시지요. 다른 사람이 모르게, 자기 자신도 구제의 선행을 하고서도 잊어버리며 사는 사람에게 '은밀한 중에 보시는 하나님 아버지께서 갚아 주신다'고 하신 것입니다. 구제를 하며 사람들에게 칭송을 받고 끝나는 것이 아니라 하나님께서 갚아주신다는 것이지요.

하나님께서 갚아주시면 어떻게 되겠습니까? "구제를 좋아하는 자는 풍족하여질 것이요 남을 윤택하게 하는 자는 자기도 윤택하여지리라"(잠 11 : 25) "가난한 자를 불쌍히 여기는 것은 여호와께 꾸어 드리는 것이니 그의 선행을 그에게 갚아주시리라"(잠 19 : 17)

"주라 그리하면 너희에게 줄 것이니 곧 후히 되어 누르고 흔들어 넘치도록 하여 너희에게 안겨 주리라 너희가 헤아리는 그 헤아림으로 너희도 헤아림을 도로 받을 것이니라"(눅 6 : 38)

가난하고 연약한 자에게 구제의 선행을 하는 것은 여호와 하나님께 꾸어 드리는 것이라는 것입니다. 하나님께 꾸어드리는 것이니까 하나님께서 갚아주신다는 것이지요. 하나님께서 갚아주시는데 '누르고 흔들어 넘치도록 하여 갚아주신다'는 것입니다. 그래서 구제하는 자는 풍족하게 되고, 윤택하게 된다는 것이지요. 무슨 말씀입니까? 구제의 선행을 하는 사람에게 구제의 선행을 한 것 이상으로 하나님께서 풍성하게 갚아주신다는 것입니다.

영국에서 '성막교회'를 섬기셨던 스펄젼 목사님은 당시에 영국에서 가장 존경을 받는 목사님 중의 한 분이셨던 분입니다. 그런데 교인들과 가까운 친척들 가운데는 스펄젼 목사님 부부를 욕심쟁이라고 손가락질하는 사람들이 있었다고 합니다.

목사님 집에서 닭을 길렀는데 달걀을 교인들이나 친척들에게 나누어 주지 않고 늘 사모님이 달걀을 내다 시장에 팔았던 것이지요. 그래서 그 사실을 아는 교인들과 친척들이 손가락질을 하며 목사님 부부를 '욕심쟁이'라고 비난을 한 것입니다. 그러나 비난을 받으면서도 목사님 부부는 전혀 변명을 하지 않았지요. 그런데 목사님 부부가 소천하신 뒤에야 숨은 사실이 알려졌습니다. 목사님 부부는 계란을 팔아 계란을 판 돈으로 아무도 모르게 연로한 두 과부를 도왔던 것입니다. 참된 구제, 이웃 사랑을 실천한 것이지요. 하나님은 그런 스펄젼 목사님 부부를 축복하셔서 사람들에게 존경을 받으며 아름다운 목회를 하게 해 주셨던 것입니다.

우리가 잘 아는 19세기 프랑스 화가인 장 프랑수아 밀레(Jean-François Millet, 1814년 10월 04일~1875년 01월 20일)가 있습니다. '밀레'는 빈곤한 프랑스 농민의 고단한 일상을 우수에 찬 분위기와 서사적 장엄함을 담아 그린 사실주의 화가이지요. '밀레'가 그린 대표적인 작품으로는 잘 알려진 〈만종〉, 〈이삭 줍는 여인들〉, 〈씨 뿌리는 사람〉이 있습니다.

그런데 '밀레'가 그린 그림 중에는 '기도하는 손'이라는 그림이 있지요. 그 그림은 '밀레'가 자신을 사랑하며 기도하는 친구인 '루소'의 기도하는 손을 그림 작품입니다.

예나 지금이나 예술하는 사람들이 거의 다 그렇듯이 밀레는 생활이 어려웠지요. 그래서 밀레는 돈벌이를 위해서 어느 날 누드화를 그렸는데, 그 그림을 본 사람들이 비웃었습니다. 그때부터 밀레는 아무리 어렵더라도 누드화를 그리지 않고, 순수한 그림을 그리겠다고 결심을 했지요. 그러다 보니 생활이 점점 어려워져서 추운 겨울에도 난방을 할 수가 없었습니다.

추운 겨울 어느 날 '밀레'를 찾아왔던 친구인 '루소'가 그 상황을 보게 되었지요. '루소'도 힘든 노동을 하며 어렵게 살고 있던 친구였습니다. 그런데 자신보다 더 힘들게 살고 있는 밀레의 형편을 알게 된 '루소'가 '밀레'에게 이렇게 말을 했습니다.

"여보게, 좋은 일이 있네. 자네 그림을 살 사람이 있어. 여기 내가 심부름으로 돈을 가져 왔네."

친구는 3백 프랑을 내놓으면서 "그림 선택은 내게 맡겼으니 저 '접목하는 농부' 그림을 나에게 주게." 말을 했지요. 밀레는 그 덕분에 가난을 벗어날 수가 있었고, 그림 그리는 일을 계속할 수 있었습니다.

그런데 몇 해가 지난 후 '친구'를 찾아갔던 '밀레'는 깜짝 놀라지 않을 수 없었지요. 몇 해 전 자기에게 비싼 값을 주고 사간 '접목하는 농부' 그림이 친구의 방에 걸려 있었던 것입니다. 친구가 자신도 힘든 노동을 하며 어렵게 살고 있었지만, 다른 사람이 사는 것처럼 300프랑이라는 큰 돈으로 밀레의 그림을 사주었던 것이지요. 은밀하게, 오른손이 하는 것을 왼손이 모르게, 사랑하는 친구 '밀레'를 도왔던 것입니다.

밀레가 화가로 성공해서 그 친구에게 감사하러 찾아갔을 때, 친구는 '밀레가 성공하는 화가가 되도록 도와 주소서.' 기도를 하고 있었지요. '밀레'가 그린 '기도하는 손'의 그림은 밀레가 바로 친구 루소의 손을 그린 그림인 것입니다. 어려운 친구(이웃)를 돕는 아름다운 사랑의 마음과 손길이 아닙니까?

이제 말씀을 맺겠습니다.

예수 그리스도를 믿고 구원을 받은 하나님의 자녀인 천국 백성은 세상에서 소금과 빛으로 살아야 합니다. 하나님의 자녀인 정체성을 드러내며 경건하게 살아야 하지요. 이기적이고 탐욕적인 세상에서 가난하고 연약한 이웃을 사랑하고 돌보며 살아야 합니다. 세속에 물들지 말고 이웃 사랑을 실천하며 살아야 하는 것이지요. 사람에게 영광을 받으려고 외식하며 살지 말고, 하나님께 보여드리며 하나님이 갚아주시는 이웃 사랑을 실천하며 사는 천국 백성이 되시기를 예수님의 이름으로 축원합니다.   아 멘.

기도하는 기본자세

마태복음 6 : 5~8

"또 너희는 기도할 때에 외식하는 자와 같이 하지 말라 그들은 사람에게 보이려고 회당과 큰 거리 어귀에 서서 기도하기를 좋아하느니라 내가 진실로 너희에게 이르노니 그들은 자기 상을 이미 받았느니라

너는 기도할 때에 네 골방에 들어가 문을 닫고 은밀한 중에 계신 네 아버지께 기도하라 은밀한 중에 보시는 네 아버지께서 갚으시리라

또 기도할 때에 이방인과 같이 중언부언하지 말라 그들은 말을 많이 하여야 들으실 줄 생각하느니라

그러므로 그들을 본받지 말라 구하기 전에 너희에게 있어야 할 것을 하나님 너희 아버지께서 아시느니라"(마 6 : 5~8)

예수님께서 '무리'가 아닌 '제자들(천국 백성)'에게 선포하신 '천국의 대헌장' '천국 백성의 삶의 윤리'인 산상보훈(마태복음 5~7장)의 말씀을 살펴보고 있습니다.

지난 시간부터 마태복음 6장의 말씀을 살펴보고 있지요. 마태복음 6장의 말씀은 5장에서 말씀해 주신 '천국 백성의 생활 윤리'에 입각해서 '천국 백성의 생활 내용'에 대한 말씀을 해주신 것입니다.

하나님의 자녀가 된 천국 백성이 세상에서 이방인들과 구별되게 살아야 하는 '천국 백성의 경건 생활'에 대한 말씀을 해주신 것이지요. '구제하는 일' '기도하는 일' '금식하는 일' '물질 생활'에 대한 말씀입니다.

지난 시간에는 가난하고 연약한 자들을 돕는 '구제'에 대하여 '사람에게 보이려고 외식하는 구제를 하지 말고 은밀한 중에 보시는 하나님께서 갚아 주시도록 은밀하게 구제하라'는 말씀에 대하여 살펴보았지요.

오늘부터는 하나님의 자녀인 천국 백성에게 경건 생활의 핵심인 '기도'에 대한 말씀을 살펴보려고 합니다. 기도에 대한 말씀은 신구약 성경에 가득하게 기록을 하고 있습니다. 육신을 입고 세상에 오신 하나님의 독생자이신 예수 그리스도가 어떻게 공생애를 사셨나요? 기도(40일 금식기도)로 시작하시고, 기도로 진행하시고, 기도로 마무리(십자가상에서도 기도하심)를 짓지 않으셨습니까? 기도하시며 공생애를 사신 예수님께서 천국 백성으로 세상을 살아야 할 하나님의 자녀들에게 산상보훈을 선포하시면서도 기도에 대한 말씀(마 6:5~18; 7:7~12) 많이 해주셨지요. 기도는 예수님을 믿는 하나님의 자녀, 영생을 소유한 천국 백성에게 영적인 생명이기 때문인 것입니다.

의사가 '사람이 살았느냐? 죽었느냐?'를 어떻게 결정을 하고 사망 선고를 합니까? '숨을 쉬느냐? 쉬지 않느냐?'로 결정을 하지요. 외부에 상처가 하나도 없어도 숨을 안 쉬면 죽은 사람이고, 머리에 큰 상처가 나고 팔다리가 잘려나갔어도 숨을 쉬고 있으면 산 사람인 것입니다.

마찬가지로 예수님을 믿고 구원을 받은 하나님의 자녀인 천국 백성들이 '영적으로 살았느냐? 죽었느냐?'를 결정하는 것이 있습니다. 기도하는 것이지요. 기도는 영혼의 호흡이고 영적인 생명인 것입니다.

그래서 "모든 기도와 간구를 하되 **항상 성령 안에서 기도하고** 이를 위하여 깨어 구하기를 항상 힘쓰며 여러 성도를 위하여 구하라"(엡 6:18) "쉬지 말고 기도하라"(살전 5:17)고 하시는 것입니다.

이 시간에는 '기도하는 기본 자세'라는 제목으로, 말씀을 드리면서 함께 하나님의 음성을 듣기를 원합니다.

하나님의 자녀인 천국 백성은 하나님 아버지께 기도하며 살아야 하는데, 응답을 받는 기도를 드리며 살아야 하지요. 하나님께서 들으시고 응답해 주시는 기도를 드리기 위해서는 몇 가지 중요한 기본적인 자세가 있습니다.

사람의 잘못을 용서하고 죄를 회개하며 드리는 기도

예수님께서 기도 중의 기도인 '주의 기도'를 가르치시면서 전후로 어떤 말씀을 하시고 있습니까? 먼저 '주의 기도' 뒤에 나오는 14~15절을 보세요.

"너희가 사람의 잘못을 용서하면 너희 하늘 아버지께서도 너희 잘못을 용서하시려니와 너희가 사람의 잘못을 용서하지 아니하면 너희 아버지께서도 너희 잘못을 용서하지 아니하시리라"(마 6 : 14~15)

'너희가 사람의 잘못을 용서하면 너희 하늘 아버지께서도 너희 잘못을 용서해 주신다' '너희가 사람의 잘못을 용서하지 아니하면 너희 아버지께서도 너희 잘못을 용서하지 아니하신다'

'사람의 잘못을 용서하라'고 하시는 것이지요. 누군가 나에게 잘못한 사람이 있을 때 그 사람의 잘못을 용서하라는 것입니다.

왜 기도에 대한 말씀을 하시면서 사람의 잘못을 용서하라고 하십니까? 사람의 잘못을 용서하는 것과 하나님께 기도하는 것과 무슨 상관이 있을까요? 내가 나에게 잘못한 사람을 용서할 때 하늘 아버지께서도 나의 죄를 용서해주시기 때문입니다. 죄를 용서받은 사람이 깨끗한 심령을 가지고 기도해야 응답을 받을 수 있기 때문이지요.

그런데 하나님이 보실 때 죄가 없는 사람은 하나도 없는 것입니다. 성경이 무엇이라고 말씀을 하십니까? "모든 사람이 죄를 범하였으매 하나님의 영광에 이르지 못하더니"(롬 3 : 23) 아무리 신실할 성도라도 세상을 살면서 마음으로 행동으로 죄를 짓지 않는 사람은 하나도 없는 것이지요.

"그 형제를 미워하는 자마다 살인하는 자니 살인하는 자마다 영생이 그 속에 거하지 아니하는 것을 너희가 아는 바라"(요일 3 : 15) "나는 너희에게 이르노니 음욕을 품고 여자를 보는 자마다 마음에 이미 간음하였느니라"(마 5 : 28)

"믿음을 따라 하지 아니하는 것은 다 죄니라"(롬 14 : 23) "그러므로 사람이 선을 행할 줄 알고도 행하지 아니하면 죄니라"(약 4 : 17)

자신이 죄가 없다는 사람은 교만한 사람이고 거짓말을 하는 사람입니다. "만일 우리가 죄가 없다고 말하면 스스로 속이고 또 진리가 우리 속에 있지 아니할 것이요"(요일 1 : 8)

자신이 죄인인 것을 모르는 사람은 예수님을 믿을 수가 없고, 예수님을 믿는다고 하더라도 아주 교만한 사람이고 자기 자신을 속이는 거짓말쟁이인 것입니다.

하나님은 예수님을 믿는 하나님의 자녀라도 교만해서 죄를 회개하지 않고 죄를 지닌 채 드리는 기도를 듣지 않으시는 분이지요. 그리고 하나님은 겸손한 자에게는 은혜를 주시지만 교만한 자는 물리치시는 분입니다.

"너희가 손을 펼 때에 내가 내 눈을 너희에게서 가리고 너희가 많이 기도할지라도 내가 듣지 아니하리니 이는 너희의 손에 피가 가득함이라"(사 1 : 15)

"여호와의 손이 짧아 구원하지 못하심도 아니요 귀가 둔하여 듣지 못하심도 아니라 오직 너희 죄악이 너희와 너희 하나님 사이를 갈라놓았고 너희 죄가 그의 얼굴을 가리어서 너희에게서 듣지 않으시게 함이니라"(사 59 : 1~2)

"하나님이 교만한 자를 물리치시고 겸손한 자에게 은혜를 주신다 하였느니라"(약 4 : 6)

하나님은 거룩하신 분이시기 때문에 죄가 있는 곳에 함께 하실 수 없는 분이지요. 하나님은 겸손한 자에게는 은혜를 주시고 교만한 자를 물리치시는 분입니다. 그러므로 기도할 때는 반드시 자신을 살피며 죄가 있으면 먼저 죄를 자백하고 회개를 해야 하는 것이지요.

하나님은 아무리 큰 죄를 지었다 하더라도 죄를 깨닫고 자백하며 회개하면 죄를 용서해 주시는 분입니다. 예수님의 보배 피로 깨끗하게 씻어주시는 분이지요.

"만일 우리가 우리 죄를 자백하면 그는 미쁘시고 의로우사 우리 죄를 사하시며 우리를 모든 불의에서 깨끗하게 하실 것이요"(요일 1 : 9)

그런데 아주 중요한 것이 있지요. 하나님은 하나님의 자녀들이 죄를 회개하면 다 용서해주시고 불의에서 깨끗하게 해주시는데 한 가지 조건이 있습니다. 자기에게 잘못을 한 사람의 잘못을 먼저 용서해 주어야하는 것이지요. 그래야 하나님도 자신의 죄를 용서해주시는 것입니다.

그래서 예수님께서 기도에 대한 말씀을 하시면서 "너희가 사람의 잘못을 용서하면 너희 하늘 아버지께서도 너희 잘못을 용서하시려니와 너희가 사람의 잘못을 용서하지 아니하면 너희 아버지께서도 너희 잘못을 용서하지 아니하시리라"고 하신 것입니다.

기도할 때는 절대로 죄를 품지 말고 회개하고 깨끗한 심령으로 기도를 해야 하는 것이지요. 그런데 죄를 회개하기 위해서는 어떤 사람이 나에게 잘못한 것을 먼저 용서하고 난 뒤에 회개를 해야 하는 것입니다. 하나님은 다른 사람의 죄를 용서하고 자신의 죄를 회개하며 용서를 받은 깨끗한 심령으로 기도를 드릴 때 기쁘게 기도를 들어주시고 응답하시는 분이지요.

다른 사람의 잘못을 용서하고, 자신의 죄를 회개하고, 기도를 드리는 것은 기도하는 기본자세 중의 하나인 것입니다.

외식하지 말고 은밀하게 골방에서 드리는 기도

본문에서 하나님께서 갚아 주시는(응답해 주시는) 기도의 기본자세에 대하여 예수님은 또 이런 말씀을 하십니다.

"또 너희는 기도할 때에 외식하는 자와 같이 하지 말라 그들은 사람에게 보이려고 회당과 큰 거리 어귀에 서서 기도하기를 좋아하느니라 내가 진실로 너희에게 이르노니 그들은 자기 상을 이미 받았느니라 너는 기도할 때에 네 골방에 들어가 문을 닫고 은밀한 중에 계신 네 아버지께 기도하라 은밀한 중에 보시는 네 아버지께서 갚으시리라"(마 6 : 5~6)

'사람에게 보이려고 하는 외식하는 기도를 하지 말고 은밀한 중에 보시는 아버지께서 갚아 주시는(응답해 주시는) 기도를 하라'는 것이지요.

예수님 당시에 자신들이 가장 경건하게 사는 하나님의 자녀라는 의식을 가지고 기도 생활을 하던 서기관 바리새인들의 외식하는 기도를 지적하시며 하신 말씀입니다. 서기관들과 바리새인들은 '사람에게 보이려고' 하는 기도 생활을 하고 있었지요. 사람들이 모이는 '회당'과 사람들이 많이 왕래하는 '큰 길거리 어귀'에 서서 길게 기도하기를 좋아했습니다. 그들은 특히 기도 시간을 정해놓고 3시, 6시, 9시(오전 9시, 낮 12, 오후 3시)에 기도를 했지요. 시간을 정해놓고 기도를 드린 것은 잘못된 것이 아닙니다. 그런데 사람에게 보이기 위해서 기도를 드린 것이 문제인 것이지요. 기도의 초점이 하나님이 아니라 사람에게 맞추어진(외식하는) 것이 문제인 것입니다.

예수님께서는 서기관들과 바리새인들처럼 '사람에게 보이려고' 하는 외식하는 기도를 드리지 말고, '(사람을 의식하지 말고) 골방(헬, ταμεῖόν(타메이온)/창고, 내실, 침실의 의미/타인의 눈에 띄지 않는 자신만의 공간의 의미)에 들어가 문을 닫고 은밀한 중에 계신 아버지(하나님)께서 갚아 주시는 기도를 드리라'고 하십니다. 사람에게 초점을 맞추지 말고 하나님께 초점을 맞추고 기도를 드리라고 하신 것이지요. 영이신 하나님은 아니 계신 곳이 없이 어디에나 계신 분이 아닙니까? "**여호와의 눈은 온 땅을 두루 감찰하사 전심으로 자기에게 향하는 자들을 위하여 능력을 베푸시나니**"(대하 16 : 9)라고 하십니다. 그런데 아무도 보지 않는 은밀한 골방이 하나님께 기도를 드리는 좋은 장소인 것이지요.

특별히 하나님께서 주야로 지켜보시는 성전은 '만민이 기도하는 집'인 것입니다. 성전은 기도하는 최적의 장소이지요. 사무엘의 어머니 한나는 늘 기도하는 기도의 사람이었습니다. 그런데도 자녀를 낳지 못해 고통을 당하지 않았나요? 그러던 한나가 성전에 올라가 은

밀한 중에 보시는 하나님께 눈물로 서원기도를 올리며 사무엘을 낳지 않았습니까?

만유인력 법칙을 발견한 과학자 아이작 뉴톤은 초등학생들도 잘 아는 유명한 과학자가 아닙니까? 뉴톤은 이런 말을 했습니다.

"나는 망원경을 가지고 우주 공간 수백만 마일 저 멀리까지 봅니다. 그러나 망원경을 치우고 제 방에 들어가서 문을 닫고 무릎을 꿇고 진지하게 기도하면 땅 위의 망원경들과 기타 도구의 도움을 받을 때보다 더 많은 하늘을 보고 하나님께 더 가까이 갑니다."

그렇습니다! 천국 백성들은 '사람에게 보이려고' 하는 외식하는 기도를 드리지 말고, 은밀한 골방에서 은밀한 중에 보시며 응답해 주시는 하나님께 기도를 드리며 살아야 하는 것입니다.

중언부언하지 말고 마음을 담아 드리는 기도

본문에 보면, 예수님께서 또 한 가지 기도하는 기본자세를 말씀해 주시고 계십니다.

"또 기도할 때에 이방인과 같이 중언부언하지 말라 그들은 말을 많이 하여야 들으실 줄 생각하느니라 그러므로 그들을 본받지 말라 구하기 전에 너희에게 있어야 할 것을 하나님 너희 아버지께서 아시느니라"(마 6 : 7~8)

예수님께서 우상을 섬기고 미신을 믿는 이방인들은 기도할 때에 '자기가 믿는 신이 말을 많이 해야 들을 줄로 생각을 하고 말을 많이 한다' '중언부언(헬, βατταλογέω(밭타로게오)/말을 많이 하다, 생각 없이 말하다, 쓸데없이 말하다 라는 의미) 기도를 한다'고 하십니다.

우상을 섬기고 미신을 섬기는 사람들은 기도를 들어준다는 절대적인 확신이 없기 때문에 '간절한 마음도 없이 쓸데없이 같은 말을 반복하며' 기도를 한다는 것이지요. 그러시면서 예수님은 '하나님의 자녀인 너희들은 그렇게 하지 말라' '이방인들이 하는 그런 기도를 본받지 말라' 하시는 것입니다.

왜 중언부언하며 기도할 필요가 없는가 하면 '하늘 아버지는 자녀들이 구하기(기도하기) 전에 자녀에게 있어야 할 것을 아신다'는 것이지요. 하늘 아버지(하나님 아버지)는 자녀들이 필요한 것이 있어서 기도할 때에 이미 그 필요한 것을 다 알고 계신다는 것입니다.

무슨 말씀입니까? 하나님은 다 알고 계시기 때문에 중언부언하며 기도하지 않아도 기도하는 것을 다 들어주시고 응답해 주신다는 것입니다.

예수님께서 중언부언하며 기도하지 말라는 말씀은 단순히 한 말을 또 하고 한 말을 또 하며 기도하지 말라는 그런 의미는 아닙니다. 기도를 들어주시고 응답해 주시는 하나님 아버지에 대한 신뢰가 없이, 마음에 간절함이 없이, 형식적으로 같은 말을 반복하며 중얼거리는 기도를 하지 말라는 것이지요.

같은 말을 반복하며 긴 시간 기도를 한다 하더라도 하나님 아버지에 대한 절대적인 신뢰를 가지고, 간절한 마음으로 기도하는 것은 절대로 중언부언 기도가 아닌 것입니다.

야곱은 형 에서가 지난 날의 원한을 풀지 않고 400명을 거느리고 자기를 찾아온다는 말을 들었을 때 압복 강가에서 밤이 새도록 기도를 했지 않습니까? 기도할 때 찾아온 천사(하나님)를 붙들고 밤이 새도록 기도를 했습니다. 야곱이 천사가 허벅지 관절을 쳐서 허벅지 관절이 어긋날 때까지 밤을 새우며 천사를 붙잡고 어떤 기도를 했을까요? 단 한 가지 "나를 해하려는 형 에서의 손에서 나의 생명을 구원해 주옵소서"였지 않겠습니까? 밤새도록 한 가지 기도 제목을 가지고 기도를 한 것이지요. 야곱의 이 기도는 중언부언 기도가 아닌 것입니다.

예수님께서 겟세마네 동산에서 십자가를 앞에 놓고 기도하실 때 어떤 기도를 올리셨습니까?

"내 아버지여! 만일 할 만하시거든 이 잔을 내게서 지나가게 하옵소서 그러나 나의 원대로 마시옵고 아버지의 원대로 하옵소서"(마 26 : 39, 42, 44)

성자이신 예수님께서 성부 하나님께 세 번씩이나 똑같은 말로, 이마에서 떨어지는 땀방울이 핏방울 같이 되도록 기도를 하셨지요. 예수님의 기도는 중언부언 기도가 아닌 것입니다.

중언부언 기도와 하나님이 기뻐하시는 기도의 모델은 갈멜산 상에서 드린 바알과 아세라 우상(이방신)을 섬기는 선지자들과 하나님의 사람 엘리야 선지자가 드린 기도의 모습일 것입니다.

바알과 아세라 우상을 섬기는 850명의 선지자들은 **어떻게 기도했습니까?** 아침부터 저녁 소제를 드릴 때까지 온종일 자기들이 섬기는 '신(바알과 아세라)'의 이름을 부르면서, 칼과 창으로 자기들의 몸을 상하게 하면서까지 '하늘에서 불이 내려 달라'고 큰 소리로 부르짖었지만 아무런 응답이 없었지요.

그러나 엘리야 선지자는 먼저 이스라엘 12지파를 상징하는 12개의 돌로 무너진 단을

수축하고, 번제단 위에 송아지를 올려놓고 어떻게 기도했습니까?

"아브라함과 이삭과 이스라엘의 하나님 여호와여 주께서 이스라엘 중에서 하나님이신 것과 내가 주의 종인 것과 내가 주의 말씀대로 이 모든 일을 행하는 것을 오늘 알게 하옵소서

여호와여 내게 응답하옵소서 내게 응답하옵소서 이 백성에게 주 여호와는 하나님이신 것과 주는 그들의 마음을 되돌이키심을 알게 하옵소서"(왕상 18 : 36~37)

중언부언(많은 말)을 하지 않았지만 엘리야의 기도를 들으신 하나님께서 불을 내려 제물을 태우시지 않았나요? 엘리야 선지자가 살아계신 하나님을 전적으로 신뢰하고, 간절한 마음으로 하나님의 영광을 위한(하나님의 뜻에 맞는)기도를 드렸을 때 응답이 되었던 것입니다.

이제 말씀을 맺겠습니다.

앞으로 산상보훈을 계속해서 강론하면서 경건 생활의 핵심인 기도에 대한 말씀을 더 상고하게 될 것입니다. 그런데 기도할 때는 이 시간에 말씀을 드린 '기도하는 기본자세'를 결코 잊지 마시기를 바랍니다.

'기도할 때는 죄를 회개하고 죄를 용서받은 깨끗한 심령으로 기도해야 한다' '다른 사람의 잘못을 용서해야 용서를 받을 수 있으니까 반드시 다른 사람의 잘못을 용서해야 한다'

'사람에게 보이려고 외식하는 기도를 하지 말고 골방에서 은밀한 중에 보시고 응답해 주시는 하나님께 기도하라'

'하나님을 신뢰하지 못하고 중언부언하는 기도를 하지 말고, 절대적으로 하나님을 신뢰하며 하나님의 사랑과 긍휼을 사모하는 간절한 마음으로 기도하라'

하나님께서 기쁘게 들으시고 응답해 주시는 기도를 드리며, 하나님께서 베푸시는 능력과 풍성한 은혜를 경험하며, 기쁨으로 감사하며 사는 천국 백성이 되시기를 예수님의 이름으로 축원합니다.   아   멘.

주님이 가르쳐주신 기도 서론

마태복음 6 : 9~13

"그러므로 너희는 이렇게 기도하라 하늘에 계신 우리 아버지여 이름이 거룩히 여김을 받으시오며 나라가 임하시오며 뜻이 하늘에서 이루어진 것 같이 땅에서도 이루어지이다

오늘 우리에게 일용할 양식을 주시옵고 우리가 우리에게 죄 지은 자를 사하여 준 것 같이 우리 죄를 사하여 주시옵고 우리를 시험에 들게 하지 마시옵고 다만 악에서 구하시옵소서 (나라와 권세와 영광이 아버지께 영원히 있사옵나이다 아멘)"(마 6 : 9~13)

예수님께서 '무리'가 아닌 '제자들(천국 백성)'에게 선포하신 '천국의 대헌장' '천국 백성의 삶의 윤리'인 산상보훈(마태복음 5~7장)의 말씀을 살펴보고 있습니다.

지난 시간에는 예수님께서 말씀해주신 기도에 대한 말씀 가운데 '기도하는 기본자세' '하나님께서 기쁘게 받으시고 응답해 주시는 기도'에 대하여 살펴보았습니다.

오늘부터는 예수님이 직접 가르쳐주신 '주의 기도(주기도문)'에 대하여 강론하면서 하나님의 음성을 듣기를 원합니다.

주님이 가르쳐주신 '주의 기도'는 하나님의 자녀인 천국 백성들이 함께 예배를 드릴 때 '사도신경'과 함께 가장 많이 사용하는 기도가 아닌가요? 주님이 가르쳐주신 '주의 기도'가 마태복음에 기록이 되어있고, 누가가 기록한 누가복음에도 기록이 되어있습니다. 그런데 누가가 기록한 누가복음에 보면 예수님께서 제자들에게 '주의 기도'를 가르쳐주신 말씀을 이렇게 기록하고 있지요.

예수님은 항상 기도하시며 생활하지 않으셨습니까? 그런데 한 번은 제자들이 다 보고 있는 자리에서 기도를 하셨지요. 목소리는 내지 않고 눈을 감으시고 마음으로 조용히 기도를 하셨을 것입니다. 예수님이 기도를 마치셨을 때 한 제자가 요청을 했지요.

"주여 요한이 자기 제자들에게 기도를 가르친 것과 같이 우리에게도 가르쳐 주옵소서"(눅 11 : 1)

제자의 요청을 받으신 예수님이 제자들에게 '너희는 이렇게 기도하라'고 하시면서 '주의 기도'를 가르쳐 주셨던 것입니다.

"예수께서 이르시되 너희는 기도할 때에 이렇게 하라 아버지여 이름이 거룩히 여김을 받으시오며 나라가 임하시오며, 우리에게 날마다 일용할 양식을 주시옵고, 우리가 우리에게 죄 지은 모든 사람을 용서하오니 우리 죄도 사하여 주시옵고. 우리를 시험에 들게 하지 마시옵소서 하라"(눅 11 : 2~4)

예수님께서 가르쳐주신 이 기도는 하나님의 자녀인 천국 백성들이 하나님 아버지께 드려야 하는 모든 기도의 모델이지요. 기도의 형식이나 순서나 내용에 있어서 완전하고 완벽한 모델입니다.

이 시간에는 서론적으로 '**예수님께서 가르쳐주신 기도의 특징**'과 하나님께 기도를 드릴 때 하나님의 자녀된 천국 백성들이 부르는 '**하늘에 계신 우리 아버지**'에 대하여 강론하면서 하나님의 음성을 듣기를 원합니다.

예수님께서 가르쳐주신 기도의 특징

예수님께서 가르쳐주신 기도에는 이런 몇 가지 특징이 있습니다.

첫째, 짧고 간결한 기도입니다.

'주의 기도'는 길지 않고 아주 짧은 기도입니다. 헬라어 원문에 보면 57자로 되어있는 짧은 기도인 것을 볼 수 있지요. 이 '주의 기도'를 단순히 암송만 한다면 10초도 안 걸리는 짧고 간결한 기도인 것입니다. 그러나 '주의 기도'에는 하나님의 자녀인 천국 백성들이 기도해야 되는 모든 내용들이 다 담겨있지요. 참되고 올바른 기도의 기준은 '기도의 길이'에 달려 있지 않은 것을 보여줍니다.

그래서 기도의 사람이었던 하나님의 사람, 성 어거스틴(St. Augustinus/AD. 354-430)은 이런 말을 했지요. "말을 많이 하는 것이 곧 많이 기도하는 것은 아니다"

비록 짧은 기도라 할지라도 진실하고 간절한 마음으로 드리는 기도가 하나님께서 기쁘게 받으시고 응답해 주시는 참되고 올바른 기도인 것입니다.

둘째, 단순한 기도입니다.

'주의 기도'는 학식과 지식이 많은 사람만 드릴 수 있는 어려운 기도가 아닙니다. '주의 기도'는 언어의 기교가 없이 아주 단순하지요. 어린아이들까지도 이해할 수 있는 단순하고 쉬운 기도인 것입니다.

하나님의 자녀인 천국 백성들이 하나님 앞에 설 때는 어른으로 서는 것이 아니지요. 하나님의 자녀(순수한 자녀)로 서는 것입니다. 시인이나 음악가나 웅변가로 서는 것이 아니지요. 거짓이 없이 진실하고 순수하고 꾸밈이 없는 자녀로 서는 것입니다.

하나님은 하나님의 자녀인 천국 백성들이 늘 하나님 앞에 거짓이 없이 꾸밈이 없이 진실하고 순수하게 드리는 기도를 들으시고 응답해 주시는 분입니다.

셋째, 올바른 기도의 순서입니다.

'주의 기도'는 올바른 기도의 순서를 보여주지요. 하나님의 자녀인 천국 백성이 먼저 구할 것이 무엇이고, 나중에 구할 것이 무엇인지를 보여줍니다. 예수님이 가르치신 기도가 어떻게 시작이 됩니까?

"그러므로 너희는 이렇게 기도하라 하늘에 계신 우리 아버지여 이름이 거룩히 여김을 받으시오며 나라가 임하시오며 뜻이 하늘에서 이루어진 것 같이 땅에서도 이루어지이다"(마 6 : 9~10)

'하늘에 계신 우리 아버지!'라고, 하나님을 부른 다음에 '이름이 거룩히 여김을 받으시오며' '나라가 임하시오며' '뜻이 하늘에서 이루어진 것 같이 땅에서도 이루어지이다'라고 기도하라고 하십니다.

'하나님의 이름' '하나님의 나라' '하나님의 뜻'에 대한 기도이지요. 기도하는 자가 무엇을 달라고 요구하는 자기 중심의 기도가 아니라 먼저 '하나님의 이름이 거룩히 여김을 받으시고, 하나님의 나라가 임하고, 하나님의 뜻이 이루어지기를 먼저 기도하라'고 하신 것이지요. 하나님의 영광을 위하여 먼저 기도해야 하는 것입니다.

넷째, 생활에 필요한 것을 위한 기도입니다.

하나님의 영광을 위하여 기도하고 난 뒤에 이어지는 기도의 내용이 무엇입니까?

"오늘 우리에게 일용할 양식을 주시옵고 우리가 우리에게 죄 지은 자를 사하여 준 것 같이 우리 죄를 사하여 주시옵고 우리를 시험에 들게 하지 마시옵고 다만 악에서 구하시옵소서"(마 6 : 10~13)

'일용할 양식을 달라' '죄를 사하여 달라' '시험에 들지 않고 악에서 구하여 달라'고 기도하라고 하셨지요.

'일용할 양식' '죄를 사하여 주심' '시험에 들지 않고 악에서 구하여 주심'은 천국 백성의 생활에 필수적인 것입니다. 이것이 없이는 천국 백성이 세상에서 천국 백성으로 살 수 없는 것이니까요.

'일용할 양식을 달라'는 기도는 매일매일의 생활에 필요한 것으로 '현재를 위한'기도이고, '죄를 사하여 달라'는 기도는 '지난 날의 잘못을 용서해 달라'는 '과거를 위한 기도'이고, '시험에 들지 않고 악에서 구하여 달라'는 기도는 '미래를 위한 기도'입니다.

주의 기도는 천국 백성이 세상에서 생활할 때 필수적인 것(현재를 채워주고, 과거를 치료하고, 미래의 인도와 보호를 요청하는 것) - 하나님의 자녀인 천국 백성들이 만나는 모든 문제를 해결하는 기도인 것입니다.

그렇습니다! 천국 백성은 기도의 모델이 되는 주님이 가르쳐주신 기도 속에 담겨있는 '기도의 의미'를 바르게 알고, 하나님께서 기쁘게 받으시고 응답해 주시는 기도를 드리며 살아야 하는 것입니다.

하늘에 계신 우리 아버지

예수님께서 기도를 가르치시면서 '하늘에 계신 우리 아버지!'라고 부르라고 하십니다. '하나님은 영이시라' 눈에 보이지는 않지만 살아계시고 역사하시는 분이지요. 하나님이 살아계시고 기도하는 것을 들으시고 기도에 응답해 주시는 분인 것을 믿는 확고한 믿음을 가지고 기도를 하라는 것입니다.

"믿음이 없이는 하나님을 기쁘시게 하지 못하나니 하나님께 나아가는 자는 반드시 그가 계신 것과 또한 그가 자기를 찾는 자들에게 상 주시는 이심을 믿어야 할지니라"(히 11 : 6)

하나님이 바로 앞에서 보고 계시고 듣고 계시는 것을 의식하면서 하나님과 대화하듯이 기도하라는 것이지요. 기도는 아무도 없는 허공을 향하여 혼자서 말을 하는 독백이 아니라 보고 계시고 듣고 계시고 응답해 주시는 하나님과 대화를 하는 것입니다. 하나님과의 대화가 기도인 것이지요.

그런데 하나님과 대화(하나님께 기도)할 때 하나님을 어떻게 부르라고 하십니까? '하늘에 계신 우리 아버지!'라고 부르라는 것이지요. 하나님은 '하늘에 계신 분'이고, 예수님을 믿는 자녀들(우리)의 '아버지가 되시는 분'인 것입니다.

'하늘에 계신 하나님'이 무엇을 의미합니까? 하나님이 어디에 계신가를 표현한 것이지요. 하나님이 '하늘에 계신다'는 것입니다. 그런데 여기에서 '하늘'은 '땅'가 대조가 되는 장소를 가리키는 '하늘'이 아니지요. 어떤 일정한 장소나 공간을 가리키는 말이 아닙니다.

하나님은 아니 계신 곳이 없이 어디에 계신 분이지요. 솔로몬이 성전을 지어 봉헌하면서 하나님께 어떻게 기도를 했나요?

"하나님이 참으로 땅에 거하시리이까 하늘과 하늘들의 하늘이라도 주를 용납하지 못하겠거든 하물며 내가 건축한 이 성전이오리이까 그러나 내 하나님 여호와여 주의 종의 기도와 간구를 돌아보시며 이 종이 오늘 주 앞에서 부르짖음과 비는 기도를 들으시옵소서 주께서 전에 말씀하시기를 내 이름이 거기 있으리라 하신 곳 이 성전을 향하여 주의 눈이 주야로 보시오며 주의 종이 이 곳을 향하여 비는 기도를 들으시옵소서 주의 종과 주의 백성 이스라엘이 이 곳을 향하여 기도할 때에 주는 그 간구함을 들으시되 주께서 계신 곳 하늘에서 들으시고 들으시사 사하여 주옵소서"(왕상 8 : 27~30)

'하나님은 땅은 물론 하늘과 하늘들의 하늘이라도 용납할 수 없는 분이다' '성전은 하나님께서 하나님의 이름을 두신 곳이다' '하나님의 이름을 두신 성전을 향하여 주의 눈이 주야로 보시며 주의 백성들이 성전을 향하여 기도할 때 하늘에서 들으시고 응답하여 주옵소서'

예수님께서 앞에서 '거짓 맹세를 하지 말라'고 권면을 하시면서 무슨 말씀을 하셨습니까?

"나는 너희에게 이르노니 도무지 맹세하지 말지니 하늘로도 하지 말라 이는 하나님의 보좌임이요 땅으로도 하지 말라 이는 하나님의 발등상임이요 예루살렘으로도 하지 말라 이는 큰 임금의 성임이요"(마 5 : 34~35)라고 하셨지요. 하늘은 하나님이 앉아계신 보좌이시고, 땅은 하나님이 밟고 계신 발등상이라는 것입니다.

영안이 열려 하나님을 바라보고 살았던 다윗이 어떤 고백을 했습니까?

"내가 주의 영을 떠나 어디로 가며 주의 앞에서 어디로 피하리이까 내가 하늘에 올라갈지라도 거기 계시며 스올에 내 자리를 펼지라도 거기 계시니이다 내가 새벽 날개를 치며 바다 끝에 가서 거주할지라도 거기서도 주의 손이 나를 인도하시며 주의 오른손이 나를 붙드시리이다"(시 139 : 7~10) 하나님은 하늘이나 땅이나 땅 아래나 아니 계신 곳이 없이 어디에나 계신 분이라는 것입니다.

그렇다면 하나님은 아니 계신 곳이 없이 어디에나 계신 분인데 왜 '하늘에 계신 우리 아버지'라고 부르라고 하셨을까요? '하늘에 계신 하나님'이라는 말은 특별한 어떤 장소나 공간에 계신 것을 의미하는 것이 아니라 한없이 존엄하시고 높으신 하나님, 장소나 공간에 지배를 받지 않으시고 어디에나 계신(무소부재하신) 하나님, 모든 것을 아시고 모든 것을 하실 수 있는 전지전능하신 하나님이심을 의미하는 것입니다.

하나님은 어디에나 계시고, 전지전능하신 분이고, 하나님의 자녀인 천국 백성들에게 멀리 떨어져 있지 아니하시고 언제나 가까이 함께 해주시는 분이지요. 언제나 어디서나 함께 해주시며 인도해주시고 보호해 주시는 분인 것입니다.

바벨론에 포로로 붙들려 갔던 사드락 메삭 아벳느고는 바벨론 왕 느부갓네살이 만든 금신상 앞에 절을 하지 않은 왕명 거역죄로 풀무불 속에 던져지지 않았습니까? 그러나 하나님께서 쇠가 녹는 뜨거운 풀무 불 속에서도 함께 해주시며 몸이 상하지 않고 머리털도 그을리지 않고 옷도 타지 않도록 보호해 주시지 않으셨나요?

그렇습니다! 하나님은 어디에나 계신 분입니다. 하나님을 믿고 의지하는 하나님의 자녀인 천국 백성들이 어디에 있든지 함께 해주시고, 기도할 때 들어주시고, 어떤 위험과 고난 속에서도 보호해 주시는 좋으신 하나님이신 것입니다.

예수님은 하나님을 어떻게 부르라고 하셨습니까? '우리 아버지'라 부르라고 하셨지요. 전지전능하신 하나님, 아니 계신 곳이 없이 어디에나 계신 하나님이 예수님을 믿고 따르는 자들의 아버지라고 하신 것입니다.

성자이신 예수님은 성부 하나님께 기도하실 때나 하나님에 대하여 말씀을 하실 때 항상 '아버지' '내 아버지' '하늘에 계신 아버지'라고 하셨습니다. 그리고 예수님을 믿고 따르는 제자(성도)들에게 성부 하나님을 '하늘에 계신 너희 아버지'라고 하셨지요.

그렇게 말씀하신 예수님이 본문에서 제자(성도)들에게 기도를 가르치시면서 '하늘에 계신 우리 아버지'라 부르라고 하신 것입니다.

왜 그렇게 하셨을까요? 예수님은 하나님의 독생자이십니다. "하나님이 세상을 이처럼 사랑하사 독생자를 주셨으니 이는 그를 믿는 자마다 멸망하지 않고 영생을 얻게 하려 하심이라"(요 3 : 16) 예수님은 하나님의 독생자이시기 때문에 하나님을 '내 아버지'라고 하신 것이지요.

그리고 예수님을 믿는 사람들(예수 그리스도의 영인 성령을 받은 사람들, 제자들, 성도들)도 하나님께로부터 태어난 하나님의 자녀들이지요.

"영접하는 자 곧 그 이름을 믿는 자들에게는 하나님의 자녀가 되는 권세를 주셨으니 이는 혈통으로나 육정으로나 사람의 뜻으로 나지 아니하고 오직 하나님께로부터 난 자들이니라"(요 1 : 12~13) "무릇 하나님의 영으로 인도함을 받는 사람은 곧 하나님의 아들이라 너희는 다시 무서워하는 종의 영을 받지 아니하고 양자의 영을 받았으므로 우리가 아빠 아버지라고 부르짖느니라"(롬 8 : 14~15)

　예수님을 믿는 성도들은 하나님으로부터 다시 태어난 하나님의 자녀이기 때문에 하나님을 '우리 아버지'라고 부르라고 하신 것이지요. 예수님은 하나님의 독생자이시기에 '내 아버지'라고 부르셨고, 예수님을 믿는 사람들도 다 하나님의 자녀이기 때문에 '우리 아버지'라고 부르라고 하신 것입니다.

　하나님을 아버지라고 부르는 것은 아무나 할 수 있는 것이 아니지요. 성령(예수 그리스도의 영, 양자의 영)을 받은 사람들, 오직 예수님을 자기 주님으로 믿는 사람들만이 부를 수 있는 것입니다. 세상의 아버지도 아무나 '아버지'라고 부르는 것이 아니지 않습니까? 아버지에게서 육신의 생명을 물려받은 자녀들만이, 아버지의 것을 상속받을 자녀들만이, 아버지라도 부를 수 있지 않나요?

　천지 만물을 창조하시고 섭리하시는 하나님, 전지전능하신 하나님, 모든 인생들의 생로병사, 성공실패를 주관하시는 하나님, 천국의 주인이신 하나님, 하나님을 아버지라고 부를 수 있는 성도는 얼마나 귀하고 복된 사람입니까?

　옛날 로마 황제가 군대를 이끌고 전쟁터에 나가 승전하고 로마로 입성할 때 일입니다. 한 어린아이가 군인들의 행렬과 환영하는 인파를 헤집고 황제가 타고 있는 마차를 향해 달려나갔지요. 많은 군인들과 신하들이 길 양편에 서서 황제가 탄 마차를 경호하고 있었습니다. 그때 신하들이 어린아이를 강하게 붙잡으며 '황제가 탄 마차에 가까이 가지 말라'며 막아섰지요. 그때 어린아이가 강하게 뿌리치며 이렇게 말했습니다.

　"저분은 나의 아버지예요. 아저씨들에게는 저분이 황제이지만 나에게는 아버지입니다."

　아무도 막아설 수 없었지요. 황제는 환하게 웃으며 달려온 아이를 마차에 태우고 무릎에 앉혔지요. 다른 사람 같으면 허락 없이 황제를 가까이 한 죄로 죽음을 당할 것이었는데, 오히려 황제를 기쁘게 한 것은 어린아이가 황제의 아들이었기 때문이었던 것입니다.

　이제 말씀을 맺겠습니다.
　예수님은 공생애를 언제나 어디서나 무엇을 하시든지 기도를 하시며 사셨습니다. 예수님을 믿고 따르는 제자들(성도들)이 언제나 어디서나 무엇을 하든지 기도를 하며 기도를 하며 살기를 원하시는 분이지요. 그래서 '주의 기도'를 가르치신 것입니다.

'하늘에 계신 우리 아버지!'를 부르며 기도를 하라고 하셨지요. 하나님은 하늘에 계신 분입니다. 어디에나 계시고, 전지전능하신 분이고, 하나님의 자녀들에게 멀리 떠나 계시지 않고 언제나 가까이 해주시는 분이지요. 예수님을 믿는 우리 성도들의 아버지가 되시는 분입니다.

날마다 어떤 일을 하든지, 어떤 어려움을 만나든지, '하늘에 계신 우리 아버지!'를 부르며 쉬지 말고 기도하는 생활로 하늘 아버지께서 응답해 주시는 은혜를 경험하며 사는 천국 백성이 되시기를 예수님의 이름으로 축원합니다. 아 멘.

하나님의 이름이 거룩히 여김을 받으시오며

마태복음 6 : 9

"그러므로 너희는 이렇게 기도하라 하늘에 계신 우리 아버지여 이름이 거룩히 여김을 받으시오며"(마태복음 6 : 9)

예수님께서 '무리'가 아닌 '제자들(천국 백성)'에게 선포하신 '천국의 대헌장' '천국 백성의 삶의 윤리'인 산상보훈(마태복음 5~7장)의 말씀을 살펴보고 있습니다.

지난 시간부터 예수님께서 직접 가르쳐 주신 '주의 기도(주 기도문)'에 대하여 강론을 하고 있지요. 지난 시간에는 '서론'으로 예수님께서 가르쳐 주신 '주의 기도의 특성'과 기도를 들으시는 하나님을 '하늘에 계신 우리 아버지여'라고 부르라고 하는 말씀에 대하여 강론을 했습니다.

이제는 주님이 가르쳐주신 '기도의 내용'을 자세히 살펴보며 강론하려고 합니다. 주님이 가르쳐 주신 기도의 내용을 자세히 살펴보면 기도의 내용이 여섯 가지이지요. 먼저 하나님과 하나님 나라를 위한 세 가지 기도의 내용과 이어지는 우리 자신에게 꼭 필요한 세 가지 기도의 내용입니다.

하나님과 하나님 나라를 위한 세 가지 기도
① (하나님의) 이름이 거룩히 여김을 받으시오며 ② (하나님의) 나라가 임하시오며
③ (하나님의) 뜻이 하늘에서 이루어진 것 같이 땅에서도 이루어지이다

우리 자신을 위한 세 가지 기도
① 오늘 우리에게 일용할 양식을 주시옵고 ② 우리가 우리에게 죄지은 자를 사하여 준 것 같이 우리 죄를 사하여 주시옵고 ③ 우리를 시험에 들게 하지 마시옵고 다만 악에서 구하시옵소서(나라와 권세와 영광이 아버지께 영원히 있사옵나이다.   아   멘.)

이 시간에는 첫 번째 기도의 내용인 "(하나님의) 이름이 거룩히 여김을 받으시오며"라

는 말씀을 강론하면서 하나님의 음성을 듣기를 원합니다.

하나님의 이름이 거룩히 여김을 받으시도록 기도해야 한다

예수님께서는 기도를 가르치실 때 "하늘에 계신 우리 아버지여!"부르라고 하시면서, 제일 먼저 어떤 말씀을 하셨습니까? "이름이 거룩히 여김을 받으시오며"라고 하셨습니다.

이름이 거룩히 여김을 받으시도록 기도를 하라는 것인데 '누구의 이름이 거룩히 여김을 받으시도록 기도를 하라'는 것입니까? '하늘에 계신 아버지여'라고 부르면서 이 기도를 하라고 하신 것이니까, '(하늘에 계신 하나님의) 이름이 거룩히 여김을 받으시도록 기도하라'고 하신 것이지요. 예수님을 믿고 따르는 제자들(천국 백성들)은 하나님의 이름이 거룩히 여김을 받으시도록 기도해야 하는 것입니다.

처째, '하나님의 이름'은 무엇이고 '하나님의 이름'의 의미는 무엇입니까?

하늘에 계신 아버지(하나님)의 이름이 무엇인가요? 하나님의 말씀인 성경이 알려주시는 하나님의 이름이 무엇입니까? 모세가 하나님께 하나님의 이름이 무엇이냐고 물었을 때 하나님이 무엇이라고 알려 주셨나요?

"하나님이 모세에게 이르시되 **나는 스스로 있는 자**이니라 또 이르시되 너는 이스라엘 자손에게 이같이 이르기를 스스로 있는 자가 나를 너희에게 보내셨다 하라

하나님이 또 모세에게 이르시되 너는 이스라엘 자손에게 이같이 이르기를 너희 조상의 하나님 **여호와** 곧 아브라함의 하나님, 이삭의 하나님, 야곱의 하나님께서 나를 너희에게 보내셨다 하라 이는 나의 영원한 이름이요 대대로 기억할 나의 칭호니라"(출 3 : 14~15)

하나님은 친히 '나는 스스로 있는 자' '너희 조상의 하나님 여호와 곧 아브라함의 하나님, 이삭의 하나님, 야곱의 하나님이라'고 하시면서 '이는 나의 영원한 이름이요 대대로 기억할 나의 칭호니라'고 하셨지요. 하나님의 이름은 '여호와'입니다.

아버지 하나님의 이름은 '여호와'이시고, 아들이신 하나님의 이름은 예수 그리스도이시고(마 1 : 21), 성령 하나님의 이름은 '보혜사'(요 14 : 16)이십니다. 하나님은 삼위일체 하나님이시고 성부 성자 성령(3위)으로 계시는 분이지요. 그래서 우리 성도들이 3위이신 보혜사 성령의 인도를 받으며, 2위이신 성자 예수 그리스도의 이름으로, 1위이신 성부 하나님께 기도를 드리지 않습니까?

그런데 '아버지 하나님의 이름이 거룩히 여김을 받으시오며'에서 아버지 **하나님의 이름**

은 단순히 '여호와'라는 이름만을 의미하는 말이 아니라 아버지 하나님의 성품과 신성 자체를 의미하는 말입니다.

하나님의 성품과 신성 자체는 무엇을 의미합니까? 하나님이 어떤 성품을 가지고 어떤 일을 하셨고 어떤 일을 하시는 분인가를 의미하는 것이지요. 하나님은 말씀으로 엿새 동안에 천지 만물을 창조하신 분입니다. 하늘과 땅과 바다와 땅에서 자라는 모든 나무와 풀과 땅에서 사는 모든 동물을 창조하신 분이지요. 하늘을 나는 새들을 지으시고, 물과 바다에서 사는 물고기를 다 지으신 분입니다. 여섯째 날 마지막으로 하나님의 형상대로 사람을 지으시고, 생육하고 번성하여 땅에 충만해서 하나님께서 지으신 것들을 다스리라고 하신 분입니다.

독생자 예수 그리스도를 보내시고 십자가에 내주셔서 택한 백성들의 죗값을 속량해 주시고 죄와 사망에서 구원해 주신 분이지요. 보혜사 성령을 보내주신 분입니다. 절대적으로 공의로우시고, 죄가 없으시고, 거룩하시고, 아니 계신 곳이 없이 어디에나 계신 분입니다. 영원히 살아계셔서 이 세상뿐만 아니라 오는 세상(내세)까지도 주관하시는 분입니다. 하나님을 대적하고 성도들을 박해하는 대적들을 공의롭게 심판하시는 분이지요. 천국의 주인이 되시는 분인 것입니다.

둘째, "거룩히 여김을 받으시오며"에서 '거룩'이라는 말은 무슨 의미입니까? '거룩'이라는 말은 구약성경의 언어인 히브리어로 "카도쉬(קָדוֹשׁ)"라고 하고, 신약성경의 언어인 헬라어로 "하기오스(ἅγιος)"라는 말이지요. 이 말은 본래 '칼로 무엇을 벤다'라는 의미입니다. 칼로 무엇을 베면 둘로 갈라지지 않습니까? '거룩'이라는 말은 **성별(거룩한 구별)**을 의미하는 것입니다.

그래서 예수 그리스도를 믿는 하나님의 자녀들이 올라와 예배를 드리고, 기도를 드리고, 서로 교제하는 집을 성전이라고 하지 않습니까? '성전(聖殿)'이라는 말은 많은 건물 가운데서 특별히 구별하여 하나님께 바쳐진 건물이라는 뜻이지요. 그리고 예수 그리스도를 믿는 사람들을 '성도(聖徒)'라고 하지 않습니까? '성도'라는 말은 많은 사람들 가운데서 불러내어 '하나님께 속한 거룩한 자녀로 구별한 무리'라는 의미인 것입니다.

이런 의미에서 이해할 때 '하나님 아버지의 이름이 거룩히 여김을 받으시오며'라는 의미가 무엇이겠습니까? 천지 만물을 창조하시고 섭리하시는 천지의 주재이신 하나님, 모든 것을 다 아시고 다 하실 수 있는 전지전능하신 하나님, 독생자 예수 그리스도를 보내주시고 십자가에 내주신 사랑의 하나님, 절대적으로 공의로우신 하나님, 죄가 없으신 거룩하신 하나님, 아니 계신 곳이 없이 어디에나 계신 무소부재하신 **하나님의 이름이 거룩히 여김을 받게 해달라고 기도하라는** 것이지요.

사람들이 사는 세상과 인간의 역사 속에서 하나님의 이름이 하나님의 이름에 합당한 존경과 경외와 찬송을 받게 해달라고 기도하라는 것입니다. 하나님의 이름이 본래 온전히 거룩하시지만 세상에서 사람들에게 거룩히 여김을 받지 못하는 경우가 많기 때문이지요. 하나님의 자녀들은 하나님 아버지의 이름이 거룩히 여김을 받으시도록 기도해야 하는 것입니다.

하나님의 이름이 거룩히 여김을 받으시도록 살아야 한다

예수님을 믿는 하나님의 자녀들이 어떻게 하면 하나님의 이름이 거룩히 여김을 받으실 수 있겠습니까? 입으로 기도만 하고 있으면 하나님 아버지의 이름이 거룩히 여김을 받으실 수 있을까요? 예수님을 믿는 하나님의 자녀들이 거룩하신 하나님을 마음에 모시고 거룩하게 생활할 때 하나님의 이름이 거룩히 여김을 받으시는 것입니다.

그래서 초대교회 교부였던 알렉산드리아의 '키프리안'은 '이름이 거룩히 여김을 받으시오며'를 강론하면서 "하나님의 이름이 우리 안에서 거룩하여지게 해달라"는 뜻이라 했고, 역시 초대교회의 교부였던 예루살렘의 '키릴'은 "하나님의 이름은 그 자체가 본래 거룩하시다. 기도의 뜻은 본래 거룩하지 못해서 거룩하게 해달라고 하는 것은 아니다. 우리가 주의 기도로 기도를 드릴 때 우리 자신이 거룩해지고, 우리가 거룩한 일을 할 때 거룩해지기 때문이다."라고 했습니다.

하나님은 하나님의 자녀들에게 "**너희는 거룩하라 이는 나 여호와 너희 하나님이 거룩함이니라**"(레 19 : 2)고 하셨지요.

하나님을 믿는 우리, 예수님을 모시고 사는 우리가 생각과 말과 행동에서 거룩해져야 합니다. 우리가 생활하는 가정에서, 교회에서, 직장에서, 사회에서 거룩해져야 하는 것이지요. 그럴 때 하나님 아버지의 이름이 거룩히 여김을 받게 되어지는 것입니다. 하나님의 이름이 거룩히 여김을 받게 하기 위해서는 천국 백성인 성도들이 어떻게 살아야 합니까?

첫째, 주일을 거룩하게 지키며 예배를 드려야 합니다.

하나님의 이름이 거룩히 여김을 받지 못하는 것은 하나님을 알지 못하고 믿지 않는 불신자들 때문입니다. '하나님이 없다'는 사람들 때문에 하나님의 이름이 멸시를 당하지요. 그러나 그런 자들은 가장 어리석고 부패하고 가증한 자들입니다.

"어리석은 자는 그의 마음에 이르기를 하나님이 없다 하는도다 그들은 부패하고 그 행실이 가증하니 선을 행하는 자가 없도다"(시 14 : 1)

그리고 하나님이 아닌 다른 신, 우상을 섬기는 자들 때문에 하나님의 이름이 거룩히 여김을 받지 못하지요. 하나님은 우상을 섬기는 것을 가장 싫어하십니다. 십계명 중에서 두 번째 계명이 무엇입니까?

"너는 나 외에는 다른 신들을 네게 두지 말라 너를 위하여 새긴 우상을 만들지 말고 또 위로 하늘에 있는 것이나 아래로 땅에 있는 것이나 땅 아래 물 속에 있는 것의 어떤 형상도 만들지 말며 그것들에게 절하지 말며 그것들을 섬기지 말라 나 네 하나님 여호와는 질투하는 하나님인즉 나를 미워하는 자의 죄를 갚되 아버지로부터 아들에게로 삼사 대까지 이르게 하거니와"(출 20 : 3~5)라고 하셨지요.

하나님은 우상을 섬기는 자들을 질투하시기까지 미워하시며 싫어하십니다. 우상을 섬기는 자들의 죄는 그 당사자에게만 갚는 것이 아니라 삼사대까지 이르게 하신다고 하시지요.

하나님의 말씀을 읽고 묵상하다 보면 발견하는 진리 가운데 중요한 특성이 하나 있습니다. 성경에는 '하나님이 계시다 안 계시다' 하나님의 존재를 증명하려는 구절이 없지요. 하나님이 당연히 계신 것으로 간주를 하고 하나님이 일하시는 역사와 섭리, 하나님의 뜻인 계시를 기록하고 있습니다.

왜 그럴까요? 성경을 기록한 사람들은 성령에 감동되어 하나님이 일하시는 역사와 섭리를 경험하고, 하나님이 들려주시는 말씀을 가감 없이 그대로 기록을 했기 때문이지요.

마치 이런 것입니다. 학교에서 수학이나 과학을 공부하다 보면 이미 증명되고 정해진 진리가 있지 않습니까? 다시 증명할 필요가 없는 진리와 사실이 있습니다.

'두 점 사이에 가장 가까운 거리는 직선이다' '두 평행선은 영원히 만나지 않는다' '삼각형에서 두 변 길이의 합은 다른 한 변의 길이보다 길다'

'지구는 태양의 둘레를 1년에 한 바퀴씩 공전하고, 자체적으로 하루에 한 바퀴씩 자전하고 있다' '모든 중력을 가진 물체는 끌어당기는 힘이 있다(만유인력의 법칙)'

하나님이 만드신 천지 만물과 천지 만물이 순환하는 것을 보면 하나님을 믿지 않을 수가 없지 않나요? 봄 여름 가을 겨울의 변화가 오고, 밤과 낮이 바뀌는 것을 보면 하나님의 섭리를 믿지 않을 수가 없는 것입니다.

"이는 하나님을 알 만한 것이 그들 속에 보임이라 하나님께서 이를 그들에게 보이셨느니라 창세로부터 그의 보이지 아니하는 것들 곧 그의 영원하신 능력과 신성이 그가 만드신 만물에 분명히 보여 알려졌나니 그러므로 그들이 핑계하지 못할지니라"(롬 1 : 19~21)

그런데도 하나님을 믿지 못하는 어리석은 사람들이 많이 있지 않나요? 눈에 보이는 이 세상에 전부인 줄 알고 세상에서 화를 당하지 않고 복을 받으며 살고 싶어서 우상에게 복을 빌며 섬기는 자들이 많이 있지 않습니까?

초대교회 당시 한 신실한 성도가 기독교를 박해하는 로마 황제 앞에 끌려가게 되었습니다. 황제가 고문을 하며 '나사렛 예수를 믿지 말라'며 이렇게 저렇게 회유를 했지만 성도는 말을 듣지 않았지요. 화가 난 황제가 예수님을 향한 저주를 퍼부었습니다.

"나사렛 예수는 목수가 아니냐?" "예수가 인간을 위해서 무엇을 할 수 있단 말이냐?"

예수님을 향하여 저주를 퍼부으면서 성도에게 물었지요.

"나사렛 예수, 그 목수가 지금 무엇을 하고 있단 말이냐?"

고문으로 고통을 당하던 성도가 황제에게 이렇게 말했지요.

"폐하! 나사렛 예수 그리스도는 지금 폐하를 위해서 폐하가 누울 관을 짜고 계십니다."

그 이튿날 날이 밝기 전에 황제가 죽었습니다.

하나님은 살아계신 분이지요. 영원히 살아계신 분입니다. 지금도 살아계셔서 일을 하시는 분이지요. 하나님의 자녀가 하나님의 이름을 거룩하게 하는 것은 하나님이 살아계신 것을 믿고 하나님께 나아가는 것입니다.

"믿음이 없이는 하나님을 기쁘시게 하지 못하나니 하나님께 나아가는 자는 반드시 그가 계신 것과 또한 그가 자기를 찾는 자들에게 상 주시는 이심을 믿어야 할지니라"(히 11 : 6)

무엇보다도 주일을 거룩하게 지키며 하나님께 나아가 예배를 드리는 것이지요. 십계명 가운데 네 번째 계명이 무엇입니까?

"안식일을 기억하여 거룩하게 지키라 엿새 동안은 힘써 네 모든 일을 행할 것이나 일곱째 날은 네 하나님 여호와의 안식일인즉 너나 네 아들이나 네 딸이나 네 남종이나 네 여종이나 네 가축이나 네 문안에 머무는 객이라도 아무 일도 하지 말라 이는 엿새 동안에 나 여호와가 하늘과 땅과 바다와 그 가운데 모든 것을 만들고 일곱째 날에 쉬었음이라 그러므로 나 여호와가 안식일을 복되게 하여 그 날을 거룩하게 하였느니라"(출 20 : 8~11)

'안식일을 기억하여 거룩하게 지키라' '세상에서 엿새 동안 하던 일을 쉬고 하나님께 예

배를 드리라'

하나님의 자녀들이 세상에서 하나님의 자녀인 것을 가장 강력하게 드러내는 표지가 무엇입니까? 주의 날을 엿새와 구별하여 거룩하게 지키며, 주님께서 기쁘게 받으시는 예배를 드리는 것이지요. 하나님의 자녀들이 주일을 구별하여 거룩하게 지키면 하나님의 이름이 거룩히 여김을 받으시는 것입니다.

둘째, 말씀에 순종하며 믿음으로 사는 생활로 빛이 되어야 합니다.

하나님의 이름이 거룩히 여김을 받으시게 하기 위해서는 하나님의 자녀들이 세상에서 말씀에 순종하는 생활을 하며 세상에서 빛이 되어야 합니다. 하나님의 자녀들이 말씀에 순종하지 않고 빛이 되지 못하면 하나님의 이름이 거룩히 여김을 받지 못하고 오히려 더럽힘을 당하지요.

"여호와께서 이와 같이 말씀하시되 이스라엘의 서너 가지 죄로 말미암아 내가 그 벌을 돌이키지 아니하리니 이는 그들이 은을 받고 의인을 팔며 신 한 켤레를 받고 가난한 자를 팔며 힘 없는 자의 머리를 티끌 먼지 속에 발로 밟고 연약한 자의 길을 굽게 하며 아버지와 아들이 한 젊은 여인에게 다녀서 내 거룩한 이름을 더럽히며 모든 제단 옆에서 전당 잡은 옷 위에 누우며 그들의 신전에서 벌금으로 얻은 포도주를 마심이니라"(암 2 : 6~8)

'은을 받고 의인을 팔며, 신 한 켤레를 받고 가난한 자를 팔며, 힘없는 자의 머리를 티끌 먼지 속에 발로 밟고, 연약한 자의 길을 굽게 하며, 아버지와 아들이 한 젊은 여인에게 다녀서 내(하나님의) 거룩한 이름을 더럽혔다'

구약의 선민이었던 이스라엘 백성들이 하나님의 말씀에 불순종하며 불의를 행하고 음행을 해서 하나님의 거룩한 이름을 더럽혔다는 것이지요.

초대교회 당시에 유대인들이 율법을 입으로 말만 하고 지켜 행하지 않는 것(율법을 범하는, 외식하는) 것을 보고 책망하며 무엇이라고 했습니까?

"그러면 다른 사람을 가르치는 네가 네 자신은 가르치지 아니하느냐 도둑질하지 말라 선포하는 네가 도둑질하느냐 간음하지 말라 말하는 네가 간음하느냐 우상을 가증히 여기는 네가 신전 물건을 도둑질하느냐 율법을 자랑하는 네가 **율법을 범함으로 하나님을 욕되게 하느냐** 기록된 바와 같이 **하나님의 이름이 너희 때문에 이방인 중에서 모독을 받는도다**"(롬 2 : 21~24)

무슨 말씀입니까? 하나님의 말씀을 지식적으로 잘 알고 있는 자들이 율법(하나님의 말씀)을 어기고 도둑질하고 간음하는 것을 지적하며 '하나님을 욕되게 한다' '하나님의 이름이 너희 때문에 이방인 중에서 모독을 받는다'고 책망을 한 것이지요. 하나님의 자녀가 말씀을 지키지 않고 자기 욕심과 좋아하는 생각대로 행동을 하면 하나님의 이름이 욕을 먹고 모독을 받게 되는 것입니다.

하나님의 자녀는 거룩하신 하나님을 모시고 살고 있는 모습을 하나님의 말씀을 지키며 사는 **행동과 생활로 보여 주어야 하는** 것이지요. 하나님의 자녀가 하나님의 말씀에 순종하는 생활로 어두운 세상에서 빛이 될 때 하나님 아버지의 이름이 거룩히 여김을 받으실 수 있는 것입니다.

그렇지 않습니까? 어떤 가정에서 자녀가 착하게 살고 성공하게 되면 그 자녀 때문에 부모가 사람들에게 존경을 받고, 반면에 자녀가 범죄자가 되어 교도소에 가면 ○○○자식이라며 부모가 욕을 먹지 않습니까?

세상 사람들은 성경을 읽으며 하나님이 어떤 분이신가를 알려고 하지 않지요. 교회에 나와 목사의 설교를 들으며 하나님을 믿으려고 하지 않습니다. 하나님의 자녀들이 세상에서 살고 있는 모습을 보고 하나님에 대하여 이런저런 말을 하지 않습니까?

그렇다면 하나님의 자녀가 세상에서 어떻게 생활하면 빛이 될 수 있을까요? "**너희가 전에는 어둠이더니 이제는 주 안에서 빛이라 빛의 자녀들처럼 행하라 빛의 열매는 모든 착함과 의로움과 진실함에 있느니라**"(엡 5 : 8~9)

하나님의 자녀들이 말씀에 순종하며 착하고 의롭고 진실하게 살면 빛이 드러나지요. 하나님의 이름이 거룩히 여김을 받으시는 것입니다.

일찍이 그리스, 페르시아, 인도에 이르는 대제국을 건설했던 알렉산더 대왕(마케도니아 왕/BC 356~323년, 재위 BC 336~323년)이 있습니다. 알렉산더 대왕의 군대에 알렉산더 대왕과 이름이 똑같은 '알렉산더'라는 이름을 가진 부하 병사가 있었지요. 그런데 이 병사는 왕과는 달리 형편없는 생활을 했습니다. 사기꾼, 나쁜 놈, 죽일 놈이라는 평을 듣고 있었지요. 그래서 '알렉산더'라는 이름이 더럽힘을 받고 있었습니다.

이 사실을 알게 된 알렉산더 대왕은 예고도 없이 그 병사가 생활하는 막사를 찾아갔지요. 막사를 찾아온 대왕 앞에 겁에 질려 떨고 있는 병사에게 대왕은 준엄한 명령을 내렸습니다.

"내가 두 가지를 명령한다. 네 이름을 바꿔라. 바꾸기 싫으면 네 생활을 바꿔라. 그래서 이름의 오욕을 씻어라."

하나님의 자녀인 천국 백성은 하나님의 이름을 욕되게 하지 말아야 합니다. 하나님의 이름이 거룩히 여김을 받으시도록 살아야 하는 것이지요. 하나님의 이름이 거룩히 여김을 받으시도록 행동과 생활을 바꾸어야 하는 것입니다.

이제 말씀을 맺겠습니다.
하나님의 자녀인 천국 백성들은 '하나님의 이름이 거룩히 여김을 받으시도록' 기도해야 합니다. 그리고 '하나님의 이름이 거룩히 여김을 받으시도록' 살아야 하는 것입니다.
주일을 성수하며 하나님께서 기쁘게 받으시는 예배를 드리며 살아야 하고, 말씀에 순종하며 착하고 의롭고 진실하게 어두운 세상을 밝히는 빛으로 살아야 하는 것이지요. 그런 자녀에게 하나님은 넘치는 평안과 기쁨을 주십니다. 항상 '하나님 아버지의 이름이 거룩히 여김을 받으시도록' 기도하며, 항상 '하나님 아버지의 이름이 거룩히 여김을 받으시도록' 생활하는 천국 백성이 되시기를 예수님의 이름으로 축원합니다.   아   멘.

하나님의 나라가 임하시오며

마태복음 6 : 10

"(하나님의) 나라가 임하시오며"(마 6 : 10 상반절)

예수님께서 '무리'가 아닌 '제자들(천국 백성)'에게 선포하신 '천국의 대헌장' '천국 백성의 삶의 윤리'인 산상보훈(마태복음 5~7장)의 말씀을 살펴보고 있습니다. 예수님께서 직접 가르쳐 주신 '주의 기도(주 기도문)'에 대하여 살펴보고 있지요.
　지난 시간에는 첫 번째 기도의 내용인 "(하나님의) 이름이 거룩히 여김을 받으시오며"라는 말씀을 강론했지요.
　이 시간에는 두 번째 기도의 내용인 "(하나님의) 나라가 임하시오며"라고 기도하라고 하신 말씀을 강론하면서 하나님의 음성을 듣기를 원합니다.
　'하나님의 나라는 어떤 나라인가?' '하나님의 나라는 어떤 자에게 임하는가?' '하나님의 나라를 소유한 자는 어떻게 살아야 하는가?'

하나님의 나라는 어떤 나라인가?

예수님은 기도를 가르치시면서 '(하나님의) 나라가 임하시오며'라고 기도하라고 하셨지요. 예수님께서 말씀하신 '(하나님의) 나라'가 어떤 나라입니까?
　'하나님의 나라'는 '이 세상에 속한 세속적인 나라'가 아닙니다. 세속적인 가치관을 가지고 돈과 명예와 권세를 추구하며 70, 80년, 장수해야 100년 남짓을 살다가 모든 것이 끝나는 세상 나라가 아니지요.
　공생애 말기 예수님을 시기하고 질투하는 대제사장 서기관 장로들이 예수님을 잡아다가 죽이기로 결의하고 빌라도 총독에게 넘겨주며 '사형 선고'를 내려달라고 주문할 때, 빌라도 총독이 심문을 하며 묻지 않습니까?
　"네가 유대인의 왕이냐?"(요 18 : 33)

그 말을 들은 예수님께서 빌라도 총독에게 "이는 네가 스스로 하는 말이냐 다른 사람들이 나에 대하여 네게 한 말이냐"(요 18 : 34)고 물으셨지요.

그러자 빌라도 총독이 다시 "내가 유대인이냐?(내가 유대인이 아니지 않느냐?)"며, 다시 물었지 않습니까?

"네 나라 사람과 대제사장들이 너를 내게 넘겼으니 네가 무엇을 하였느냐?"(요 18 : 35)

그 때 예수님께서 무엇이라고 하셨습니까?

"**내 나라는 이 세상에 속한 것이 아니니라** 만일 내 나라가 이 세상에 속한 것이었더라면 내 종들이 싸워 나로 유대인들에게 넘겨지지 않게 하였으리라 이제 **내 나라는 여기에 속한 것이 아니니라**"(요 18 : 36)

예수님의 나라, 하나님 나라는 세상에 속한 세속적인 나라가 아니라고 하셨지요. 하나님의 나라가 세속적인 세상 나라라면 예수님께서 십자가에 달려 대속의 죽음을 당하시는 것이 아니라 예수님을 죽이려고 하는 당시의 세상 권력자(대제사장, 장로, 분봉왕 헤롯, 빌라도 총독, 로마 황제, 로마 군인)들을 다 심판하시고 왕이 되어 세상 나라를 다스리셨을 것입니다.

그렇다면 하나님의 나라는 어떤 나라입니까? 하나님의 나라는 **하나님이 다스리시는 나라**입니다. 하나님의 나라에서 '나라'는 헬라어 원문에 '$\beta\alpha\sigma\iota\lambda\epsilon\iota\alpha$(바실레이아)'라는 단어인데 '왕(하나님)의 주권' '왕(하나님)의 통치'를 의미하는 말이지요. 그러므로 하나님의 나라는 하나님(예수님, 성령님)이 왕이 되어 다스리시는 나라를 의미하는 말입니다. 두 가지 의미가 있습니다.

하나, 하나님(예수님, 성령님)이 왕이 되어 다스리시는 사람의 심령과 그런 사람들이 모여있는 가정과 교회를 가리키는 말입니다. "**하나님의 나라는 먹는 것과 마시는 것이 아니요 오직 성령 안에 있는 의와 평강과 희락이라**"(롬 14 : 17)고 했지요.

하나님의 성령이 임해서 성령이 주인 되어 다스리시는 가난한 성도의 심령, 성령이 다스리시므로 의와 평강과 희락이 있는 성도의 심령이 하나님 나라이지요. 그리고 성령이 주인 되어 다스리시는 가정과 교회가 바로 하나님의 나라인 것입니다.

반면에 사탄, 마귀가 지배하는 심령이 되어지면 지옥이 되는 것이지요. 막 5 : 1~20에 보면 거라사 지방에 더러운 귀신 들린 사람이 있었습니다. 귀신 들린 사람이 무덤 사이에서 살고 있었지요. 귀신이 시키는 대로 늘 소리를 지르고 돌로 제 몸을 해치며 짐승처럼 살고 있었습니다. 쇠사슬과 쇠고랑으로 붙들어 매보았지만 깨뜨려서 아무도 제어할 수 없었지요.

그 귀신 들린 사람을 만나신 예수님이 "더러운 귀신아! 그 사람에게서 나오라" 명하시며 귀신을 내쫓아 주시지 않았습니까? 귀신들이 귀신 들린 사람에게서 나와 돼지 떼(2천 마리)에게로 들어가 돼지 떼가 바다에 빠져 몰사를 당하고 귀신 들린 사람이 온전해지지 않았나요?

왜 귀신 들린 사람이 집에서 나와 무덤 사이에 거처하고 있었습니까? 쇠사슬과 쇠고랑을 끊고 괴성을 지르고 스스로 자기 몸을 해치는 행동을 하고 있었을까요? 귀신들(군대 귀신, 많은 귀신)이 그 사람의 심령을 지배하고 다스리고 있었기 때문인 것입니다.

마귀가 넣어주는 이기적인 생각과 마음, 탐욕, 육신의 정욕, 안목의 정욕, 이생의 자랑이 지배하는 심령이 되면 지옥이 되는 것이지요. 그런 가정과 사회가 되면 가정과 사회가 지옥이 되는 것입니다.

다른 하나, 하나님의 나라는 십자가 죽음과 부활로 구속 사역을 완성하시고 승천하셔서 예수님이 예비하시고 있는 하나님의 나라입니다. 새 하늘 새 땅이 하나님의 나라인 것이지요.

"너희는 마음에 근심하지 말라 하나님을 믿으니 또 나를 믿으라 내 아버지 집에 거할 곳이 많도다 그렇지 않으면 너희에게 일렀으리라 내가 너희를 위하여 거처를 예비하러 가노니 가서 너희를 위하여 거처를 예비하면 내가 다시 와서 너희를 내게로 영접하여 나 있는 곳에 너희도 있게 하리라"(요 14 : 1~3)

"보라 내가 새 하늘과 새 땅을 창조하나니 이전 것은 기억되거나 마음에 생각나지 아니할 것이라 너희는 내가 창조하는 것으로 말미암아 영원히 기뻐하며 즐거워할지니라"(사 65 : 17~18) "그러나 주의 날이 도둑 같이 오리니 그 날에는 하늘이 큰 소리로 떠나가고 물질이 뜨거운 불에 풀어지고 땅과 그 중에 있는 모든 일이 드러나리로다 이 모든 것이 이렇게 풀어지리니 너희가 어떠한 사람이 되어야 마땅하냐 거룩한 행실과 경건함으로 하나님의 날이 임하기를 바라보고 간절히 사모하라 그 날에 하늘이 불에 타서 풀어지고 물질이 뜨거운 불에 녹아지려니와 우리는 그의 약속대로 의가 있는 곳인 새 하늘과 새 땅을 바라보도다"(벧후 3 : 10~13)

승천하신 예수님이 가서 예비하시고 있는 나라, 예수님이 세상 끝날에 재림하셔서 심판하시며 이루어질 영원한 나라, 사람들을 유혹하여 죄를 짓게 하는 사탄과 사탄의 지배를 받으며 죄를 짓고 회개하지 않은 사람들이 심판을 받고 불못(지옥)에 던져져서 사탄이 존재하지 않는 나라, 죄가 없이 모든 것이 본래의 모습으로 회복된 정결한 나라가 하나님의 나라이지요. 예수님을 믿고 구원을 받은 주의 백성들이 예수님과 함께 평안 속에 영생 복락을 누리는 나라가 하나님 나라입니다. 사망이 없고, 아픈 것이 없고, 눈물이 없고, 애통하는 것이나 곡하는 것이 없는 나라, 하나님께서 영원히 함께 해주시는 나라가 하나님 나라인 것입니다.

이 나라를 성경은 어떻게 말씀하고 있습니까?

"그 때에 이리가 어린 양과 함께 살며 표범이 어린 염소와 함께 누우며 송아지와 어린 사자와 살진 짐승이 함께 있어 어린 아이에게 끌리며 암소와 곰이 함께 먹으며 그것들의 새끼가 함께 엎드리며 사자가 소처럼 풀을 먹을 것이며 젖 먹는 아이가 독사의 구멍에서 장난하며 젖 뗀 어린 아이가 독사의 굴에 손을 넣을 것이라 내 거룩한 산 모든 곳에서 해됨도 없고 상함도 없을 것이니 이는 물이 바다를 덮음 같이 여호와를 아는 지식이 세상에 충만할 것임이니라"(사 11 : 6~9)고 했고,

"또 내가 새 하늘과 새 땅을 보니 처음 하늘과 처음 땅이 없어졌고 바다도 다시 있지 않더라 또 내가 보매 거룩한 성 새 예루살렘이 하나님께로부터 하늘에서 내려오니 그 준비한 것이 신부가 남편을 위하여 단장한 것 같더라 내가 들으니 보좌에서 큰 음성이 나서 이르되 보라 하나님의 장막이 사람들과 함께 있으매 하나님이 그들과 함께 계시리니 그들은 하나님의 백성이 되고 하나님은 친히 그들과 함께 계셔서 모든 눈물을 그 눈에서 닦아 주시니 다시는 사망이 없고 애통하는 것이나 곡하는 것이나 아픈 것이 다시 있지 아니하리니 처음 것들이 다 지나갔음이러라"(계 21 : 1~4)고 하십니다.

하나님의 나라는 어떤 자에게 임하는가?

하나님의 나라는 어떤 사람에게 임할까요?

첫째, 죄를 회개하는 심령, 죄 때문에 애통하는 심령, 예수 그리스도를 믿는 성도의 심령에 임하는 것입니다.

예수님께서 공생애를 시작하시며 천국 복음을 전하시며 첫 번째 하신 말씀이 무엇입니까? "회개하라 천국이 가까이 왔느니라"(마 4 : 17)

팔복을 말씀하시면서 주신 말씀이 무엇인가요? "애통하는 자는 복이 있나니 그들이 위로를 받을 것임이요"(마 5 : 4)고 하셨습니다.

하나님 앞에서 자신이 죄인인 것을 깨닫지 못하는 심령에는 절대로 하나님 나라(천국)

가 임할 수 없는 것입니다. 자신이 죄인인 것을 깨닫고 애통하며 회개하는 심령에 하나님의 나라가 임하는 것이지요. 자기가 지은 죄를 슬퍼하고 애통하며 예수님의 십자가를 바라보고 고백하며 죄를 용서받는 심령에 하나님의 나라가 임하는 것입니다.

그래서 이 은혜를 깨달은 버틀러(C. F. Butler)는 성령의 감동 속에 기뻐하며 이렇게 찬양을 한 것입니다. 우리가 즐겨 부르는 찬송가 438장이지요.

"1. 내영혼이 은총입어 중한죄짐 벗고보니 슬픔많은 이세상이 천국으로 화하도다

2. 주의얼굴 뵙기전에 멀리뵈던 하늘나라 내맘속에 이뤄지니 날로날로 가깝도다

3. 높은산이 거친들이 초막이나 궁궐이나 내주예수 모신곳이 그어디나 하늘나라

후렴) 할렐루야 찬양하세 내모든죄 사함받고 주예수와 동행하니 그어디나 하늘나라"

둘째, 하나님의 나라는 심령이 가난한 자에게 임합니다. 이미 마태복음 5장에서 '팔복'에 대한 말씀을 강론하면서 자세하게 말씀을 드렸지만 예수님께서 말씀해주신 '팔복' 가운데 첫 번째 복이 무엇이었나요?

"심령이 가난한 자는 복이 있나니 천국이 그들의 것임이요"(마 5 : 3)라고 하시지 않았습니까? 심령이 가난한 자에게 하나님 나라(천국)가 임하는 것입니다.

심령이 가난한 자는 어떤 자를 가리킨다고 했습니까? 심령이 가난한 자들(헬, οἱ πτωχοί(호이 프토코이)을 표현하는 '가난하다'라는 '헬, πτωχος(프토코스)'라는 말은 '전적으로 가난하다'는 의미라고 했지요. 자신의 무지, 무능력, 무기력을 철저하게 깨달은 심령, 자신이 믿고 의지하던 것(지혜, 지식, 건강, 경험, 자존심, 돈, 직업, 사람)을 다 내려놓은 심령을 가리키는 말입니다. 마음을 다 비운 겸손한 심령, 성령(예수 그리스도의 영)을 주인으로 모신 심령을 가리키는 말이지요. 성령을 주인으로 모시고 세속적인 정욕(육신의 정욕, 안목의 정욕, 이생의 자랑)을 다 비운 겸손한 심령을 가리키는 것입니다.

성령을 받았고 예수님을 믿는다고 하더라도 세속적인 정욕과 탐심을 가지고 있으면 마음속에 하나님의 나라(의와 평강과 희락)가 이루어지지 않는 것이지요. 그렇기에 "**그리스도 예수의 사람들은 육체와 함께 그 정욕과 탐심을 십자가에 못 박았느니라**"(갈 5 : 24)고 하시는 것입니다. 예수 그리스도로 믿는 천국 백성들은 예수 그리스도가 아닌 세속적인 정

욕과 탐심이 자신을 지배하지 못하도록, 예수 그리스도만이 주인이 되시도록 날마다 정욕과 탐심을 십자가에 못 박아야 하는 것이지요. 가난한 심령을 유지할 때 심령에 하나님의 나라(의와 평강과 희락이 있는 나라)가 이루어지는 것입니다.

하나님의 나라를 소유한 자는 어떻게 살아야 하는가?

심령에 하나님의 나라를 소유한 자(하나님의 자녀, 천국 백성)가 영생 복락을 누릴 영원한 나라는 이 세상 나라가 아니라고 했지요. 예수님께서 가셔서 예비하시고 있는 하늘나라(천국), 새 하늘과 새 땅, 예수님의 재림으로 이루어질 영원한 나라라고 했지 않습니까?

새 하늘과 새 땅에 들어가 영생 복락을 누릴 천국 백성들이 세상에서 어떻게 살아야 하겠습니까? 예수님께서 무엇이라고 말씀해주셨나요?

첫째, 하늘에 보물을 쌓으며 살아야 합니다.

"너희를 위하여 보물을 땅에 쌓아 두지 말라 거기는 좀과 동록이 해하며 도둑이 구멍을 뚫고 도둑질하느니라 오직 너희를 위하여 보물을 하늘에 쌓아 두라 거기는 좀이나 동록이 해하지 못하며 도둑이 구멍을 뚫지도 못하고 도둑질도 못하느니라"(마 6 : 19~20)

보물을 땅(세상)에 쌓지 말고 영생 복락을 누릴 하늘에 쌓으라는 것입니다. 왜 보물을 하늘에 쌓아야 할까요? 하나님은 심은 대로 거두게 하시고, 행한 대로 상을 주시는 분이기 때문입니다. 하나님 나라는 예수님을 믿고 죄를 용서받은 자들만 가는 곳이기 때문에 '벌을 줄 것이냐? 말 것이냐?' 하는 심판은 없는 곳이지요. 그러나 주님은 행한 대로 갚아주시고 상을 주시는 분이기 때문입니다.

"스스로 속이지 말라 하나님은 업신여김을 받지 아니하시나니 사람이 무엇으로 심든지 그대로 거두리라"(갈 6 : 7) "보라 내가 속히 오리니 내가 줄 상이 내게 있어 각 사람에게 그가 행한 대로 갚아 주리라"(계 22 : 12)

예수님은 심지어 예수님을 믿고 따르는 제자들이 제자의 이름(자신의 이름이 아닌 예수님을 믿는 자로서의 이름)으로 목말라 하는 자에게 냉수 한 그릇을 주는 것도 결단코 상을 잃지 않을 것이라고 하셨지요.

"또 누구든지 제자의 이름(헬, εἰς ὄνομα μαθητοῦ(에이스 오노마 마데투)/영, in the name of a disciple)으로 이 작은 자 중 하나에게 냉수 한 그릇이라도 주는 자는 내가 진실로 너희에게 이르노니 그 사람이 결단코 상을 잃지 아니하리라 하시니라"(마 10 : 42)

그렇다면 하늘에 보물을 쌓는 것이 무엇일까요? 예수님께서 공생애를 사시며 행하신 모습을 본받는 생활을 하는 것입니다.

"예수께서 온 갈릴리에 두루 다니사 그들의 회당에서 가르치시며 천국 복음을 전파하시며 백성 중의 모든 병과 모든 약한 것을 고치시니"(마 4 : 23) "이 천국 복음이 모든 민족에게 증언되기 위하여 온 세상에 전파되리니 그제야 끝이 오리라"(마 24 : 14) "인자가 온 것은 섬김을 받으려 함이 아니라 도리어 섬기려 하고 자기 목숨을 많은 사람의 대속물로 주려 함이니라"(막 10 : 45)

천국 복음을 전하며, 연약한 자들과 가난한 자들을 돌보며, 누구를 만나든지(섬김을 받으려 하지 말고) 섬기며 사는 것이지요. 복음을 전하는 것, 연약한 자들과 가난한 자들을 돌보는 것, 누구와 관계를 맺더라도 섬기며 사는 것이 하늘에 보물을 쌓는 것입니다.

둘째, 하나님의 나라를, 다시 오실 예수님을 사모하며 살아야 합니다.

심령에 하나님 나라를 소유한 천국 백성은 하나님 나라를 소망하며, 다시 오실 예수님을 사모하고 기다리며 살아야 합니다. 믿음의 선진들, 하나님을 경외하며 신실하게 살았던 믿음의 사람들이 가졌던 공통적인 삶의 자세가 있습니다.

"그들이 이제는 더 나은 본향을 사모하니 곧 하늘에 있는 것이라 이러므로 하나님이 그들의 하나님이라 일컬음 받으심을 부끄러워하지 아니하시고 그들을 위하여 한 성을 예비하셨느니라"(히 11 : 16)

하나님이 예비하신 하늘 본향, 하나님 나라, 천성을 소망하며 살았지요. 다시 오실 예수님을 간절히 사모하며 살았습니다.

"이것들을 증언하신 이(예수 그리스도)가 이르시되 내가 진실로 속히 오리라 하시거늘 (사도 요한이)아멘 주 예수여 오시옵소서"(계 22 : 20)

성경에는 예수님이 다시 오신다는 말씀이 가득히 기록되어 있습니다. 신약성경 총 260장 가운데 무려 316번이나 예언을 하고 있지요. 구약성경에도 심판 주로 오실 주님을 예언하신 곳이 많이 있습니다.

죽음을 이기시고 부활 승천하신 예수님은 정하신 때가 되면 약속하신 대로 반드시 다시 오실 것입니다. 천국 백성은 예수님의 재림으로 완성될 하나님 나라(영원한 하나님 나라)를 사모하며, 예수님이 다시 오실 때 기쁨으로 맞이할 준비를 하며 살아야 하는 것이지요. 신부가 신랑을 사모하며 기다리듯이 천국 백성은 하나님 나라를 소망하며 신랑 되신 예수님을 사모하며 기다려야 하는 것입니다.

 일제시대 때 신사참배를 거부하며 5년 동안 옥살이를 하고, 여순 반란 사건 때 공산주의자의 손에 두 아들을 잃었고, 여수 애양원교회(나병환자들의 교회)를 섬기다가 6·25때 순교하신 **손양원 목사님**은 다시 오실 예수님을 간절히 사모하며 살았지요.
 주님을 섬기시며 신사참배를 거부하다가 옥살이를 해야 했고, 공산주의자들의 손에 두 아들을 잃었고, 나병으로 고생하는 성도들을 눈물과 사랑으로 섬기면서 손양원 목사님은 주님이 가셔서 예비하시고 있는 하나님 나라(죽음과 눈물과 아픔과 고통이 없는 하나님 나라)가 너무나 그리웠습니다. 다시 오실 주님이 너무나 그리웠지요. 손양원 목사님이 하나님 나라를 사모하며, 다시 오실 주님을 간절히 기다리며 지은 노래(**주님 고대가**)가 있습니다.

1. 낮에나 밤에나 눈물 머금고 내 주님 오시기만 고대합니다
   가실 때 다시 오마 하신 예수님 오 주여 언제나 오시렵니까
2. 고적하고 쓸쓸한 빈 들판에서 희미한 등불만 밝히어 놓고
   오실 줄만 고대하고 기다리오니 오 주여 언제나 오시렵니까
3. 먼 하늘 이상한 구름만 떠도 행여나 내 주님 오시는가 해
   머리들고 멀리멀리 바라보는 맘 오 주여 언제나 오시렵니까
4. 내 주님 자비한 손을 붙잡고 면류관 벗어들고 찬송부르면
   주님 계신 그 곳에 가고 싶어요 오 주여 언제나 오시렵니까
5. 신부되는 교회가 흰옷을 입고 기름준비 다해놓고 기다리오니
   도적같이 오시마고 하신 예수님 오 주여 언제나 오시렵니까
6. 천년을 하루같이 기다린 주님 내영혼 당하는것 볼수 없어서
   이 시간도 기다리고 계신 예수님 오 주여 이 시간에 오시옵소서

 이제 말씀을 맺겠습니다.
 천국 백성들은 기도하며 살아야 합니다. 주님께서 가르쳐 주신 기도를 올리며 살아야 하지요. '하나님의 나라가 임하시오며' 기도하며 살아야 합니다. 날마다 회개하며 가난한 심령을 가지고 주님께서 주시는 의와 평강과 희락을 누리며 살아야 하지요. 그리고 하늘에

보물을 쌓으며 하늘에서 상 받을 일을 하며 살아야 하는 것입니다. 다시 오실 주님을 간절히 소망하며 기다리며 살아야 하는 것이지요. 천국 백성으로 기도하며 천국 백성으로 사시기를 예수님의 이름으로 축원합니다.   아   멘.

뜻이 하늘에서 이루어진 것 같이 땅에서도 이루어지이다

마태복음 6 : 10

"(하나님의) 뜻이 하늘에서 이루어진 것 같이 땅에서도 이루어지이다"(마태복음 6 : 10 하반절)

예수님께서 '무리'가 아닌 '제자들(천국 백성)'에게 선포하신 '천국의 대헌장' '천국 백성의 삶의 윤리'인 산상보훈(마태복음 5~7장)의 말씀을 살펴보고 있습니다. 예수님께서 직접 가르쳐 주신 '주의 기도(주 기도문)'에 대하여 살펴보고 있지요.

주님께서 가르쳐 주신 기도에서 첫 번째 기도의 내용인 "(하나님의) 이름이 거룩히 여김을 받으시오며"라는 말씀과 두 번째 기도의 내용인 "(하나님의) 나라가 임하시오며"라는 말씀을 살펴보았지요.

이 시간에는 세 번째 기도의 내용인 "(하나님의) 뜻이 하늘에서 이루어진 것 같이 땅에서도 이루어지이다"에 대한 말씀을 강론하면서 하나님의 음성을 듣기를 원합니다.

'예수님은 어떤 기도를 드리시며 어떻게 사셨는가?' '천국 백성인 하나님의 자녀는 어떤 기도를 드리며 어떻게 살아야 하는가?'

예수님은 어떤 기도를 드리시며 어떻게 사셨나?

1) 예수님은 어떤 기도를 드리셨습니까?

예수님은 예수님을 믿고 따르는 제자들에게 "너희는 이렇게 기도하라"고 하시면서 "(하나님의) 뜻이 하늘에서 이루어진 것 같이 땅에서도 이루어지이다"라고 기도하라고 하셨지요. 그런데 이 기도는 예수님께서 친히 우리에게 가르치신 기도이기도 하지만, 기도하시며 공생애를 사신 '예수님께서 친히 성부 하나님께 기도하신 내용'인 것입니다.

예수님은 십자가를 목전에 두고 겟세마네 동산에서 기도하지 않으셨습니까? 예수님이 하나님의 아들이시지만 육신을 지니신 몸으로 십자가에 못 박혀 죽으셔야 하는 것이 너무나 고통스러운 일이 아닐 수 없었지요. 십자가형은 육신을 가진 사람으로서는 도저히 감당할 수 없는 고통인 것입니다. 그래서 예수님은 어떻게 기도를 하셨나요?

"그들을 떠나 돌 던질 만큼 가서 무릎을 꿇고 기도하여 이르시되 **아버지여 만일 아버지의 뜻이거든 이 잔을 내게서 옮기시옵소서 그러나 내 원대로 마시옵고 아버지의 원대로 되기를 원하나이다** 하시니 천사가 하늘로부터 예수께 나타나 힘을 더하더라 예수께서 힘쓰고 애써 더욱 간절히 기도하시니 땀이 땅에 떨어지는 핏방울 같이 되더라"(눅 22 : 41~44)

"그는 육체에 계실 때에 자기를 죽음에서 능히 구원하실 이에게 심한 통곡과 눈물로 간구와 소원을 올렸고 그의 경건하심으로 말미암아 들으심을 얻었느니라"(히 5 : 7)

예수님은 십자가를 앞에 놓고 무릎을 꿇고 심한 통곡과 눈물로 땀이 땅에 떨어지는 핏방울같이 되도록 간절히 기도를 하셨습니다. '아버지의 뜻이거든'을 전제하시면서 '이 잔을 내게서 옮기시옵소서(십자가 죽음의 고통을 내게서 옮겨주시옵소서)' 기도를 하셨지요. 거기에서 그치지 않으시고 '그러나 내 원대로 마시옵고 아버지의 원대로 되기를 원하나이다'라고 기도를 하셨습니다.

'아버지의 뜻이거든' '내 원대로 마시옵고 아버지의 원대로' 성자이신 예수님께서 육신을 입으신 자신의 뜻이 아닌 아버지 하나님의 뜻(소원)이 이루어지기를 간절히 기도하신 것이지요. 예수님께서는 아버지의 뜻(성부 하나님의 뜻, 하늘에서 이루어진 하나님의 뜻)이 땅에서도 이루어지기를 늘 기도하시며 공생애를 사신 것입니다.

2) 예수님은 공생애를 어떻게 사셨나?

하늘에서 이루어진 아버지 하나님의 뜻이 땅에서도 이루어지기를 기도하신 예수님은 어떻게 공생애를 사셨습니까?

"내가 하늘에서 내려온 것은 내 뜻을 행하려 함이 아니요 **나를 보내신 이의 뜻을 행하려 함이니라**"(요 6 : 38) "예수께서 이르시되 나의 양식은 **나를 보내신 이의 뜻을 행하며** 그의 일을 온전히 이루는 이것이니라"(요 4 : 34)라고 하셨지요.

예수님께서 하늘에서 내려오신 것(육신을 입고 세상에 오신 것, 육신을 입은 사람이 되신 것)은 예수님 자신의 뜻이 아니라 예수님을 보내신 이(아버지 하나님)의 뜻을 행하려 함이라'고 하셨습니다. 그리고 아버지 하나님의 뜻을 행하며 온전히 이루는 것을 날마다 먹는 양식으로 삼는다고 하셨지요.

예수님은 세상에서 왕이 되어 권세와 부와 명예를 누리기 위해서 오신 분이 아니었습니다. 아버지 하나님의 뜻을 행하려고 오셨고, 아버지 하나님의 뜻을 이루어 드리며 세상을 사셨던 것이지요. 예수님께서 음식을 먹으시며 생활하신 것, 천국 복음을 전하신 것, 하나님의 나라를 가르치신 것, 병든 자와 약한 자를 고치신 것, 십자가에 달려 죽으시고 부활하신 것 – 입으로 말씀하시고 몸으로 행하신 모든 것이 아버지 하나님의 뜻을 이루어 드리는 생애이셨던 것입니다. 눈에 보이지 않는 아버지 하나님을 보여드리며 사셨던 것이지요. 그래서 예수님은 제자 빌립이 '아버지 하나님을 보여달라'고 했을 때 무엇이라고 하셨습니까?

"예수께서 이르시되 빌립아 내가 이렇게 오래 너희와 함께 있으되 네가 나를 알지 못하느냐 나를 본 자는 아버지를 보았거늘 어찌하여 아버지를 보이라 하느냐"(요 14 : 9)고 하신 것입니다.

무슨 말씀입니까? 예수님은 아버지 하나님의 뜻이 하늘에서 이루어진 것같이 땅에서도 이루어지기를 늘 기도하셨고, 아버지 하나님의 뜻을 이루어 드리는 공생애를 사셨던 것입니다.

하나님의 자녀인 천국 백성은 어떤 기도를 드리며 어떻게 살아야 하는가?
1) 하나님의 뜻이 이루어지도록 기도해야 합니다.

아버지 하나님의 뜻이 하늘에서 이루어진 것같이 땅에서도 이루어지기를 늘 기도하시고, 아버지 하나님의 뜻을 이루어 드리는 공생애를 사셨던 예수님이 제자(예수님을 믿고 따르는 성도, 천국 백성)들에게 기도를 가르치시며 무엇이라고 하셨습니까?

"(하나님의) 뜻이 하늘에서 이루어진 것 같이 땅에서도 이루어지이다"라고 기도하라고 하셨지요. 왜 그렇게 기도하라고 하셨을까요? 두 가지 중요한 이유가 있습니다.

하나, 천국 백성인 하나님의 자녀들이 '하나님의 뜻(소원)'을 마음에 가득하게 품게 하기 위함인 것입니다. 하나님의 자녀라도 기도하지 않는 심령에는 하나님의 뜻이 아니라 마귀가 넣어주는 이기적인 생각과 욕심, 세상과 세상에 있는 것들(육신의 정욕, 안목의 정욕, 이생의 자랑)로 채워지게 되지요.

그런데 항상 "(하나님의) 뜻이 하늘에서 이루어진 것 같이 땅에서도 이루어지이다"라고 기도하는 심령에는 성령이 주시는 '하나님의 뜻(소원)'으로 가득하게 채워집니다. 그래서 "(하나님의) 뜻이 하늘에서 이루어진 것 같이 땅에서도 이루어지이다"라고 기도하라고 하신 것입니다.

다른 하나, 하나님은 하나님의 자녀들을 통해 일을 하시는데 기도를 들으시며 기도에 응답하시며 일을 하시는 분이기 때문입니다. 그러므로 기도를 하는 것은 하나님의 동역자가 되어 하나님의 일을 함께 하는 것이지요. 하나님은 기도하지 않는 사람과는 함께 일을 하지 않으시는 분입니다. 하나님은 땅에서 '하나님의 뜻'을 이루는 일을 하실 때 언제나 기도하는 자녀들을 통해서 일을 하시지요. 그렇기에 성경에 나오는 하나님의 사람들, 기독교 역사에서 하나님이 귀하게 쓰신 사람들은 다 기도의 사람들이었던 것입니다.

이스라엘 아합 왕 때는 이스라엘 역사 속에 우상 숭배가 가장 심했던 때가 아닙니까? 아합왕의 왕비인 이세벨이 시돈 나라 공주로 아합왕의 왕비가 되었을 때가 아닌가요? 이세벨 왕비는 친정 나라에서 섬기던 바알과 아세라 우상을 끌어들여 온 나라를 우상 숭배에 빠지게 했습니다. 진노하신 하나님께서 엘리야 선지자를 아합왕에게 보내 '하나님께서 비를 내리지 않게 하실 것이라'는 말씀을 전하게 하셨지요. 하나님의 음성을 들은 엘리야는 기도하며 하나님의 뜻을 확신하고 죽음을 각오하며(아합왕과 이세벨 왕비는 당시에 여호와 하나님을 섬기는 종들을 죽였음), 아합왕의 궁궐로 찾아가 하나님의 말씀을 전했습니다. 하나님은 3년이 넘도록 하늘 문을 닫아 비를 내리지 않으시고 극심한 가뭄으로 징계를 하셨지요. 온 백성이 가뭄으로 고통을 당할 때 하나님은 다시 엘리야에게 '내가 지면에 비를 내리리라'고 알려주시며 다시 아합왕을 찾아가 전하라고 하셨습니다. 엘리야 선지자는 순종했지요. 그런데 하나님께서 언제 비를 내려주셨습니까? 엘리야가 바알과 아세라 우상을 섬기는 거짓 선지자들과 갈멜산에 올라 기도의 싸움을 벌이며 승리하고 우상숭배자들을 다 처형한 후 '비를 내려달라'고 간절히 기도했을 때 내려주셨지 않나요? 이 사실을 야고보 장로는 어떻게 증언을 하고 있습니까?

"엘리야는 우리와 성정이 같은 사람이로되 그가 비가 오지 않기를 간절히 기도한즉 삼년 육 개월 동안 땅에 비가 오지 아니하고 다시 기도하니 하늘이 비를 주고 땅이 열매를 맺었느니라"(약 5 : 17~18)고 했지요.

엘리야의 기도를 들으시며 3년 6개월 동안 하늘을 닫아 비가 오지 않게 해주시고, 엘리야의 기도를 들으시며 하늘을 열어 비를 주셨던 것입니다.

중세시대 타락한 기독교를 개혁한 종교개혁자 마르틴 루터(Martin Luther, AD 1483년~1546년)가 있습니다. 루터(Luther)에게는 프레드릭 미코니우스(Fredrick Myconius)라는 친한 친구가 있었지요. 잘 알려진 인물은 아니지만 Luther에게는 늘 위로와 격려와 기쁨을 주는 친구였습니다.

그런데 종교개혁이 한참 진행되고 있을 무렵 Myconius가 불치병에 걸려 죽음을 앞두고 유서와도 같은 최후의 편지를 보내왔지요. 그 편지를 받은 Luther는 너무나 마음이 아팠고 충격이 되었습니다. Luther는 하던 일을 멈추고 금식하며 온종일 사랑하는 친구를 위해 간절히 기도했지요. 기도하는 가운데 Luther의 마음에 '친구가 아직 죽을 때가 되지 않았다'는 확신하는 마음을 주셨습니다.

Luther는 즉시 친구에게 이런 글을 써서 회신을 보냈지요. "내가 하나님의 이름으로 자네에게 살 것을 명령한다. 왜냐하면 종교를 개혁하는 하나님의 사역에 있어서 아직도 자네가 반드시 필요하기 때문이다. 하나님께서는 결코 자네가 죽었다는 소식을 나에게 듣지 않게 하실 거다. 이것은 하나님의 뜻이기에 하나님의 뜻이 자네에게서 이루어지기를 기도한다. 나는 하나님의 이름을 영화롭게 하고자 추구하므로 이를 확신한다."

Luther의 편지를 받은 친구는 불치병에서 신속하게 회복이 되었지요. 회복이 된 친구 Myconius는 6년을 더 살며 Luther가 종교개혁을 성공할 수 있도록 도왔던 것입니다.

하나님은 하나님의 뜻(소원)을 자녀들에게 알려주시고, 하나님의 뜻을 알게 된 자녀가 하나님의 뜻이 이루어지게 해달라고 간절히 기도할 때, 확신하는 기도를 들으시며 하나님의 뜻을 이루어주시는 분인 것입니다.

둘째, 하나님의 자녀인 천국 백성은 하나님의 뜻이 이루어지도록 살아야 합니다.

"(하나님의) 뜻이 하늘에서 이루어진 것 같이 땅에서도 이루어지이다"라고 기도하는 자녀는 기도만 하지 말고 기도하는 대로 살아야 하는 것이지요. 하나님의 뜻대로 사는 자가 하나님의 자녀, 예수님의 형제자매 어머니가 되는 것입니다.

예수님께서 무엇이라고 하셨습니까? "누구든지 하늘에 계신 내 아버지의 뜻대로 하는 자가 내 형제요 자매요 어머니이니라"(마 12 : 50)고 하셨지요. 하늘에 계신 아버지 하나님의 뜻대로 하는(사는) 자가 예수님의 형제자매 어머니, 예수님의 가족이 된다고 하신 것입니다.

그렇다면 하나님의 뜻이 세상에서 이루어지게 하기 위해서는 예수님을 믿고 따르는 제자들이 어떻게 살아야 합니까? 예수님께서 예수님을 따르는 제자들에게 무엇이라고 하셨나요?

"아무든지 나를 따라오려거든 자기를 부인하고 날마다 제 십자가를 지고 나를 따를 것이니라"(눅 9 : 23)고 하셨지요.

먼저 자기 자신을 부인해야 합니다. 예수님을 믿고 따르기 위해서는 '자기 자신을 부인해야' 하는 것이지요. 자기 자신이 죽어야 하는 것입니다. 자기 자신이 죽지 않고서는 예수님을 온전히 따를 수가 없고, 하나님의 뜻을 행할 수가 없지요. 자기에게 이익이 되고 손해가 나지 않을 때는 따를 수 있지만 자기에게 손해가 날 때는 절대로 따를 수가 없는 것입니다.

그래서 바울 사도가 무엇이라고 고백을 했습니까? "내가 그리스도와 함께 십자가에 못 박혔나니(그리스도가 십자가에 못 박혀 죽으실 때 내가 함께 십자가에 못 박혀 죽었다) 그런즉 이제는 내가 사는 것이 아니요 오직 내 안에 그리스도께서 사시는 것이라 이제 내가 육체 가운데 사는 것은 나를 사랑하사 나를 위하여 자기 자신을 버리신 하나님의 아들을 믿는 믿음 안에서 사는 것이라"(갈 2 : 20) "그리스도 예수의 사람들은 육체와 함께 그 정욕과 탐심(하나님의 뜻을 거역하려고 하는 육체의 정욕과 탐심)을 십자가에 못 박았느니라"(갈 5 : 24) "형제들아 내가 그리스도 예수 우리 주 안에서 가진 바 너희에 대한 나의 자랑을 두고 단언하노니 나는 날마다 죽노라"(고전 15 : 31)고 한 것이지요.

날마다 하나님의 뜻(성령의 인도하심)을 거역하려고 하는 육체의 정욕과 탐심을 십자가에 못 박는(자신을 부인하는) 생활을 해야 하는 것입니다.

그리고 십자가를 지고 따르는 생활을 해야 하는 것이지요. "날마다 제 십자가를 지고 나를 따를 것이니라"고 했습니다. 자신을 부인하는 자녀는 십자가를 지고 주님을 따르며 주님이 알려주시는 주님의 뜻을 행할 수가 있지요. 하나님의 뜻을 행할 수가 있는 것입니다.

천국 백성인 하나님의 자녀가 세상에서 가장 복되게 사는 것이 무엇이겠습니까? 어떤 일을 하든지 하나님의 뜻을 분별하고 하나님의 뜻을 행하며 사는 것이지요. 그렇게 살기 위해서는 어떻게 해야 합니까?

"복 있는 사람은 악인들의 꾀를 따르지 아니하며 죄인들의 길에 서지 아니하며 오만한 자들의 자리에 앉지 아니하고 오직 여호와의 율법을 즐거워하여 그의 율법을 주야로 묵상하는도다 그는 시냇가에 심은 나무가 철을 따라 열매를 맺으며 그 잎사귀가 마르지 아니함 같으니 그가 하는 모든 일이 다 형통하리로다"(시 1 : 1~3) "이 예언의 말씀을 읽는 자와 듣는 자와 그 가운데에 기록한 것을 지키는 자는 복이 있나니 때가 가까움이라"(계 1 : 3)

하나님의 뜻을 알기 위해서 날마다 하나님의 말씀인 성경을 읽고 듣고 묵상해야 하는 것입니다. 그리고 하나님의 말씀을 통해 하나님의 뜻을 바르게 알았을 때, 하나님의 뜻을 행할 능력(성령의 능력)을 받기 위해 기도해야 하는 것이지요. 그러면서 하나님의 뜻을 행하며 살아야 하는 것입니다.

이런 일화가 있지요. 영국 런던에 있는 '에그리컬쳐 홀'에서 만오천 명이 모이는 대형집회가 열리게 되었습니다. 그 때 행사를 주관하는 주최자들이 당시에 명망이 높았던 성막교회 스펄젼(C. H. Spurgeon)목사님을 찾아가 설교를 부탁했지요. 바쁜 일정을 보내고 있던 Spurgeon목사님이 정중하게 사양을 했습니다. 그러자 설교를 부탁하러 왔던 주최자들이 의아한 표정을 지으며 이렇게 말했지요. "목사님! 만오천 명이나 모이는 집회인데 설교를 해주실 수 없다고요?"

사람들이 얼마나 명예를 좋아합니까? Spurgeon목사님이 명성이 높은 분이었지만 명성을 더 높일 기회를 드리려고 부탁을 했는데 거절을 하니까 이해가 되지 않았던 것입니다.

이 때 Spurgeon목사님이 이렇게 말했지요. "만오천 명이 모이는 것이 중요한 것이 아니라 그 집회에 하나님의 뜻이 있는가? 가 중요합니다." 사람들이 많이 모이고 자신의 명예가 높아지는 것이 중요한 것이 아니라 '하나님의 뜻이 이루어지는 것이 중요하다'고 한 것입니다.

하나님의 자녀인 천국 백성들에게는 하나님의 뜻이 중요한 것이지요. 먹든지 마시든지 무엇을 하든지 하나님의 뜻이 중요합니다. "그런즉 너희가 먹든지 마시든지 무엇을 하든지 다 **하나님의 영광을 위하여 하라**"(고전 10 : 31) 하나님의 뜻을 바르게 알고 하나님의 뜻을 행하며 하나님의 뜻을 이루어 드려야 하는 것이지요. 하나님의 뜻이 이루어지면 하나님의 영광이 드러나고 하나님의 나라가 확장이 되는 것입니다.

이제 말씀을 맺겠습니다.

하나님은 우리에게 "하나님의 뜻이 하늘에서 이루어진 것 같이 땅에서도 이루어지도록 기도하라"고 하시고, "하나님의 뜻이 땅에서 이루어지도록 생활하라"고 하십니다. 하나님의 뜻이 하늘에서 이루어진 것 같이 땅에서도 이루어지도록 기도하며, 하나님의 뜻이 땅에서 이루어지도록 생활하는 복된 천국 백성이 되시기를 예수님의 이름으로 축원합니다.

아 멘

우리에게 일용할 양식을 주시옵고

마태복음 6 : 11

"오늘 우리에게 일용할 양식을 주시옵고"(마태복음 6 : 11)

예수님께서 '무리'가 아닌 '제자들(천국 백성)'에게 선포하신 '천국의 대헌장' '천국 백성의 삶의 윤리'인 산상보훈(마태복음 5~7장)의 말씀을 살펴보고 있습니다. 예수님께서 직접 가르쳐 주신 '주의 기도(주 기도문)'에 대하여 살펴보고 있지요.

'주님이 가르쳐주신 기도'에는 먼저 하나님을 위한 세 가지 기도의 내용이 있습니다. 첫 번째는 하나님의 이름을 위한 기도 "(하나님의) 이름이 거룩히 여김을 받으시오며", 두 번째는 하나님의 나라를 위한 기도 "(하나님의) 나라가 임하시오며" 세 번째는 하나님의 뜻을 이루어 드리기 위한 기도 "(하나님의) 뜻이 하늘에서 이루어진 것 같이 땅에서도 이루어지이다"이지요.

그리고 이어서 우리에게 필요한 것들을 위해서 기도하라고 하십니다.

"오늘 우리에게 일용할 양식을 주시옵고, 우리가 우리에게 죄 지은 자를 사하여 준 것 같이 우리 죄를 사하여 주시옵고, 우리를 시험에 들게 하지 마시옵고 다만 악에서 구하시옵소서"

'우리'라는 말을 5번이나 반복하며 우리 자신을 위해서 기도하라고 하시지요. 하나님의 자녀인 천국 백성들이 천국 백성으로 세상에서 의로움과 평강과 기쁨을 누리며 행복하게 살기 위해서 절대적으로 필요한 3가지를 기도하라고 하신 것입니다.

첫 번째, 일용할 양식을 위한 기도 "오늘 우리에게 일용할 양식을 주시옵고"

두 번째, 다른 사람들과 평안한 관계를 맺고 주님이 주시는 평안을 누리며 살기 위한 기도 "우리가 우리에게 죄지은 자를 사하여 준 것 같이 우리 죄를 사하여 주시옵고"

세 번째, 사탄의 위협에서 보호를 받으며 살기 위한 기도 "우리를 시험에 들게 하지 마시옵고 다만 악에서 구하시옵소서"

이 3가지 요소가 결핍이 되면 인생은 불편하고 불안해서 살 수가 없지요. 그래서 예수님은 기도를 가르치시면서 이 3가지를 구하라고 하신 것입니다.

이 시간에는 우리 자신을 위한 기도 가운데 첫 번째 기도의 내용인 "오늘 우리에게 일용할 양식을 주시옵고"라는 말씀을 살펴보면서 하나님의 음성을 듣기를 원합니다.

일용할 양식은 무엇인가?

'일용할 양식(헬, Τὸν ἄρτον ἡμῶν τὸν ἐπιούσιον(톤 아르톤 헤몬 톤 에피우시온)/today our daily bread)'은 무엇을 의미할까요? '일용할 양식'에서 '양식(헬, ἄρτος, 아르토스)'이라는 말은 먹는 음식(빵, 밥)을 의미하는 단어입니다.

사람이 생존하기 위해서는 먹지 않고서는 살 수 없지 않습니까? 먹지 않으면 굶어 죽을 수밖에 없잖아요? '음식'은 생명과도 같은 것입니다.

그러므로 '일용할 양식'은 일차적으로 '하루 먹을 음식(daily bread)'을 의미하는 말이지요. 그런데 '양식'은 단순히 '먹을 음식'만을 가리키는 것은 아닙니다. '먹을 음식'은 사람이 살기 위해서 가장 기본적이고 필수적인 것이지요. 생존과 생활을 위해서 대표적인 것입니다. 그래서 종교개혁자 마르틴 루터(Martin Luther)는 '양식'은 생명과 생존을 유지하는 데 필요한 모든 것(의식주, 건강한 몸, 평안한 가정, 좋은 일터, 좋은 사회, 좋은 정부)을 포함하는 말이라고 했지요.

그러므로 "오늘 우리에게 일용할 양식을 주시옵소서"라는 말은 '오늘 우리에게 필요한 것을 주시옵소서' 기도하라는 것입니다.

왜 일용할 양식을 위해서 기도하라고 하실까?

예수님께서 우리 자신의 필요를 위해서 기도하라고 하시면서 왜 '오늘 우리에게 일용할 양식을 주시옵소서' 기도하라 하셨을까요? 몇 달이나 몇 년 동안 먹을 양식이 아니라 '매일매일 먹을 양식을 주시옵소서' 기도하라고 하셨을까요?

현재 지구촌에는 80억이 넘는 사람들이 살고 있습니다. 지금도 아프리카의 가난한 나라에서는 먹을 것이 없어 굶주리는 사람들이 많이 있지요. 국제기아대책기구의 발표에 의하면 1/3이 굶주리고 있고, 영양실조로 죽어가는 사람들이 1년에 1300만 명이 넘는다고 하지요. 하루에 3만 5천 명이 넘게 굶어 죽고 있다는 것입니다.

그렇게 굶주리고 있는 사람들에게는 '일용할 양식을 구하라'고 하는 것이 이해가 되는데, 먹을 것이 남아도는 부자나라에 사는 사람들에게는 시대에 맞지 않는 말씀이 아닐까요? 아니 부자나라가 된 우리들에게 집집마다 먹을 것이 넉넉하고 몇 달 동안 먹을 양식(돈)을 다 가지고 있는데 이런 기도가 필요하겠습니까?

그런데 이 말씀은 그렇게 굶주리고 있는 사람들에게만 주신 말씀이 아니라 하나님의 자녀가 되어 천국 백성으로 살고 있는 모든 사람(우리)에게 주신 말씀인 것입니다.

왜 하나님께서 우리에게 '오늘 우리에게 일용할 양식을 주시옵소서' 기도하라고 하실까요? 몇 가지 중요한 이유가 있습니다.

첫째, 일용할 양식을 하나님께서 주시는 것임을 알게 하시기 위함이다.

무엇보다도 일용할 양식은 하나님께서 주시는 것을 알려주시기 위함인 것입니다. 하나님께서 주시지 않으면 일용할 양식을 얻을 수가 없는 것이지요. 성경에 보면 이 사실을 극명하게 보여주는 사건이 있습니다.

구약의 선민이었던 이스라엘 백성들이 애굽을 나와 광야를 지나 가나안을 향해서 갈 때 40년 동안 광야에서 생활을 하지 않습니까? 애굽을 나온지 한 달쯤 지났을 때(출 12:1~6; 16:1 참조) 애굽에서 가지고 나온 양식이 다 떨어지지 않았나요? 먹을 것도 없고, 물도 없는 광야, 농사를 지을 수도 없고 가축을 기를 수도 없는 광야에서 그 많은 사람들(장정만도 6십만 명이 넘었으니까 여자들과 아이들을 합치면 2백만 명이 넘었을 것)이 어떻게 굶어 죽지 않고 40년을 살 수 있었을까요? 하나님께서 하늘 문을 열고 저녁에는 **메추라기**(사람들이 쉽게 잡을 수 있는 새)를 보내주시고, 아침에는 '**만나**(작고 둥글고 서리 같은 것, 깟씨 같이 희고 꿀 섞은 과자 맛)'를 내려주셨던 것입니다.

그런데 만나를 내려주실 때 어떻게 내려주셨나요? 일 주일분, 한 달분, 일 년분을 한 번에 내려주셨습니까? 그렇게 하지 않으셨지요. 필요한 만나를 매일매일 내려주셨습니다. 그리고 그 날에 필요한 양식만을 한 사람이 한 오멜씩 만 거두라고 하셨지요. 거두어 온 것이 많기도 하고 적기도 하였으나 오멜로 되어보면 많이 거둔 자도 남음이 없고 적게 거둔 자도 부족함이 없었습니다.

그리고 주어온 만나를 당일에 다 먹고 아침까지 남겨두지 말라고 하셨지요. 주워 온 만나를 다음 날 아침까지 남겨두면 벌레가 생기고 냄새가 나서 먹을 수 없게 하셨습니다. 안식일을 앞둔 예비일만 이틀분을 거두게 하셨고, 매일 매일 일용할 만나를 거두게 하셨던 것이지요. 이스라엘 백성들이 요단강을 건너 가나안 땅에 들어가 가나안 땅에서 난 소산물을 먹을 때까지 40년 동안 일용할 만나를 내려주셨던 것입니다.

사람은 누구에게나 일용할 양식이 필요하지요. 일용할 양식이 있어야 살 수 있습니다. 그런데 구약시대나 지금이나 일용할 양식은 오직 하나님께서 주시는 것이지요. 하나님께서 주셔야 일용할 양식을 얻을 수 있는 것입니다.
지난(2022년 10월 26일) 아연을 채굴하는 봉화 광산 붕괴사고로 두 명의 광부가 지하 190m에 매몰되었다가 221시간 만에 극적으로 구조되지 않았습니까? 먹을 것이 없는 매몰된 지하 굴속에서 가지고 내려간 믹스커피로 며칠을 버티고 물로 연명을 했다고 하지 않나요? 지하 굴속에 갇혀있는 것을 알고 있으면서도 사랑하는 가족들이나 동료 광부들도 먹을 것을 갖다 줄 수가 없지 않았습니까? 일용할 양식은 하나님만이 주실 수 있는 것입니다.

죠지 뮬러 목사님은 고아의 아버지, 기도의 사람으로 불리는 분입니다. 뮬러 목사님은 "그의 거룩한 처소에 계신 하나님은 고아의 아버지시며 과부의 재판장이시라"(시 68 : 5)는 하나님의 말씀에 붙잡혀 고아들을 섬기는 사역을 했지요. 4개의 고아원을 세워 2000명이 넘는 고아들을 돌보았습니다. 뮬러 목사님은 그 귀한 사역을 하면서 정부의 도움이나, 어떤 사람에게나 단 한 번도 돈을 빌리거나 구걸하지 않았지요. 전능하신 하나님의 능력과 하나님 약속을 신뢰하고 '오늘 우리에게 일용할 양식을 주시옵소서' 기도하며(5만 번 이상의 기도의 응답을 받았음) 그 사역을 감당했던 것입니다.

일용할 양식은 하나님께서 주시는 것이지요. 그래서 "오늘 우리에게 일용할 양식을 주시옵소서" 기도하라고 하시는 것입니다.

둘째, 일터를 위해 기도하고 성실하게 일을 해야 할 것을 일깨우시기 위함이다.
'오늘 우리에게 일용할 양식을 주시옵소서' 기도하라고 하시는 말씀 속에는 일터(직장인이면 직장, 사업가면 사업장)를 위해 기도하면서 게으름을 피우지 말고 성실하게 일을 해야 할 것을 일깨우시기 위함인 것입니다.
하나님께서 이스라엘 백성들에게 새벽마다 만나를 내려주셨지요. 만나를 내려주시는데 어디에다 내려주셨습니까? 집에 있는 창고나 주방에 양식을 담는 그릇이나 밥그릇에 내려주셨나요? 그렇지 않았습니다. 집 밖 빈 들판에 내려주셨지요. 그래서 이스라엘 백성들은 누구나 아침 일찍 일어나 나가 만나를 주워와야 했지요. 주워다가 장막에 두고 먹어야 했습니다. 왜냐하면 햇볕이 뜨겁게 쬐면 만나가 그대로 있지 않고 스러져(녹아져) 없어졌던 것입니다.

무슨 말입니까? 만나는 새벽마다 하나님께서 내려주셨지만 이스라엘 백성들은 누구나 만나를 주워오는 수고를(일, 노동을) 해야 했던 것이지요.

그런데 하나님의 말씀보다 자신의 지혜를 앞세우는 똑똑한 사람들은 아침마다 일찍 일어나 만나를 주우러 가는 것이 번거롭고 귀찮아서 만나를 많이 주워온 사람들이 있었습니다. 날마다 주우러 나가는 수고를 하고 싶지 않아서 며칠 동안 먹을 것을 한 번에 주워오는 요령을 피운 사람들이 있었지요. 그런데 아무리 많이 주워와도 오멜로 되어보면 남지를 않았습니다.

게으름을 피우고 싶은 사람들은 다음 날 먹을 만나를 남겨두고 다음 날 만나를 취하는 일을 하지 않으려고 했지요. 그런데 그렇게 하면 만나가 썩고 냄새가 나고 벌레가 생겨서 먹을 수가 없었던 것입니다.

이 말씀이 우리에게 무엇을 교훈합니까? 하나님의 자녀인 천국 백성들은 '오늘 우리에게 일용할 양식을 주시옵소서' 기도하며, 일용할 양식을 위해 수고를(일) 해야 할 것을 교훈하시는 것이지요. 하나님의 자녀들은 세상에 사는 날 동안 날마다 일용할 양식을 위하여 기도해야 하고, 일용할 양식을 얻게 하는 일터(직장, 사업장)를 위해 기도하며(일터가 있어야 일을 할 수 있고 일용할 양식을 얻을 수 있음), 성실하게 일을 해야 하는 것입니다.

인류의 조상인 아담과 하와가 하나님의 말씀을 불순종하고 죄를 지었기 때문에 땅이 저주를 받았습니다. 그래서 이마에서 땀이 흐르도록 일을 해야 땅의 소산(일용할 양식)을 얻을 수 있게 되었지요. 그러므로 하나님의 자녀인 천국 백성들도 세상에 사는 날 동안은 땀을 흘리며 일을 해야 하는 것입니다.

"아담에게 이르시되 네가 네 아내의 말을 듣고 내가 네게 먹지 말라 한 나무의 열매를 먹었은즉 **땅은 너로 말미암아 저주를 받고 너는 네 평생에 수고하여야 그 소산을 먹으리라**"(창 3:17)

데살로니가교회 성도들 가운데는 일하기 싫어하는 형제들이 있었습니다. '예수님이 다시 오실 날이 멀지 않았는데 힘들게 일할 것이 무엇이냐?' '예수님이 다시 오시면 돈이 뭐 필요하고 재산이 뭐 필요하냐?' 하는 자들이 있었지요. 게을러서 일은 하지 않고 일을 만들기만 하는 자들이 있었습니다. 이런 자들을 향하여 성경은 어떻게 권면을 하고 있습니까?

"우리가 너희와 함께 있을 때에도 너희에게 명하기를 누구든지 일하기 싫어하거든 먹지도 말게 하라 하였더니 우리가 들은즉 너희 가운데 게으르게 행하여 도무지 일하지 아니하고 일을 만들기만 하는 자들이 있다 하니 이런 자들에게 우리가 명하고 주 예수 그리스도 안에서 권하기를 조용히 일하여 자기 양식을 먹으라 하노라"(살후 3 : 10~12)

땀을 흘리며 일할 일터가 있어서 성실하게 일하는 즐거움을 누리며, 일을 하며 얻어지는 수입이 있어서 평안하게 살 수 있는 것은 축복인 것이지요. 천국 백성은 날마다 자신이 일하는 일터를 위하여 기도하며 성실하게 일을 하며 살아야 하는 것입니다.

셋째, 자족하며 감사하며 가난한 이웃을 돌보게 하기 위함이다.

왜 '오늘 우리에게 일용할 양식을 주시옵소서' 기도하라고 하셨을까요? 하나님께서 이렇게 기도하라고 하시는 또 한 가지 중요한 이유가 있습니다.

탐욕을 품지 말고 일용할 양식으로 자족하며, 일용할 양식을 주시는 하나님의 사랑과 은혜를 깨달아 감사하며, 그리고 일용할 양식을 필요로 하는 자가 있을 때 나누어 주며 살기를 원하시는 것입니다.

천국에 가서 영생 복락을 누릴 천국 백성들은 탐욕을 품지 말고 일용할 양식이 있을 때 만족해하며(자족하며), 일용할 양식을 주시는 하나님께 감사해야 하는 것이지요. 그리고 일용할 양식이 없는 이웃이 있을 때 긍휼히 여기며 돌보아야 하는 것입니다.

천국에 가서 영생 복락을 누릴 천국 백성은 절대로 재물에 대한 탐욕을 품지 말아야 하는 것이지요. 재물에 대한 탐욕을 품으면 한이 없는 것입니다. 하나님과 하나님 나라(천국)에서 멀어지게 되는 것이지요. 천국에 가기가 어려운 것입니다.

어느 날 재물이 많은 부자 청년이 예수님을 찾아와서 물었습니다. "선생님, 내가 무슨 선한 일을 하여야 영생을 얻으리이까?"(마 19 : 16) 예수님께서 "네가 생명에 들어가려면 계명들을 지키라"(마 19 : 17)고 하셨지요.

다시 부자 청년이 물었습니다. "어느 계명입니까?"(마 19 : 18)

예수님께서 "살인하지 말라, 간음하지 말라, 도둑질하지 말라, 거짓 증언하지 말라, 네 부모를 공경하라, 네 이웃을 네 자신과 같이 사랑하라"(마 19 : 18~19)고 하셨지요.

청년이 다시 이렇게 말하며 물었습니다.

"이 모든 것을 내가 지키었사온대 아직도 무엇이 부족하니이까?"(마 19 : 20)

이 때 예수님께서 무엇이라고 하셨나요?

"네가 온전하고자 할진대 가서 네 소유를 팔아 가난한 자들에게 주라 그리하면 하늘에서 보화가 네게 있으리라 그리고 와서 나를 따르라"(마 19 : 21)

예수님의 이 말씀을 들은 부자 청년은 재물이 많았기 때문에 근심하며, 예수님을 따르지 못하고 떠나갔다고 했지요.

그 때 예수님께서 하신 말씀이 있습니다.

"내가 진실로 너희에게 이르노니 부자는 천국에 들어가기가 어려우니라. 다시 너희에게 말하노니 낙타가 바늘귀로 들어가는 것이 부자가 하나님의 나라에 들어가는 것보다 쉬우니라"(마 19 : 23~24)

그래서 잠언 30장의 기자(記者)인 '아굴'은 어떤 기도를 드렸습니까?

"내가 두 가지 일을 주께 구하였사오니 내가 죽기 전에 내게 거절하지 마옵소서. 곧 헛된 것과 거짓말을 내게서 멀리 하옵시며 나를 가난하게도 마옵시고 부하게도 마옵시고 오직 필요한 양식으로 나를 먹이시옵소서. 혹 내가 배불러서 하나님을 모른다 여호와가 누구냐 할까 하오며 혹 내가 가난하여 도둑질하고 내 하나님의 이름을 욕되게 할까 두려워함이니이다."(잠 30 : 7~9) 기도를 했습니다.

믿음의 대사도였던 바울은 믿음의 아들 디모데를 권면하면서 무엇이라고 했습니까?

"그러나 자족하는 마음이 있으면 경건은 큰 이익이 되느니라. 우리가 세상에 아무 것도 가지고 온 것이 없으매 또한 아무 것도 가지고 가지 못하리니 우리가 먹을 것과 입을 것이 있은즉 족한 줄로 알 것이니라"(딤전 6 : 6~8)고 했지요.

이제 말씀을 맺겠습니다.

일용할 양식은 하나님께서 주시는 것입니다. 일용할 양식은 사람에게 제일 필요한 것이지요. 일용할 양식이 없으면 살 수 없는 것입니다. 하나님의 자녀인 천국 백성들은 날마다 '오늘 우리에게 일용할 양식을 주시옵소서' 기도해야 하는 것이지요. 일용할 양식을 얻게 하는 일터를 위해 기도하며 성실하게 일을 해야 하는 것입니다. 일용할 양식을 주실 때 일용할 양식으로 자족하며 감사하며 하루하루를 살아야 하는 것이지요. 일용할 양식이 없어 굶주리는 이웃이 있을 때 돌보며 살아야 하는 것입니다. 날마다 일용할 양식을 위하여 기도하며 감사하며 사는 천국 백성이 되시기를 예수님의 이름으로 축원합니다.

아　　멘.

우리 죄를 사하여 주시옵고

마태복음 6 : 12

"우리가 우리에게 죄 지은 자를 사하여 준 것 같이 우리 죄를 사하여 주시옵고"(마 6 : 12)

예수님께서 '무리'가 아닌 '제자들(천국 백성)'에게 선포하신 '천국의 대헌장' '천국 백성의 삶의 윤리'인 산상보훈(마태복음 5~7장)의 말씀을 살펴보고 있습니다. 예수님께서 직접 가르쳐 주신 '주의 기도(주 기도문)'에 대하여 살펴보고 있지요.

'주님이 가르쳐주신 기도'에는 먼저 하나님을 위한 세 가지 기도의 내용이 있습니다. 그리고 이어서 우리들에게 꼭 필요한 세 가지를 기도하라고 하셨지요.

첫째 "오늘 우리에게 일용할 양식을 주시옵고" 둘째 "우리가 우리에게 죄 지은 자를 사하여 준 것 같이 우리 죄를 사하여 주시옵고" 셋째, "우리를 시험에 들게 하지 마시옵고 다만 악에서 구하시옵소서"

이 3가지 요소가 결핍이 되면 사람은 곤고하고 불안해서 살 수가 없지 않습니까? 그래서 예수님은 기도를 가르치시면서 이 3가지를 구하라고 하신 것입니다.

지난 시간에는 우리 자신을 위한 기도 가운데 첫 번째 기도의 내용인 "오늘 우리에게 일용할 양식을 주시옵고"라는 말씀을 강론했지요.

이 시간에는 우리 자신을 위한 기도 가운데 두 번째 기도의 내용인 "우리가 우리에게 죄 지은 자를 사하여 준 것 같이 우리 죄를 사하여 주시옵고" 말씀을 강론하면서 하나님의 음성을 듣기를 원합니다. '죄를 사하여 달라'는 기도를 하라고 하신 것이지요.

천국 백성이 세상에서 살기 위해서는 먹을 양식과 함께 반드시 필요한 것이 있습니다. 마음의 평안(정신적인 평안)이지요. 아무리 먹을 것이 많이 있고, 좋은 집이 있고, 좋은 차가 있고, 좋은 옷을 입는다 하더라도 마음이 평안하지 않으면 살 수가 없는 것입니다. 그

래서 보통 사람들보다 더 좋은 조건을 많이 가지고 있는 사람들이 오히려 우울증에 빠지고 스스로 극단적인 선택을 하는 것을 보기도 하는 것입니다.

그런데 하나님의 자녀인 천국 백성들에게 온전한 마음의 평안은 주님께서 주시는 것이지요. 주님과 화목하고 사람들과 화목할 때 주님께서 주시는 것입니다.

"평안을 너희에게 끼치노니 곧 나의 평안을 너희에게 주노라 내가 너희에게 주는 것은 세상이 주는 것과 같지 아니하니라 너희는 마음에 근심하지도 말고 두려워하지도 말라" (요 14 : 27)

그런데 성도들이 주님과 화목하지 못하고 사람들과 화목하지 못할 때가 언제입니까? 죄를 짓고 죄 문제가 해결되지 않았을 때는 화목이 깨어지지요. 하나님의 말씀에 불순종하며 죄를 지을 때는 하나님과 불편해지고, 이기적인 마음과 행동으로 사람들과 다투면 화목이 깨어지고 불편해지는 것입니다. 하나님의 자녀들은 하나님과 사람들과 '죄 문제'를 해결하고, 주님께서 주시는 평안과 기쁨을 누리며 살아야 하는 것이지요. 그래서 "우리가 우리에게 죄 지은 자를 사하여 준 것 같이 우리 죄를 사하여 주시옵소서"라고 기도하라고 하시는 것입니다.

하나님의 자녀는 자신이 죄 성을 지닌 죄인인 것을 알아야 한다

예수님께서 천국 백성인 우리들에게 "**우리가 우리에게 죄 지은 자를 사하여 준 것 같이 우리 죄를 사하여 주시옵소서**"라고 부탁하시는 말씀 속에는 **예수님을 믿고 구원을 받은 하나님의 자녀들, 천국 백성들도 다 죄인이라는 것을 전제하는 말씀입니다.**

'주의 기도'는 예수님을 믿지 않는, 하나님을 알지 못하는 이방인들에게 가르쳐 주신 기도가 아니지요. 예수님을 믿고 구원을 받은 하나님의 자녀들에게 '너희는 이렇게 기도하라'고 하시면서 가르쳐 주신 기도입니다. 그런데 "**우리가 우리에게 죄 지은 자를 사하여 준 것 같이 우리 죄를 사하여 주시옵소서**"라고 하신 것이지요. 예수님을 믿고 구원을 받은 하나님의 자녀들도 누구나 다 죄를 지을 수 있는 죄 성을 지닌 죄인인 것을 전제하며 하시는 말씀인 것입니다.

왜곡된 복음주의자들(**구원파 이단**)은 주님이 가르쳐주신 "우리가 우리에게 죄 지은 자를 사하여 준 것 같이 우리 죄를 사하여 주시옵소서"라는 기도가 더 이상 필요하지 않다고 부정을 합니다. 예수님을 믿는 순간에 믿음으로 의롭다 함을 받고 의인이 되었기 때문에 더 이상 죄인이 아니라는 것이지요. 그러니 회개할 필요가 없고, '죄를 사하여 달라'고 기도할 필요가 없다는 것입니다.

그래서 구원파 이단에서는 정통교회 성도들을 유혹할 때 '당신은 구원을 받았습니까?' '구원을 받은 날이 언제입니까?' '당신은 의인입니까? 죄인입니까?'질문을 던지며 유혹을 하지요. 구원을 받은 날을 바로 이야기하지 못한다든지, 죄인이라고 한다든지, 의인인지 죄인인지 잘 모르겠다고 하면 '당신은 아직 구원을 받지 못했다'는 식으로 유혹을 합니다. 하나님의 말씀을 제대로 알지 못하는 전혀 잘못된 것입니다.

예수님을 믿는 사람은 누구나 다 구원을 받은 하나님의 자녀인 것이지요. 그러나 그 날짜는 바울 사도 같이 극적으로 회심을 한 사람이 아니라면 잘 모르는 것이 정상입니다. 모태신앙으로 태어나 신앙생활을 하며 극적인 중생체험을 하지 않은 사람은 중생한 날을 잘 알 수가 없지요. 사람은 자기가 태어난 생일을 부모가 알려주어서 아는 것이지 자신이 스스로 자기가 태어난 날을 아는 사람이 어디 있습니까?

예수님을 믿는 사람들은 다 의인(죄가 있지만 죄를 용서받은 의인)이고 구원을 받은 하나님의 자녀들이지요. 법적으로 의인입니다. 사탄도, 그 누구도 '너는 죄인이라'고 정죄를 하지 못하지요. 죄와 사망의 법에서 해방을 받은 사람들입니다. 그리스도 예수 안에 있는 생명의 성령의 법에 거하는 사람들이지요. 하나님은 예수님을 믿는 사람들을 의인으로, 자녀로 보십니다.

"그러므로 이제 그리스도 예수 안에 있는 자에게는 결코 정죄함이 없나니 이는 그리스도 예수 안에 있는 생명의 성령의 법이 죄와 사망의 법에서 너를 해방하였음이라"(롬 8 : 1~2)

그러나 예수님을 믿는 하나님의 자녀라 하더라도 육신을 벗는 날까지는 죄 성을 지니고 있어서 온전히 하나님의 뜻을 다 순종하지 못하며 사는 죄인이기도 한 것이지요. 의인이기도 하지만 동시에 죄인이기도 한 것입니다.

죄 성을 가진 사람은 아무리 믿음이 성숙하다 하더라도 하나님의 말씀을 다 순종하며 살 수는 없지요. 하나님의 말씀을 다 순종하며 사신 분은 성자이신 예수 그리스도 한 분뿐입니다. 어떤 말씀이든지 하나님의 말씀을 불순종하면 죄가 되는 것이 아닙니까?

"그 형제를 미워하는 자마다 살인하는 자니 살인하는 자마다 영생이 그 속에 거하지 아니하는 것을 너희가 아는 바라"(요일 3 : 15) "나는 너희에게 이르노니 너희 원수를 사랑하며 너희를 박해하는 자를 위하여 기도하라"(마 5 : 44)

"나는 너희에게 이르노니 음욕을 품고 여자를 보는 자마다 마음에 이미 간음하였느니라"(마 5 : 28)

"의심하고 먹는 자는 정죄되었나니 이는 믿음을 따라 하지 아니하였기 때문이라 믿음을 따라 하지 아니하는 것은 다 죄니라"(롬 14 : 23)

"그러므로 사람이 선을 행할 줄 알고도 행하지 아니하면 죄니라"(약 4 : 17)

어느 누가 하나님이 말씀하시는 이런 말씀들을 100% 다 순종하며 살 수 있겠습니까? 신실한 믿음을 가진 사람도 전혀 불가능하지 않나요? 사람은 누구나 다 죄인일 수밖에 없는 것입니다.

그렇기에 신실한 성도는 신앙이 깊어지면 깊어질수록 자신이 부족한 죄인인 것을 깨닫게 되고 더 겸손해지는 것이지요. 신실하기 그지없는 다윗이 범죄를 하지 않았습니까? 예수님의 수제자인 베드로도 예수님을 모른다고 세 번씩이나 부인하는 죄를 짓지 않았나요? 다메섹 도상에서 부활하신 예수님을 만나고 평생 예수님과 동행하며 복음을 전하며 산 바울 사도는 "미쁘다 모든 사람이 받을 만한 이 말이여 그리스도 예수께서 죄인을 구원하시려고 세상에 임하셨다 하였도다 죄인 중에 내가 괴수(우두머리)니라"(딤전 1 : 15)고 하지 않았습니까?

예수 그리스도를 믿고 구원을 받은 하나님의 자녀들은 의인이기도 하지만, 동시에 죄성을 지니고 있어서 죄를 지으면 살 수밖에 없는 죄인인 것을 알아야 하는 것이지요. 자신이 연약한 죄인인 것을 깨달으며 항상 겸손하게 살아야 하는 것입니다.

하나님의 자녀는 죄를 회개하며 살아야 한다

자신이 죄를 지은 죄인인 것을 깨달으면 반드시 해야 할 일이 있습니다. 죄를 숨기려고 하지 말고 지체하지 말고 빨리 회개해야 하는 것이지요.

그런데 죄에는 두 가지 종류가 있습니다. 원죄와 자범죄이지요. 원죄는 인류의 조상인 아담과 하와가 지은 죄가 유전이 되어 어머니 뱃속에서 태어날 때부터 가지고 태어나는 죄입니다. 자범죄는 죄 성을 지니고 있기에 하나님의 말씀에 불순종하며 자신이 짓는 죄입니다.

원죄는 천국 복음을 들으며, 하나님의 아들이신 예수 그리스도가 자신의 죄를 위하여 십자가에 달려 죽으시고 부활하신 것이 깨달아지고 믿어질 때 용서를 받는 것이지요. 자신의 죄를 고백하고 회개하며 예수님을 자기의 주님으로 영접할 때(중생할 때) 원죄는 용서를 받게 되는 것입니다.

그리고 자범죄는 예수님을 믿고 따르는 하나님의 자녀가 세상을 살면서 하나님의 말씀에 불순종하며 죄를 지었을 때 그 죄를 자백하며 회개할 때 용서를 받게 되는 것이지요.

그러므로 죄에 두 종류가 있듯이 회개에도 두 종류가 있는 것입니다. 예수님을 알지 못하던 사람이 복음을 듣고 예수님을 믿으며 회개하는 회개(하나님의 자녀로 거듭나는 회개, 중생하는 회개)와 예수님을 믿고 따르는 하나님의 자녀가 세상을 살면서 짓는 크고 작은 죄를 회개하는 회개(성화되기 위한 회개)가 있는 것이지요.

중생을 위한 회개와 성화를 위한 회개에 대하여 예수님께서는 목욕을 하며 온 몸을 씻는 것과 발을 씻는 것으로 설명을 하시지 않으셨습니까?

요한복음 13장에 보면 예수님께서 십자가에 달리시기 전날 밤에 마리아 다락방에서 제자들을 데리고 최후 만찬을 나누시지 않습니까? 최후 만찬을 나누시던 자리에서 일어나 예수님께서 특별한 행동을 하시지 않았나요? 허리에 수건을 두르시고 대야에 물을 떠다가 제자들의 발을 한 사람씩 한 사람씩 씻어 주시지 않습니까? 당시에 발을 씻어 주는 관습이 있었지요. 그런데 발을 씻어 주는 것은 종이 주인의 발을 씻어 주고 제자가 스승의 발을 씻어 주었지, 주인이 종의 발을 씻어 주고 스승이 제자의 발을 씻어 주지는 않았습니다. 그런데 예수님께서 제자들의 발을 씻어 주신 것입니다.

예수님께서 제자들의 발을 하나씩 하나씩 씻어 주시며 베드로의 차례가 되었을 때 베드로가 너무 황송해서 내 발은 절대로 씻으실 수 없다고 했지요.

그 말을 들은 예수님께서 "내가 너를 씻어 주지 아니하면 네가 나와 상관이 없느니라"고 하셨습니다. 그러자 베드로는 "주여 내 발뿐 아니라 손과 머리도 씻어 주옵소서"라고 했지요.

그 때 예수님께서 하신 말씀이 있습니다. "이미 목욕한 자는 발밖에 씻을 필요가 없느니라 온 몸이 깨끗하니라"(요 13 : 10)고 하셨지요.

목욕을 하고 발을 씻는다는 말은 죄를 회개하고 씻는 것을 의미하는 것입니다. '목욕'은 예수님을 모르던 사람이 죄를 회개하고 예수님을 믿으며 중생하는 회개를 의미하고, '발을 씻는 것'은 예수님을 믿고 따르는 제자들이 죄를 지은 것은 회개하며 씻음을 받는 성화를 위한 회개를 의미하는 것입니다.

　예수님을 믿고 구원을 받은 하나님의 자녀들도 죄 성을 지니고 있어서 세상에서 생활하다 보면 누구나 원치 않는 죄를 짓기 마련이지요. 하나님의 말씀을 온전히 순종하지 못할 때가 있습니다. 그러면 하나님과의 관계가 불편해지지요. 그래서 하나님의 자녀들은 구원을 받기 위한 회개가 아니라 성화되기 위한 회개를 끊임없이 해야 되는 것입니다.

　하나님의 자녀가 죄를 짓고도 회개하지 않으면 하나님과의 관계가 불편해집니다. 기도를 하려고 해도 안 되고 찬송을 하려고 해도 안 되지요. 영적으로 곤고해집니다. 평안이 사라지고 기쁨이 사라지는 것입니다.

　그리고 죄를 회개하지 않고 숨기려고 하면 점점 더 큰 죄를 짓게 되어지지요. 다윗이 우리아의 아내 밧세바와 간음죄를 짓고 난 뒤에 간음죄를 숨기려고 우리아를 전쟁터에 내보내 죽이는 살인죄를 짓지 않습니까? 더 큰 죄를 짓지 않았나요?

　그리고 죄를 회개하지 않고 죄를 짓다 보면 죄를 지어도 죄의식(감각)이 없는 화인 맞은 양심이 되어버립니다. "자기 양심이 화인(火印, 불도장)을 맞아서 외식함으로 거짓말하는 자들이라"(딤전 4 : 2) 영적으로 병들고 죽어가게 되는 것이지요. 그래서 "**욕심이 잉태한즉 죄를 낳고 죄가 장성한즉 사망을 낳느니라**"(약 1 : 5)고 하시는 것입니다.

　그러므로 하나님의 자녀들은 성령께서 죄를 일깨우실 때 숨기며 핑계를 대려고 하지 말고 지체하지 말고 회개를 해야 하는 것이지요. 자기 죄를 주님 앞에 자백하며 예수님의 십자가 보혈로 씻어야 하는 것입니다. 하나님은 죄를 숨기지 않고 자백하면 아무리 큰 죄를 지었다 하더라도 다 불쌍히 여기시고 용서해 주시는 분이지요.

　"자기의 죄를 숨기는 자는 형통하지 못하나 죄를 자복하고 버리는 자는 불쌍히 여김을 받으리라"(잠 28 : 13)

　"만일 우리가 우리 죄를 자백하면 그는 미쁘시고 의로우사 우리 죄를 사하시며 우리를 모든 불의에서 깨끗하게 하실 것이요"(요일 1 : 9)

　하나님은 회개한 죄를 눈과 같이 양털 같이 깨끗하게 씻어 주시고 회개한 죄를 기억하지도 않으시는 분인 것입니다.

　"여호와께서 말씀하시되 오라 우리가 서로 변론하자 너희의 죄가 주홍 같을지라도 눈과 같이 희어질 것이요 진홍같이 붉을지라도 양털같이 희게 되리라"(사 1 : 18)

　"나 곧 나는 나를 위하여 네 허물을 도말하는 자니 네 죄를 기억하지 아니하리라"(사 43 : 25)

그렇기에 회개하는 자들(애통하는 자들, 마음이 청결한 자들, 두루마기를 빠는 자들)이 복이 있다고 하시는 것이지요. 하나님을 볼 수 있고, 위로를 받을 수 있고, 천국에 들어가 천국에 있는 생명나무에 나아갈 수 있는 것입니다.
　"애통하는(죄를 슬퍼하며 우는 자) 자는 복이 있나니 그들이 위로를 받을 것임이요"(마 5 : 4) "마음이 청결한 자는 복이 있나니 그들이 하나님을 볼 것임이요"(마 5 : 8)
　"자기 두루마기를 빠는 자들은 복이 있으니 이는 그들이 생명나무에 나아가며 문들을 통하여 성에 들어갈 권세를 받으려 함이로다"(계 22 : 14)

　천국 백성은 하나님의 말씀에 순종하며 죄를 멀리하며 살기를 힘써야 하는 것이지요. 죄를 지은 것이 생각이 날 때는 숨기지 말고 지체하지 말고 자백하며, 하나님께서 정결하게 씻어주시고 평안과 기쁨을 주시는 은혜를 누리며 살아야 하는 것입니다.

하나님의 자녀는 자신의 죄를 용서받기 전에 타인의 죄를 먼저 용서해 주어야 한다

　아무리 큰 죄를 지었다 하더라도 회개하면 하나님은 용서를 해주시는 분입니다. 깨끗하게 씻어주시고, 회개한 죄를 기억하지도 않으시는 분이지요. 그런데 자기가 지은 죄를 회개할 때는 반드시 알아야 할 것이 있습니다.
　본문에 "우리가 우리에게 죄지은 자를 사하여 준 것 같이 우리 죄를 사하여 주시옵고"라고 하셨지요. '우리 죄를 사하여 주시옵고(우리 죄를 사하여 주시옵소서)' 기도하라고 하시면서, 먼저 무슨 말씀을 하시고 있습니까? '우리가 우리에게 죄 지은 자를 사하여 준 것 같이'라는 말씀을 하고 계시지요.
　무슨 말씀입니까? 자기의 죄를 자복하며 용서하여 달라고 기도하기 전에 먼저 자기에게 죄지은 자를 용서해야 할 것을 말씀하신 것입니다. 하나님의 자녀들이 자기의 죄를 자백하며 사하여 달라고 기도할 때 먼저 자기에게 죄를 지은 자를 사하여 주어야 할 것을 말씀해 주신 것이지요.
　예수님을 믿는 하나님의 자녀들은 예수 그리스도의 십자가 대속의 사랑으로 도저히 용서받을 수 없는 원죄를 이미 용서받은 사람들입니다. 말로 표현할 수 없는 사랑으로 용서를 받은 사람들이지요. 그래서 영생을 소유한 하나님의 자녀, 천국 백성이 된 것입니다. 그러므로 세상을 살면서 짓는 자범죄를 용서해달라고 기도하게 될 때는 반드시 먼저 다른 사람이 나에게 지은 죄를 용서해 주어야 하는 것이지요. 다른 사람의 죄를 용서하지 못하면 하나님 아버지 앞에 자기 죄를 용서해달라고 할 자격이 없는 것입니다.

예수님께서 자기에게 죄를 지은 자를 어떻게 용서하라고 가르치셨습니까? 베드로가 "주여 형제가 내게 죄를 범하면 몇 번이나 용서하여 주리이까 일곱 번까지 하오리이까"(마 18 : 21)물었을 때, "일곱 번뿐 아니라 일곱 번을 일흔 번까지라도 할지니라"(마 18 : 22)하셨지요.

그러면서 예수님은 '천국은 그 종들과 결산하려 하던 어떤 임금과 같다'고 하시면서 '**빚진 종 이야기**'를 하시지 않습니까?

임금 앞에 만 달란트(1달란트는 6천 데나리온, 당시 1데나리온은 장정 1일 품삯)를 빚진 종이 왔을 때 만 달란트 빚진 종은 도저히 갚을 수가 없었지요. 임금은 '네 몸과 아내와 자식들과 모든 소유를 팔아 갚으라'고 했습니다. 그러나 1만 달란트는 모든 것을 다 팔아도 갚을 수가 없는 막대한 돈이지요. 임금은 그 종을 불쌍히 여겨 만 달란트 빚을 다 탕감해주었습니다.

그런데 만 달란트를 탕감받은 종은 어떻게 했나요? 자기에게 백 데나리온 빚진 동료를 만났을 때 '목을 잡고 빚을 갚으라'고 했지요. 참고 기다려주면 갚겠다고 사정을 하는데, 들어주지 않고 동료를 옥에다 가두었습니다.

그 말을 전해 들은 임금이 탕감해준 종을 불러다가 '악한 종'이라 책망을 하며 무엇이라고 했습니까? "악한 종아 네가 빌기에 내가 네 빚을 전부 탕감하여 주었거늘 내가 너를 불쌍히 여김과 같이 너도 네 동료를 불쌍히 여김이 마땅하지 아니하냐"(마 18 : 32~33) 그러면서 동료를 불쌍히 여기지 않는 종을 옥에 가둔다는 것입니다.

그러면서 예수님이 무엇이라고 하셨습니까? "너희가 각각 **마음으로부터 형제를 용서하지 아니하면 나의 하늘 아버지께서도 너희에게 이와 같이 하시리라**"(마 18 : 35)

진정한 용서는 입으로만 하는 말의 용서가 아니라 '마음으로부터' 해야 하는 것이지요. 마음으로부터 용서하고 입으로도 용서해야 하는 것입니다.

다른 사람이 나에게 지은 죄를 용서하지 않고 하나님 앞에 나의 죄를 용서해 달라고 기도하는 것은 하나님의 자녀들이 해서는 안 될 일이지요. 하나님은 그런 자녀의 기도를 들어주시지 않는 분입니다. 그러므로 '죄를 용서해야 달라'고 기도할 때는 다른 사람이 나에게 지은 죄를 먼저 반드시 용서해 주어야 하는 것이지요.

   천국 백성은 다른 사람에게 잘못한 것이 있을 때 용서를 구하며 용서를 받고, 다른 사람이 나에게 잘못한 것을 용서해 주며, 내가 잘못한 것(지은 죄)를 하나님 앞에 자백하고 용서를 받으며, 하나님이 주시는 평안과 기쁨을 누리며 살아야 하는 것입니다.

   이제 말씀을 맺겠습니다.

   사람이 세상에 살 때 절대적으로 필요한 것이 무엇입니까? 죄를 해결하고 정신적인 평안(마음의 평안)을 누리는 것이지요. 하나님과 의로운 관계를 맺고 사람들과 의로운 관계를 맺을 때 주님께서 주시는 평안인 것입니다. 그래서 "우리가 우리에게 죄 지은 자를 사하여 준 것 같이 우리 죄를 사하여 주시옵고" 기도하라고 하시는 것이지요.

   나를 해롭게 하며 아픔을 준 다른 사람의 죄를 용서하며, 내가 연약하고 부족해서 짓는 죄를 하나님 앞에 자백하고 용서를 받으며, 하나님께서 주시는 평안과 기쁨을 누리며 복되게 인생을 사는 천국 백성이 되시기를 예수님의 이름으로 축원합니다.   아 멘.

우리가 시험에 들게 하지 마시옵고 악에서 구하시옵소서

마태복음 6 : 13

"우리를 시험에 들게 하지 마시옵고 다만 악에서 구하시옵소서"(마태복음 6 : 13 상반절)

예수님께서 '무리'가 아닌 '제자들(천국 백성)'에게 선포하신 '천국의 대헌장' '천국 백성의 삶의 윤리'인 산상보훈(마태복음 5~7장)의 말씀을 살펴보고 있습니다. 예수님께서 직접 가르쳐 주신 '주의 기도(주 기도문)'에 대하여 살펴보고 있지요.
지난 시간에 이어 이 시간에는 우리 자신을 위한 기도 가운데 세 번째 기도의 내용인 "우리를 시험에 들게 하지 마시옵고 다만 악에서 구하시옵소서"에 대한 말씀을 강론하면서 하나님의 음성을 듣기를 원합니다.

왜 예수님께서는 천국 백성인 하나님의 자녀들에게 "우리를 시험에 들게 하지 마시옵고 다만 악에서 구하시옵소서"라고 기도하라 하셨을까요? 왜 천국 백성인 하나님의 자녀들에게 이 기도가 필요할까요?
사악한 마귀가 활동을 하며 시험을 하고 유혹을 하는 세상이기 때문입니다. 악한 마귀가 두루 다니며 삼킬 자를 찾는 악한 세상이기 때문에 근신(조심)해야 되고 깨어 있어야(기도해야) 하는 것입니다.
"근신하라 깨어라 너희 대적 마귀가 우는 사자 같이 두루 다니며 삼킬 자를 찾나니 너희는 믿음을 굳건하게 하여 그를 대적하라"(벧전 5 : 8~9) "그런즉 선 줄로 생각하는 자는 넘어질까 조심하라"(고전 10 : 12)고 하셨지요.

수백 년 전 『노스 캐롤라이나』의 「케이프 하테라스」라는 섬에서 멀리 가는 배들을 섬 모래 언덕으로 유인하여 파선케 하고 약탈하는 일이 있었습니다. 늙은 말 머리에 랜턴을 달고 섬 아래위를 왔다 갔다 하면 멀리서 항해하던 배들이 등대의 불빛인 줄 알고 다가오다가 모래 언덕에 파선을 당했지요. 그러면 섬사람들은 그릇과 돈을 약탈하고 파선된 뱃조각으로 집을 짓곤 했습니다. 결국 배들은 등대의 불빛인 줄 알고 따라갔지만 사실은 파멸의 불빛이었던 것입니다.

사실 우리의 인생길은 어두운 밤바다를 항해하는 배와도 같습니다. 사탄 마귀가 랜턴을 비추며 유혹을 하지요. 그리로 가면 성공할 것 같고 평안과 행복이 있을 것같아 보입니다. 그러나 그리로 따라갔다가 마귀가 만들어놓은 모래 언덕에 부딪혀 파선을 하는 경우가 있습니다.

마치 꿀벌이 꽃을 찾아다니며 꿀을 따는 것이 싫어서 꿀단지 속에 들어가 실컷 꿀을 먹고 나오려고 하지만 날개가 이미 꿀 속에 빠져서 나오지 못하고 퍼덕거리는 모습과도 같은 것입니다.

우리가 살아가는 인생길에는 사탄 마귀가 수많은 함정을 파놓고 유혹을 하고 있습니다. 수많은 술집, 컴퓨터 오락실, 음란 노래방, 전화방, 음란 카페, 심지어 안방에 놓여있는 컴퓨터 인터넷, 손에 들고 다니는 휴대폰에 나타나는 갖가지 악한 앱과 유트브 영상물 ……

이러한 세상에서 우리 성도들은 어떻게 살아가야 합니까? 주님은 우리에게 말씀을 하십니다. "우리를 시험에 들게 하지 마옵시고 다만 악에서 구하옵소서."라고 '기도하라'고 하십니다. 주님의 이 가르침이 무엇을 의미합니까?

마귀는 반드시 시험을 하고 유혹을 할 것이니까(누구라도 피할 수 없음), 시험을 받고 유혹을 받는다 하더라도 시험에 들고 악에 빠져서는 안 되니까 '우리를 시험에 들게 하지 마시옵고 다만 악에서 구하시옵소서(헬, καὶ μὴ εἰσενέγκῃς ἡμᾶς εἰς πειρασμόν ἀλλὰ ῥῦσαι ἡμᾶς ἀπὸ τοῦ πονηροῦ.(카이 메 에이세넹케스 헤마스 에이스 페이라스몬 알라 뤼사이 헤마스 아포 투 포네루)' 기도하라고 하시는 것입니다.

시험이라는 말이 무슨 말인가?

'우리를 시험에 들게 하지 마시옵고'에 나오는 '시험'이라는 말이 무슨 말입니까? '시험(πειρασμός(페이라스모스)'이라는 말은 두 가지 의미가 있지요. 동사인 '헬, πειράζω(페이라조)'에서 나온 말로 '검사하다, 시험하다(test)'라는 뜻으로 '믿음의 시련'이라는 좋은 의미도 있고, '유혹(temptation)'이라는 부정적인 의미도 담겨 있는 말입니다.

첫째, '시험'이라는 말이 하나님이 연단하는 '테스트'라는 의미가 있습니다.

학교에 다니는 학생들은 종종 시험을 봅니다. 학교에서 가르친 것을 '얼마나 잘 알고 있나?' 테스트를 하지요. 시험이라는 것이 학생들을 많이 힘들게 합니다. 잠을 제대로 잘 수가 없고, 쉬고 싶어도 쉴 수가 없지요. 그런데 시험을 보는 것은 학생들을 괴롭히기 위해서 보는 것이 아니라 열심히 공부하게 하고 실력을 향상시키기 위해서 보는 것입니다. 실력을 쌓아서 인생을 더 보람 있고 가치 있게 살게 하기 위하여 시험을 보게 하는 것이지요.

이와 마찬가지로 하나님께서도 하나님의 자녀들을 시험(test)하실 때가 있습니다. 하나님께서 믿음의 조상인 아브라함을 시험하시지 않으셨습니까?

"그 일 후에 **하나님이 아브라함을 시험하시려고** 그를 부르시되 아브라함아 하시니 그가 이르되 내가 여기 있나이다 여호와께서 이르시되 네 아들 네 사랑하는 독자 이삭을 데리고 모리아 땅으로 가서 내가 네게 일러 준 한 산 거기서 그를 **번제로 드리라**"(창 22 : 1∼2)

하나님께서 아브라함을 이미 택해 놓으셨고, 갈대아 우르에 살고 있는 아브라함을 불러내어 가나안으로 인도를 하시지 않으셨나요? 아브라함은 하나님을 잘 믿고 경외하는 믿음의 사람이었지요. 하나님께서 '의롭다'고 여기시고 있는 하나님의 사람이었습니다. 그런데 100살(아내 사라가 90살)에 낳은 외아들 이삭이 청년으로 성장했을 때 이삭을 번제로 달라고 요구를 하신 것입니다. 아브라함이 얼마나 '하나님의 말씀을 잘 순종하는가?'를 시험하시기 위해서 그렇게 하신 것이지요. 아브라함을 훈련하시고 연단하시기 위해서 그렇게 하신 것입니다. 아브라함은 이삭을 번제로 드리는 신앙으로 믿음의 조상이 되지 않았습니까?

하나님은 천국 백성인 하나님의 자녀들을 종종 시험하실 때가 있습니다. 그런데 시험은 기쁘고 즐거운 것이 아니지요. 아주 고통스러운 것입니다. 시험을 당하고 싶은 사람은 없는 것이지요. 그런데 하나님은 사랑하는 자녀들을 연단하시고 더 귀한 신앙과 인격으로 연단하시기 위하여 시험을 하시는 분인 것입니다. 성경이 무엇이라고 말씀을 하십니까?

"내 형제들아 너희가 여러 가지 시험을 당하거든 온전히 기쁘게 여기라 이는 너희 믿음의 시련이 인내를 만들어 내는 줄 너희가 앎이라 인내를 온전히 이루라 이는 너희로 온전하고 구비하여 조금도 부족함이 없게 하려 함이라"(약 1 : 2∼4)

"그러므로 너희가 이제 여러 가지 시험으로 말미암아 잠깐 근심하게 되지 않을 수 없으나 오히려 크게 기뻐하는도다 너희 믿음의 확실함은 불로 연단하여도 없어질 금보다 더 귀하여 예수 그리스도께서 나타나실 때에 칭찬과 영광과 존귀를 얻게 할 것이니라"(벧전 1 : 6∼7)

하나님은 하나님의 자녀들이 모나고 부족한 부분을 다듬어 성숙한 그리스도인이 되게 하시기 위하여 시험을 통하여 연단을 하십니다. 이기적인 성품이 이타적인 성품으로, 교만한 성품이 겸손한 성품으로, 조급하던 성품이 잘 인내하는 성품으로, 마음이 좁은 성품이 마음이 넓은 성품으로, 차가운 성품이 온유한 성품으로 - 그리스도를 닮은 성품으로 시험을 통하여 연단을 하시지요. 하나님께서 더 귀하게 사용하시고 축복하실 하나님의 사람으로 연단을 하십니다.

하나님은 바울 사도에게 어떤 계시의 말씀을 주셨고, 얼마나 귀하게 사용을 하셨습니까? 위대한 전도자로 신약성경 절반을 기록하는 하나님의 사람으로 마지막까지 귀하게 사용을 하시지 않았나요? 그런 바울 사도를 하나님은 어떻게 연단을 하시며 사용을 하셨습니까?

"여러 계시를 받은 것이 지극히 크므로 너무 자만하지 않게 하시려고 내 육체에 가시 곧 사탄의 사자를 주셨으니 이는 나를 쳐서 너무 자만하지 않게 하려 하심이라
이것이 내게서 떠나가게 하기 위하여 내가 세 번 주께 간구하였더니 나에게 이르시기를 내 은혜가 네게 족하도다 이는 내 능력이 약한 데서 온전하여짐이라 하신지라 그러므로 도리어 크게 기뻐함으로 나의 여러 약한 것들에 대하여 자랑하리니 이는 그리스도의 능력이 내게 머물게 하려 함이라"(고후 12 : 7~9)

바울 사도의 몸에는 육체에 가시(사탄의 사자)가 있었습니다. 바울 사도의 몸에 불편을 주고 고통을 주는 가시가 있었지요. 육체의 가시(질병)가 고통스러워서 바울 사도는 그 육체의 가시를 빼달라고, 자기에게 끊임없이 고통을 주는 그 고통을 떠나가게 해달라고 세 번이나 간구를 했습니다. 그런데 바울 사도를 몹시 사랑하시는 하나님께서 바울 사도의 간절한 소원을 알고 있고 기도를 들으시면서도 '내 은혜가 네게 족하도다 이는 내 능력이 약한 데서 온전하여짐이라'고 하시면서 육체의 가시를 빼주시지 않으셨습니다. 왜 하나님께서 그렇게 하셨느냐면 바울 사도가 자만하지 않고 겸손하게 하기 위하여 그렇게 하셨던 것이지요. 바울 사도는 육체의 가시 때문에 마지막까지 자만하지 않을 수 있었고, 더 하나님을 더 의지했습니다. 그랬을 때 하나님의 능력이 바울 사도에게 머물렀고, 하나님이 주시는 능력과 은혜로 그 귀한 사역을 마지막까지 잘 감당했던 것입니다.

하나님께서는 하나님께서 귀하게 사용하시는 사람일수록 시험을 통하여 연단을 하시고, 더 성숙한 신앙과 인격으로 다듬어서 귀하게 사용을 하시는 분입니다.

둘째, 시험이라는 말은 마귀가 하는 파괴적인 시험, '유혹'이라는 의미가 있습니다.

'시험(πειρασμός)'이라는 말은 마귀가 시험하는 시험(파괴하는 시험, 유혹, temptation), 하나님의 자녀들이 죄를 짓게 하고 어려움에 빠지게 하는 시험이 있습니다.

설교가 마이어(F. B. Meyer)는 이런 말을 했습니다. "하나님은 우리를 오르게 하기 위해서 시험하시지만, 사탄은 우리를 내려가게 하기 위해 시험한다." 사탄은 우리가 죄를 짓게 하게 하고, 낙심하게 하고, 잘못되게 하려고 유혹을 합니다.

사탄 마귀는 에덴동산에서 인류의 조상인 아담과 하와를 유혹해서 아담과 하와가 선악과를 따 먹으며 하나님의 말씀을 불순종하며 죄를 짓게 했지요. 하나님은 동산 중앙에 있는 "선악을 알게 하는 나무의 열매는 먹지 말라 네가 먹는 날에는 반드시 죽으리라"고 하셨는데, 마귀는 하나님보다 자기가 하와를 더 사랑하고 위하는 척하면서 '너희가 선악과를 따 먹어도 결코 죽지 않는다. 오히려 선악과를 먹으면 너희 눈이 밝아져 하나님과 같이 되어 선악을 알 줄 하나님이 아시기 때문에 따먹지 말라고 하신 것이라'고 유혹을 했습니다.

마귀의 유혹에 넘어간 하와가 선악과 열매를 보니까 먹음직하고 보암직하고 지혜롭게 할 만큼 탐스러운 열매로 보였지요. 아담과 하와는 마귀의 유혹에 넘어가 선악과 열매를 따 먹으며 범죄를 했던 것입니다. 그래서 죄가 세상에 들어오고 죄로 말미암아 모든 인류에게 고통과 죽음, 모든 불행이 찾아온 것이지요.

주의 택한 백성들을 죄에서 구원하시기 위해서 육신을 입고 오신 예수님이 공생애를 시작하시려고 하실 때 사탄 마귀가 찾아와 어떻게 시험(유혹)을 했습니까? 3가지 시험을 했지요. 40일을 금식하시며 굶주리신 예수님에게 "네가 만일 하나님의 아들이어든 명하여 이 돌들로 떡덩이가 되게 하라"(마 4 : 3)고 했습니다.

그리고 이어서 성전 꼭대기에 세우고 "네가 만일 하나님의 아들이어든 뛰어내리라 기록되었으되 그가 너를 위하여 그의 사자들을 명하시리니 그들이 손으로 너를 받들어 발이 돌에 부딪치지 않게 하리로다"(마 4 : 6)고 했지요.

세 번째는 높은 산으로 데리고 올라가 천하만국과 영광을 보여주며 "내게 엎드려 경배하면 이 모든 것을 네게 주리라"(마 4 : 9)고 했습니다.

사탄 마귀의 유혹을 받았을 때 아담과 하와는 유혹에 넘어가 범죄했지만 구원 주로 오신 예수님은 마귀의 유혹에 넘어가지 않고 유혹을 물리치셨지요.

"사람이 떡으로만 살 것이 아니요 하나님의 입으로부터 나오는 모든 말씀으로 살 것이

라"(마 4 : 4; 신 8 : 3) "주 너의 하나님을 시험하지 말라"(마 4 : 7; 신 6 : 16)

"사탄아 물러가라 기록되었으되 주 너의 하나님께 경배하고 다만 그를 섬기라"(마 4 : 10; 신 6 : 13) 구약성경 신명기에 나오는 하나님의 말씀으로 마귀의 유혹을 물리치셨지요.

에덴동산에서 아담과 하와를 유혹해서 죄를 짓게 했던 사탄 마귀, 심지어 우리를 구원하러 오셨던 예수님까지 유혹을 했던 사탄 마귀는 끊임없이 예수님을 믿고 구원을 받은 하나님의 자녀들을 유혹합니다. 세상 끝날까지 끊임없이 유혹을 할 것입니다.

사탄 마귀는 어떻게 하나님의 자녀들을 유혹할까요?

예수님은 하나님의 자녀인 천국 백성들이 세상에 사는 날 동안은 끊임없이 사탄 마귀의 유혹을 받을 것이고 유혹에 넘어가면 악에 빠져 고통을 당하게 될 것을 아십니다. 이 사실을 너무나 잘 아시는 예수님께서 우리에게 "우리를 시험에 들게 하지 마시옵고 다만 악에서 구하시옵소서"(마 6 : 13)라고 기도하라고 하신 것이지요.

그리고 마귀의 유혹에 넘어가 고통을 당한 경험(마귀가 넣어주는 죽음의 두려움을 이기지 못하고 '예수님을 모른다'고 세 번 부인하며 범죄한 경험)을 한 베드로 사도는 무엇이라고 했나요?

"근신하라 깨어라 너희 대적 마귀가 우는 사자 같이 두루 다니며 삼킬 자를 찾나니 너희는 믿음을 굳건하게 하여 그를 대적하라"(벧전 5 : 7~8)고 했습니다.

사탄 마귀는 눈에 보이지 않는 영물입니다. 영물인 사탄 마귀가 어떻게 하나님의 자녀들을 시험(유혹)을 할까요? 하나님의 자녀들이 세상에 사는 날 동안 꼭 있어야 하는 것들, 세상에 있는 것들을 사랑하는 욕심을 불어넣으며 유혹을 합니다. 마귀가 어떤 것들에 대한 욕심을 품게 만들고, 그 욕심에 지배를 받으며 죄를 짓도록 만들까요?

"이 세상이나 세상에 있는 것들을 사랑하지 말라 누구든지 세상을 사랑하면 아버지의 사랑이 그 안에 있지 아니하니 이는 세상에 있는 모든 것이 육신의 정욕과 안목의 정욕과 이생의 자랑이니 다 아버지께로부터 온 것이 아니요 세상으로부터 온 것이라"(요일 2 : 15~16)

'육신의 정욕(성욕, 식욕, 물질욕)' '안목의 정욕(권세욕)' '이생의 자랑(명예욕)'입니다. 이런 것들은 예수님을 믿는 하나님의 자녀들도 꼭 있어야 하는 것들이기 때문에 기본적으로 욕구를 가지고 있는 것이지요. 그런 욕구가 없다면 세상을 살 수가 없는 것입니다.

그러나 필요한 만큼만 있으면 되는 욕구를 넘어 사탄 마귀는 분수에 넘치는 욕심을 품게 만들고 욕심에 지배를 받으며 죄를 짓게 하는 것이지요. 사람이 죄를 짓게 되는 것은 마귀가 넣어주는 욕심을 절제하지 못하고 욕심대로 행동할 때 죄를 짓게 되는 것입니다.

"사람이 시험을 받을 때에 내가 하나님께 시험을 받는다 하지 말지니 하나님은 악에게 시험을 받지도 아니하시고 친히 아무도 시험하지 아니하시느니라 오직 각 사람이 시험을 받는 것은 자기 욕심(마귀가 넣어주는 욕심)에 끌려 미혹됨이니 욕심이 잉태한즉 죄를 낳고 죄가 장성한즉 사망을 낳느니라"(약 1 : 13~15)고 하시는 것입니다.

육신의 정욕

사탄 마귀는 '육신의 정욕'을 품게 해서 죄를 짓게 하지요. 육신(몸)에 필요한 먹는 것(식욕), 이성을 사랑하고 싶어하는 성욕, 돈(재물)에 대한 욕심을 품게 해서 죄를 짓게 합니다.

아간은 물질에 대한 욕심을 절제하지 못하고, 여리고 성 점령 때 은금과 시날산 외투 한 벌을 감추었다가 아이 성 전투에서 동족들이 패하게 만들었고, 자신은 그 사실이 드러나 돌 맞아 죽어야 했지요. **가룟 유다**도 돈에 대한 욕심을 가지고 있었기에 마귀가 가룟 유다의 마음에 예수님을 팔려는 생각을 넣어주었지요. 그래서 예수님을 은 30에 팔고 배신자가 되었던 것입니다.

삼손은 나귀 턱뼈 하나로 블레셋 사람 천명을 쳐 죽이는 용사였지만 이성에 대한 성욕을 절제하지 못하고 기생 들릴라의 무릎에 누워 자다가 힘의 근원인 머리털 일곱 가닥을 잘리고 두 눈이 뽑혀 붙들려가서 옥에 갇혀 맷돌을 돌리는 사람이 되었지요. 하나님의 사람 **다윗**도 성욕을 이기지 못하고 우리아의 아내 밧세바와 간음을 하고 우리아를 전쟁터에 내보내 죽이는 죄를 짓고 회개는 했지만 얼마나 고통을 당해야 했습니까?

지금도 세상에는 성욕과 돈 욕심을 절제하지 못하고 범죄하는 사람들이 얼마나 많습니까? 날이면 날마다 일어나는 살인 사건, 강도 사건은 성욕과 돈 욕심을 절제하지 못해서 벌어지는 것입니다.

안목의 정욕

사람들은 누구나 높아지고 싶은 욕구(권세욕)가 있습니다. 그것을 잘 아는 마귀는 권세에 대한 욕심을 품게 만들지요. 권세에 대한 욕심을 절제하지 못하면 죄를 짓는 것입니다.

이생의 자랑

사람들은 누구나 사람들에게 잘 보이고 싶은 욕구가 있습니다. 자기가 남들보다 더 잘났다고 자랑하고 싶어하는 욕구(명예욕)가 있지요. TV에 나오는 탤런트, 배우, 유명 스포츠인, 유명 유튜버, 그것을 잘 아는 마귀는 명예에 대한 지나친 욕심을 품게 해서 죄를 짓게 하는 것입니다.

그런데 하나님의 자녀인 천국 백성들이 잘 알고 조심해야 할 것이 있습니다. 마귀가 하나님의 자녀들을 유혹할 때는 가장 약한 부분을 유혹한다는 것이지요. 마귀는 영물이기 때문에 그 사람의 약점을 잘 압니다. 이성에 약한 사람, 돈에 약한 사람, 권세에 약한 사람, 명예에 약한 사람인가를 잘 알지요.

말씀을 드렸지만 삼손과 다윗을 유혹할 때는 성욕으로, 아간과 가룟 유다를 유혹활 때는 물질(재산)로, 유혹을 했던 것이지요. 그러므로 하나님의 자녀들은 잠들지 말고 근신하고 깨어 있어야 하는 것입니다.

어떻게 하면 시험에 들지 않고 악에 빠지지 않을 수 있을까요?(마귀의 유혹을 물리치고 승리할 수 있을까요?)

사탄 마귀의 끊임없는 시험(유혹)을 받을 수밖에 없는데, 시험을 받더라도 시험에 들지 말아야 하고, 악에 빠지지 말아야 하는데 어떻게 해야 할까요? 마귀의 시험을 받을 때 마귀를 물리치며 승리하는 비결이 무엇일까요?

예수님은 마귀의 시험을 받으셨지만 마귀를 물리치시고 승리하시지 않으셨습니까? 마귀의 시험을 받더라도 시험에 들지 않고 악에 빠지지 않기 위해서는 **예수님을 본받아야** 하는 것입니다.

예수님을 믿고 따르는 천국 백성들은 성령을 받은 사람들이지요. 성령을 받았기 때문에 예수님을 주님으로 고백할 수 있고, 하나님을 아버지라 부를 수 있는 것입니다. 성령은 예수 그리스도의 영이시기 때문에 성령을 받은 사람은 예수 그리스도가 마음에 계신 사람들이지요

"너희는 믿음 안에 있는가 너희 자신을 시험하고 너희 자신을 확증하라 **예수 그리스도께서 너희 안에 계신 줄을 너희가 스스로 알지 못하느냐 그렇지 않으면 너희는 버림받은 자니라**"(고후 13 : 5)

예수님을 믿는 사람들은 성령으로 오신 예수 그리스도를 마음에 다 모시고 있습니다. 그런데 중요한 것은 예수님을 주인으로 모시고 있어야 하는 것이지요. 예수님을 손님으로 모시고 자신이 주인 노릇을 하고 있으면 아무런 소용이 없는 것입니다.

예수님이 주인으로 계신다는 것이 무엇일까요? 성령이 충만한 것입니다. 성령이 충만해야 마귀의 시험을 받아도 시험에 들지 않고 악에 빠지지 않는 것이지요. 그래서 하나님의 말씀인 성경은 천국 백성에게 어떤 권면을 하십니까? "술 취하지 말라 이는 방탕한 것이니 오직 성령으로 충만함을 받으라"(엡 5 : 18) 하시지요.

어떻게 하면 성령으로 충만할 수 있겠습니까? 어떻게 하면 내 안에 계신 예수 그리스도가 주인이 되실 수 있을까요? 예수님께서 마귀의 시험을 받을 때 어떻게 물리치셨습니까? 하나님의 말씀으로 물리치셨지 않나요?

그리고 예수님께서 시험에 들지 않기 위해서는 어떻게 하라고 하셨습니까? "시험에 들지 않게 깨어 기도하라"(마 26 : 41)고 하셨지요.

무슨 말씀입니까? 성령이 충만해서 성령이신 예수 그리스도가 내 안에서 주인이 되시게 하기 위해서는 하나님의 말씀을 읽고 듣고 묵상하며 말씀을 마음에 담아야 하고, 영적으로 깨어 기도해야 하는 것입니다. 그렇게 하면 내 안에서 죄 성을 가진 옛사람이 아니라 성령이 주인이 되어주시지요. 성령이 충만해서 성령이(예수 그리스도가) 주인이 되시면 마귀가 (욕심을 넣으며)유혹할 때 성령의 검인 말씀으로 언제나 물리칠 수 있고, 악에 빠지지 않을 수 있는 것입니다.

이제 말씀을 맺겠습니다. .

하나님의 자녀인 천국 백성들은 세상에서 천국 백성으로 살아야 합니다. 기도하며 살아야 합니다. "우리를 시험에 들게 하지 마시옵고 다만 악에서 구하시옵소서"

사탄 마귀는 끊임없이 시험을 할 것입니다. 시험을 당하지 않을 수 없을 것입니다. 그러나 시험을 받더라도 시험에 들지 말아야 하고 악에 빠지지 말아야 하는 것이지요. 날마다 말씀 읽고 묵상하고 깨어 기도하는 생활로 성령이 충만해서 마귀의 시험을 받을 때 마귀의 시험을 물리치며 승리하며 사는 천국 백성이 되시기를 예수님의 이름으로 축원합니다.

아　　　　멘.

주님이 가르쳐주신 기도의 결론

마태복음 6 : 13

"나라와 권세와 영광이 아버지께 영원히 있사옵나이다 아멘"(마태복음 6 : 13)

예수님께서 '무리'가 아닌 '제자들(천국 백성)'에게 선포하신 '천국의 대헌장' '천국 백성의 삶의 윤리'인 산상보훈(마태복음 5~7장)의 말씀을 살펴보고 있습니다. 예수님께서 직접 가르쳐 주신 '주의 기도(주 기도문)'에 대하여 살펴보고 있지요.

이 시간에는 '주님이 가르쳐주신 기도'의 마지막 부분을 강론하면서 하나님의 음성을 듣는 시간을 갖기를 원합니다.

"(대개) 나라와 권세와 영광이 아버지께 영원히 있사옵나이다 아멘."

이 말씀은 '주 기도문의 송영'이라고 불리는 부분입니다. '주 기도문의 부록'이라고도 하지요. 예수님께서 주의 기도를 가르치실 때 이 마지막 부분을 가르치셨는지 확실하지 않기 때문입니다.

오래되고 유력한 고대 사본(성경 원본은 존재하지 않음)에는 이 부분이 기록되어 있지 않습니다. 아마도 초대교회 당시에 예배를 드리면서 예배를 드릴 때 사용하기 위하여 덧붙여진 것으로 여겨지지요. 그래서 오늘의 본문은 ()로 묶어놓고 있고, 난외 주에 '고대 사본에 이 괄호 내 부분이 없음'이라고 표시를 해놓은 것을 볼 수 있습니다.

그러나 이 구절은 '주기도문'의 결론을 맺는 부분으로 예수님을 믿는 하나님의 자녀들, 천국 백성들이 하나님 아버지께 드리는 장엄하기 그지없는 신앙고백이지요.

이 구절은 예수님을 믿는 천국 백성인 하나님의 자녀들이 아버지가 되시는 하나님의 절대주권을 시인하며 고백하는 신앙고백으로 3가지 내용을 담고 있습니다.

나라가 아버지께 영원히 있사옵나이다

첫째는 '나라가 아버지께 영원히 있사옵나이다'라는 고백입니다. 이미 '주의 기도' 앞부

분에 나오는 '나라가 임하시오며'를 강론할 때 '나라'는 단순히 공간적인 개념이 아니라 '하나님의 통치'를 의미한다는 말씀을 드렸지요. 하나님의 통치가 이루어지는 곳으로 두 가지 의미가 있다고 했습니다. 하나는 성령이 임해서 성령(하나님)의 통치가 이루어지는 곳이 하나님 나라라고 했지요.

"바리새인들이 하나님의 나라가 어느 때에 임하나이까 묻거늘 예수께서 대답하여 이르시되 하나님의 나라는 볼 수 있게 임하는 것이 아니요 또 여기 있다 저기 있다고도 못하리니 하나님의 나라는 너희 안에 있느니라"(눅 17 : 20~21)

"하나님의 나라는 먹는 것과 마시는 것이 아니요 오직 성령 안에 있는 의와 평강과 희락이라"(롬 14 : 17)

하나님의 나라는 '눈으로 볼 수 있게 임하는 것이 아니다' '여기 있다 저기 있다고도 할 수 없다' '예수님을 믿고 따르는(하나님을 아버지로 믿는) 너희 안에 있다'고 하셨지요.

하나님의 나라는 '성령 안에 있는(성령을 받아 예수님을 모시고 있는 심령에 이루어지는) 의와 평강과 희락'이라고 했습니다.

그리고 다른 하나는 부활 승천하신 예수님께서 가셔서 예비하시고 있는 장차 주의 백성들이 예수님과 함께 영생복락을 누릴 천국이 하나님 나라라고 했지요.

그렇습니다! 성령으로 오신 예수 그리스도를 마음에 왕과 주인으로 모신 심령에 하나님 나라가 임하지요. 모든 죄를 다 용서받은 의로움(義), 주님께서 주시는 평강(平康), 세상의 그 무엇이 빼앗아 갈 수 없는 희락(喜樂, 기쁨)이 임합니다. 그런 심령이 하나님의 나라인 것입니다.

성령으로 오신 예수 그리스도를 가정에 왕과 주인으로 모시고, 모든 가족이 하나님의 말씀에 순종할 때 가정이 하나님 나라가 되어지지요.

그리고 교회 속에 예수 그리스도를 주인으로 모시고 모든 성도들이 하나님의 말씀에 순종할 때(교회에서 사람이 주인이 아니라 예수님이 주인이 되실 때) 교회가 하나님의 나라가 되어집니다.

나아가서 우리가 사는 사회, 나라와 민족이 예수님을 주인으로 모시고 하나님의 말씀에 순종하는 사회, 나라와 민족이 되면 사회가 하나님의 나라가 되고, 나라와 민족이 하나님의 나라가 되어지는 것입니다.

그러므로 내 심령에 하나님 나라가 이루어지기 위해서는 내 심령에 임하신 성령이 주인이 되셔야 하고, 우리 가정이 하나님의 나라가 되기 위해서는 온 가족이 예수님을 주인으로 모셔야 하고, 나라와 민족이 하나님의 나라가 되기 위해서는 복음을 전해서 모든 민족이 예수님을 믿으며 주인으로 모시도록 예수 그리스도의 복음을 전해야 하는 것입니다.

예수님 당시 이스라엘 나라는 로마의 지배를 받고 있었지요. 로마가 세계를 정복하고 다스리고 있었습니다. 그래서 당시 나라를 사랑하는 사람들은 로마의 압제에서 벗어나 나라가 해방되고 회복되기를 열망하고 있었지요. 당연히 예수님의 제자들도 이스라엘 민족의 해방과 회복을 열망하고 있었습니다.

그래서 예수님께서 죽음을 이기시고 부활하시고 승천하시기 직전 제자들이 예수님께 무엇이라고 물었습니까? 죽음까지 이기신 예수님께서 그 크신 권능으로 로마를 물리치고 이스라엘 나라를 로마의 지배에서 해방시키고 회복시키시기를 소망하면서 물었지요.

"그들이 모였을 때에 예수께 여쭈어 이르되 **주께서 이스라엘 나라를 회복하심이 이 때니이까**"(행 1 : 6)

그 질문을 받으신 예수님이 제자들에게 무엇이라고 하셨습니까?

"이르시되 때와 시기(이스라엘 나라를 회복하실 때와 시기)는 아버지께서 자기의 권한에 두셨으니 너희가 알 바 아니요 오직 **성령이 너희에게 임하시면 너희가 권능을 받고 예루살렘과 온 유대와 사마리아와 땅 끝까지 이르러 내 증인이 되리라** 하시니라"(행 1 : 7~8)고 하셨지요.

나라와 민족을 사랑하며 이스라엘 나라의 회복(해방)을 묻는 제자들에게 예수님은 '성령을 받고 내 증인이 되리라'고 하셨습니다. 예수님의 증인이 되어 예수님의 십자가 죽음과 부활의 복음을 전하라고 하신 것입니다.

나라와 민족을 위해서 하나님의 자녀들이 해야 하는 최고의 일은 예수님의 증인이 되는 일이지요. 예수 그리스도의 십자가 죽음과 부활의 복음, 천국 복음을 전하는 일입니다. 성령으로 오신 예수님이 주인으로 통치하시는 사람들이 많아지도록 하는 일이지요. 하나님의 나라가 확장되도록 해야 하는 것입니다. 하나님은 하나님의 나라가 확장되도록 하는 자녀들에게 가장 큰 상을 주시는 분이지요. 영원한 천국에서 별처럼 빛나는 성도가 되게 해 주시는 것입니다.

"땅의 티끌 가운데에서 자는 자 중에서 많은 사람이 깨어나 영생을 받는 자도 있겠고 수치를 당하여서 영원히 부끄러움을 당할 자도 있을 것이며 지혜 있는 자는 궁창의 빛과 같이 빛날 것이요 **많은 사람을 옳은 데로 돌아오게 한 자는 별과 같이 영원토록 빛나리라**"(단 12 : 2~3)

어떻습니까? 심령 속에서 하나님의 나라가 이루어지고 있나요? 심령에 성령으로 오신 예수 그리스도가 주인으로 계십니까? 마음에 의와 평강과 희락이 있나요? 가정에서 하나님의 나라가 이루어지고 있습니까? 가정에서 내가 주인이 아니라 예수님이 주인으로 계신가요? 천국 같은 가정이 되고 있습니까? 내가 생활하는 삶의 현장(직장, 사회)이 하나님의 나라가 이루어지고 있나요? 하나님의 자녀는 하나님 나라를 이루어 드리며 천국 백성으로 행복하게 살아야 하는 것입니다.

권세가 아버지께 영원히 있사옵나이다

둘째는 '권세가 아버지께 영원히 있사옵나이다'라는 고백입니다. '권세'가 무엇입니까? '권세'는 통치하고 다스리는 힘이지요.

예를 들면 대통령은 권세가 있지 않습니까? 대통령의 권세는 헌법에 따라 백성들이 투표를 통해 위임한 권세를 가지고 국회에서 만들어준 법과 정부 자체에서 만든 시행령을 가지고 백성들을 다스리는 힘입니다. 군인으로 말하면 군법으로 정해진 대로 상관이 부하들을 다스리는 힘이지요. 그런데 사실은 모든 권세는 위로부터, 하나님으로부터 오는 것입니다.

"각 사람은 위에 있는 권세들에게 복종하라 **권세는 하나님으로부터 나지 않음이 없나니 모든 권세는 다 하나님께서 정하신 바라** 그러므로 권세를 거스르는 자는 하나님의 명을 거스름이니 거스르는 자들은 심판을 자취하리라"(롬 13 : 1~2)

예수님께서는 70명의 제자들을 세워 친히 가시려는 각 동네와 각 지역으로 둘씩 짝을 지어보내시며 천국 복음을 전하라고 하셨습니다. 70명 제자들이 예수님이 보내시는 각 동네로 가서 천국 복음을 전하게 되었지요. 그런데 제자들이 천국 복음을 전할 때 예수님의 이름 앞에 귀신들이 항복을 하는 것이었습니다. 70명 제자들이 기뻐하며 예수님께로 돌아와 보고를 했지요.

"예수님! 주의 이름이면 귀신들도 우리에게 항복하더이다"(눅 10 : 17)

그 때 예수님은 무엇이라고 하셨습니까?

"예수께서 이르시되 사탄이 하늘로부터 번개 같이 떨어지는 것을 내가 보았노라 내가 너희에게 뱀과 전갈을 밟으며 원수의 모든 능력을 제어할 권능을 주었으니 너희를 해칠

자가 결코 없으리라 그러나 귀신들이 너희에게 항복하는 것으로 기뻐하지 말고 너희 이름이 하늘에 기록된 것으로 기뻐하라 하시니라"(누루 10 : 18~20)

'내가 너희에게 뱀과 전갈을 밟으며 원수의 모든 능력을 제어할 권능을 주었다'고 하셨지요. 예수님은 예수님을 믿고 따르는 제자(성도)들에게 예수님의 제자로서, 하나님의 자녀로서, 천국 백성으로서 살아갈 수 있는 권능을 주시는 분입니다.

사람들 중에는 자신의 힘을 가지고 세상을 사는 사람이 있고, 사탄의 힘을 빌려 세상을 살아보려는 사람이 있고, 하나님이 주시는 힘(권세, 권능)을 가지고 세상을 사는 사람이 있습니다. 보통 모든 사람들은 자기의 힘과 능력을 가지고 세상을 살지요. 그래서 사람들은 큰 능력을 얻기 위하여 무던히 애를 씁니다. 남보다 더 많은 지식, 경험, 명예, 권세, 돈이 능력이지 않습니까? 세상에서는 능력이 많은 사람이 대접을 받고 존경을 받으며 살지 않나요? 그래서 사람들은 능력을 얻기 위하여 부단히 노력을 합니다. 그러나 그 능력은 누구나 다 제한적일 수밖에 없는 것이지요. 자신의 능력으로 해결할 수 없는 것들이 너무나 많은 것입니다. 그래서 사람들은 피곤해하고 낙심하고 절망을 하는 것이지요.

그래서 어떤 사람들은 자신의 힘과 지식과 경험과 능력으로 해결할 수 없는 어떤 일을 하고자 할 때는 사탄의 힘을 빌려서 하려고 합니다. 그래서 사주팔자를 이야기하고 철학관에 가서 점을 치고 하는 것이지요.

권세(능력)의 근원이 하나님이시고 하나님이 주시는 것을 모르고 자신의 노력으로 얻으려하고, 사탄에게서 구하는 사람들은 참 어리석은 사람들인 것입니다.

예수님을 믿고 하나님을 경외하는 사람들은 권세(권능)의 근원이신 하나님에게 능력을 구하고 하나님이 주시는 능력으로 사는 사람들입니다. 하나님이 주시는 능력을 가지고 세상을 사는 사람들은 어떠할까요?

"너는 알지 못하였느냐 듣지 못하였느냐 영원하신 하나님 여호와, 땅 끝까지 창조하신 이는 피곤하지 않으시며 곤비하지 않으시며 명철이 한이 없으시며 피곤한 자에게는 능력을 주시며 무능한 자에게는 힘을 더하시나니 소년이라도 피곤하며 곤비하며 장정이라도 넘어지며 쓰러지되 오직 **여호와를 앙망하는 자는 새 힘을 얻으리니 독수리가 날개치며 올라감 같을 것이요 달음박질하여도 곤비하지 아니하겠고 걸어가도 피곤하지 아니하리로다**"(사 40 : 28~31)

하나님이 주시는 능력이 임하면(하나님께서 새 힘을 주시면) 어떤 상황을 만나도 문제가 되지 않는 것이지요. 넉넉히 해결할 수 있는 것이지요.

다메섹 도상에서 부활의 주님을 만나고 하나님이 주시는 능력으로 평생을 전도자로 산 바울 사도는 무엇이라고 했습니까? "내게 능력 주시는 자 안에서 내가 모든 것을 할 수 있느니라"(빌 4 : 13)고 했고, 하나님이 주시는 더 큰 권능을 얻고자 하는 열망을 가지고 살았습니다. 어떤 열망입니까? 예수 그리스도를 더 자세히 더 깊게 알고자 하는 열망과 부활의 권능에 대한 열망을 가졌지요. 그래서 "무엇이든지 내게 유익하던 것을 내가 그리스도를 위하여 다 해로 여길뿐더러 또한 모든 것을 해로 여김은 내 주 그리스도 예수를 아는 지식이 가장 고상하기 때문이라 내가 그를 위하여 모든 것을 잃어버리고 배설물로 여김은 그리스도를 얻고 그 안에서 발견되려 함이니"(빌 3 : 7~9)라고 한 것입니다. 예수 그리스도를 아는 지식이 가장 고상하기 때문에 다른 것들은 다 해로 여기고 배설물로 여긴다고 했지요.

그리고 또 알고 싶은 것이 '부활의 권능'이라고 했습니다. "내가 그리스도와 그 부활의 권능과 그 고난에 참여함을 알고자 한다"(빌 3 : 10)고 했지요.

'부활의 권능'은 참 중요한 것입니다. 예수님을 믿는 성도들이 꼭 알아야 할 것이 바로 부활의 권능이지요. 바울 사도는 부활의 권능을 알고 싶어 했던 것입니다. 부활의 권능을 알게 되었을 때 죽음도 두렵지 않은 전도자가 되었던 것이지요.

사람에게 제일 두려운 것이 무엇입니까? 바로 죽음이 아닌가요? 이 세상에 살았던 그 누구도 죽음을 이기지 못했지 않습니까? 세상에 죽음의 권세보다 더 두려운 것은 없는 것이지요. 죽음으로 세상에서의 삶이 다 끝나는 것이 아닌가요?

그런데 죽음의 권세(능력)보다 더 큰 권세, 더 큰 능력이 있는데 그것이 부활의 권세, 부활의 능력인 것이지요. 부활의 권세, 부활의 능력을 힘입으면 죽음이 전혀 두렵지 않은 것입니다. 부활의 능력을 힘입으면 세상에서 두려울 것이 하나도 없는 것이지요. 죽음이 두렵지 않은 부활의 권세는 오직 하나님만이 주실 수 있는 것입니다.

1529년 어느 날 45살이 된 종교개혁자 마르틴 루터(Martin Luther)는 당시 부패한 카도릭교회 거대한 세력 앞에 도저히 감당할 수 없어 실망과 좌절에 빠지게 되었지요. 죽음의 공포가 밀려왔습니다. 당시 황제를 임명하던 권력을 가진 교황을 추종하는 세력이 주도하는 법정(보름스 의회(Diet of Worms, Reichstag zu Worms) 또는 보름스 제국의회는 1521년 3월 신성로마제국 황제 카를 5세가 보름스에서 제국의회를 소집하고 종교 개혁가 마르틴 루터를 소환해 루터의 견해를 심의한 사건)에서 도저히 이길 수 없는 싸움을 해야 해야 하는 전날 밤 루터(Luther)는 엎드려 기도하다가 부활의 권능이 임하는 것을 경험하게 되었지요. 루터(Luther)는 부활의 권능을 힘입고 일어나 우리가 즐겨 부르는 찬송시(585장)를 지어 부르며 '보름스 의회'에 나아갔던 것입니다.

"1. 내 주는 강한 성이요 방패와 병기되시니 큰 환난에서 우리를 구하여 내시리로다
　　옛 원수 마귀는 이때도 힘을써 모략과 권세로 무기를 삼으니 천하에 누가 당하랴
2. 내 힘만 의지할 때는 패할 수밖에 없도다 힘있는 장수 나와서 날 대신하여 싸우네
　　이 장수 누군가 주 예수그리스도 만군의 주로다　당할 자 누구랴 반드시 이기리로다
3. 이 땅에 마귀 들끓어 우리를 삼키려하나 겁내지 말고 섰거라 진리로 이기리로다
　　친척과 재물과 명예와 생명을 다 빼앗긴대도 진리는 살아서 그나라 영원하리라 아멘."

하나님은 예수님을 죽은 자 가운데서 살리셨지요. 예수님을 믿는 사람들은 다 다시 부활을 할 것입니다. 예수님이 재림하시는 날 썩지 않을 몸으로 부활을 해서 주님과 함께 영생 복락을 누리게 될 것입니다. 천국 백성은 부활의 권능을 힘입고 죽음까지도 두려워하지 않는 삶을 살아야 하는 것입니다.

영광이 아버지께 영원히 있사옵나이다

셋째는 '영광이 아버지께 영원히 있사옵나이다'라는 고백입니다. 하나님이 통치하시는 하나님의 나라에 반드시 나타나는 결과는 '하나님의 영광'이지요. '하나님의 영광'은 '하나님의 활동'입니다. 하나님이 활동하시는 곳에는 하나님의 영광이 나타나기 마련인 것이지요.

말씀이셨던 예수님께서 육신을 입고 이 땅에 임하신 모습을 어떻게 표현을 했습니까?

"말씀이 육신이 되어 우리 가운데 거하시매 우리가 그의 영광을 보니 아버지의 독생자의 영광이요 은혜와 진리가 충만하더라"(요 1 : 14)

예수 그리스도가 육신을 입고 오신 것은 하나님의 영광의 나타남이었고, 예수님께서 보여주신 인격, 이적, 공생애는 하나님의 영광의 결정체였던 것입니다.

예수님께서 사랑하는 세 제자(베드로 야고보 요한)을 데리시고 기도하러 높은 산에 올라가셨지요. 예수님께서 기도하실 때에 용모가 변화되고 옷이 희어지고 광채가 났습니다. 육신을 입으신 예수님이 하나님의 모습으로 변화되신 것이지요. 하나님의 영광이 드러난 것입니다. 제자들이 기뻐하며 "주여 우리가 여기 있는 것이 좋사오니 우리가 초막 셋을 짓되 하나는 주를 위하여, 하나는 모세를 위하여, 하나는 엘리야를 위하여 하사이다"(눅 9 :

33)했던 것입니다.

하나님의 영광은 아무나 볼 수 있는 것이 아니지요. 예수님을 믿고 영안이 열린 사람만이 볼 수 있는 것입니다. 예수님을 모르는 죄인은 볼 수 없는 것이지요.

초기 기독교 때에는 로마 황제들이 기독교를 몹시 박해했습니다. **트라얀**(Tryan)**황제**도 그 중에 한 사람이었지요. Tryan 황제가 당시 유명한 학자였던 **여호수아**(Joshua) **랍비**를 불러 요구를 했습니다.

"랍비여, 하나님을 보여주시오. 그러면 나도 하나님을 믿겠소."

그 때 여호수아 랍비는 이렇게 말했지요.

"폐하, 폐하는 하나님을 볼 수 없습니다. 폐하가 하나님을 보면 죽고 말 것입니다. 왜냐하면 부패한 인간은 하나님의 영광 앞에 설 수 없기 때문이지요."

그러자 Tryan 황제가 "그런 말로 나를 설득시키지 말고, 내가 하나님을 보게 해주시오."재촉을 했지요.

이 때 여호수아 랍비는 트라얀 황제를 정원으로 데리고 나가 정오의 찬란한 태양을 가리키며 말했습니다.

"폐하, 그렇다면 저 태양을 바라보십시오."

태양을 바라본 황제가 "너무 눈이 부셔 아무것도 보이지 않는다"고 했지요.

그 말을 들은 랍비는 즉시 이렇게 말했습니다.

"폐하! 하나님이 만들어놓으신 저 태양의 광채도 바라보지 못하시거늘, 어떻게 저 태양을 만드신 하나님의 영광을 볼 수 있겠습니까?"

죄인은 하나님의 영광을 볼 수도 없고, 하나님의 영광 속에 거할 수가 없고, 하나님의 영광을 드러낼 수가 없는 것입니다.

성령으로 임하신 예수 그리스도를 모시고 사는 하나님의 자녀들은 영안이 열려 하나님의 영광을 바라보며, 세상에서 예수님을 모시고 사는 모습을 드러내며, 하나님의 영광을 드러내며 살아야 하는 것이지요. "**그런즉 너희가 먹든지 마시든지 무엇을 하든지 다 하나님의 영광을 위하여 하라**"(고전 10 : 31) 하나님의 자녀들이 하나님의 말씀에 불순종하면 (죄를 지으면) 하나님의 영광이 가리어지고, 먹든지 마시든지 무엇을 하든지 하나님의 말씀에 순종하면 하나님이 함께 해주시는 모습(하나님의 영광)이 드러나지요. 영광이 드러날 때 자신이 영광을 취하지 말고(자신이 영광을 취하면 죄다/행 12 : 21~23, 헤롯 왕의 죽음) 하나님께 영광을 돌리며 살아야 하는 것입니다.

   이제 말씀을 맺겠습니다.
   주님께서 가르쳐주신 '주의 기도' 강론을 마치게 되었습니다. 주의 기도의 결론부 "나라와 권세와 영광이 아버지께 영원히 있사옵나이다"라는 말씀을 강론했지요. 천국 백성은 영원하신 하나님 나라를 소유하고 하나님 나라를 전하며 사는 사람이 되어야 하는 것입니다. 하나님이 주시는 권세를 가지고 사탄 마귀가 유혹하는 악한 세상에서 승리하며, 부활의 권세를 가지고 죽음까지도 두려워하지 않는 삶을 살아야 하는 것이지요. 영안을 열어 하나님의 영광을 바라보며, 먹든지 마시든지 무엇을 하든지 하나님의 영광을 드러내며, 세상을 사는 천국 백성이 되시기를 예수님의 이름으로 축원합니다.   아   멘.

용서하며 행복한 인생을

마태복음 6 : 14~15

"너희가 사람의 잘못을 용서하면 너희 하늘 아버지께서도 너희 잘못을 용서하시려니와 너희가 사람의 잘못을 용서하지 아니하면 너희 아버지께서도 너희 잘못을 용서하지 아니하시리라"(마태복음 6 : 14~15)

예수님께서 '무리(자기에게 유익이 될 때는 따르다가 유익이 없을 때는 떠나가는 사람들)'가 아닌 '제자들(천국 백성)'에게 선포하신 '천국의 마그나 카르타(Magna Carta, 대헌장)' '천국 백성의 삶의 윤리'인 산상보훈(마태복음 5~7장)의 말씀을 살펴보고 있습니다. 지난 시간으로 예수님께서 직접 가르쳐 주신 '주의 기도(주 기도문)'에 대한 강론을 마쳤지요.

이 시간에는 주님이 가르쳐주신 '주의 기도'에 이어지는 본문(마 6 : 14~15) 말씀을 강론하면서 하나님의 음성을 듣는 시간을 갖기를 원합니다.

"너희가 사람의 잘못을 용서하면 너희 하늘 아버지께서도 너희 잘못을 용서하시려니와 너희가 사람의 잘못을 용서하지 아니하면 너희 아버지께서도 너희 잘못을 용서하지 아니하시리라"

본문의 말씀은 '용서'에 대하여 말씀해 주신 것입니다. 본문의 말씀은 앞에 나오는 기도에 대한 말씀(사람에게 보이기 위한 외식하는 기도를 하지 마라, 이방인들처럼 중언부언하는 기도를 하지 말라. 골방에서 은밀하게 기도하라.)을 강론하면서 먼저 서론적으로 짧게 강론을 했었지요.

예수님을 믿고 하나님의 자녀가 된 천국 백성이 세상에서 평안하고 행복하게 살기 위해서는 '용서'가 절대적인 것입니다. 나에게 잘못한 사람을 용서하는 용서가 없이는 세상에서 하나님의 자녀, 천국 백성으로 살 수가 없지요. 왜냐하면 누구나 다 죄 성을 가지고 있고 마귀가 유혹하는 세상이기 때문에 누구나 다 잘못을 할 수 있기 때문입니다. 나도 다른 사람들에게 잘못할 수 있고, 다른 사람들도 다 나에게 잘못을 할 수 있는 것이지요.

그런데 죄 성을 가지고 있고, 이기적인 마음을 가진 사람이 자기에게 잘못한 사람을 용서하는 것은 결코 쉬운 일이 아닙니다. 미워하고 싫어하는 것이 오히려 자연스러운 것이지요. 그런데 누군가를 미워하고 싫어하면 인생을 평안하고 행복하게 살 수 없고, 더구나 하나님의 자녀인 천국 백성으로 신앙생활을 하며 살 수가 없는 것입니다.

죄 성을 가지고 있고 이기적인 마음을 가진 사람이 다른 사람의 잘못을 용서하는 것이 결코 쉽지 않은 것을 아시는 주님이 왜 '잘못한 사람의 잘못(죄)을 용서하라'고 하실까요?

하나님은 예수님을 믿는 성도(나, 우리)가 지은 죄(도저히 용서받을 수 없는 죄)를 이미 다 용서해 주셨다

'너에게 잘못한 사람의 잘못(죄)을 용서하라'는 말씀은 예수님께서 누구에게 하신 말씀입니까? 물론 이 말씀은 이 말씀을 읽고 듣는 모든 사람들에게 하신 말씀이지요. 그러나 이 말씀은 특히 예수님을 믿고 따르는 우리 성도들에게 하신 말씀인 것입니다. 하나님 아버지께서 예수님을 믿는 우리 성도들의 죄를 이미 다 용서해 주셨지요. 우리들의 죄와 허물을 다 용서해 주신 하나님이 우리들에게 '너희도 다른 사람의 잘못을 용서해 주라'고 하시는 것입니다.

하나님께서 우리의 죄를 어떻게 용서해 주셨습니까? 하나님께서 우리 죄를 용서해 주신 것은 우리 편에서는 공짜이지만 하나님 편에서는 말로 표현할 수 없는 희생을 하신 것이지요. 하나님은 온전히 공의로우신 분입니다. 보통 사람들은 편향적인 정의(내 편이면 옳고 상대편이면 틀리고)를 가지고 있지요. 그러나 하나님은 어느 한쪽으로 치우치지 않으시고 온전히 정의(공의)로우신 분입니다.

하나님은 천지 만물을 창조하시고 하나님의 형상대로 사람을 만드셨고(자신이 선택하고 책임을 져야 하는 자유 의지를 주심), 하나님이 지으신 것들을 다스리라고 하시면서 창조주이신 하나님과 피조물인 사람의 한계를 정하시며, 에덴동산에 선악을 알게 하는 선악과나무를 심어놓으셨지요. 그러면서 무엇이라고 하셨습니까?

"여호와 하나님이 그 땅에서 보기에 아름답고 먹기에 좋은 나무가 나게 하시니 동산 가운데에는 생명 나무와 선악을 알게 하는 나무도 있더라"(창 2 : 9) "여호와 하나님이 그 사람에게 명하여 이르시되 동산 각종 나무의 열매는 네가 임의로 먹되 선악을 알게 하는

나무의 열매는 먹지 말라 네가 먹는 날에는 반드시 죽으리라 하시니라"(창 2 : 16~17)

그런데 인류의 조상인 아담과 하와는 사탄의 유혹을 받아 눈이 밝아져 하나님과 같이 되고 싶은 욕심을 절제하지 못하고 선악과를 따먹으며 죄를 지었습니다. 약속하시고 말씀하신 대로 그대로 행하시는 공의로운 하나님은 말씀하신 대로 하실 수밖에 없었지요. 그런데 선악과를 따먹으면(하나님의 말씀에 불순종하고 죄를 지으면) 어떻게 된다고 하셨습니까? '반드시 죽으리라'고 하셨지요. 그래서 하나님과의 영적인 관계가 끊어지게 되었고(영혼의 죽음, 에덴동산에서 쫓겨남), 육신의 죽음까지도 찾아오게 된 것입니다.

"모든 영혼이 다 내게 속한지라 아버지의 영혼이 내게 속함 같이 그의 아들의 영혼도 내게 속하였나니 **범죄하는 그 영혼은 죽으리라**"(겔 18 : 4) "**죄의 삯은 사망이요**"(롬 6 : 23)

그런데 아담의 후손으로 태어나는 사람은 누구나 원죄를 가지고 죄 성을 가진 사람으로 태어나지요. 그래서 "그러므로 한 사람으로 말미암아 죄가 세상에 들어오고 죄로 말미암아 사망이 들어왔나니 이와 같이 모든 사람이 죄를 지었으므로 사망이 모든 사람에게 이르렀느니라"(롬 5 : 12)고 하신 것입니다. 당연히 하나님과의 관계가 끊어져 있고, 죄 성을 가지고 있어서 죄를 지으며 살 수밖에 없는 상태로 태어나지요. 영혼이 죽어 있고 육신이 죽을 수밖에 없는 존재인 것입니다.

하나님은 죄 성을 지니고 죄를 지으며 살다가 죽을 수밖에 없는 사람들의 죄를 용서해 주시고 구원하시기 위하여 어떤 일을 하셨습니까?

하나, 예수님을 보내셔서 **죗값을 대신 지불하시며 십자가에 달려 죽게 하셨다.**

공의로우신 하나님은 '죗값이 사망(죽음)'이기 죗값을 지불하시기 위해서는 반드시 '사망(죽음)'이 필요했습니다. 다른 것으로는 '죗값'을 지불할 수가 없으니까요. 그래서 독생자이신 예수 그리스도를 죗값을 대신 지불하시기 위하여 육신을 입혀 '대속제물(죗값을 지불하시며 대신 죽어주실 제물)' '화목제물(하나님과 택한 백성들을 화목하게 해줄 제물)'를 보내주신 것입니다. 그리고 속죄 제물로 오신 예수 그리스도가 택한 백성들의 죗값을 다 지불하시며 십자가에 달려 대신 피를 흘리며 죽어주신 것이지요. 예수님의 피(생명 값)로 택한 백성들을 사서 죄와 사망에서 구원하시는 길을 열어놓으신 것입니다.

둘, 예수님을 믿는 **믿음을 선물로 주셨다.**

그런데 예수님이 모든 **죗값을 다 지불하시며 죽어주신 것이 모든 사람에게 다 적용이 되는 것은 아니지요. 예수님의 십자가 대속의 죽음과 부활에 대한 복음을 들을 때, 예수님이 자신의 죗값을 대신 지불하시며 죽어주신 것을 믿고 자신을 의롭다 하시기 위하여 다시 사신 것을 믿는 사람들에게만 적용이 되는 것입니다.

"죄의 삯은 사망이요 하나님의 은사는 그리스도 예수 우리 주 안에 있는 영생이니라"(롬 6 : 23) "예수는 우리가 범죄한 것 때문에 내줌이 되고 또한 우리를 의롭다 하시기 위하여 살아나셨느니라"(롬 4 : 25)

그런데 예수님의 십자가 대속의 죽음과 부활의 복음, 천국 복음을 듣는 사람들이 다 예수님을 믿으며 구원을 받나요? 그렇지가 않습니다. 성령께서 역사하셔서 마음이 열리는 사람만이 예수님을 믿게 되지요. 그래서 죄를 용서받고 구원을 받는 것은 전적으로 하나님의 선물이요 은혜인 것입니다. ,

"너희는 그 은혜에 의하여 믿음으로 말미암아 구원을 받았으니 이것은 너희에게서 난 것이 아니요 하나님의 선물이라"(엡 2 : 8)

예수님은 우리에게 죄를 지은 자를 용서하라고 하신다

하나님의 말로 표현할 수 없는 사랑과 은혜로 모든 죄를 용서받고 구원을 받은 천국 백성인 우리들에게 하나님께서 요구하시는 것이 무엇입니까? "너희가 사람의 잘못을 용서하면 너희 하늘 아버지께서도 너희 잘못을 용서하시려니와 너희가 사람의 잘못을 용서하지 아니하면 너희 아버지께서도 너희 잘못을 용서하지 아니하시리라"

무슨 말씀입니까? '너에게 잘못한 사람의 잘못을 반드시 용서하라'는 것이지요. 용서하지 않으면 안 된다는 것입니다.

'죄'는 죄를 지은 개인의 영혼을 병들게 하고 죽게 하는 것이지요. 죄를 지은 것을 회개하지 않고 있으면 고통스럽고 불안하고 평안하지 않은 것입니다. 그래서 죄를 지은 것이 생각날 때는 숨기려고 하지 말고 즉시 회개를 해야 하는 것이지요. 그런데 **죄를 회개하고 용서를 받고 평안을 누리기 위해서는 먼저 다른 사람이 나에게 지은 죄를 용서해야 하는 것입니다.** 다른 사람이 나에게 지은 죄를 용서할 때 내가 지은 죄를 용서받을 수 있는 것이지요.

그리고 죄는 개인의 영혼을 병들게 하고 죽게 할 뿐만 아니라 교회공동체를 병들게 합니다. 그러므로 교회는 죄를 용납해서는 안 되는 것이지요.

그래서 예수님께서는 죄를 지은 자가 있을 때 죄를 지은 개인만 아니라 교회공동체를 위하여 어떻게 해야 할 것인가를 말씀해 주셨지 않습니까?

"네 형제가 죄를 범하거든 가서 너와 그 사람과만 상대하여 권고하라. 만일 들으면 네가 네 형제를 얻은 것이요 만일 듣지 않거든 한두 사람을 데리고 가서 두세 증인의 입으로 말마다 확증하게 하라. 만일 그들의 말도 듣지 않거든 교회에 말하고 교회의 말도 듣지 않거든 이방인과 세리와 같이 여기라."(마 18 : 15~17)

죄를 지은 형제가 죄를 깨닫고 회개할 수 있도록 찾아가서 일대일로 권면을 하고, 말을 듣지 않을 때는 한두 사람을 데리고 가서 증인으로 세우고 권면을 하고, 그래도 말을 듣지 않을 때는 교회에 알리고 교회의 권면도 듣지 않을 때는 이방인과 세리같이 여기라(교회에서 쫓아내라. 출교하라)고 하셨지요. 그렇게 하는 것이 죄를 지은 자의 영혼을 살리는 것이고, 교회공동체를 살리는 것이기 때문입니다.

예수님의 이 말씀을 듣고 있던 베드로가 예수님께 무엇이라고 했습니까? 예수님께 칭찬을 듣고 싶어서 이런 말을 했습니다. "주여, 형제가 내게 죄를 범하면 몇 번이나 용서하여 주리이까 일곱 번까지 하오리이까"(마 18 : 21)

당시에 모든 사람들에게 스승으로 존경을 받는 랍비들이 '세 번까지 용서해 주라'고 가르치고 있었지요. 그러므로 일곱 번 용서해 주겠다는 것은 랍비들이 가르치는 것보다 더 넓은 마음을 가지고 있는 것을 예수님께 보여드리며 칭찬을 받고 싶었던 것입니다.

그런데 그 말을 들은 예수님께서 무엇이라고 하셨습니까?

"일곱 번뿐 아니라 일곱 번을 일흔 번까지라도 할지니라"(마 18 : 22) 일곱(7은 완전수) 번을 일흔(7×10, 10은 충만수) 번은 단순히 7×70=490번을 의미하는 것이 아니라 '완전수×완전수×충만수'로 이 말씀은 한없이 용서해 주라는 말씀인 것입니다.

예수님의 이 말씀을 들은 베드로와 제자들은 몹시 놀랐을 것입니다. 놀라는 제자들의 모습을 보며 예수님께서 '천국은 그 종들과 결산하려 하던 어떤 임금과 같다'고 하시며, '예수님을 믿고 따르는 제자(하나님의 자녀, 천국 백성)들이 가져야 할 바른 용서관'을 가르쳐 주셨지요. 임금에게 '1만 달란트 빚진 종과 그 종에게 백 데나리온 빚진 동료이야기'입니다.

임금에게 1만 달란트(1달란트는 6000데나리온. 1데나리온은 당시 장정 하루 품삯. 1만 달란트 = 6000×10000데나리온, 장정이 6천 만일을 일하고 한 품도 쓰지 않고 모은 돈. 장정 1일 품삯 15만 원이면 9조 원) 빚진 종이 결산하기 위해 임금 앞에 불려 왔지요. 그러나 종은 만 달란트의 빚을 갚을 돈이 없었습니다. 도저히 갚을 수 없는 빚이었지요. 임금은 종에게 몸과 아내와 자식들과 모든 소유를 팔아 빚을 갚으라고 했습니다. 빚진 종이 사정을 할 때 임금은 불쌍히 여겨 만 달란트 빚을 탕감해 주었지요. 만 달란트 빚을 탕감 받고 돌아온 종이 나와서 자기에게 100데나리온(100×15만, 천오백만 원) 빚진 동료를 만났습니다. 만 달란트 탕감을 받은 종은 자기에게 100데나리온 빚진 동료에게 빚을 갚으라고 했지요. 동료가 사정을 하며 갚을 테니 기다려달라고 했습니다. 그러나 임금에게 만 달란트 탕감을 받은 종은 용서하지 않고 목을 붙잡고 협박하며 빚을 갚을 때까지 옥에 있으라며 가두었지요. 그 모습을 본 다른 동료들이 그 사실을 임금에게 가서 알렸습니다.

그 말을 들은 임금은 분노하며 만 달란트 빚진 종을 다시 불러 '악한 종아 네가 빌기에 내가 네 빚을 전부 탕감하여 주었거늘 내가 너를 불쌍히 여김과 같이 너도 네 동료를 불쌍히 여김이 마땅하지 아니하냐?' 책망을 하면서 빚을 다 갚을 때까지 옥에 가두었다는 것입니다.

예수님이 들려주시는 이 이야기 가운데 나오는 '임금'은 '하나님 아버지'이시고, '1만 달란트 빚진 종'은 '예수님을 믿으며 모든 죄를 다 용서받은 우리들'이고, 100데나리온 빚진 동료는 '우리에게 잘못을 한 사람'을 가리키는 것이지요.

예수님은 이 말씀을 들려주시면서 마지막으로 무슨 말씀을 하셨습니까? "너희가 각각 마음으로부터 형제를 용서하지 아니하면 나의 하늘 아버지께서도 너희에게 이와 같이 하시리라"(마 18 : 35) '너희가 각각 마음으로부터 형제를 용서하라'고 하신 것입니다.

형제가 지은 죄를 용서하는 것은 형제를 위한 것이 아니라 자기 자신을 위한 것이다

예수님을 믿고 모든 죄를 용서받은 은혜를 입고 평안을 누리며 사는 하나님의 자녀들은 반드시 나에게 잘못한 사람들의 죄를 용서해야 하는 것이지요. 왜 반드시 용서를 해야 합니까?

첫째, 나에게 죄를 지은 사람을 용서하는 것은 죄를 지은 상대방을 위하는 것이기도 하지만 사실은 자기 자신을 위한 것입니다. 내가 세상을 살면서 죄를 지을 수밖에 없는데 짓는 죄를 용서받을 수가 없기 때문이지요. 나에게 잘못한 죄인을 용서하지 않으면 나에게 평안과 기쁨이 없는 것입니다. 하나님의 자녀로 행복한 신앙생활을 하며 살 수 없는 것이지요.

둘째, 하나님이 기쁘게 받으시고 응답해주시는 기도를 드리기 위함입니다. 형제가 지은

죄를 용서하지 않고서는 기도가 되지 않는 것이지요. 누군가를 향하여 분노하고, 욕을 하고, 저주하는 있으면(자신에게 죄를 지은 형제를 싫어하며 미워하고 있으면, 화목하지 못하고 불화하고 있으면) 하나님께 드리는 기도가 상달되지 않는 것입니다. 하나님께서 기도를 들어주시지 않지요. 그러므로 나에게 잘못한 사람을 용서해 주어야 하는 것입니다. "여호와의 손이 짧아 구원하지 못하심도 아니요 귀가 둔하여 듣지 못하심도 아니라 오직 너희 죄악이 너희와 너희 하나님 사이를 갈라 놓았고 너희 죄가 그의 얼굴을 가리어서 너희에게서 듣지 않으시게 함이니라"(사 59 : 1~2)

셋째, 하나님이 기쁘게 받으시는 예배를 드릴 수가 없는 것입니다.

"그러므로 예물을 제단에 드리려다가 거기서 네 형제에게 원망들을 만한 일이 있는 것이 생각나거든 **예물을 제단 앞에 두고 먼저 가서 형제와 화목하고 그 후에 와서 예물을 드리라**"(마 5 : 23~24)고 하셨지요.

형제가 지은 죄를 용서하지 않고는 하나님께서 기쁘게 받으시는 예배를 드릴 수가 없는 것이지요. 그래서 하나님께 예배를 드리려고 예물을 가지고 제단에 왔더라도 그런 사람이 있을 때는 예물(당시에는 양과 소와 염소와 비둘기가 예물이었음)을 제단 앞에 두고 먼저 가서 그런 사람과 화목하고 와서 그 후에 예물을 드리며 예배를 드리라고 하신 것입니다.

그러므로 하나님의 자녀들은 나에게 잘못한 사람(상대방)을 위해서 보다도 자기 자신을 위하여 자기에게 잘못한 사람을 반드시 용서해 주어야 하는 것이지요.

그런데 죄 성을 지니고 있고 이기적인 마음을 가지고 있어서 나에게 잘못한 사람(죄를 지은 사람)을 용서하는 것은 결코 쉬운 일이 아닙니다. 아니 나에게 잘못하지 않은 사람까지도 흠을 보며 깎아내리는 것이 보편적인 사람의 심성이 아닌가요? 나에게 잘못한 사람을 이성이나 감정으로는 도저히 용서할 수 없는 것입니다.

더구나 나에게 잘못하는 사람들이 주로 어떤 사람들입니까? 곁에 있는 사람들이 아닌가요? 형제, 친척, 가까운 친구, 믿음의 형제, 직장 동료, 이웃이 아닙니까?

어떻게 하면 나에게 잘못한 사람의 잘못을 용서할 수 있을까요? 예수님의 십자가를 바라보는 것입니다. 죄인된 나를 죄에서 구원하시고 용서하시기 위하여 내 대신 십자가에 달려 피 흘리며 죽어주신 예수님을 바라보는 것이지요. 예수님의 십자가를 바라보며 '너에게 잘못한 그 사람을 용서하라'고 하시는 성령의 음성을 듣는 것이지요. 그러면 성령이 역사하셔서 나에게 잘못한 사람의 죄가 용서되어지는 것을 경험하게 되는 것입니다.

하나님은 자신에게 잘못한 사람을 용서하고 축복하며 기도해 줄 때 복을 주시는 분입니다. 평안을 주시고 풍성한 복을 주시는 분이지요.

욥은 하나님을 경외하며 악에서 떠난 사람이었습니다. 아들 일곱 딸 셋을 둔 유복한 가정의 가장이었지요. 당시 동방에서 가장 큰 부자였습니다. 양이 칠천 마리, 낙타가 삼천 마리, 소가 오백 겨리, 암나귀가 오백 마리 - 그 가축을 관리하는 많은 종들이 있었지요.

그런데 욥에게 재난이 임했습니다. 자녀 10남매가 맏아들 집에 모여 음식을 먹고 포도주를 마시며 잔치할 때 태풍이 불어와 집이 무너지며 자녀 10남매가 다 죽음을 당한 것입니다. 그리고 그 많은 가축들과 가축을 관리하는 종들이 『스바』사람들, 『갈대아』사람들이 몰려 와서 모든 가축을 빼앗고 종들을 죽였지요. 양들과 양들을 돌보는 종들은 하늘에서 불이 떨어져서 다 타죽었습니다. 하루 사이에 빈털터리가 된 것이지요. 그런 고난을 당했을 때 욥은 너무나 고통스러워서 겉옷을 찢고 머리털을 밀기는 했지만 하나님께 예배를 드리며 무엇이라고 했습니까?

"내가 모태에서 알몸으로 나왔사온즉 또한 알몸이 그리로 돌아가올지라 주신 이도 여호와시요 거두신 이도 여호와시오니 여호와의 이름이 찬송을 받으실지니이다"(욥 1 : 21)

거기서 재앙이 그치지 않고 발바닥부터 정수리까지 온몸에 종기가 나서 가려워 견딜 수가 없어 질그릇 조각으로 몸을 긁어야 하는 몸이 되었지요. 그 모습을 본 욥의 아내가 무엇이라고 했습니까? "하나님을 욕하고 죽으라"(욥 2 : 9)고 했지요.

그런 아내에게 욥이 무엇이라고 했습니까? "그대의 말이 한 어리석은 여자의 말 같도다 우리가 하나님께 복을 받았은즉 화도 받지 아니하겠느냐 하고 이 모든 일에 욥이 입술로 범죄하지 아니하니라"(욥 2 : 10)고 했습니다.

신실하기 그지없는 욥이 아닙니까? 욥이 이 환난을 당했을 때 엘리바스 빌닷 소발이라는 세 친구가 욥을 위로하기 위해 찾아왔지요. 위로하기 위해 찾아왔던 세 친구는 처음에는 욥이 당한 고난이 너무나 참담해서 지켜보다가, 위로를 한 것이 아니라 오히려 비난을 하고 조롱을 했습니다. 사람들이 알지 못하는 큰 죄를 지은 것이 있어서 하나님께서 징계를 하셔서 그 고난을 만난 것이라고 했지요. 욥의 마음이 얼마나 상했겠습니까? 하나님을 경외하는 마음은 가지고 있었지만 친구들이 싫어지고 분노가 일어났을 것입니다.

그런데 욥은 인내로 모진 고난을 이겨내고 갑절의 축복을 받지 않았습니까? 욥이 갑절의 축복을 받은 것은 욥의 믿음이 순금 같은 믿음을 가지고 있을 때 받은 것이 아니었지요. 욥이 자기를 비난하고 조롱한 친구들을 용서하고 축복하며 기도해 주었을 때 받았던 것입니다.

 "욥이 그의 친구들을 위하여 기도할 때 여호와께서 욥의 곤경을 돌이키시고 여호와께서 욥에게 이전 모든 소유보다 갑절이나 주신지라"(욥 42 : 10)

 이제 말씀을 맺겠습니다.
 하나님의 자녀인 천국 백성들은 세상에서 평안과 기쁨을 누리며 행복하게 살아야 합니다. 하나님께서 기쁘게 받으시는 예배를 드리며, 기도를 드리며 행복하게 신앙생활을 해야 하는 것이지요. 그러기 위해서는 나에게 잘못한 사람을 용서해 주어야 하는 것입니다. 나에게 잘못한 사람의 죄를 용서하며 주님께서 주시는 기쁨과 평안과 복을 누리며 행복하게 인생을 사는 천국 백성이 되시기를 예수님의 이름으로 축원합니다.   아   멘.

금식기도에 대한 교훈

마태복음 6 : 16~18

"금식할 때에 너희는 외식하는 자들과 같이 슬픈 기색을 보이지 말라 그들은 금식하는 것을 사람에게 보이려고 얼굴을 흉하게 하느니라 내가 진실로 너희에게 이르노니 그들은 자기 상을 이미 받았느니라

너는 금식할 때에 머리에 기름을 바르고 얼굴을 씻으라 이는 금식하는 자로 사람에게 보이지 않고 오직 은밀한 중에 계신 네 아버지께 보이게 하려 함이라 은밀한 중에 보시는 네 아버지께서 갚으시리라"(마 6 : 16~18)

살아있는 동물은 먹을 것을 먹지 못하면 살 수가 없습니다. 사람도 음식을 먹어야 살 수 있지않습니까? 새는 굶은 상태에서 9일을 살 수 있고, 개는 20일, 거북이는 500일, 뱀은 800일, 물고기는 1000일을 살 수 있다고 하지요. 사람은 굶으면 며칠을 살 수 있겠습니까?

지금까지 세상을 살아오면서 금식을 해보셨나요? 위나 대장의 내시경 검사를 하려면 누구나 금식을 해야 하지 않습니까? 며칠을 금식해보셨나요? 금식할 때 어떠했습니까? 성경에 보면 예수님이 40일을 금식하셨고, 모세와 엘리야가 40일을 금식했고, 교회와 성도들이 금식을 한 것을 볼 수 있습니다.

예수님은 마태복음 6장 앞부분에서 참된 구제에 대한 교훈을 주시고, 참된 기도에 대한 교훈을 주시고, 이어서 본문에는 참된 금식에 대한 교훈을 해주셨습니다.

구제는 이웃을 향하여 창문을 여는 것이고, 기도는 하나님을 향하여 창문을 여는 것이고, 금식은 자기 자신을 향하여 창문을 여는 것입니다. 금식은 자기 자신의 욕심을 절제하고 극복하는 것이지요. 금식은 경건 생활을 위하여 소중한 한 덕목인 것입니다.

그래서 성경에는 금식에 대한 말씀이 많이 나오지요. 금식은 구약시대부터 행해져 온 경건 생활을 위한 신앙의식 중의 하나입니다.

이 시간 금식이란 무엇이며, 잘못된 금식은 무엇이며, 참된 금식이 무엇인지를 살펴보

면서 은혜를 나누고자 합니다.

금식이란 무엇인가?

'금식'이 무엇입니까? 음식을 먹고 싶어도 음식이 없어 못 먹는 경우가 있습니다. 아프리카 빈민촌의 아이들이 그렇지요. 음식은 있지만 음식을 먹을 수 없어서 먹지 못하는 사람들이 있습니다. 중병에 걸린 사람들이 그렇지요. 그런데 음식이 없어서 굶는 것, 음식은 있지만 먹을 수 없어서 굶는 것은 금식이 아닙니다. 금식이란 먹을 음식도 있고 먹을 수도 있는데 스스로 결단을 하고 음식을 먹지 않는 것이지요.

그리고 금식은 다이어트와는 다릅니다. 금식과 다이어트는 음식을 먹지 않는다는 점에서는 같지만 금식은 영적인 목적으로 하는 것이고, 다이어트는 육신을 목적으로 하는 것이지요.

살아있는 사람은 누구나 욕구가 있지 않습니까? 식욕, 성욕, 재물욕, 명예욕, 권력욕은 사람이 세상을 사는 날 동안 떠날 수 없는 욕구이지요. 그런데 그중에서 가장 큰 욕구는 식욕인 것입니다. 먹지 않고서는 살 수가 없으니까요. 금식은 그 욕구를 절제하는 것입니다. 그런데 금식은 육신적으로 몹시 고통스럽고 힘들지요. 그래도 성도는 때로는 금식을 할 수 있어야 하는 것입니다.

참된 금식은 영적인 목적으로 하나님과의 친밀함을 더하기 위하여 음식 먹는 것을 금하는 것이지요. 금식을 하면 세속적인 욕구가 줄어들고 영적인 욕구가 강해집니다.

그리고 참된 금식은 하나님 앞에 자신을 낮추는 행위이지요. 금식은 하나님 앞에 자신을 낮추며 하나님을 의지하며 기도하는 행위인 것입니다.

시편 35 : 13에 "나는 그들이 병 들었을 때에 굵은 베 옷을 입으며 금식하여 내 영혼을 괴롭게 하였더니 내 기도가 내 품으로 돌아왔도다" 라고 했습니다.

언제 금식을 해야 하는가?

하나님의 자녀들이 금식을 해야 하는 몇 가지 경우가 있습니다.

첫째, 죄를 회개(참된 회개)하며 드리는 금식이 있습니다. 죄를 깨닫고 슬퍼하며 회개하며 울며 음식을 먹지 않는 금식이 있지요.

사무엘 선지자 당시 이스라엘 백성들은 자신들의 죄를 회개하며 금식했습니다. 삼상 7

: 6에 "그들이 미스바에 모여 물을 길어 여호와 앞에 붓고 그 날 종일 금식하고 거기에서 이르되 우리가 여호와께 범죄하였나이다 하니라"라고 했지요.

요나 선지자의 전도를 받은 니느웨 백성들이 금식을 하며 회개했습니다. "니느웨 사람들이 하나님을 믿고 금식을 선포하고 높고 낮은 자를 막론하고 굵은 베 옷을 입은지라"(욘 3 : 5)

요엘 선지자는 하나님의 자녀들이 회개하며 돌아오는 자세를 일깨우면서 욜 2 : 12에서, "이제라도 금식하며 울며 애통하고 마음을 다하여 내게로 돌아오라"고 했지요.

둘째, 하나님의 뜻이 무엇인지를 알고 순종하기 위해서 하는 금식이 있습니다. 수리아 안디옥교회에서 선교사를 파송할 때 '어떤 사람을 선교사로 파송할 것인가?'를 결정하기 위해서(하나님의 뜻을 알기 위해), 하나님의 뜻에 순종하기 위하여 금식을 했지요. 그러면서 바울과 바나바를 파송했습니다.(행 13장) 안디옥교회가 바울과 바나바를 선교사로 파송하는 것은 쉬운 일이 아니었습니다. 교회의 최고 지도자들이고 교회의 두 기둥이었으니까요. 그래도 하나님의 뜻을 알았을 때 순종했던 것입니다.

"주를 섬겨 금식할 때에 성령이 이르시되 내가 불러 시키는 일을 위하여 바나바와 사울을 따로 세우라 하시니 이에 금식하며 기도하고 두 사람에게 안수하여 보내니라"(행 13 : 2~3) 금식을 하면 하나님의 뜻을 분명히 알 수 있고, 아무리 힘들고 어려운(자기의 이성이나 감정으로 도저히 하기 싫은) 하나님의 명령이라도 순종을 할 수 있는 것입니다.

셋째, 하나님의 도우심을 간절히 기도하며 하는 금식이 있습니다. 하나님의 도우심이 절대적으로 필요할 때 하나님 앞에 간절히 간구하는 한 방법이 금식이지요.

여호사밧 왕이 모압과 암몬의 연합 군대가 침략해오는 것을 보고 하나님 앞에 금식하며 기도했습니다. 유대 민족이 하만 총리의 계략으로 전멸의 위기에 몰렸을 때 에스더 왕비는 시녀를 데리고 3일을 금식한 후에 죽음을 각오하고 아하수에로 왕 앞에 나아갔지요.

넷째, 경건 생활을 위해서 하는 금식이 있습니다. 먹는 음식을 금하는 것은 자신의 욕구 가운데 가장 큰 욕구를 제어하는 것이지요. 금식을 하면 온 몸에 힘이 빠지고, 여러 날을 금식하면 걷는 것도 힘들고, 앉아 있는 것도 힘들고, 누워있는 것도 힘이 듭니다. 잠을 자려고 해도 잠이 잘 오지 않지요. 그러나 영은 맑아집니다. 하나님과 대화할 수 있는 영이 맑아지고 하나님과 친밀한 교제가 이루어지는 것이지요. 천국 백성이 영안이 흐려지고, 하나님 나라보다 세상 나라가 더 매력이 있게 보일 때는 금식을 할 필요가 있는 것입니다.

잘못된 금식과 참된 금식이 있다

첫째, 하나님이 기뻐하시지 않는 잘못된 금식이 있습니다.

하나, 사람에게 보이려고 하는 외식적인 금식은 잘못된 금식입니다.

예수님 당시에 바리새인들은 일주일에 두 번씩 금식을 했습니다. 특히 그들은 화요일과 목요일 날 금식을 했지요. 그 날은 유대 사회에서 시장이 서는 날로 가장 많은 사람들이 활동하는 날입니다. 사람들에게 보이려고 외식하는 금식을 했던 것이지요. 바리새인들은 금식을 할 때 슬픈 기색을 하고 얼굴을 흉하게 했습니다. 머리를 베옷으로 가리우거나 얼굴에 재를 뿌려 창백하고 우울하게 보이려고 했지요. 보는 사람들이 금식하는 사람인 것을 금방 알아보게 했습니다. 이런 자들을 향하여 예수님께서는 "저희는 자기 상을 이미 받았느니라"고 했지요. 사람들이 알아보고 칭찬을 하면 이미 자기 상을 받았다는 것입니다. 하나님께는 받을 상이 없는 것이지요.

둘, 생활이 뒤따르지 않는 금식은 무의미한 금식입니다.

하나님의 뜻을 무시한, 생활이 뒷받침되지 않는 금식은 무의미한 금식이지요. 사 58 : 3~5에, "우리가 금식하되 어찌하여 주께서 보지 아니하시오며 우리가 마음을 괴롭게 하되 어찌하여 주께서 알아주지 아니하시나이까 보라 너희가 금식하는 날에 오락을 구하며 온갖 일을 시키는도다

보라 너희가 금식하면서 논쟁하며 다투며 악한 주먹으로 치는도다 너희가 오늘 금식하는 것은 너희의 목소리를 상달하게 하려는 것이 아니니라

이것이 어찌 내가 기뻐하는 금식이 되겠으며 이것이 어찌 사람이 자기의 마음을 괴롭게 하는 날이 되겠느냐 그의 머리를 갈대 같이 숙이고 굵은 베와 재를 펴는 것을 어찌 금식이라 하겠으며 여호와께 열납될 날이라 하겠느냐"고 했지요.

금식을 하며 오락을 구하고, 사람들과 논쟁하며 다투고, 약한 사람들을 괴롭히는 행위를 하는 것은 금식을 하는 자세가 아니지요. 금식을 하더라도 무의미한 금식인 것입니다.

둘째, 하나님이 기뻐하시는 참된 금식이 있습니다.

하나, 사람에게 보이려고 하는 것이 아니라 하나님께 보여드리는 금식입니다.

본문에서 예수님은 "머리에 기름을 바르고 얼굴을 씻으라"고 했습니다. '금식하고 있는 것을 사람들이 전혀 모르도록 하라'는 것이지요. 평상시에 생활하는 모습으로 금식을 하라는 것입니다. 금식을 하고 있으면 사람들은 모르지만 하나님께서는 다 아시니까요. 하나님

께 보여드리는 금식을 하라는 것입니다.

둘, 생활이 뒤따르는 금식입니다.

사 58 : 6 - 7에, "내가 기뻐하는 금식은 흉악의 결박을 풀어 주며 멍에의 줄을 끌러 주며 압제 당하는 자를 자유하게 하며 모든 멍에를 꺾는 것이 아니겠느냐

또 주린 자에게 네 양식을 나누어 주며 유리하는 빈민을 집에 들이며 헐벗은 자를 보면 입히며 또 네 골육을 피하여 스스로 숨지 아니하는 것이 아니겠느냐" 라고 했습니다.

흉악한 결박을 당한 자의 결박을 풀어주며, 무거운 멍에를 멘 자의 멍에의 줄을 끌러 주며, 압제당하는 자를 자유하게 하며, 굶주리는 자에게 먹을 양식을 나누어주며, 유리하는 빈민을 집에 들이며, 헐벗은 자에게 입을 옷을 주며, 어려움을 당하는 골육 친척을 돌아보는 것이 참된 금식을 하는 자세인 것이지요. 고난을 당하는 가까운 골육친척이나, 이웃들이 고난을 벗어날 수 있도록 도와주는 행위를 하는 것이 참된 금식을 할 때 가져야 하는 자세인 것입니다.

참된 금식을 할 때 하나님은 능력으로 역사하시며 응답하신다

하나님께서 기뻐하시는 금식을 하면 하나님께서 갚아 주십니다.

사 58 : 8 - 9에, "그리하면 네 빛이 새벽같이 비칠 것이며 네 치유가 급속할 것이며 네 공의가 네 앞에 행하고 여호와의 영광이 네 뒤에 호위하리니 네가 부를 때에는 나 여호와가 응답하겠고 네가 부르짖을 때에는 내가 여기 있다 하리라"라고 하셨습니다.

하나님께 보여드리는 참된 금식을 하면 금식하는 자의 빛이 새벽같이 비치게 하시고, 치유가 급속하게 해주시고, 공의가 드러나게 해주시고, 하나님의 영광이 호위하게 해주신다는 것이지요. 하나님께 기도하는 것을 신속하게 응답해 주신다는 것입니다.

성경에는 하나님께 보여드리는 금식을 했던 사람들이 많이 있습니다.

모세가 시내산에 올라 40일을 금식하며 십계명과 하나님의 율법을 받았지요. 사무엘 선지자가 백성들을 위하여 금식하며 기도했습니다. 그래서 블레셋 나라의 압제에서 구원했지요. 느헤미야가 민족을 위해 금식하며 기도했고(느 9 : 1), 에스더 왕비가 금식하며 기도했고(에 4 : 15 - 16), 다니엘 선지자가 금식하며 기도했습니다.(단 10 : 2- 3)

예수님께서 공생애를 시작하시기 전에 40일을 금식하시며 기도하셨고, 바울도 다메섹 도상에서 예수님을 만난 후 금식기도를 했고, 위에서 말씀을 드렸지만 **안디옥교회가 바울과 바나바를 선교사로 파송을 할 때 교회적으로 기도를 했습니다.**

기독교의 역사에도 금식기도를 하며 하나님의 사랑과 긍휼을 경험한 일들이 너무나 많습니다.

※ 1623년 영국의 청교도들이 아메리카 신대륙에 이주해서 땀 흘려 심은 곡식들이 가뭄으로 말라 죽어가게 되었습니다. 5월 3째 주에 시작된 가뭄이 7월 중순까지 비 한 방울 떨어지지 않는 상황이 계속되었지요. 청교도들은 금식을 선포하고 하나님께 금식하며 비를 달라고 하나님께 기도했습니다. 구름 한 점 없던 하늘에 저녁이 되어 시원한 소나기가 내렸습니다.

※ '데렉 프린스'가 쓴 『역사를 창조하는 기도와 금식』이라는 책이 있습니다. 이 책에 보면 세계2차대전 중에 영국의 윈스턴 처칠 수상이 몽고메리 장군을 북아프리카 전선에 급파했지요. 몽고메리 장군은 하나님을 신실하게 공경하는 장군이었습니다. 그는 장교 전체를 소집하고 합심하여 기도했지요. "하나님 아버지, 우리를 전쟁에서 강하게 하시고 승리하게 하옵소서." 몽고메리 장군이 이끄는 영국 군대가 대승을 거두었습니다.

그래서 하나님의 사람인 '프랭크 홀'은 이런 말을 했지요. "하나님의 사역에 기적이 일어나고, 우리의 질병이 고침을 받으며, 성령이 비오듯 함을 보기 위하여 우리는 금식하며 기도하기를 시작해야 한다."

금식기도는 결코 쉬운 일이 아니지요. 사람이 음식을 먹지 않는다는 것은 힘든 일입니다. 그러나 금식기도는 하나님께서 역사하시는 힘이 강하지요. 그래서 금식기도를 하며 하나님의 역사하심을 체험한 신실한 성도들이 하는 말이 있습니다.

하루의 금식기도는 1년간 기도하는 것과 같고, 3일 금식기도는 3년간 기도하는 것과 같고, 10일 금식기도는 10년간 기도하는 것과 같다고 하는 것입니다.

이제 말씀을 맺겠습니다.

천국 백성들이 날마다 금식하며 기도할 수는 없을 것입니다. 금식하며 기도하는 것은 쉬운 일이 아니지요. 그러나 성도는 하나님 앞에 진실로 회개해야 하는 일을 깨달았을 때 금식하며 기도해야 하고, 하나님의 특별한 은혜가 요구되는 문제를 만났을 때 금식하며 기도할 수 있어야 합니다. 하나님이 기뻐하시는 금식기도로 하나님의 능력의 손길을 체험하며 사는 천국 백성이 되시기를 예수님의 이름으로 축원합니다.   아   멘.

보물을 하늘에 쌓아 두라

마태복음 6 : 19~24

"너희를 위하여 보물을 땅에 쌓아 두지 말라.(헬, Μὴ θησαυρίζετε ὑμῖν θησαυρούς.(메 데사우리제테 휘민 데사우루스)/영, Do not store up for yourselves treasures on earth.) 거기는 좀과 동록이 해하며 도둑이 구멍을 뚫고 도둑질하느니라. 오직 너희를 위하여 보물을 하늘에 쌓아 두라.(헬, θησαυρίζετε δὲ ὑμῖν θησαυροὺς ἐν οὐρανῷ.(데사우리제테 데 휘민 데사우루스 엔 우라노)/영, But store up for yourselves treasures in heaven.)거기는 좀이나 동록이 해하지 못하며 도둑이 구멍을 뚫지도 못하고 도둑질도 못하느니라. 네 보물 있는 그 곳에는 네 마음도 있느니라.

눈은 몸의 등불이니 그러므로 네 눈이 성하면 온 몸이 밝을 것이요 눈이 나쁘면 온 몸이 어두울 것이니 그러므로 네게 있는 빛이 어두우면 그 어둠이 얼마나 더하겠느냐?(마음의 눈이 밝아야 할 것을 교훈하신 것. 재물에 집착하는 자는 마음의 눈이 어두워져서 선악을 분별할 수없음. 마음이 눈이 밝아 온 몸을 밝게 해야 함)

한 사람이 두 주인을 섬기지 못할 것이니 혹 이를 미워하고 저를 사랑하거나 혹 이를 중히 여기고 저를 경히 여김이라 너희가 하나님과 재물(히, μαμωνᾶ(마모나)/영, mammon, money)을 겸하여 섬기지 못하느니라."(마 6 : 19~24)

'역사적인 전천년설'의 저자인 복음주의 신학자 조지 트루엣(George W. Truett) 박사가 있습니다. 조지 트루엣 박사가 석유 유전으로 갑부가 된 텍사스의 어느 부잣집에 초대를 받아 식사 대접을 받은 적이 있었지요. 식사 후에 주인은 조지 트루엣 박사를 데리고 지붕 옥상으로 안내를 하고 석유를 뽑아 올리는 유정탑들이 거대하게 서 있는 넓은 벌판을 가리키면서 이렇게 말했습니다.

"트루엣 박사님! 저게 다 내 것입니다. 제가 25년 전에 이 시골로 올 때는 무일푼이었지요. 그런데 지금은 박사님이 저쪽으로 보시는 저 끝까지 모든 것을 내가 다 소유하고 있습니다."

주인은 다시 반대편으로 돌아서서 곡식이 자라는 넓은 황금벌판을 가리키면서, "저것도 다 내 것입니다. 저 쪽 끝까지 보이는 것이 다 내 것이지요."

다시 동쪽으로 돌아서서 무수한 가축 떼를 가리키면서,

"저것도 다 내 것입니다. 박사님이 보시고 있는 저 가축 떼가 다 내 것이지요."

마지막으로 서쪽으로 돌아서서 거대한 숲을 가리키면서,

"저 것도 다 내 것이지요. 25년 전에는 무일푼이었으나 열심히 일해서 지금은 이쪽저쪽 저쪽이쪽 …… 박사님이 보고 계신 모든 것이 다 내 것입니다."

자랑을 했지요.

주인은 한껏 자랑을 하면서 조지 트루엣 박사에게 칭찬을 듣고 싶어서 조지 트루엣 박사를 바라보았습니다. 그런데 조지 트루엣 박사는 주인을 바라보며 위를(하늘을) 가리키면서 이렇게 물었지요.

"형제님! 형제님은 저 쪽 방향으로는 무엇을 소유하고 있습니까?"

주인은 머리를 긁적이며 말했습니다. "미처 그것은 생각해보지 않았는데요."

예수님은 예수님을 믿고 따르는 성도들, 천국에 가서 영생 복락을 누릴 천국 백성들에게 "너희를 위하여 보물을 땅에 쌓아 두지 말라" "오직 너희를 위하여 보물을 하늘에 쌓아 두라"고 하십니다.

땅에 보물을 쌓으면 좀과 동록이 해하고 도둑이 구멍을 뚫고 도둑질을 하기 때문에 보관이 안 된다고 하시지요. 반면에 하늘에 보물을 쌓으면 좀과 동록이 해하지 못하고 도둑이 구멍을 뚫지도 못하고 도둑질도 못한다고 하십니다. 그대로 영원히 보관이 된다고 하시지요.

마땅히 천국 백성은 보물을 땅에 쌓지 말고 장차 가서 영생 복락을 누릴 하늘에 쌓으며 살아야 할 것을 말씀해 주신 것입니다.

'땅에 보물을 쌓지 말고 하늘에 보물을 쌓으라'고 하시는데 '보물(헬, Θησαυροὺς(데사우루스)/영, treasures)'이 무엇입니까? 24절에서 예수님은 더 구체적으로 '너희가 하나님과 재물(히, μαμωνᾶ(마모나)/영, mammon, money)을 겸하여 섬기지 못하느니라'고 하셨지요. 사람이라면 누구나 다 좋아하는 재물(히, μαμωνᾶ/영, mammon, money, 돈)을 가리키는 것이지요.

예수님께서는 천국 백성들에게 땀을 흘리고 고생을 하며 온갖 노력으로 얻게 되는 보물(재물, 돈)을 '땅에 쌓지 말고 하늘에 쌓아 두라'고 하시는 것입니다.

하나님은 보물(재물, 돈)에 대하여 어떻게 말씀을 하시는가?

재물(돈)은 세상을 살 때 반드시 있어야 하는 것이지요. 재물이 없으면 사람이 살 수가 없는 것입니다. 먹고 마시고 옷을 입고 잠을 자며 생활하기 위해서는 반드시 재물이 있어야 하는 것이지요. 재물이 없이는 단 하루도 살 수가 없는 것입니다. 재물이 부족해도 생활이 불편해지는 것이지요. 재물이 넉넉해야 평안하고 즐겁게 살 수 있는 것입니다. 그래서 사람들은 재물을 얻기 위하여 온갖 노력을 다하지 않습니까?

첫째, 하나님은 재물에 대하여 어떻게 말씀을 하십니까?

하나님은 하나님의 자녀인 천국 백성들이 세상에서 게으름을 피우며 가난하게 살지 말고 성실하고 부지런히 힘써서 일을 하며 부유하고 넉넉하게 살기를 원하시는 분입니다.

"…… 너는 네 평생에 수고하여야 그 소산을 먹으리라"(창 3 : 17) "엿새 동안은 힘써 네 모든 일을 행할 것이나 ………"(출 20 : 9) "누구든지 일하기 싫어하거든 먹지도 말게 하라"(살후 3 : 10) 하나님의 자녀들이 게으름을 피우지 말고 성실하게 열심히 일을 하며 재물을 얻어서 평안하게 살기를 원하시는 것이지요.

그리고 자녀들을 양육하기 위하여 저축을 하고, 일을 할 수 없을 경우(인생의 겨울, 실직을 하고, 늙고 병들어서 일을 할 수 없을 때)를 대비해서 저축하는 것을 금하지 않으셨습니다.

"어린 아이가 부모를 위하여 재물을 저축하는 것이 아니요 부모가 어린 아이를 위하여 하느니라"(고후 12 : 14)

"게으른 자여 개미에게 가서 그가 하는 것을 보고 지혜를 얻으라 개미는 두령도 없고 감독자도 없고 통치자도 없으되 먹을 것을 **여름 동안에**(일할 수 없는 추운 겨울이 오기 전, 일을 하고 재물을 얻을 수 있을 때) 예비하며 추수 때에 양식을 모으느니라"(잠 6 : 6~8)

둘째, 하나님은 부정하고 부당하게 재물을 얻는 것은 철저히 금하셨습니다.

'뇌물을 받지 말라'(출 23 : 7) '땅의 지계표를 옮기지 말라(자신의 땅을 넓히려고 땅의 경계를 나누는 표지석을 옮기지 말라' '착취하지 말며 품군의 삯을 아침까지 밤새도록 네게 두지 말라'(레 19 : 13) '고리대금(돈을 빌려주고 비싼 이자를 받는 것)을 하지 말라'

'공정한 저울추와 됫박을 사용해라' '도둑질하지 말라'(출 20 : 15) - 탐욕을 가지고 수고하지 않고 부정하게 재물을 얻으려고 하는 것, 다른 사람에게 해를 끼치는 것을 철저하게 금하신 것입니다.

아브라함은 조카 롯과 다투는 것을 피하면서 롯에게 먼저 목초지를 선택하도록 양보를 합니다. (창 13장) 자신의 이익을 챙기지 않고 다른 사람을 먼저 배려한 것입니다.

그리고 소돔 왕에게 "네 말이 내가 아브람으로 치부케 하였다 할까 하여 네게 속한 것은 무론 한 실이나 신들메라도 내가 취하지 아니 하리라"(창 14 : 23)고 했지요. 북부 4개 부족 연합군을 격파하고 노획물을 가지고 돌아오면서 소돔 왕에게 한 말이지요. 정당하지 못하거나 떳떳하지 않은 것은 실오라기 하나라도 취하지 않겠다고 한 것입니다.

셋째, 하나님은 재물(돈)을 사랑하지 말라고 하십니다.

"돈(재물)을 사랑함이 일만 악의 뿌리가 되나니 이것을 탐내는 자들은 미혹을 받아 믿음에서 떠나 많은 근심으로써 자기를 찔렀도다"(딤전 6 : 10)

돈을 사랑하는 것은 일만 악의 뿌리가 된다고 했지요. 돈을 탐내는 자들이 돈의 미혹을 받아서 믿음에서 떠나 많은 근심을 하며 자기 스스로를 찔렀다(망하게 했다)고 하십니다.(아간, 엘리사 선지자의 종 게하시, 가룟 유다, 아나니아와 삽비라가 그렇게 되지 않았습니까?)

보물(재물, 돈)을 땅에 쌓지 말고 하늘에 쌓아야 한다

하나님이 주신 지혜와 능력을 가지고 성실하고 부지런하게 노력하여 재물을 얻게 될 때, 알아야 할 것이 있습니다. 자신에게 주어진 재물의 주인이 하나님이시고, 자신은 하나님이 맡겨주신 것을 관리하는 청지기인 줄 알아야 하는 것이지요. 하나님께서 지혜와 능력과 때를 따라 복을 주시지 않으면 아무도 재물을 얻으며 부자가 될 수 없는 것입니다.

"그러나 네가 마음에 이르기를 내 능력과 내 손의 힘으로 내가 이 재물을 얻었다 말할 것이라 네 하나님 여호와를 기억하라 그가 네게 재물 얻을 능력을 주셨음이라"(신 8 : 17~18) 그러므로 재물을 얻게 되었을 때는 재물의 주인이 하나님이시고 자신은 관리하는 청지기인 줄 알아야 하는 것이지요.

그리고 재물을 하나님께서 기뻐하시는 뜻대로 사용을 해야 하는 것입니다. 땅에 재물을 쌓지 말고 하늘에 재물을 쌓아야 하는 것이지요. 그렇다면 땅에 보물(재물, 돈)을 쌓는 것이 무엇이며 하늘에 보물을 쌓는 것이 무엇일까요?

땅에 보물을 쌓는 것이 무엇입니까? 눅 12 : 16 - 21에 보면 땅에 보물을 쌓는 어리석은 부자이야기가 나옵니다.

한 부자가 농사가 잘 되어 밭에 소출이 풍성하게 되었습니다. 그러자 이 부자는 어떻게 했습니까? '내가 곡식 쌓아 둘 곳이 없으니 어찌 할까?' '내가 이렇게 하리라' '내 곳간을 헐고 더 크게 짓고 내 모든 곡식과 물건을 거기 쌓아 두리라' '또 내가 내 영혼에게 이르되 영혼아 여러 해 쓸 물건을 많이 쌓아 두었으니 평안히 쉬고 먹고 마시고 즐거워하자 하리라'

그런데 하나님은 어떻게 하신다고 했습니까?

'어리석은 자여 오늘 밤에 네 영혼을 도로 찾으리니 그러면 네 준비한 것이 누구의 것이 되겠느냐?'하신다는 것이지요.

그러면서 예수님은 이렇게 결론을 내립니다.

"자기를 위하여 재물을 쌓아 두고 하나님께 대하여 부요하지 못한 자가 이와 같으니라"

이 어리석은 부자의 마음과 행동이 재물을 땅에 쌓는 것이지요. 자기만을 위하여 재물을 쌓아 두는 것이 땅에 재물을 쌓는 것입니다. '자기와 자기 가족만을 위하여 쌓아 두는 것' '자기와 자기 가족만을 위하여 땅을 사고 집을 사고 저축을 하는 것' '자기와 자기 가족만을 위하여 먹고 마시고 좋은 차를 사고 여행을 다니고 즐겁게 살기 위하여 사용하는 것'은 재물을 땅에 쌓는 어리석는 것입니다.

보물을 하늘에 쌓는 것이 무엇입니까? 재물의 주인이 하나님이신 것을 알고 하나님이 맡겨주신 재물을 지혜롭고 선한 청지기가 되어 하나님의 영광을 위하여 사용하는 것이지요. 비록 자신이 노력하고 수고해서 모으고 저축한 재물이라도 자신의 것으로 알지 않고 하나님의 것으로 알고 하나님의 영광을 위하여 사용을 하는 것입니다.

"그런즉 너희가 먹든지 마시든지 무엇을 하든지 다 하나님의 영광을 위하여 하라"(고전 10 : 31)

그렇다면 재물을 하늘에 쌓는 것, 하나님의 영광을 위해서 사용하는 것이 무엇일까요? 하나님이 기쁘게 받으시는 예물을 하나님께 드리는 것과 천국 복음을 전하는 일에 사용을 하는 것입니다.

첫째, 하나님과 바른 관계를 맺기 위하여 하나님이 분부하신 온전한 예물(십일조와 봉헌물, 초태생, 첫열매, 절기예물/신년, 부활, 맥추, 추수, 성탄 감사예물)을 하나님께 드리는 것입니다.

"사람이 어찌 하나님의 것을 도둑질하겠느냐 그러나 너희는 나의 것을 도둑질하고도 말하기를 우리가 어떻게 주의 것을 도둑질하였나이까 하는도다 이는 곧 **십일조와 봉헌물**이라 너희 곧 온 나라가 나의 것을 도둑질하였으므로 너희가 저주를 받았느니라

만군의 여호와가 이르노라 너희의 온전한 십일조를 창고에 들여 나의 집에 양식이 있게 하고 그것으로 나를 시험하여 내가 하늘 문을 열고 너희에게 복을 쌓을 곳이 없도록 붓지 아니하나 보라"(말 3 : 8~10)

"너는 매년 세 번 내게 절기(감사 절기)를 지킬지니라 너는 무교병의 절기를 지키라 내가 네게 명령한 대로 아법월의 정한 때에 이레 동안 무교병을 먹을지니 이는 그 달에 네가 애굽에서 나왔음이라 빈 손으로 내 앞에 나오지 말지니라"(출 23 : 14~15)

하나님의 자녀인 천국 백성에게 가장 소중한 예배, 영혼이 살고 죽는 예배, 하나님께서 기쁘게 받으시는 예배를 드리기 위하여 사랑과 정성이 담긴 온전한 예물을 드려야 하는 것이지요. 하나님의 것을 도둑질하지 말고, 흠이 없는 온전한 예물을 드려야 하는 것입니다.

둘째, 굶주리고 헐벗고 병든 자를 위하여 사용을 하는 것입니다.

굶주리고 헐벗고, 병들고, 연약하고, 가난하고 어려운 이웃을 위해서 사용(구제)을 하는 것입니다.

"네가 이 세대에서 부한 자들을 명하여 마음을 높이지 말고 정함이 없는 재물에 소망을 두지 말고 오직 우리에게 모든 것을 후히 주사 누리게 하시는 하나님께 두며 선을 행하고 선한 사업을 많이 하고 나누어 주기를 좋아하며 너그러운 자가 되게 하라 이것이 장래에 자기를 위하여 좋은 터를 쌓아 참된 생명을 취하는 것이니라"(딤전 6 : 17~19)

"너희 소유를 팔아 구제하여 낡아지지 아니하는 배낭을 만들라 곧 하늘에 둔 바 다함이 없는 보물이니 거기는 도둑도 가까이 하는 일이 없고 좀도 먹는 일이 없느니라"(눅 12 : 33)고 하셨지요.

예수님께서 친히 굶주리고 헐벗고, 병들고, 연약하고, 가난하고 어려운 이웃을 돌아보는 것을 예수님께 해드리는 것이라고 말씀을 하시지 않으셨습니까?

"인자가 자기 영광으로 모든 천사와 함께 올 때에 자기 영광의 보좌에 앉으리니 모든 민족을 그 앞에 모으고 각각 구분하기를 목자가 양과 염소를 구분하는 것 같이 하여 양은 그 오른편에 염소는 왼편에 두리라

그 때에 임금이 그 오른편에 있는 자들에게 이르시되 내 아버지께 복 받을 자들이여 나아와 창세로부터 너희를 위하여 예비된 나라를 상속받으라

내가 주릴 때에 너희가 먹을 것을 주었고 목마를 때에 마시게 하였고 나그네 되었을 때에 영접하였고 헐벗었을 때에 옷을 입혔고 병들었을 때에 돌보았고 옥에 갇혔을 때에 와서 보았느니라

이에 의인들이 대답하여 이르되 주여 우리가 어느 때에 주께서 주리신 것을 보고 음식을 대접하였으며 목마르신 것을 보고 마시게 하였나이까 어느 때에 나그네 되신 것을 보고 영접하였으며 헐벗으신 것을 보고 옷 입혔나이까 어느 때에 병드신 것이나 옥에 갇히신 것을 보고 가서 뵈었나이까 하리니

임금이 대답하여 이르시되 내가 진실로 너희에게 이르노니 너희가 여기 내 형제 중에 지극히 작은 자 하나에게 한 것이 곧 내게 한 것이니라"(마 25 : 31~40)

재물을 하나님이 기뻐하시는 일에 사용을 하는 것은 하늘에 보물을 쌓는 것이기도 하지만 자신이 세상에서도 더 풍성한 물질의 복을 누리는 비결이 되는 것입니다.

"주라 그리하면 너희에게 줄 것이니 곧 후히 되어 누르고 흔들어 넘치도록 하여 너희에게 안겨 주리라 너희가 헤아리는 그 헤아림으로 너희도 헤아림을 도로 받을 것이니라"(눅 6 : 38)

보물을 땅에 쌓지 않고 하늘에 쌓기 위해서는 반드시 필요한 것이 있다

그런데 보물을 땅에 쌓지 않고 하늘에 쌓기 위해서는 반드시 필요한 것이 두 가지 있습니다. 그래서 본문에 보면 예수님께서 '땅에 보물을 쌓지 말고 보물을 하늘에 쌓으라'고 하시면서 함께 하시는 말씀이 있지요. 어떤 말씀을 하십니까?

첫째, '보물이 있는 곳에는 네 마음도 있느니라' 보물(재물, 돈)이 있는 곳에는 마음이 있다는 것입니다.

마음이 중요한 것을 말씀해 주신 것이지요. '마음이 어디에 있느냐?' '어떤 마음을 갖고 있느냐?'에 따라 재물을 땅에 쌓을 수도 있고 하늘에 쌓을 수도 있는 것입니다. 마음이 땅(세상)에 있으면 땅에 재물을 쌓게 되고, 마음이 하늘에 있으면 하늘에 재물에 쌓게 되는 것이지요.

그리고 마음을 말씀하시면서 동시에 '눈은 몸의 등불이다' '눈'에 대해서 말씀을 하십니다. '네 눈이 성하면 온 몸이 밝을 것이요 눈이 나쁘면 온 몸이 어두울 것이니 그러므로 네

게 있는 빛이 어두우면 그 어둠이 얼마나 더하겠느냐?'고 하셨지요. **마음의 눈(영안)이 밝아야 할 것**을 말씀해 주신 것입니다.

마음의 눈이 밝아야 어두움에 있지 아니하고 자기 자신(나그네 인생인 자기 자신)을 밝게 볼 수 있고, 정해진 기간 머물다가 떠나갈 죄악된 세상을 밝게 볼 수 있고, 천국 백성이 가서 영생 복락을 누릴 하늘(천국)을 밝게 볼 수 있기 때문이지요. 마음의 눈이 밝아야 재물을 땅에 쌓지 아니하고 하늘에 쌓을 수가 있는 것입니다.

그런데 예수님을 믿지 않는 세상 사람들은 다 영이 죽어있기 때문에 마음의 눈이 다 어둡지요. 그래서 믿음이 없는 세상 사람들은 다 땅에 재물을 쌓는 것입니다. 예수님을 믿으면서도 믿음이 어리고 영안이 흐리면 땅에 재물을 쌓으려고 하는 것이지요.

천국 백성은 예수님을 바라보고, 자신을 바라보고, 가난한 이웃을 바라보고, 천국을 바라보는 영안(마음의 눈)이 반드시 밝아야 하는 것입니다.

둘째, 예수님은 이어서 어떤 말씀을 하셨습니까? "한 사람이 두 주인을 섬기지 못할 것이니 혹 이를 미워하고 저를 사랑하거나 혹 이를 중히 여기고 저를 경히 여김이라 너희가 **하나님과 재물**(헬, μαμωνᾶ/영, mammon, money)**을 겸하여 섬기지 못하느니라**"고 하셨지요.

'한 사람이 두 주인을 섬길 수 없다' '혹 이를 미워하고 저를 사랑하거나 혹 이를 중히 여기고 저를 경히 여길 수밖에 없다' '하나님과 재물을 겸하여 섬길 수 없다'

무슨 말씀입니까? 예수님을 주님으로 믿는 천국 백성은 반드시 하나님을 주인으로 섬기며 살아야 하는 사람인데, 천국 백성에게 하나님 말고도 또 주인 노릇을 할 수 있는 것이 있는데 그것이 '재물(돈)'이라고 하신 것이지요.

그런데 절대로 두 주인을 섬길 수 없다는 것입니다. 하나님을 주인으로 섬기든지, 재물을 주인으로 섬기든지 하게 된다는 것이지요. 재물을 주인으로 섬기면 보물을 하늘에 쌓을 수 없고 땅에 쌓을 수밖에 없는 것입니다.

천국 백성이 아닌 세상 사람들은 누구나 땅에서 사는 것이 전부이고, 하늘에 대한 소망이 없기 때문에 재물을 주인으로 섬기며 재물을 땅에 쌓으려고 하지 않습니까? 그러나 천국 백성들은 하나님을 주인으로 섬기며 재물을 하늘에 쌓아야 하는 것이지요. 그래야 재물이 영원히 보관이 되고 자신에게 복이 되고 상급이 되는 것입니다.

이제 말씀을 맺겠습니다.

예수님은 예수님을 믿고 따르는 성도들, 천국에 가서 영생 복락을 누릴 천국 백성들에게 "너희를 위하여 보물을 땅에 쌓아 두지 말라" "오직 너희를 위하여 보물을 하늘에 쌓아 두라"고 하십니다. 재물은 하나님께서 주시는 것이지요. 재물의 주인은 하나님이시고 우리 성도들은 재물을 관리하는 청지기인 것이지요. 재물은 세상에 사는 날 동안은 절대적으로 필요한 것입니다. 재물이 있어야 살 수 있고, 평안하고 행복하게 살 수 있지요. 그래서 천국 백성들은 하나님께서 맡겨주시는 재물들을 지혜롭게 잘 관리해야 하는 것입니다. 재물을 땅에 쌓으며 살지 말고, 하늘에 쌓으며 살아야 하는 것이지요. 재물을 하늘에 쌓으며 하나님께서 주시는 풍성한 복을 누리며 사는 천국 백성이 되시기를 예수님의 이름으로 축원합니다. 아 멘.

염려하지 말고 먼저 하나님의 나라와 의를 구하라

마태복음 6 : 25~34

"그러므로 내가 너희에게 이르노니 목숨을 위하여 무엇을 먹을까 무엇을 마실까 몸을 위하여 무엇을 입을까 염려하지 말라 목숨이 음식보다 중하지 아니하며 몸이 의복보다 중하지 아니하냐

공중의 새를 보라 심지도 않고 거두지도 않고 창고에 모아들이지도 아니하되 너희 하늘 아버지께서 기르시나니 너희는 이것들보다 귀하지 아니하냐 너희 중에 누가 염려함으로 그 키를 한 자라도 더할 수 있겠느냐

또 너희가 어찌 의복을 위하여 염려하느냐 들의 백합화가 어떻게 자라는가 생각하여 보라 수고도 아니하고 길쌈도 아니하느니라 그러나 내가 너희에게 말하노니 솔로몬의 모든 영광으로도 입은 것이 이 꽃 하나만 같지 못하였느니라 오늘 있다가 내일 아궁이에 던져지는 들풀도 하나님이 이렇게 입히시거든 하물며 너희일까보냐 믿음이 작은 자들아 그러므로 염려하여 이르기를 무엇을 먹을까 무엇을 마실까 무엇을 입을까 하지 말라

이는 다 이방인들이 구하는 것이라 너희 하늘 아버지께서 이 모든 것이 너희에게 있어야 할 줄을 아시느니라

그런즉 너희는 먼저 그의 나라와 그의 의를 구하라 그리하면 이 모든 것을 너희에게 더하시리라 그러므로 내일 일을 위하여 염려하지 말라 내일 일은 내일이 염려할 것이요 한 날의 괴로움은 그 날로 족하니라"(마태복음 6 : 25~34)

옛날에 우산 장사를 하는 아들과 짚신 장사를 하는 아들을 둔 어머니가 있었습니다. 이 어머니는 비가 오지 않으면 우산 장사를 하는 아들이 장사가 되지 않을 것을 염려하며 걱정을 했고, 비가 오는 날이면 짚신 장사를 하는 아들이 장사가 안 될 것을 염려하며 걱정

을 했지요. 비가 와도 걱정, 비가 오지 않아도 매일 매일 걱정을 한 것입니다. 사람들은 누구나 이런저런 염려와 걱정을 하며 세상을 살지요.

천국 백성은 염려하지 말고 생명과 평안을 누리며 살아야 합니다. "육신을 따르는 자는 육신의 일을, 영을 따르는 자는 영의 일을 생각하나니 육신의 생각은 사망이요 영의 생각은 생명과 평안이니라"(롬 8 : 5~6)

그래서 예수님은 천국 백성인 우리 성도들에게 "목숨을 위하여 무엇을 먹을까 무엇을 마실까 염려하지 말라" "몸을 위하여 무엇을 입을까 염려하지 말라" "내일 일을 위하여 염려하지 말라"고 하신 것입니다.

사실 우리 인생은 먹지 않고 마시지 않고 입지 않고서는 하루도 살 수 없는 존재가 아닙니까? 그리고 내일(미래)을 생각하며 사는 존재입니다. 살다 보면 염려를 하고 싶어서가 아니라 이런저런 염려거리가 생겨나기 마련이지요. 그런데 예수님께서는 천국 백성에게 염려하지 말라고 하시는 것입니다.

염려는 백해무익이다

본문 27절에 "너희 중에 누가 염려함으로 그 키를 한 자라도 더 할 수 있겠느냐"고 했습니다. 여기에서 "키"로 번역된 말은 헬라어로 "ἡλικίαν(헬리키안)"이라고 하는데 이 말은 '키'라고도 번역할 수 있고, '목숨'(난외주 참조)이라고도 번역할 수 있는 단어지요. "키, 목숨"을 가리키는 말입니다. 무슨 말씀입니까?

'염려'를 하면 키가 한 자나 더 자랄 수 있고 염려를 하면 수명이 더 늘어날 수 있을까요? 그럴 수 없다는 것입니다. 아무리 염려를 해도 키가 더 자라지 않지요. 수명이 길어지는 것도 아닙니다. 오히려 우울증에 빠지고 각종 질병에 걸리지요. 그러므로 염려를 하지 말라는 것입니다. 그러나 어떤 사람도 염려를 하고 싶어서 염려를 하는 사람은 없지요. 염려거리가 생겨나니까 염려를 하는 것입니다. 그러나 염려하는 것은 아무런 유익이 없고 정신적으로 육체적으로 해로운 것이지요. 염려를 하면 평안을 누리며 행복하게 살 수가 없는 것입니다.

미국 출신의 소설가이며 심리학자인 리차드 칼슨(Richard Carlson)은 그의 저서 『염려하지 말라』에서 이런 말을 했습니다.

"나는 내가 존경하고 흠모하는 사람들, 자기 분야에서 소위 '성공한' 사람들을 유심히 살펴보기 시작했다. 나는 작가들, 운동선수들, 사업가들, 엔터테이너들, 연사들, 의사들, 기업가들, 기타 전문인들을 보고 아주 놀라운 것을 배웠다. …… 그들에게는 통일된 일관된 것들이 있었다. 그것은 그들이 '돈에 대해서' 걱정하지 않는 사람들이었다는 것이다. 흥미로운 것은 성공한 다음에 염려를 하지 않았던 것이 아니라 성공하기 전에 염려하지 않았다는 것이다. 그들의 존재 전체에 흔들 수 없는 내면적 확신이 스며들어 있었다. 그들은 재미있게 사는 사람들이었다."고 했습니다.

그러면서 칼슨(Carlson)은 '염려 줄이기 작전'을 한 결과 자기의 삶도 변했다고 했지요. "실패를 별로 걱정하지 않게 되었고, 비판을 쉽게 받아넘기며, 거절은 나의 삶을 마비시키는 대신에 새로운 방향으로 나를 안내하는 정보처럼 보였으며, 장애물들은 방해물들이기 보다는 기회들처럼 보였고, 모든 것이 더 재미있는 것처럼 보였다."고 했습니다.

하나님을 주인으로 섬기며 염려를 다 하나님께 맡기는 것이다

이미 지난 시간에 말씀을 드렸지만 성도는 두 주인을 섬기면 안 됩니다. 재물과 하나님을 겸하여 섬길 수 없는 것이지요. 그런데 믿음이 어린 성도들이 하나님을 섬기면서도 재물을 섬기기 때문에 염려를 벗어나지 못합니다. 재물을 섬기며 재물의 노예가 되어버리면 염려를 벗어날 수 없는 것입니다.

돈이 많은 부자들은 염려를 하지 않을까요? 돈이 많은 부자들은 가진 돈을 지키고 더 많은 돈을 벌기 위하여 염려가 떠날 날이 없습니다. 돈이 없는 사람보다 훨씬 더 염려를 하지요. 사장을 해도 월급을 받는 사장은 염려를 하지 않지만 월급을 주며 회사를 경영하는 소유주 사장은 염려를 해야 합니다. 월급 사장은 회사가 안 되면 회사를 그만두고 다른 직장으로 옮기면 되지만 소유주인 사장은 회사가 안 되면 완전히 망하는 것이니까요.

성도는 오직 하나님만을 주인으로 섬기며 살아야 합니다. 하나님만을 주인으로 섬기며 살면 염려를 하지 않을 수 있지요. 왜냐하면 하나님은 온 우주보다도 더 크신 분이기 때문에 하나님이 마음속에 주인으로 계시면 부족한 것이 없고, 염려가 되지 않는 것입니다.

사실 성도가 염려를 하는 것은 하나님이 어떤 분이신지를 제대로 모르기 때문에 하는 것이지요. 하나님이 어떤 분이시고 성도를 향하여 어떤 일을 하시는 분인가를 제대로 알게 되면 염려를 할 필요가 전혀 없는 것입니다.

예수님은 "공중의 새를 보라 심지도 않고 거두지도 않고 창고에 모아들이지도 아니하되 너희 하늘 아버지께서 기르시나니 너희는 이것들보다 귀하지 아니하냐"(마 6 : 26)

"또 너희가 어찌 의복을 위하여 염려하느냐 들의 백합화가 어떻게 자라는가 생각하여 보라 수고도 아니하고 길쌈도 아니하느니라 그러나 내가 너희에게 말하노니 솔로몬의 모든 영광으로도 입은 것이 이 꽃 하나만 같지 못하였느니라 오늘 있다가 내일 아궁이에 던져지는 들풀도 하나님이 이렇게 입히시거든 하물며 너희일까보냐 믿음이 작은 자들아"(마 6 : 28~30)고 하십니다.

예수님은 '공중의 새를 보라'고 하십니다. 여기에서 '보라(헬, ἐμβλέπω(엠브레포)/영, behold)'는 말은 '주의 깊게 생각하며 바라보라'는 말이지요.

하나님은 '공중에 나는 새를 기르시는 분'입니다. 새는 심지도 않고 거두어들이고 창고에 저장을 하지도 않지요. 그런데 하나님이 기르시는 새는 굶어 죽는 법이 없습니다. 그런데 하나님의 형상대로 지음을 받은 사람은 '공중에 나는 새보다' 얼마나 더 귀합니까? 더구나 독생자 예수 그리스도를 내주시며 구원해주신 우리 성도들을 얼마나 사랑하실까요? 새와 우리를 비교할 수 있겠습니까? 새를 기르시고 돌보시는 하나님이 우리를 어떻게 돌보실까요?

또한 예수님은 '들의 백합화가 어떻게 자라는가 생각하여 보라'고 하십니다. 여기에서 '생각하여 보라(헬, καταμανθάνω(카타만다노)/영, consider)'는 말도 역시 '숙고하라, 깊이 생각하라, 자세히 주목하여 보고 배우라'는 말이지요.

하나님은 '들에 자라는 백합화를 기르시는 분'입니다. 백합화는 아름다운 옷을 입기 위하여 수고를 하거나 옷감을 짜거나 옷을 만들지 않지요. 그러나 백합화는 얼마나 아름다운 옷을 입고 있습니까? 예수님은 최고의 부귀영화를 누린 솔로몬왕이 입었던 옷 보다도 백합화가 더 자연스럽고 아름다운 옷을 입고 있다고 하시지요. 누가 들판의 백합화에게 그렇게 아름답고 자연스러운 옷을 입혀주십니까? 하나님이 해주시는 것이지요. 그런데 우리 성도들은 들판에 자라는 저 백합화보다 얼마나 더 소중하고 귀한 존재들입니까? 우리 성도들과 저 들판의 백합화를 비교할 수 있나요? 들판의 백합화를 돌보시는 하나님이 우리 성도들을 어떤 사랑과 관심으로 돌보시겠습니까?

그렇습니다! 어떤 새도 자기 이웃에 사는 새보다 더 화려한 둥지를 지으려고 탐내며 염려하지 않습니다. 어떤 여우도 숨어서 새끼를 키울 굴 하나만 있으면 되니까 다른 굴을 탐내지 않지요. 어떤 다람쥐도 한 해 겨울만 지내면 되니까 두 해 겨울을 지낼 도토리를 저장하려고 염려하지 않습니다. 겨울잠을 자는 곰도 자기보다 더 큰 굴에서 잠을 자는 다른 곰들을 부러워하지 않지요.

그런데 안타깝게도 사람들은 염려를 하며 세상을 삽니다. 염려 때문에 불면증에 걸리고 우울증에 걸리고 고통을 겪지요. 믿음을 가진 성도들 가운데서도 그런 성도가 있지 않습니까? 왜 그럴까요? 믿음이 없거나 믿음이 작은 연고인 것입니다. 그래서 본문 30절에 예수님은 그런 자들을 향하여 "하물며 너희일까 보냐 믿음이 작은 자들아!"라고 하신 것이지요.

하나님께서 새들을 먹이시고 백합화에 옷을 입히시는 것을 깨닫고 우리를 얼마나 소중하고 귀하게 여기시는 것을 바르게 깨달으면 염려를 할 필요가 전혀 없는 것입니다.

"자기 아들을 아끼지 아니하시고 우리 모든 사람을 위하여 내주신 이가 어찌 그 아들과 함께 모든 것을 우리에게 주시지 아니 하겠느냐?"(롬 8 : 32)고 했습니다.

독생자 예수 그리스도를 보내주시고 십자가에 내주신 하나님이 아까워서 못 주실 것이 무엇일까요? 우리에게 마땅히 필요한 것이라면 주지 못하실 것이 없는 것입니다.

미국의 심리학자인 어니 젤린스키의 '걱정에 관한 연구'에 의하면 우리가 하는 염려와 걱정거리의 40%는 절대 일어나지 않을 사건들이고, 30%는 이미 일어난 사건들이고, 22%는 사소한 사건들이고, 4%는 우리가 바꿀 수 없는 사건들에 대한 것들이라고 하지요.

70%는 전혀 염려하거나 걱정할 필요가 없는 것들을 염려하며 걱정을 한다는 것입니다. 그리고 사소한 것들에 대해서 염려하며 걱정을 하는 것들이 조금(22%) 있고, 4% 정도는 염려하고 걱정해야 할 것이기는 하지만 아무리 염려하고 걱정을 해도 바꿀 수 없는 것들이라는 것이지요.

무슨 말입니까? 사람들은 하지 않아도 될 쓸데없는 것들을 염려하며 걱정을 하고, 아무리 염려하고 걱정을 해도 바꿀 수 없는 것을 염려하고 걱정을 하며 산다는 것이지요.

"너희 염려를 다 주께 맡기라 이는 그가 너희를 돌보심이라"(벧전 5 : 7)

하나님의 자녀들은 염려하지 않아도 되는 쓸데없는 염려를 하지 말아야 하고, 자신이 해결할 수 없는 염려는 주님께서 해결하시도록 다 주님께 맡기며 살아야 하는 것입니다.

1세기 초대교회에 기록된 기독교 문서들을 보면 예수님을 사랑했고, 예수님을 따랐던 많은 제자들의 이름이 나옵니다. 그런데 초대교회 제자들의 이름 가운데 재미있는 사실을 하나 발견할 수 있지요. 이름 가운데 'Titedios(티테디오스)'라는 이름이 많이 나옵니다.

티테디오스 요한, 티테디오스 바울, 티테디오스 알미니우스 ………

'티테디오스(Titedios)'라는 말은 '**결코 염려하지 않는 사람**'이라는 뜻입니다. 그런데 이것은 그 사람들의 본명이 아니라 이름 앞에 붙여진 하나의 별칭이었지요. 예수님을 믿고 구원을 받고 삶이 변한 후에 붙였던 애칭이었을 것으로 여겨지는 것입니다.

왜 초대교회 성도들이 '티테디오스(Titedios)' 애칭을 자신의 이름 앞에 붙였을까요? 예수님을 마음에 주인으로 모셨을 때 – 하나님이 자신의 아버지가 되시고 자신이 하나님의 자녀인 것을 확신했을 때, 염려에서 해방되어 평강을 누렸기 때문이었을 것입니다.

어떻습니까? 자신의 이름 앞에 '티테디오스(Titedios)'라는 이름을 붙일 수 있습니까? 구원받은 천국 백성은 자신의 이름 앞에 '티테디오스(Titedios)'라는 이름을 붙일 수 있어야 하는 것입니다.

먼저 하나님의 나라와 하나님의 의를 구하는 것이다

예수님께서 우리에게 "목숨을 위하여 무엇을 먹을까 무엇을 마실까 염려하지 말라" "몸을 위하여 무엇을 입을까 염려하지 말라"(생존과 생활을 위하여 가장 필요한 것) "내일(미래) 일을 위하여 염려하지 말라"는 말씀은 아무것도 염려하지 말라는 말씀인 것입니다.

아무 것도 염려하지 말고 대신 어떻게 하라고 하십니까? "그런즉 너희는 먼저 그의 나라와 그의 의를 구하라 그리하면 이 모든 것을 너희에게 더하시리라"(마 6 : 33)고 하셨지요.

여기에서 먼저 천국 백성들이 알아야 할 것이 있습니다. 아무 것도 염려하지 말라고 하셨지, 아무 일도 하지 말라고 하신 것은 아니라는 것이지요. 오히려 살후 3 :10에서는 "일하기 싫어하거든 먹지도 말게 하라"고 했습니다. 성도는 마땅히 이 세상에서 살 때 일을 하면서 살아야 하는 것이지요. 열심히 일을 하되 염려를 하지 말아야 하는 것입니다.

성도는 하나님을 알지 못하는 세상 사람들보다 더 열심히 일을 해야 합니다. 그 누구보다도 더 열심히 해야 하는 것이지요. 공부하는 학생은 더 열심히 공부를 해야 하고, 직장생활을 하는 사람은 더 성실히 직장생활을 해야 하고, 사업하는 사람은 더 부지런히 사업을 해야 하고, 살림을 하는 주부들은 더 부지런하고 더 알뜰하고 더 검소하게 살림을 해야 하는 것입니다.

그런데 천국 백성들에게는 그것보다 더 중요한 우선순위가 있지요. 하나님의 나라와 하나님의 의를 먼저 구해야 하는 것입니다. 하나님과 바른 관계를 맺어서 하나님 나라와 하나님의 의가 자신의 심령에 이루어지고, 하나님 나라와 하나님의 의가 주변에 이루어지도록 소금과 빛으로(천국 복음을 전하며) 살아야 하는 것이지요. 그러면 하나님께서 필요한 것들을 풍성하게 축복해주시는 것입니다.

하나님의 나라와 하나님의 의를 무시하면서 아무리 열심히 일을 해도 아무런 소용이 없는 것이지요. 무슨 말씀입니까? 하나님의 뜻을 무시한 채 먼저 돈을 벌고 난 뒤에 하나님을 잘 섬기겠다고 하는 자세를 가지면 안 되는 것이지요. 그런데 믿음이 어리고 세상에 있는 것들을 사랑하면 먼저 세상 것들을 구하려고 합니다.

'공부를 잘해서 좋은 학교에 가야 하니까 주일날도 교회에 나오지 않고 학원에 가고, 도서관에 가서 공부하고, 좋은 학교에 가서 시간 여유가 있을 때 주일도 지키고 예배도 드리자' '지금은 생활이 어려우니까 십일조를 드리지 말고 내 필요를 따라 먼저 쓰고 저축을 하고 여유가 있으면 십일조를 드리자.'

'부득이 주일날도 출근해야 하는 직장이니까 먼저 돈을 벌고 난 뒤에 직장을 바꾸자.' '술집이라도 열심히 해서 먼저 돈을 벌고 돈을 벌면 술집을 그만두고 좋은 사업을 해보자.'

이런 사람은 하나님이 축복해주시지 않지요. 그런 사람을 하나님이 축복해주신 적이 없는 것입니다.

성도는 먼저 하나님의 나라와 하나님의 의를 구해야 하는 것이지요. "그리하면 이 모든 것(먹을 것, 마실 것, 입을 것, 생활에 필요한 모든 것)을 너희에게 더 하시리라"고 하셨습니다.

하나님은 하나님의 나라와 하나님의 의를 구하는 자에게 육신 생활에 필요한 모든 것을 풍성하게 주시는 분이지요. 돈이 필요하면 돈을 주시고, 건강이 필요하면 건강을 주시고, 지혜가 필요하면 지혜를 주시는 분입니다.

그리고 염려할 것이 생기면 염려하지 말고 기도와 간구로 하나님께 아뢰어야 하는 것이지요. "아무 것도 염려하지 말고 다만 모든 일에 기도와 간구로 너희 구할 것을 감사함으로 하나님께 아뢰라 그리하면 모든 지각에 뛰어난 하나님의 평강이 그리스도 예수 안에서 너희 마음과 생각을 지키시리라"(빌 4 : 6~7)

그리하면 모든 지각에 뛰어난 하나님의 평강이 그리스도 예수 안에서 마음과 생각을 지켜주시지요. 어떤 상황에서도 평강을 누리며 살게 해주시는 것입니다.

이제 말씀을 맺겠습니다.

성도는 이방인들처럼 염려를 하지 말고 살아야 합니다. 이방인들은 다 염려를 하며 살지요. '무엇을 먹을까, 무엇을 마실까, 무엇을 입을까' 염려를 하며 삽니다. 내일 일을 염려하며 살지요. 그러나 성도들은 염려를 하지 말아야 하는 것입니다.

 아무것도 염려하지 말고, 먼저 하나님의 나라와 하나님의 의를 구해야 하는 것이지요. 먼저 하나님의 나라와 하나님의 의를 구하는 생활로, 날마다 돌보시는 하나님의 풍성한 은혜와 축복을 누리며 사는 천국 백성이 되시기를 예수님의 이름으로 축원합니다.

아　　　멘.

비판하지 말고 선한 권면을 하라

마태복음 7 : 1~5

"비판을 받지 아니하려거든 비판하지 말라 너희가 비판하는 그 비판으로 너희가 비판을 받을 것이요 너희가 헤아리는 그 헤아림으로 너희가 헤아림을 받을 것이니라 어찌하여 형제의 눈 속에 있는 티는 보고 네 눈 속에 있는 들보는 깨닫지 못하느냐 보라 네 눈 속에 들보가 있는데 어찌하여 형제에게 말하기를 나로 네 눈 속에 있는 티를 빼게 하라 하겠느냐 외식하는 자여 먼저 네 눈 속에서 들보를 빼어라 그 후에야 밝히 보고 형제의 눈 속에서 티를 빼리라"(마태복음 7 : 1~5)

지난 시간으로 천국 백성의 생활 원리인 산상보훈 마태복음 5장과 6장의 강론을 마치고 오늘부터는 산상보훈 마지막 장인 마태복음 7장의 말씀을 강론하면서 하나님의 음성을 듣는 시간을 가지려고 합니다.

마태복음 5장의 말씀은 천국 백성이 지녀야 하는 기본적인 자세(성품-팔복, 세상을 향한 자세-소금과 빛, 말씀에 대한 자세-분노, 간음, 맹세, 악한 자, 원수)에 대한 말씀이었고, 6장의 말씀은 천국 백성의 구체적인 생활 내용에 대한 말씀(참된 구제 생활, 참된 기도 생활, 참된 금식 생활, 참된 물질 생활)이었지요.

오늘부터 살펴보고자 하는 7장의 말씀은 천국 백성들이 경계하고 조심해야 할 것을 말씀해 주신 것입니다. 예수님의 말씀이 아주 질서정연한 것을 볼 수가 있지요.

이 시간에는 경계하고 조심해야 할 것을 말씀하시면서 첫 번째로 하신 말씀을 살펴보려고 합니다. "비판을 받지 아니하려거든 비판하지 말라 너희가 비판하는 그 비판으로 너희가 비판을 받을 것이요 너희가 헤아리는 그 헤아림으로 너희가 헤아림을 받을 것이니라 어찌하여 형제의 눈 속에 있는 티는 보고 네 눈 속에 있는 들보는 깨닫지 못하느냐 보라 네 눈 속에 들보가 있는데 어찌하여 형제에게 말하기를 나로 네 눈 속에 있는 티를 빼게 하라 하겠느냐 외식하는 자여 먼저 네 눈 속에서 들보를 빼어라 그 후에야 밝히 보고 형제의 눈 속에서 티를 빼리라"

　'비판을 받지 아니하려거든 비판하지 말라(함부로 비판하지 말라)' '외식하는 자(비판하는 자는 외식하는 자)가 되지 말라. 형제의 눈 속에 있는 티를 보지 말고 먼저 네 눈 속에 있는 들보를 볼 줄 아는 사람이 되라.' '먼저 네 눈 속에 있는 들보를 빼라. 그 후에 형제의 눈 속에 있는 티를 빼는 사람이 되라' 고 말씀을 하셨지요.

비판하지 말라는 말씀이 무슨 뜻인가?

　'비판을 받지 아니하려거든 비판하지 말라'는 말에서 '비판(批判)하지 말라(헬, Μὴ κρινετε(메 크리네테)/영, Don't judge)'는 말은 '비판하다(헬, κρινω(크리노)'의 부정명령형입니다. '판단(判斷)하지 말라' '정죄(定罪)하지 말라'는 말이지요. 이 말씀을 더 자세하게 해석을 하면 '재판관이 재판석에 앉아서 어떤 사람에 대하여 최종적이고, 결정적이고, 전혀 틀리지 않고, 완벽하게 마지막인 판단을 하며 형벌을 선언하는 판단을 하지 말라' '정죄를 하지 말라'는 의미인 것입니다.

　그런데 '비판하지 말라'는 말씀은 '아무 것도 판단하지 말라' '아무 것도 분별하지 말라'는 말씀이 아닙니다. '무엇이 옳고 무엇이 잘못된 것인가?'를 올바르게 분별하지 않고 '모든 사실과 진실과 거짓에 대하여 눈감아 버리는 맹목적인 사람이 되라'는 말씀이 아니지요.

　예수님께서 "또 어찌하여 옳은 것을 스스로 판단하지 아니하느냐"(눅 12 : 57) "외모로 판단하지 말고 공의롭게 판단하라"(요 7 : 24)고 하시지 않으셨습니까? 공의롭고 올바르게 판단을 해야 할 것을 말씀하셨지 않았나요? 본문 뒤에 이어지는 13~14절에 '좁은 문과 넓은 문'을 말씀하시면서 '좁은 문으로 들어가라'고 말씀을 하시고, 이어지는 24절 이하에 '반석 위에 집을 짓는 것과 모래 위에 집을 짓는 것'을 말씀하시며 '반석 위에 집을 지으라'고 말씀을 하시지 않았나요? 공의롭고 올바른 판단을 해야 하고, 올바른 선택을 해야 하고, 올바르게 행동을 하며 살아야 할 것을 말씀하신 것입니다.

　그렇다면 '비판하지 말라'는 말씀은 무슨 말씀입니까? 이 말씀은 뒤에 이어지는 말씀을 함께 묵상하면 두 가지 의미가 있지요.

'다른 사람을 해롭게 하는(악한, 부정적인) 비판을 하지 말라' '먼저 자기 자신을 바르게 알고 판단하며 바르게 고치고, 다른 사람을 유익하게 하는(좋은, 긍정적인) 판단을 하라'는 의미인 것입니다.

첫째, 다른 사람을 해롭게 하는 악한(부정적인) 비판은 하지 말아야 합니다.

다른 사람의 실수와 허물을 비방하고 멸시하는 악한 비판을 하지 말아야 할 것을 말씀하신 것이지요. 자기 기준으로 다른 사람의 실수와 허물을 평가해서 흉을 보고 무시할 목적으로는 비판하지 말아야 할 것을 말씀하신 것입니다.

예수님 당시에 외식하는 바리새인과 서기관들은 자신들을 의롭다고 생각을 하고 다른 사람들을 비판하며 멸시하지 않았습니까?(눅 18 : 9 - 14) 예수님께서는 그런 바리새인들과 서기관들의 외식하는 행위를 몹시 미워하시며 저주하시고 책망을 하셨지 않나요?

그런데 사람은 누구나 죄 성을 지니고 있고 이기적인 마음을 지니고 있어서 자신의 실수와 허물은 감추고 다른 사람들의 실수와 허물을 지적하며 비난하기가 쉬운 것이지요. 다른 사람을 존중하고 칭찬하고 세워주기보다는 비판하고 비난하기가 쉬운 것입니다. 그런데 다른 사람을 비판할 때는 자신이 그 사람보다는 더 의롭다는 생각(교만한 생각)을 가지고 있기 때문에 비판을 하는 것이지요. 세상에는 이런 사람들로 가득한 것입니다.

이 시대에도 백성들의 본이 되어야 하는 지도자의 위치에 있는 지식인들과 정치인들을 보세요. 연일 뉴스에 보도되는 마음을 상하게 하는 좋지 않은 뉴스들이 무엇입니까? 자신은 거짓 되고 허물이 많으면서도 다른 사람들의 실수와 허물을 지적하며 공격하는 사람들을 보지 않나요? 자녀 입시 비리, 각종 뇌물 비리, 권력 비리를 어떤 사람들이 많이 저지르고 있습니까? 오히려 많이 배운 사람들, 지도자의 위치에 있는 사람들이 아닌가요? 각종 비리들이 밝혀지고 있는데도 자기들은 '죄가 없다' '의롭다'고 변명을 하지 않습니까? 그래서 '내로남불'이라는 말까지 생겨나지 않았나요?

그런데 이런 모습이 지식인들과 지도자의 위치에 있는 사람들에게만 있을까요? 일반적인 백성들에게는 없겠습니까? 그러므로 천국 백성들은 이런 악하고 더러운 세상 풍속에 물들지 말아야 하고 조심해야 하는 것이지요. 천국 백성들은 다른 사람을 해롭게 하는 비판을 절대로 하지 말아야 하는 것입니다.

왜 다른 사람의 실수와 허물을 지적하며 비판하지 말아야 할까요? 두 가지 이유가 있습니다.

하나, 자신의 생각으로는 다른 사람이 잘못하고 실수한 것이라고 판단이 되더라도 자신의 생각과 판단이 잘못 될 수도 있고, 그 사람의 인격 전체를 모르기 때문입니다.

유대의 유명한 랍비인 힐렐(Hillel)은 "당신이 그 사람의 환경이나 입장이 될 때까지는 그 사람을 판단하지 말라"는 말을 했습니다.

상대방의 상황과 입장이 되지 않고서는 상대방을 다 이해할 수 없는 것이지요. 어른은 아이를 다 이해할 수가 없고 아이는 어른을 아이를 다 이해할 수가 없습니다. 지식이 많은 사람은 지식이 부족한 사람은 이해할 수가 없고 큰 권력을 가진 사람은 권력이 없는 사람을 이해할 수가 없지요. 몸이 아파보지 않은 건강한 사람은 몸이 아픈 사람을 이해할 수가 없습니다. 사업에 어려움을 겪어보지 않은 사람은 사업에 어려움을 겪는 사람을 이해할 수고, 굶주려 보지 않은 부자는 굶주리고 있는 가난한 사람을 온전히 이해할 수가 없는 것이지요. 사실인지 아닌지 잘 알지도 못하고, 상대방의 입장을 알지도 못하면서 비판을 하는 것은 악한 죄를 짓는 것입니다.

둘, 자신도 죄와 허물이 있기 때문에 자신도 남에게 비판을 받을 것이기 때문입니다.

사람은 죄 성을 가지고 있어서 누구나 죄를 짓기 마련이지요. 아무리 인격이 성숙해진다 하더라도 육신을 입고 사는 날 동안은 누구라도 실수하고 죄를 지을 수밖에 없는 것입니다. 그런데 악한 죄 성을 가진 사람들은 자기 자신의 죄와 허물은 보지 않으려고 하고, 다른 사람들의 죄와 허물을 보며 비난을 하는 것이지요.

헬라에 전해 내려오는 이런 이야기가 있습니다. 사람은 누구나 두 가지 자루를 앞에 하나, 그리고 뒤에 하나 메고 다닌다고 하지요. 앞에 있는 자루에는 남의 허물을 주워 담고, 뒤에 있는 자루에는 자신의 허물을 주워 담는다고 합니다.

그래서 보통 사람들이 뒤에 있는 자기 허물을 담는 자루는 보이지 않으니까 앞에 있는 자루에만 남의 허물을 잔뜩 주워 담는다고 하지요. 그런데 이상한 것은 뒤에 있는 자루에는 하나도 주워 담지 않고 앞에 있는 자루에만 열심히 주워 담는데 앞에 있는 자루가 떨어지지 않는다고 합니다. 왜냐하면 뒤에 있는 자루에도 자기 허물이 가득 차 있기 때문이라는 것이지요.

그래서 예수님은 "비판을 받지 아니하려거든 비판하지 말라 너희가 비판하는 그 비판으로 너희가 비판을 받을 것이요 너희가 헤아리는 그 헤아림으로 너희가 헤아림을 받을 것이니라"(마 7 : 1~2)고 하신 것입니다. 다른 사람의 죄와 허물을 비판하는 사람은 자기 자신도 반드시 다른 사람들에게 비판을 받게 되어 있는 것이지요.

비판은 '부메랑 법칙'이 그대로 적용됩니다. '부메랑 법칙'이 어떤 법칙입니까? 되돌아 오는 것이지요. 내가 남을 비판하면 반드시 내가 더 많은 남의 비판을 받는다는 사실입니다. 서양 격언에는 남을 비판하는 손가락이 하나라면 나를 향하는 손가락은 셋이라고 하는 말이 있지요. 그러므로 절대로 다른 사람을 비판하는 것을 조심해야 하는 것입니다.

어떻게 하면 다른 사람을 해롭게 하는 악한 비판하지 않을 수가 있을까?

다른 사람의 죄와 허물을 보더라도 비판을 하지 않으며 살기 위해서는 어떻게 해야 할까요? 몇 가지를 생각해 볼 수 있습니다.

첫째, 자기의 눈 속에 들보(더 큰 죄와 허물)를 볼 줄 알아야 합니다.

예수님께서 본문 3절에 "어찌하여 형제의 눈 속에 있는 티는 보고 네 눈 속에 있는 들보는 깨닫지 못하느냐?"(마 7 : 3)고 하셨지요.

남의 죄와 허물이 보일 때 얼른 자기 자신에게도 죄와 허물이 있는 것을 보는 것입니다. 오히려 자기 자신에게는 다른 사람에게서 보이는 죄와 허물보다 더 큰 죄와 허물이 있는 것을 보는 것이지요. 그러면 남의 죄와 허물이 보여도 흉을 보며 비난하지 않을 수 있는 것입니다.

일반적인 양심을 가진 사람이라면 자신이 거짓말을 하면서 다른 사람이 거짓말을 할 때 '거짓말을 하지 말라'는 말을 할 수가 없잖아요. 자신이 도둑질을 하면서 다른 사람들에게 도둑질을 하지 말라고 하지는 못합니다. 자신은 형제를 미워하면서 '형제를 미워하지 말라'는 말을 할 수가 없는 것이지요. 그러나 화인 맞은 양심을 가진 사람, 외식하는 사람, 위선자는 오히려 자신의 죄와 허물을 숨기기 위하여 다른 사람들의 죄와 허물이 보일 때 더 신랄하게 비판하고 비난하는 것을 볼 수 있습니다. 그런데 시간이 지나고 나면 그 악하고 추한 모습이 다 드러나지 않습니까?

둘째, 상대방과 입장을 바꾸어 놓고 생각해 보아야 합니다.

세상에 살고 있는 사람들은 어느 한 사람도 똑같은 사람이 없습니다. 환경이나 형편이나 처지가 똑같은 사람이 없지요. 그래서 자기 입장에서 생각을 하면 다른 사람의 죄와 허물이 이해가 되지 않습니다. 그러므로 상대방과 입장을 바꾸어 놓고 생각해 보아야 하는 것입니다.

얼마 전 신문에서 읽은 기사입니다. 어떤 부인이 무인 점포에서 몇 차례 라면을 비롯한 생활필수품을 돈을 내지 않고 도둑질을 했지요. 무인 점포 주인이 점포에 설치한 CC TV를 보니까 어떤 부인이 돈을 내지 않고 몇 차례 물건을 훔쳐 가는 모습이 담겼습니다. 점포 주인이 경찰에 도난 신고를 했지요. 경찰이 CC TV를 보면서 사람을 확인하고 범인을 잡았습니다. 잡고 보니 생활보호대상자로 힘겹게 살고 있는 60대 부인이었지요.

"왜 점포에서 돈을 내지 않고 물건을 가지고 나왔느냐?" 경찰이 물었지요. 부인은 몹시 미안한 표정을 지으면서 너무 생활이 어렵고 배가 고파서 그랬다고 했습니다.

그 말을 들은 경찰은 절도죄로 입건을 하는 것이 아니라 오히려 자기 돈을 내서 생활필수품을 사다 주면서 "아무리 어려워도 남의 물건을 그렇게 가지고 와서는 안 된다"고 훈방을 했다고 했습니다.

셋째, 다른 사람의 장점을 보려고 노력해야 합니다.

다른 사람의 죄와 허물(단점)을 보려고 하지 말고 장점을 보려고 해야 합니다. 아무리 부족하고 죄와 허물이 많은 사람이라도 좋은 장점이 있기 마련이지요. 천국 백성인 하나님의 자녀들은 그 좋은 장점을 볼 줄 아는 사람이 되어야 하는 것입니다. 그러면 비판을 하지 않게 되지요. 그런데 인격이 낮은 사람일수록 남의 단점을 보면서 비판을 하는 것입니다.

하나님의 사람 루이스(C. S. Lewis)가 '비판하지 말라'는 본문의 말씀을 묵상하다가 받은 것을 풍자적으로 이렇게 설명을 했습니다.

『 어느 날 '푸쉬'라는 고양이 한 마리가 영국의 수도 런던을 방문했습니다. 루이스는 런던을 방문하고 돌아오는 '푸쉬' 고양이에게 물었지요.

"푸쉬야! 너 어디 갔다오니?" "예, 나는 엘리자베스 여왕을 만나러 런던에 갔다 오는 길입니다." "그래! 푸쉬야, 너는 런던에서 무엇을 보았니?"

"나는 여왕의 의자 밑에 있는 생쥐를 보았습니다. 』

얼마나 우스운 이야기입니까? 고양이는 런던에 있는 그 아름다운 왕궁에 가서 찬란한 궁궐의 모습과 엘리자베스 여왕을 본 것이 아니라 겨우 여왕의 의자 밑을 기어 다니는 생쥐를 보고 온 것입니다. 고양이 눈에는 생쥐만 보인 것이지요.

그렇습니다! 천국 백성은 누군가를 바라볼 때 죄와 허물(단점)을 바라보지 말고, 좋은 점

(장점)을 바라보는 눈을 가지고 살아야 하는 것입니다.

먼저 자기 자신을 바르게 비판하고, 다른 사람을 유익하게 하는(좋은, 긍정적인) 비판을 해야 한다

앞에서 말씀을 드렸지만 예수님은 '비판하지 말라'는 말씀을 하셨지만 절대로 비판하지 말라고 하신 것은 아닙니다. 예수님께서 이어서 하시는 말씀을 보면 - 다른 사람을 해롭게 하는 악한 비판(외식하는 행동)은 하지 말아야 하지만 천국 백성은 먼저 자기 자신의 허물을 바르게 판단하여 고쳐야 하고, 다른 사람의 허물도 바르게 판단하며 비판(권면)하여 고쳐주는 사람이 되어야 할 것을 말씀하신 것을 알 수 있지요. 예수님이 무엇이라고 말씀을 하십니까?

"어찌하여 형제의 눈 속에 있는 티는 보고 네 눈 속에 있는 들보는 깨닫지 못하느냐 보라 네 눈 속에 들보가 있는데 어찌하여 형제에게 말하기를 나로 네 눈 속에 있는 티를 빼게 하라 하겠느냐 외식하는 자여 먼저 네 눈 속에서 들보를 빼어라 그 후에야 밝히 보고 형제의 눈 속에서 티를 빼리라"(마 7 : 3~5)

예수님께서 책망하시는 것을 보면, 자기 눈 속에 들보를 가지고 있으면서 형제의 눈 속에 있는 티를 보면서 비난하고 멸시하지 말라고 하신 것이지요.

본문에 사용된 '티(헬, κάρφος(칼포스)/영, mote)'는 '지푸라기나 왕겨'같이 작은 것을 의미하고, '들보(헬, δοκός(도코스)/영, the beam)'는 '건물을 떠받치는 기둥이나 서까래'같이 눈 전체를 다 가리는 큰 것을 의미합니다.

무슨 말씀입니까? 자기 눈 속에 들보(더 큰 허물)가 들어 있어서 아무것도 보지 못하는 사람이 형제의 눈 속에 있는 작은 티(작은 허물)를 보면서 비난을 해서는 절대 안 된다는 것이지요.

그런데 먼저 자기 눈 속에 있는 들보를 빼고(회개하며 바르게 고치고), 형제의 눈 속에 있는 티(작은 허물)를 빼줄 수 있어야 한다는 것입니다. 자기 자신의 죄와 허물을 먼저 회개하고 형제의 작은 허물을 고치도록 해주어야 한다고 하신 것이지요.

"형제들아 사람이 만일 무슨 범죄한 일이 드러나거든 신령한 너희는 온유한 심령으로 그러한 자를 바로잡고 너 자신을 살펴보아 너도 시험을 받을까 두려워하라"(갈 6 : 1)

형제가 죄를 짓고 허물이 있는데 내버려 두는 것은 잘하는 것이 아니지요. 형제가 죄와 허물을 고치지 않으면 좋은 것이 아니지 않습니까? 그 형제의 죄와 허물이 알려지면 알려질수록 더 많은 사람들에게 비난을 받고 무시를 당하고 욕을 먹을 것이 아닌가요?

그러므로 천국 백성은 자신에게 있는 들보를 뺀 후(죄와 허물을 먼저 회개하며 바르게 고친 후), 온유한 심령으로 죄와 허물이 있는 형제의 티를 빼주는(형제가 죄와 허물을 회개하며 바르게 고치도록 권면하며 바로잡아 주는) 역할을 해야 하는 것이지요.

예수님은 '예수님을 모른다'고 부인하며 범죄 할 베드로를 미리 내다보시면서 베드로에게 무엇이라고 했습니까?

"시몬아 시몬아 보라 사단이 밀 까부르듯 하려고 너희를 청구하였으나 그러나 내가 너를 위하여 네 믿음이 떨어지지 않기를 기도하였노니 너는 돌이킨(회개한) 후에 네 형제를 굳게 하라"(눅 22 : 32)고 하셨지요. '네가 잘못한 것(예수님을 모른다고 부인한 것)을 돌이킨 후에 (회개한 후에)네 형제를 굳게 하라'하셨습니다. 형제를 사랑하며 사랑하는 마음으로 형제의 죄와 허물을 바르게 비판(책망)을 해서 바르게 잡아 주어야 하는 것입니다.

그렇다면 죄와 허물을 가진 형제를 비판해서 바르게 잡아주는 형제를 유익하게 하는 비판은 어떻게 해야합니까?

① 미움으로 비판하지 말고 사랑으로 하라.
② 파괴적으로 비판하지 말고 건설적으로 하라.
③ 사람을 비판하지 말고 문제를 비판하라.
④ 뒤에서 비판하지 말고 앞에서 하라.
⑤ 사람들 앞에서 비판하지 말고 다른 사람이 모르게 사적으로 하라.

특히 비판(책망)을 할 때는 '샌드위치 비판(책망)'으로 해야 효과적인 것이지요. 샌드위치 비판(책망)이란 먼저 '칭찬'을 하고 '비판 (책망)'을 한 후 다시 '칭찬'을 하는 것입니다.

이제 말씀을 맺겠습니다.

우리가 세상을 살다 보면 반드시 형제(다른 사람)의 죄와 실수와 허물을 볼 때가 있습니다. 사실은 안 보는 것이 더 복입니다마는 부득이 볼 때가 있지요. 그 때에 형제를 해롭게 하는 악한 비판을 하지 말고, 자신을 먼저 돌아보며 자신의 죄와 실수와 허물을 회개하고(자신의 눈 속에 있는 들보를 빼고), 형제를 사랑하며 온유한 마음으로 죄와 허물이 있는 형제가 회개하며 바르게 설 수 있도록(티를 뺄 수 있도록) 세워주는 성도가 되어야 하는 것입니다. 그런 천국 백성이 되시기를 예수님의 이름으로 축원합니다. 아　멘.

거룩한 것을 개에게, 진주를 돼지 앞에 던지지 말라

마태복음 7 : 6

"거룩한 것을 개에게 주지 말며 너희 진주를 돼지 앞에 던지지 말라 그들이 그것을 발로 밟고 돌이켜 너희를 찢어 상하게 할까 염려하라"(마 7 : 6)

지난 시간부터 천국 백성의 생활 원리인 산상보훈 마태복음 5장과 6장의 강론을 마치고 산상보훈 마지막 장인 마태복음 7장의 말씀을 강론하고 있습니다.

마태복음 7장의 말씀은 천국 백성들이 경계하고 조심해야 할 것을 말씀해 주신 것이라고 했지요. 지난 주일에는 '비판하지 말라'는 말씀에 대하여 살펴보았습니다.

'비판을 받지 아니하려거든 비판하지 말라' '형제의 눈 속에 있는 티를 보지 말고 먼저 네 눈 속에 있는 들보를 볼 줄 아는 사람이 되라.' '먼저 네 눈 속에 있는 들보를 **빼라**. 그런 후에 형제의 눈 속에 있는 티를 빼는 사람이 되라'는 말씀에 대하여 살펴보았지요.

이 말씀은 언뜻 생각하면 '비판하지 말라(정죄하지 말라. 판단하고 비난하지 말라)'는 말씀으로만 들리지 않습니까? 절대로 판단하지 말고 분별하지 말라는 말씀으로 들리지 않나요? 그러나 사실은 형제나 이웃의 죄와 허물을 자기 생각과 기준으로 판단하고 비판하는 것은 하지 말아야 하지만, 천국 백성인 성도는 반드시 바른 판단력과 분별력이 있어야 한다고 했습니다.

먼저 자기 자신을 바르게 판단해서 자기 눈 속에 있는 들보를 빼야 하고(죄와 허물을 바르게 고쳐야 하고), 그리고 형제나 이웃을 바르게 판단하고 분별해서 형제나 이웃의 눈 속에 있는 티를 뺄 수 있도록(형제나 이웃이 죄와 허물을 바르게 고칠 수 있도록) 권면해야 한다고 했지요. 천국 백성은 반드시 영적인 바른 판단력과 분별력이 있어야 하는 것입니다.

이 시간에는 이어지는 "거룩한 것을 개에게 주지 말며 너희 진주를 돼지 앞에 던지지 말라. 그들이 그것을 발로 밟고 돌이켜 너희를 찢어 상하게 할까 염려하라."는 말씀을 강론하면서 하나님의 음성을 듣기를 원합니다.

이 말씀은 지난 시간에 살펴본, 천국 백성들이 하나님의 말씀(복음)으로 사람들의 죄와 허물, 부족한 것을 일깨우며 바르게 세우고자 할 때 경계하고 조심해야 할 것을 말씀해 주신 것이지요.

하나님의 말씀으로 사람들을 일깨우고 권고하며 세우고자 할 때 반드시 조심하고 경계해야 할 대상이 있습니다. 100% 옳은 말이고 좋은 말이라 하더라도 전혀 받아들이지 않고 싫어하고 배척하며, 오히려 권면하는 자를 해코지하려는 사람들이 있기 때문입니다.

그래서 다른 사람을 위하는 좋은 의도를 가지고 좋은 말로 권면을 하다가 오히려 자신이 모욕을 당하고 해를 당하는 경우가 있는 것이지요. 대표적으로 거만하고(교만하고) 악한 사람들입니다.

"거만한 자를 징계하는 자는 도리어 능욕을 받고 악인을 책망하는 자는 도리어 흠이 잡히느니라 거만한 자를 책망하지 말라 그가 너를 미워할까 두려우니라 지혜 있는 자를 책망하라 그가 너를 사랑하리라"(잠 9 : 7~8)

'거만한(교만한) 사람과 악인을 책망하거나 징계하지 말고 지혜 있는 자를 책망하라'는 것이지요.

거만하고 악한 사람을 책망하면 능욕을 받고 흠을 잡힌다는 것입니다. 자신이 미움을 받고 해를 당한다는 것이지요. 세상에서뿐만 아니라 교회 속에서도 마찬가지인 것입니다.

오래 전 제가 잘 알고 있는 동료 목사님에게 들은 이야기입니다. 그 목사님이 큰 교회 부교역자 시절 청년 대학부를 지도하던 시절 이야기를 들려준 적이 있었지요.

그 목사님이 지도하는 대학부에 명문대학을 다니는 청년이 있었는데, 장로님의 아들이고 교회에서 인기도 있어서 대학부 회장으로 선출이 되었답니다. 머리가 좋아서 어떤 일을 해도 잘 하고 기도도 잘 하고 겉으로 볼 때는 대단히 신앙이 좋아 보이고 똑똑한 청년이었지요.

그런데 얼마나 교만한지 안하무인이었습니다. 대학부 회장이 되고 난 뒤에 대학부를 지도하는 목사님 말이나 부장 선생님의 말을 듣지 않는 거예요. 자기 자신이 지도하는 목사님이나 부장 선생님보다도 더 똑똑하고 자기 생각이 더 옳다고 생각을 하는 것입니다. 무엇을 하던지 자기 고집대로 자기 좋은 대로 하려고 했지요. 그래서 목사님이 하루는 조용히 불러서 타일렀답니다. 그랬더니 그때부터 자기를 싫어하고 미워하더라는 거예요. 그러면서 자기 아버지인 장로님에게 부탁해서 대학부 담당 목사님을 바꿔 달라고 하더라는 것입니다. 목사님이 그 이야기를 하면서 몹시 마음 아파하던 기억이 납니다.

자기 자신이 제일 많이 알고 있고 더 똑똑하다고 생각하는 교만한 사람은 책망을 듣지 않습니다. 오히려 책망하는 사람을 싫어하고 미워하고 해코지를 하지요. 조심해야 하는 것입니다.

반면에 정말 지혜로운 사람, 옳고 그른 것을 잘 분별하는 사람, 겸손한 사람은 책망을 하면 책망을 들을 때 자신을 돌아보며 자신의 죄와 허물과 부족한 부분을 고치지요. 그러면서 자신을 책망하는 사람을 더 사랑하고 존경을 합니다.

그러므로 칭찬은 누구나 아무에게나 할 수 있는 것이지만 책망은 누구나 아무에게나 할 수 있는 것이 아니지요. 책망은 그 사람을 정말 아끼고 사랑하는 마음을 가진 사람만이 사랑으로 할 수 있는 것이지요. 그러므로 지혜로운 사람은 누군가가 자기를 책망할 때 책망하는 사람을 사랑하고 존경하며, 얼른 자기를 돌아보고 자신의 부족한 것을 고쳐야 하는 것입니다.

본문에는 예수님께서 "거룩한 것을 개에게 주지 말며 너희 진주를 돼지 앞에 던지지 말라 그들이 그것을 발로 밟고 돌이켜 너희를 찢어 상하게 할까 염려하라" 말씀을 하고 계십니다.

이 말씀은 천국 백성들이 하나님의 뜻이 담겨 있는 하나님의 말씀(복음)으로 사람들에게 전하며 바르게 세우고자 할 때 경계하고 조심해야 대상이 있는 것을 말씀해 주신 것이지요.

예수님은 '거룩한 것을 개에게 주지 말며 너희 진주를 돼지 앞에 던지지 말라'고 하시면서 이어서 '그들이 그것을 발로 밟고 돌이켜 너희를 찢어 상하게 할까 염려하라'고 하셨습니다. '개' '돼지'를 '그들(사람들)'이라고 표현을 하셨고, '그들이 그것을 발로 밟고 돌이켜 너희를 찢어 상하게 할까 염려하라'고 하신 것입니다.

그러므로 '개'와 '돼지'는 동물인 개와 돼지를 가리키는 말이 아니라 '개와 돼지 같은 사람들'을 가리키는 말인 것을 알 수 있지요. 그런 사람들을 경계하며 조심해야 할 것을 말씀해 주신 것입니다.

거룩한 것을 개(개 같은 사람들)**에게 주지말라**(그들이 그것을 발로 밟고 돌이켜 너희를 찢어 상하게 할까 염려하라)

예수님은 '거룩한 것을 개 같은 사람들에게 주지 말라' '그들이 그것을 발로 밟고 돌이켜 너희를 찢어 상하게 할까 염려하라'고 하셨습니다.

여기에서 '거룩한 것'이 무엇일까요? 예수님이 성부 하나님께 대제사장적 기도를 올리신 요한복음 17 : 17에서 무엇이라고 하셨습니까?

"그들을 진리로 거룩하게 하옵소서 아버지의 말씀은 진리니이다"(요 17 : 17)라고 하셨지요. 하나님 아버지의 말씀(성경 말씀)이 진리이고, 하나님 아버지의 말씀인 진리가 제자들(사람들)을 거룩하게 한다는 것입니다. 다시 말하면 하나님의 말씀은 거룩한 것이라, 하나님의 말씀을 듣고 믿고 따르는 사람들을 거룩하게 한다는 것이지요. '거룩한 것'은 믿고 따르는 자에게 **영원한 생명**을 주고 기쁨을 주는 영원히 변하지 않는 진리, 하나님의 말씀을 가리키는 것입니다.

그렇다면 '개 같은 사람'은 누구일까요?

예수님께서는 '거룩한 것(영원히 변하지 않는 진리, 하나님의 말씀)'을 개에게 주지 말라고 하셨는데 '개(개 같은 사람)'는 어떤 사람들을 가리키는 말일까요?

성경에 '개'라는 말이 어떻게 사용이 되고 있습니까? 예수님께서 두로와 시돈 지방에 가셨을 때 **가나안**(이방 나라, 수로보니게 족속) 여인이 예수님을 찾아와 귀신들린 자기 딸을 고쳐달라고 애원할 때 예수님이 무엇이라고 하셨습니까?

"자녀의 떡을 취하여 개들에게 던짐이 마땅하지 아니하니라"(마 15 : 26)고 하셨지요. 가나안 여인과 그 딸(이방인들)을 '개들'이라고 하신 것입니다. 가나안 여인의 믿음을 시험하시기 위하여 아주 모욕적인 표현을 하신 것이지요.

그런데 당시의 유대인들은 아브라함의 자손이라는 혈통적인 우월감과 신앙적인 우월감을 가지고 이방인들을 '개' 취급을 했습니다. 그래서 심지어 유대인들이 경전으로 여기는 **탈무드**에 보면 이런 글이 있는 것을 볼 수 있지요.

"하나님이 이방인들을 개나 돼지의 모양으로 만들지 아니하고 유대인들처럼 사람의 모양으로 지으신 것은 장차 유대인이 모든 이방인을 노예로 부릴 때에 유대인의 마음에 불쾌감을 주지 않기 위해서다." 얼마나 오만하고 독선적인 표현입니까?

성경에는 '개'라는 말이 여러 곳에 나오지요. 하나님이 지으신 애완동물인 '개'를 가리키는 말이 아니라 '사람'을 가리키는 말로 사용이 되고 있는 것을 볼 수 있습니다.

"개들을 삼가고 행악하는 자들을 삼가고 몸을 상해하는 일을 삼가라"(빌 3 : 2)

"개들과 점술가들과 음행하는 자들과 살인자들과 우상 숭배자들과 및 거짓말을 좋아하며 지어내는 자는 다 성(천성, 하늘의 예루살렘 성) 밖에 있으리라"(계 22 : 15)

'개들(개 같은 자들)을 삼가라(조심하라)' '개 같은 자들은 다 성(천성, 예루살렘 성) 밖에 있으리라(천국에 들어가지 못한다)'고 하셨지요.

하나님께서 지으신 동물들 가운데 '개'는 정결한 동물이 아닙니다. 부정한 동물이지요. 소나 양이나 염소처럼 하나님께 드리는 제물로 사용을 할 수가 없었고, 사람이 먹을 수도 없는 동물이었지요. 사람이 먹을 수 있는 동물은 발의 굽이 갈라져 쪽발이 되고 되새김질을 하는 동물의 고기를 먹도록 하셨습니다.(레 11장)

그런데 '개'는 발의 굽이 갈라져 있지 않고 되새김질도 못하지요. 굽이 갈라지지 않은 것은 성별된 생활을 못하고, 세속적인 생활에서 벗어나지 못하는 것을 의미합니다. 되새김질을 못하는 것은 마음에 하나님의 말씀을 담지 못하고 육신의 정욕과 세상에 있는 것들을 탐하는 탐욕으로 가득한 상태를 의미하는 것이지요.

우리 말에도 '개'가 들어가는 말은 좋은 말이 아니고 욕하고 멸시하는 말이 아닙니까? '개새끼' '개자식' '개 같은 놈' ……

예수님께서 말씀하시는 '개 같은 사람들'은 어떤 사람들을 가리키는 말일까요? 예수님 당시에 외식하는 서기관들과 바리새인들을 가리키는 말입니다. 예수님은 외식하는 서기관들과 바리새인들을 책망하시면서 무엇이라고 하셨습니까?

"화 있을진저 외식하는 서기관들과 바리새인들이여 너희는 천국 문을 사람들 앞에서 닫고 너희도 들어가지 않고 들어가려 하는 자도 들어가지 못하게 하는도다"(마 23 : 13)

"화 있을진저 외식하는 서기관들과 바리새인들이여 잔과 대접의 겉은 깨끗이 하되 그 안에는 탐욕과 방탕으로 가득하게 하는도다 눈 먼 바리새인이여 너는 먼저 안을 깨끗이 하라 그리하면 겉도 깨끗하리라"(마 23 : 25~26) 외식하는 사람, 겉과 속이 다른 사람, 사람들을 진리와 생명으로 바르게 인도하지 않고 멸망으로 인도하는 자들을 가리키는 말입니다.

그렇다면 '거룩한 것을 개에게 주지 말라'는 말씀은 이 시대에 우리 성도들에게 구체적으로 어떤 말씀일까요? 어떤 사람들을 어떻게 하라는 것입니까?

거짓 선지자, 거짓 교사(하나님의 말씀을 잘못 전하고 가르치는 자, 이단자, 믿음의 바른 도리를 배반하고 타락한 자)들을 조심하라는 말입니다. 그런 자들에게 '거룩한 것(하나님의 말씀)을 주지 말라'고 하시는 것이지요. 그런 자들에게 거룩한 것을 주면, 오히려 그들이 그것을 발로 밟고 돌이켜 너희를 찢어 상하게 할 것이니까 조심하라는 것입니다.

그래서 성경(하나님)은 그런 이단자들을 어떻게 대하라고 하십니까?

"누구든지 이 교훈을 가지지 않고 너희에게 나아가거든 그를 집에 들이지도 말고 인사도 하지 말라 그에게 인사하는 자는 그 악한 일에 참여하는 자임이라"(요이 1 : 10~11)

"그러나 어리석은 변론과 족보 이야기와 분쟁과 율법에 대한 다툼은 피하라 이것은 무익한 것이요 헛된 것이니라 이단에 속한 사람을 한두 번 훈계한 후에 멀리하라"(딛 3 : 9~10) 이단에 빠졌다가 천국 복음을 바르게 깨닫고 회심하는 사람들이 있기는 합니다. 그래서 사랑으로 한두 번 훈계할 필요가 있기는 하지요. 그러나 조심해야 하는 것입니다.

최근(2023년 3월 2일)에 한국기독교목회자협의회에서 조사 기관에 의뢰해 발표한 것을 보면 현재 우리나라에 기독교 신자들 가운데 이단(신천지, 하나님의교회, 여호와증인, JMS, 통일교 등) 신자들이 1/10이 된다고 합니다. 너무나 안타깝고 조심해야 될 것을 보여주는 통계인 것입니다.

'거룩한 것을 개에게 주지 말라' 외식하는 자들, 거짓 선지자 거짓 교사, 성경 말씀을 왜곡하는 이단자들을 조심하며 살아야 하는 것입니다.

진주를 돼지에게 던지지 말라(그들이 그것을 발로 밟고 돌이켜 너희를 찢어 상하게 할까 염려하라)

예수님께서는 "너희 진주를 돼지 앞에 던지지 말라 그들이 그것을 발로 밟고 돌이켜 너희를 찢어 상하게 할까 염려하라"고 하셨습니다.

'너희가 가지고 있는 진주를 돼지 앞에 던지지 말라'는 것이지요. 진주를 돼지 앞에 던지면 좋아하는 것이 아니라 오히려 돼지들이 진주를 발로 밟고 돌이켜 '너희를 찢어 상하게 할 것이니까 조심하라'는 것입니다.

실제로 우리가 값비싼 '진주'가 있어서 진주를 돼지 앞에 던진다면 어떤 일이 벌어질까요? 진주의 가치를 전혀 알아보지 못하는 돼지는 '먹을 수도 없는 것을 골탕을 먹이려고

주었다'고 여기며, 진주를 발로 밟고 진주를 던진 사람에게 달려들지 않겠습니까?

예수님이 말씀하시는 이 말씀에서 '진주'가 무엇을 의미할까요? 마태복음 13장에 보면 예수님께서 '천국'에 대하여 일곱 가지 비유를 말씀하고 계십니다. 천국은 너무나 좋은 곳이지만 말로 표현하기가 쉽지 않은 곳이지요. 그래서 예수님이 천국을 말씀하실 때 비유로 말씀을 하신 것을 볼 수 있습니다.

그런데 예수님께서 천국을 일곱 가지 비유로 말씀하시면서 그중에 한 비유가 '극히 값진 진주 비유'가 아닙니까?

"또 천국은 마치 좋은 진주를 구하는 장사와 같으니 극히 값진 진주 하나를 발견하매 가서 자기의 소유를 다 팔아 그 진주를 사느니라"(마 13 : 45~46)고 하셨지요.

천국은 마치 좋은 진주를 구하는 장사와 같다고 하시면서 극히 값진 진주 하나를 발견했을 때 자기 소유를 다 팔아 그 진주를 산다고 하신 것입니다. 천국은 자기가 가진 소유를 다 팔아서라도(자기가 가진 모든 것을 다 투자해서라도) 사야 할 만큼 좋은 곳이라는 것을 말씀해 주신 것이지요. '진주'는 '천국 복음, 천국의 비밀'을 의미하는 것입니다.

그렇다면 '돼지 같은 사람'은 어떤 사람을 의미하는 말입니까? '돼지'는 굽은 갈라졌지만 되새김질을 하지 못하는 동물이지요. 그리고 먹는 것을 한없이 탐하는 탐욕이 많은 동물입니다. 그래서 우리 말에도 욕심이 많고 자기밖에 모르는 사람을 '돼지 같은 사람'이라고 하지 않습니까?

'돼지 같은 사람'은 위엣것을 생각하지 못하고 세상 것들에 대한 탐욕으로 가득한 사람, 내일을 생각하지 못하는 사람, 세상을 살 때 당장 필요한 먹을 것 마실 것 입을 것(물질, 돈), 명예, 권세에 대한 욕심으로 가득한 사람, 자기 자신밖에 모르는 이기적이고 자기 중심적인 사람을 의미하는 말입니다.

이런 사람들에게 '천국 복음' '천국 비밀'을 전할 때는 조심해야 하는 것이지요. 천국 복음을 전해도 전혀 깨닫지 못하고 받아들이지 않는 것입니다. 오히려 천국 복음을 전하는 사람을 싫어하고 미워하며 해코지하려고 달려들지요. 역사적으로 이런 돼지 같은 사람들에 의하여 천국 복음을 전하는 많은 주의 종들이 박해를 받고 순교를 당했던 것입니다.

그래서 예수님께서 예수님을 믿고 따르는 천국 백성들(진주를 소유하고 있는 사람들, 심령에 천국이 이루어진 사람들, 장차 육신을 떠나 천국에 가서 영생 복락을 누릴 천국에 대한 소망을 가진 사람들)에게 "너희 진주를 돼지 앞에 던지지 말라 그들이 그것을 발로 밟고 돌이켜 너희를 찢어 상하게 할까 염려하라"는 말씀을 하신 것입니다.

그런데 여기에서 우리가 우리 자신을 스스로 점검해볼 필요가 있습니다. 예수님을 믿고 따른다고 하면서도 아직도 내가 '돼지 같은 사람은 아닌가?' 자신을 점검해볼 필요가 있는 것이지요. '아직도 천국을 소유하지 못하고 있고, 하나님 나라(천국)보다 세상을 더 사랑하며 세상의 것들에 대한 욕심으로 가득 차 있지는 않은가?' 점검해 보아야 필요가 있습니다. 그런 심령 상태라면 얼른 회개해야 하는 것이지요. 내가 가지고 있는 모든 소유(재산, 명예, 권세)를 다 팔아서라도 사야 하는 것이 천국이니까요. 천국을 소유하고 천국 백성으로 조심스럽게 천국 복음을 전하며 사는 성도가 되어야 하는 것입니다.

이제 말씀을 맺겠습니다.
천국 백성들은 세상에서 거룩한 것(하나님의 말씀)을 전하며 살아야 하고, 진주(천국 복음, 천국 비밀, 지옥에 가지 말고 천국에 가야 하는 것)를 전하며 살아야 하는 사람들입니다. 그런데 하나님의 말씀과 천국 복음을 전할 때 조심해야 할 대상이 있지요. '개 같은 사람들(믿다가 타락한 사람들, 이단자들)' '돼지 같은 사람들(세상의 것들에 대한 탐욕으로 가득한 사람들)'입니다. 왜냐하면 그런 자들에게 하나님의 말씀을 전하고 천국 복음을 전하다가 해코지를 당할 수 있기 때문이지요. '개 같은 사람들' '돼지 같은 사람들'을 조심하며, 천국 복음을 전하며 사는 천국 백성이 되시기를 예수님의 이름으로 축원합니다.

아 멘.

구하라, 찾으라, 두드리라

마태복음 7 : 7~11

"구하라 그리하면 너희에게 주실 것이요 찾으라 그리하면 찾아낼 것이요 문을 두드리라 그리하면 너희에게 열릴 것이니 구하는 이마다 받을 것이요 찾는 이는 찾아낼 것이요 두드리는 이에게는 열릴 것이니라

너희 중에 누가 아들이 떡을 달라 하는데 돌을 주며 생선을 달라 하는데 뱀을 줄 사람이 있겠느냐 너희가 악한 자라도 좋은 것으로 자식에게 줄 줄 알거든 하물며 하늘에 계신 너희 아버지께서 구하는 자에게 좋은 것으로 주시지 않겠느냐"(마 7 : 7~11)

산상보훈은 예수님을 믿는 성도가 천국의 백성으로 이 세상에서 살아야 할 윤리와 생활을 말씀하시는 내용입니다. 상당히 높은 차원의 말씀인 것입니다. 그래서 이 말씀을 실천하며 살기 위해서는 천국의 백성인 성도에게 반드시 필요한 것이 있지요. 그것은 기도인 것입니다.

왜냐하면 사람의 노력이나 인격의 수양을 통해서는 하나님이 요구하시는 말씀을 다 순종할 수가 없기 때문이지요. 하나님이 요구하시는 말씀을 다 순종하며 살기 위해서는 하나님의 능력(성령의 능력)을 힘입지 않으면 안 되는 것입니다. 하나님의 능력을 힘입는 비결이 바로 '기도'이지요. 그래서 예수님께서는 친히 기도하시며 공생애를 사셨고, 산상보훈을 말씀하시면서 기도에 대해서 많은 말씀을 해주신 것입니다.

이미 6장에서 살펴보았지만 예수님께서는 그 당시에 외식하는 서기관 바리새인들과 같이 사람에게 보이려고 하는 외식하는 기도를 하지 말고 은밀한 골방기도를 하라고 하셨고, 이방인들과 같이 중언부언하는 기도를 하지 말라고 하셨지요. 그러면서 '주의 기도'를 가르쳐주시고, 기도할 때 먼저 자기에게 죄를 지은 형제를 용서하고 기도를 하라고 하셨습니다. 기도하시며 사신 예수님께서 기도하며 생활해야 할 것을 말씀해 주신 것이지요. 하나님의 자녀들은 반드시 항상 기도하며 살아야 하는 것입니다.

기도하며 생활을 하고 있습니까? 신문(2023. 03. 11. 국민일보)에서 제주시 상추자도에서 섬 목회를 하고 있는 **추광교회 남요한 목사님**의 글을 읽었지요. 저는 그 글을 읽으며 마음이 참 따뜻해졌습니다. 이런 글입니다. 『저는 어려서부터 발이 컸습니다. 발 크기가 300㎜가 넘다 보니 학창 시절에는 발에 맞는 신발을 구하기가 힘들었습니다. 그런데 10년 전 목사 안수를 받고 얼마 되지 않아 오랜 친구에게 연락이 왔습니다. 친구가 사는 지역에 대형 아울렛이 생겨 구경을 갔다가 고급 신발 판매점에서 제 발에 맞는 구두 두 켤레를 샀다고 했습니다. 그리고 제게 "이 구두 신고 심방 잘 다녀라"는 말과 함께 신발을 주고 갔습니다. 사실 신발을 받기 전 저는 하나님께 "아버지 저도 제 발에 꼭 맞는 세련되고 좋은 브랜드 구두를 신고 싶습니다" 기도를 드렸습니다.

　　지금 다시 생각해봐도 목사로서 부끄러운 기도였습니다. 친구에게 신발을 받고 웃을 수밖에 없었습니다. 목사로서 부끄러운 기도였음에도 응답해주신 하나님께 감사와 부끄러운 마음이 동시에 들었기 때문입니다. ……… 지금도 친구가 사준 구두는 새것같이 멀쩡해 그 신발을 신고 심방을 다니고 있습니다. 그리고 심방 중에 목사의 수준에 맞지 않는 기도를 드린 일과 그런 기도에도 기쁨과 만족으로 응답해주신 하나님을 간증하며 신발을 성도들에게 보여줍니다.』

　　이미 6장에서 자세하게 '기도하는 생활을 하라'는 말씀을 길게 강조하신 예수님이 7：7 - 11에서 또다시 기도에 대한 말씀을 해주시고 있는 것이지요. 본문에서 보여주는 것은 기도해야 할 것을 다시 강조하시며 기도하면 하나님께서 반드시 응답해 주신다(기도할 때 반드시 알고 조심해야 할 것)는 것을 교훈하신 말씀인 것입니다.

구하라 찾으라 문을 두드리라(간절히 기도하라)

　　기도할 때 조심해야 하는 한 가지는 간절히 전심(온 마음)으로 기도해야 한다는 것입니다. 예수님은 "구하라 그리하면 너희에게 주실 것이요 찾으라 그리하면 찾아낼 것이요 문을 두드리라 그리하면 너희에게 열릴 것이니"(마 7：7)라고 하셨지요.

　　첫째, 전심으로 간절히 기도하라.
　　예수님은 간단하게 '기도하라'고 하시지 않고 '구하라' '찾으라' '문을 두드리라'고 하셨습니다. 왜 세 가지로 표현을 하셨을까요? 이 말씀은 영적으로 깊은 의미가 있습니다. 적

당히 기도하지 말고 온 마음으로 간절히 기도해야 할 것을 말씀해 주신 것입니다.

"나를 사랑하는 자들이 나의 사랑을 입으며 나를 간절히 찾는 자가 나를 만날 것이니라"(잠 8 : 17) "너희가 온 마음으로 나를 구하면 나를 찾을 것이요 나를 만나리라"(렘 29 : 13) 하나님의 자녀(천국 백성)들이 하나님의 도우심과 은혜가 필요할 때는 온 마음으로 주님을 찾고 주님을 만나야 하는 것입니다.

예수님은 십자가를 눈앞에 두시고 겟세마네 동산에서 기도하실 때 간절히 세 번 반복해서 기도를 하셨지 않습니까?

"조금 나아가사 얼굴을 땅에 대시고 엎드려 기도하여 이르시되 내 아버지여 만일 할 만하시거든 이 잔을 내게서 지나가게 하옵소서 그러나 나의 원대로 마시옵고 아버지의 원대로 하옵소서"(마 26 : 39)

"다시 두 번째 나아가 기도하여 이르시되 내 아버지여 만일 내가 마시지 않고는 이 잔이 내게서 지나갈 수 없거든 아버지의 원대로 되기를 원하나이다"(마 26 : 42)

"또 그들을 두시고 나아가 세 번째 같은 말씀으로 기도하신 후"(마 26 : 44)

예수님께서 겟세마네 동산에서 십자가를 지시는 문제를 위하여 간절히 기도하실 때 세 번 반복하여 간절히 기도를 하셨지요.

세 번 반복하여 간절히 기도를 하신 예수님께서 우리에게 '구하라' '찾으라' '문을 두드리라' – 세 번 반복하시며 '간절히 기도하라'고 하신 것입니다. 기도로 승리하시고 십자가를 지셨던 것이지요.

바울 사도는 예수님이 가르치시고 보여주신 이 기도를 본받아 '육체에 있는 가시를 뽑아 달라(사탄의 사자를 내 몸에서 떠나가게 해달라)'는 기도할 때 어떻게 기도를 했습니까?

"여러 계시를 받은 것이 지극히 크므로 너무 자만하지 않게 하시려고 내 육체에 가시 곧 사탄의 사자를 주셨으니 이는 나를 쳐서 너무 자만하지 않게 하려 하심이라 이것이 내게서 떠나가게 하기 위하여 내가 세 번 주께 간구하였더니"(고후 12 : 7~8)라고 했지요. '육체의 가시를 뽑아 달라' '사탄의 사자가 떠나가게 해달라' 세 번 간절히 기도를 했던 것입니다.

둘째, 전심으로 기도하는 자세(기도의 경로)

'구하라' '찾으라' '문을 두드리라'는 말씀은 온 마음으로 기도하는 기도의 경로를 일깨우신 것입니다.

① 예수님은 먼저 '구하라'고 하셨지요.

'구하라(헬, αιτεἶτε(아이테이테)/영, ask)'는 말은 '구하다'는 말의 명령형입니다. '배고픈 아기가 엄마의 젖을 구하듯이 구하라' '몹시 굶주린 사람이 빵 조각을 구하듯이 구하라'는 의미입니다. 기도하는 사람의 '마음의 자세' '마음의 준비'를 가리키는 말이지요.

기도하는 사람은 '마음의 자세' '마음의 준비'가 중요한 것입니다. 마음의 준비도 없이, 간절한 필요를 느끼지 않으면서 구하고, 구하고 난 뒤에는 다 잊어버리는 것은 기도하는 자세가 아니지요. 기도할 때는 기도하는 것을 꼭 얻어야 한다는 간절함, 마음의 준비가 필요한 것입니다.

② 예수님은 다음으로 '찾으라'고 하셨지요.

'찾으라(헬, ζητεἶτε(제테이테)/영, seek)'는 말은 '찾아다니다' '조사하다' '애쓰다'는 말의 명령형입니다. 이 말은 구하는 '마음의 자세'에서 구하는 '행동의 자세'로 나아갈 것을 말씀하시는 것이지요. 간절한 마음이 준비가 되면, 마음만 가지고 있지 말고, 가진 마음을 행동으로 옮겨야 하는 것입니다. 마음에 없는 것을 구하는 것이 문제이기도 하지만, 마음에만 가지고 있고 행동으로 옮겨 찾지 않아도 문제가 되는 것이지요. 마음에만 가지고 있고 적극적으로 부르짖으며 행동으로 옮기지 않으면 얻을 수가 없는 것입니다.

하나님께서 "너희가 온 마음으로 나를 구하면 나를 찾을 것이요 나를 만나리라"(렘 29 : 13) "너는 내게 부르짖으라 내가 네게 응답하겠고 네가 알지 못하는 크고 은밀한 일을 네게 보이리라"(렘 33 : 3)고 하셨지 않습니까? '찾으라'는 말씀은 마음에 적극적인 행동, 하나님의 도우심과 은혜를 사모하는 사람이 하나님의 도우심과 은혜를 받기 위하여 간절히 찾는 것을 의미하는 것이지요. 마치 목이 마른 사슴이 물을 얻기 위하여 물이 있는 곳을 찾아 나서는 것을 의미하는 것입니다.

③ 예수님께서는 또한 '문을 두드리라'고 하셨지요.

'문을 두드리라(헬, κρουετε(크루에테)/영, knock)'는 말은 '문이 열릴 때까지 계속해서 두드리라'는 것입니다. '간절하게 계속하여 찾으라는 말이지요.

구하는 것을 바로 얻지 못한다 하더라도 낙심하지 말고, 포기하지 말고, 얻을 때까지 계속해서 찾으라는 것입니다. 단순히 '찾으라'는 자세에서 한 단계 더 나아간 자세이지요. 마음의 자세에서 행동의 자세로, 행동하는 것을 얻을 때까지 계속하라는 것입니다.

하나님의 도우심과 은혜를 간절히 사모하며 기도할 때는 낙심하지 말고, 응답이 될 때까지 끊임없이 계속해서 기도해야 하는 것이지요.

예수님은 천국 백성들이 믿음을 가지고 항상 기도하며 살아야 하고, 기도할 때는 낙망하지 말아야 할 것을 말씀을 해주시지 않으셨습니까? 이해를 돕기 위하여 '불의한 재판장의 비유'를 들며 이렇게 말씀을 해주셨지 않나요? 누가복음 18 : 1~8을 보세요.

"예수께서 그들에게 **항상 기도하고 낙심하지 말아야 할 것을** 비유로 말씀하여 이르시되, 어떤 도시에 하나님을 두려워하지 않고 사람을 무시하는 한 재판장이 있는데 그 도시에 한 과부가 있어 자주 그에게 가서 내 원수에 대한 나의 원한을 풀어 주소서 하되, 그가 얼마 동안 듣지 아니하다가 후에 속으로 생각하되 내가 하나님을 두려워하지 않고 사람을 무시하나 이 과부가 나를 번거롭게 하니 내가 그 원한을 풀어 주리라 그렇지 않으면 늘 와서 나를 괴롭게 하리라 하였느니라. 주께서 또 이르시되 불의한 재판장이 말한 것을 들으라. 하물며 하나님께서 그 밤낮 부르짖는 택하신 자들의 원한을 풀어 주지 아니하시겠느냐"(눅 18 : 1~7)고 하셨습니다.

하나님이 어떤 분이신가를 알고 의심하지 말고 믿음으로 기도해야 한다

기도할 때 반드시 알아야 하고 조심해야 할 것이 또 있습니다. "구하라 그리하면 너희에게 주실 것이요 찾으라 그리하면 찾아낼 것이요 문을 두드리라 그리하면 너희에게 열릴 것이니 구하는 이마다 받을 것이요 찾는 이는 찾아낼 것이요 두드리는 이에게는 열릴 것이니라"(마 7 : 7~8)고 하셨지 않습니까?

하나님께 구하고 찾고 두드리면 하나님께서 구하고 찾고 두드리는 자에게 반드시 구하는 것을 주시고 찾는 것을 찾게 해주시고 문을 열어주신다는 것입니다. 반드시 기도하는 것을 응답해주신다는 것이지요. 예수님은 반드시 응답해주실 것을 더 확신할 수 있도록 어떤 말씀을 더 해주셨습니까? 아버지와 아들의 비유를 들어 말씀해 주시지 않았나요?

천국 백성들이 하나님 앞에 기도할 때는 '**하나님이 어떤 분이신가?**'를 바르게 알아야 하고, '**의심하지 말고 믿음으로 기도해야 한다**'는 것을 일깨우신 것입니다.

먼저, 하나님은 예수님을 믿는 자들에게 아버지가 되시는 분임을 알아야 합니다.

하나님은 천지 만물을 지으시고 섭리하시는 분입니다. 모든 것을 아시고 모든 것을 하실 수 있는 전지전능하신 분이지요. 택한 백성들을 죄와 사망에서 구원하시기 위하여 독생자 예수 그리스도를 보내주시고 십자가에 내주신 분입니다.

그런데 그 하나님은 보내주신 성령을 받은 사람들, 예수님을 주님으로 믿는 사람들의 아버지가 되시는 분이지요. 하나님은 아버지가 되시고, 예수님을 믿는 사람들은 자녀들이 되는 것입니다. 자녀들이 무엇인가 필요한 것이 있어서 구할 때, 하늘 아버지의 도우심과 은혜가 필요해서 구할 때, 아낌없이 주시는 분이지요.

그래서 예수님께서 "너희 중에 누가 아들이 떡을 달라 하는데 돌을 주며 생선을 달라 하는데 뱀을 줄 사람이 있겠느냐? 너희가 악한 자라도 좋은 것으로 자식에게 줄 줄 알거든 하물며 하늘에 계신 너희 아버지께서 구하는 자에게 좋은 것으로 주시지 않겠느냐"(마 7 : 9~11)고 하신 것입니다.

그리고 로마서에서는 "자기 아들(예수님)을 아끼지 아니하시고 우리 모든 사람을 위하여 내주신 이가 어찌 그 아들과 함께 모든 것을 우리에게 주시지 아니하겠느냐"(롬 8 : 32)고 하셨지요.

세상에서 아무리 부족한 아버지라도 정신적으로 잘못되지 않은 아버지라면 자녀들이 배고파서 떡(밥)을 달라고 할 때 돌을 주거나, 생선을 달라고 할 때 뱀을 주는 아버지는 없는 것이지요. 자녀에게 좋은 것을 주는 것입니다.

이런 이야기가 있습니다. 중소기업을 경영하는 사장이 자기가 고용한 남자 사원들에게 늘 하는 말이 이런 말을 했다고 하지요. "사내 대장부가 술 담배도 할 줄 몰라서 어디다 쓰겠어." 그러면서 술 담배를 권했다고 합니다. 그런데 그 사장 딸이 성장을 해서 배필을 구하게 되었는데, 사윗감이 되는 조건 중에 하나로 '술 담배를 하지 않는 청년'이었다고 합니다.

이런 이야기도 있습니다. 오래전에 일본에서 있었던 일이지요. 사람을 죽이고 강도를 한 살인자를 그 아들과 함께 끓는 기름 가마에 넣어 처형을 하게 되었습니다. 그 때 처형을 당하는 살인강도는 기름 가마 속에서 아들을 머리 위로 들어 올리며 자기는 마땅히 죽어야 하고 죽어도 좋지만 아들만은 살려 달라고 애원을 했다고 하지요. 그래서 아들을 살려냈다는 이야기가 있습니다. "강도는 악하지만 아버지는 선한 것입니다."

그렇습니다! 세상의 아버지들은 다 온전하지 못하지요. 죄와 허물이 있고, 부족한 구석이 있습니다. 그렇더라도 자기 자녀들이 잘 되기를 원하고 좋은 것을 주기를 원하지 않습니까? 하물며 죄와 허물이 없으시고 온전히 선하신 하늘 아버지는 자녀들에게 어떤 것을 주실까요? 자녀들이 잘 될 수 있도록 좋은 것만을 주시는 아버지인 것입니다.

다음으로, 믿음으로 구하고 의심하지 말아야 합니다.

　예수님은 십자가에 달리시기 전날 저녁 제자들을 데리고 마지막 만찬을 하시고, 겟세마네 동산으로 기도하러 가시기 전에 말씀을 하시면서 어떤 약속을 해주셨습니까?
　"내 이름으로 무엇이든지 내게 구하면 내가 행하리라"(요 14 : 14) "지금까지는 너희가 내 이름으로 아무 것도 구하지 아니하였으나 구하라 그리하면 받으리니 너희 기쁨이 충만하리라"(요 16 : 24)고 하셨지요.
　예수님의 이름으로 무엇이든지 예수님께 구하면 예수님께서 행하시겠다고 하셨지요. 예수님께서 예수님께 기도하는 것을 반드시 응답해주시겠다고 하신 것입니다.(삼위일체 하나님)
　하나님(예수님)은 하나님의 자녀들(예수님을 믿고 따르는 성도들)이 구할 때 좋은 것만을 아낌없이 주시는 분이지요. 그러므로 기도할 때는 중요한 것이 있습니다.
　"오직 믿음으로 구하고 조금도 의심하지 말라 의심하는 자는 마치 바람에 밀려 요동하는 바다 물결 같으니 이런 사람은 무엇이든지 주께 얻기를 생각하지 말라 두 마음을 품어 모든 일에 정함이 없는 자로다"(약 1 : 6~8)고 했지요.
　하나님은 구하는 것을 주시는 분이기 때문에 '의심하지 말고' '구하는 것을 반드시 주실 것이라는 믿음(확신하는 믿음)'을 가지고 '믿음으로 구해야 하는 것'이지요. 의심하는 자는 두 마음을 품은 사람, 바람에 밀려 요동하는 바다 물결 같은 사람인 것입니다.
　하나님은 두 마음을 품은 사람, 의심하는 사람을 아주 싫어하시지요. 하나님은 의심하며 기도하는 자에게는 응답을 하시지 않으시는 분입니다. 아무리 기도해도 소용이 없는 것이지요. 무엇을 구하든지 의심하지 말고 믿음으로 기도하는 천국 백성이 되어야 하는 것입니다.

하나님은 가장 좋은 것으로 응답을 해주신다(기도의 응답은 세 가지로 이루어진다)

　하나님의 자녀들이 의심하지 않고 믿음을 가지고 간절히 기도하면 반드시 좋은 것으로 응답을 해주십니다. 100% 응답을 해주시지요. 그런데 기도의 응답은 이런 세 가지로 주어집니다.

　첫째, 구하는 것을 바로 주실 때가 있다.(Yes 응답)

막 10 : 46~52에 보면, 여리고에 살고 있던 앞을 보지 못하는 맹인 거지 **바디매오**가 길가에 앉아 구걸을 하다가 예수님이 지나가신다는 말을 듣고 소리를 질렀습니다.

"다윗의 자손 예수여 나를 불쌍히 여기소서"(막 10 : 47, 48)

많은 사람들이 시끄러우니까 '잠잠하라'고 꾸짖었지요. 그러나 바디매오는 더욱 크게 소리를 질렀지요. "다윗의 자손이여 나를 불쌍히 여기소서"

길을 가시던 예수님이 걸음을 멈추시고 바디매오를 부르라고 하십니다. 바디매오는 겉옷을 내버리고 뛰어 일어나서 예수님께 나왔지요.

예수님께서 바디매오에게 물으셨습니다. "네게 무엇을 하여 주기를 원하느냐"(막 10 : 51) 바디매오가 대답을 합니다. "선생님(예수님)! 내가 보기를 원합니다."

예수님께서는 맹인 거지 바디매오를 향하여 선언을 하셨지요. "**가라 네 믿음이 너를 구원하였느니라**" 예수님의 이 말씀이 선언되자 바디매오는 어떻게 되었습니까?

"**그가 곧 보게 되어 예수를 길에서 따르니라**"(막 10 : 52)

바디매오가 믿음을 가지고 예수님 앞에 '눈을 떠서 보고 싶다'는 소원을 말했을 때(간구했을 때), 예수님께서 바로 눈을 뜨게 해 주셨던 것입니다.

우리가 기도할 때 기도하는 것이 하나님의 뜻에 맞고 우리에게 유익한 것이라면, 구하는 것을 곧 바로 주시는 응답을 하십니다.

둘째, 구하는 것을 주시지 않을 때가 있다.(No 응답)

그러나 간절히 기도하는 대도 기도하는 대로 응답해주시지 않을 때가 있습니다. 구하는 것이 하나님의 뜻이 아니고, 간절히 구하는 것이 구하는 자에게 유익한 것이 아니라면 주시지 않지요. '안 된다(No 응답)'고 하십니다.

바울 사도가 고통을 주는 '**육체의 가시를 뽑아 달라 (몸에서 사탄의 사자가 떠나가게 해 달라)**'고 간구했을 때 하나님은 어떻게 응답해 주셨습니까?

"여러 계시를 받은 것이 지극히 크므로 너무 자만하지 않게 하시려고 내 육체에 가시 곧 사탄의 사자를 주셨으니 이는 나를 쳐서 너무 자만하지 않게 하려 하심이라 이것이 내게서 **떠나가게 하기 위하여 내가 세 번 주께 간구하였더니 나에게 이르시기를 내 은혜가 네게 족하도다 이는 내 능력이 약한 데서 온전하여짐이라 하신지라**"(고후 12 : 7~9)고 하셨지요.

바울 사도가 자만하지 않게 하시려고 하나님께서 주신 가시였기 때문에 육체에 가시를 뽑아 주지 않으셨습니다. 주님께서는 '내 은혜가 네게 족하도다 이는 내 능력이 약한 데서 온전하여짐이라'고 하셨지요. 하나님께서 '안 된다(No 응답)'는 거절로 응답을 하셨던 것입니다.

엄마가 주방에서 칼을 가지고 요리 준비를 하고 있는데 3살 먹은 어린 딸이 엄마가 손에 들고 있는 칼을 갖고 싶어서 달라고 떼를 쓰면 어떻게 해야 합니까? 칼을 주면 어린 딸이 다칠 수 있으니까 아무리 울며 떼를 써도 줄 수 없지 않습니까?

하나님은 우리가 구하는 것이 하나님의 뜻에 어긋나고, 우리에게 해로운 것이라면 '안 된다(No 응답)'고 거절로 응답을 하시는 분입니다.

셋째, 오래 기도하게 하시며 응답하실 때가 있다.(Wait 응답)

우리가 기도할 때 바로 응답하시지 않고 오랫동안 기도하게 하신 후에 응답하시는 경우도 있습니다. 우리가 간절히 기도하는 데도 하나님은 침묵하실 때가 있지요. '기다리라(Wait 응답)'고 하실 때가 있습니다.

창세기 15 : 1~5에 보면 하나님께서 **아브라함**에게 이런 말씀을 하십니다.

"이 후에 여호와의 말씀이 환상 중에 아브람에게 임하여 이르시되 아브람아 두려워하지 말라 나는 네 **방패**요 너의 지극히 큰 **상급**이니라"(창 15 : 1)

하나님께서 아브라함에게 친히 적들로부터 보호해 주시는 방패가 되어 주시고, 지극히 큰 상급이 되어 주신다고 하셨지요. 그 말을 들은 아브라함이 하나님께 무엇이라고 합니까?

"주 여호와여 무엇을 내게 주시려 하나이까 나는 자식이 없사오니 나의 상속자는 이 다메섹 사람 엘리에셀이니이다. 주께서 내게 씨(자녀)를 주지 아니하셨으니 내 집에서 길린 자가 내 상속자가 될 것이니이다"(창 15 : 2~3) 그러자 하나님이 아브라함에게 "그 사람이 네 상속자가 아니라 네 몸에서 날 자가 네 상속자가 되리라"(창 15 : 4)고 하셨지요.

이 때 아브라함의 나이가 85세 쯤 되었을 때입니다. 그런데 하나님으로부터 그 말을 들은 후에 아브라함은 바로 아들을 낳지 못했지요. 무려 15년이 지난 100살이 되었을 때, 아내 사라가 90살이 되었을 때(아이를 낳을 수 없는 사람이 되었을 때) 이삭을 낳았습니다. 믿음을 가지고 15년을 더 기도하게 하신 후에 아들을 낳게 해주셨던 것입니다.

이삭도 40세에 리브가와 결혼을 했는데 리브가를 아기를 낳지 못했지요. 이삭은 아기를 낳게 해달라고 간구했습니다.

"이삭은 사십 세에 리브가를 맞이하여 아내를 삼았으니 리브가는 밧단 아람의 아람 족속 중 브두엘의 딸이요 아람 족속 중 라반의 누이였더라 이삭이 그의 아내가 임신하지 못하므로 그를 위하여 여호와께 간구하매 여호와께서 그의 간구를 들으셨으므로 그의 아내

리브가가 임신하였더니"(창 25 : 20~21) "그 해산 기한이 찬즉 태에 쌍둥이가 있었는데 먼저 나온 자는 붉고 전신이 털옷 같아서 이름을 에서라 하였고 후에 나온 아우는 손으로 에서의 발꿈치를 잡았으므로 그 이름을 야곱이라 하였으며 리브가가 그들(에서와 야곱)을 **낳을 때에 이삭이 육십 세였더라**"(창 25 : 24~26)

이삭이 낙심하지 않고 20년 동안 간절히 기도했던 것이지요. 그래서 60살이 되었을 때 아내 리브바가 쌍둥이 아들 에서와 야곱을 낳았던 것입니다.

하나님은 오랫동안 기도하게 하신 후 응답하실 때가 있지요. 기도할 때는 낙심하지 말고 응답을 받을 때까지 기도해야 하는 것입니다.

이제 말씀을 맺겠습니다.

예수님을 믿고 따르는 하나님의 자녀들은 기도하며 살아야 합니다. 기도는 영혼의 호흡이지요. 천국 백성들은 항상 무엇을 하든지 기도하며 살아야 합니다. 하나님이 어떤 분이신지를 바르게 알고, 의심하지 말고 믿음으로 기도해야 합니다. 간절히 기도해야 합니다. 그래서 살아계신 하나님께서 도우시고 은혜를 베푸시는 것을 경험하며 살아야 하는 것입니다. 그런 천국 백성이 되시기를 예수님의 이름으로 축원합니다. 아   멘.

대접을 받고자 하는 대로 대접하라

마태복음 7 : 12

"그러므로 무엇이든지 남에게 대접을 받고자 하는 대로 너희도 남을 대접하라 이것이 율법이요 선지자니라"(마태복음 7 : 12)

산상보훈은 예수님을 믿는 성도가 천국의 백성으로 이 세상에서 살아야 할 윤리와 생활을 말씀하시는 내용입니다.
이 시간에는 예수님이 말씀해 주신 마태복음 7장 12절 말씀을 강론하면서 하나님의 음성을 듣기를 원합니다.
"그러므로 무엇이든지 남에게 대접을 받고자 하는 대로 너희도 남을 대접하라 이것이 율법이요 선지자니라" 이 말씀은 인간관계에 있어서 '황금률(黃金律), The Golden rule'이라고 불리는 말씀이지요.

앞에서 먼저 강론을 했지만, 예수님은 마 7 : 1~2에서 "비판을 받지 아니하려거든 비판하지 말라 너희가 비판하는 그 비판으로 너희가 비판을 받을 것이요 너희가 헤아리는 그 헤아림으로 너희가 헤아림을 받을 것이니라"
6절에서 "거룩한 것(하나님의 말씀, 복음)을 개에게 주지 말며 너희 진주(천국 복음)를 돼지 앞에 던지지 말라 그들이 그것을 발로 밟고 돌이켜 너희를 찢어 상하게 할까 염려하라"
7~11절에서, "구하라 그리하면 너희에게 주실 것이요 찾으라 그리하면 찾아낼 것이요 문을 두드리라 그리하면 너희에게 열릴 것이니 구하는 이마다 받을 것이요 찾는 이는 찾아낼 것이요 두드리는 이에게는 열릴 것이니라 ………"하시지 않았습니까?
이 말씀을 하신 뒤에 이어서 "그러므로 무엇이든지 남에게 대접을 받고자 하는 대로 너희도 남을 대접하라 이것이 율법이요 선지자니라"(마 7 : 12)라는 말씀을 하신 것입니다.
이 12절 말씀은 마태복음 7 : 1~11절 말씀의 결론을 짓는 말씀이지요. 그래서 12절 말씀이 '그러므로(헬, Οὖν(오운)/영, therefore)'라는 접속사로 시작되고 있는 것입니다.

'비판을 받지 아니하려거든 비판하지 말라' '거룩한 것을 개에게 주지 말며 너희 진주를 돼지 앞에 던지지 말라' '의심하지 말고 믿음으로 간절히 기도하라'는 말씀을 하시면서,

'그러므로(그러하기 때문에/비판을 받지 않아야 하고, 자신이 해를 당하지 않아야 하고, 하나님께 드리는 기도 응답을 받아야 하기 때문에)' '무엇이든지 남에게 대접을 받고자 하는 대로 너희도 남을 대접하라'고 하신 것이지요. 한 구절이지만 대단히 중요한 말씀인 것입니다.

그래서 예수님은 이 말씀을 하시면서 어떤 말씀을 더 하셨습니까? "이것이 율법이요 선지자니라"는 말씀을 하셨지요.

'율법이요 선지자라'는 말씀이 무슨 말씀입니까? 이미 마태복음 5장을 강론할 때 이 말씀을 드렸지만 예수님께서 이 말씀을 하신 곳이 또 있지 않나요?

'말씀'이신 예수님께서 육신을 입고 세상에 오신 것을 설명하시면서 "내가 율법이나 선지자를 폐하러 온 줄로 생각하지 말라 폐하러 온 것이 아니요 완전하게 하려 함이라"(마 5 : 17)고 하셨고, 한 율법사(율법을 잘 알고 있는 사람)가 예수님을 시험하려고 '선생님 율법 중에서 어느 계명이 크니이까?' 물었을 때, "네 마음을 다하고 목숨을 다하고 뜻을 다하여 주 너의 하나님을 사랑하라 하셨으니 이것이 크고 첫째 되는 계명이요 둘째도 그와 같으니 네 이웃을 네 자신 같이 사랑하라 하셨으니 이 두 계명이 온 율법과 선지자의 강령이니라'(마 22 : 37~40)'고 하셨지 않습니까?

'율법과 선지자'라는 말씀은 마태복음 5 : 17~20을 강론하면서 자세하게 말씀을 드렸지만 '신구약 모든 성경 말씀'을 가리키는 말씀입니다. 그래서 '무엇이든지 남에게 대접을 받고자 하는 대로 너희도 남을 대접하라'는 이 말씀을 인간관계에 있어서 '황금률(黃金律), The Golden rule'이라고 하는 것입니다.

동양의 현자인 공자도 논어에서 "기소불욕 물시어인(己所不欲 勿施於人)"이라는 말을 했지요. "내가 하고자 아니하는 것을 다른 사람에게 베풀지 말라"는 말입니다.

유대교의 경전인 탈무드에는 이런 말이 있습니다.

어떤 이방인이 유대교의 율법학자인 샴마이(Schammai)를 찾아가서 자기가 한쪽 다리로 서 있을 동안 율법 전체를 가르쳐 달라고 했을 때, 샴마이(Schammai)는 손에 들고 있

던 자를 휘두르며 그 방자한 이방인을 쫓아버렸지요. 사실 방대한 율법을 한쪽 다리로 서 있는 짧은 시간에 어떻게 설명을 할 수 있겠습니까?

그런데 샴마이(Schammai)에게서 쫓겨난 이 이방인이 이번에는 다른 율법학자인 힐렐(Hillel)이라는 랍비를 찾아가서 똑같은 질문을 했지요.

그러자 힐렐(Hillel)랍비는 "당신이 한쪽 다리로 서 있을 수 있는 시간 안에 율법 전체를 알려 주겠소."라며, "당신이 좋아하지 않는 것을 남에게 하지 마시오. 이것이 율법의 요약이오."라고 했습니다.

이 말들은 세상의 현자들(많은 지식과 높은 인격을 가진 들)이 한 말이지요. 그런데 이런 말들은 '소극적인 권면'입니다.

그런데 본문에서 예수님께서 하시는 말씀은 그 차원(윤리적인 차원)을 뛰어넘고 있는 말씀이지요. 적극적인 권면인 것입니다.

"무엇이든지 남에게 대접을 받고자 하는 대로(남이 너희에게 해주기를 바라는 대로) 너희도 남을 대접하라(너희도 남에게 해주라)"

예수님의 이 말씀은 '단순히 다른 사람에게 해롭게 하지 말라'는 말씀이 아니라 '적극적으로 선을 행하라'는 말씀을 하신 것입니다.

이 시간에는 '남을 바르게 대접하는 것이 무엇인가?' '남을 바르게 대접하는 사람의 생활 자세(모습)는 어떤 자세(모습)인가?'에 대하여 생각해 보고자 합니다.

남을 바르게 대접하기 위해서는 무엇이 필요한가?

"무엇이든지 남에게 대접을 받고자 하는 대로 너희도 남을 대접하라" 이 말씀을 바르게 이해하기 위해서는 2가지 측면에서 이해를 해야 합니다.

첫째, 내가 남에게 어떤 대접을 받기를 원하는가?(내가 내 자신을 바르게 대접할 줄 아는가?)를 먼저 바르게 알아야 한다.

예수님께서 "무엇이든지 남에게 대접을 받고자 하는 대로 너희도 남을 대접하라"고 하신 이 말씀 속에는 반드시 먼저 알아야 할 것이 있지요. '내가 남에게 어떤 대접을 받고 싶은가?' '내가 내 자신을 바르게 대접을 하고 있는가?'를 알아야 하는 것입니다.

세상에는 자기 자신을 바르게 대접할 줄 모르는 사람이 너무나 많습니다. 예수님께서 "무엇이든지 남에게 대접을 받고자 하는 대로 너희도 남을 대접하라"는 말씀은 '자기 자신을 바르게 대접할 줄 아는 사람에게 하시는 말씀'이지요. 자신을 바르게 대접할 줄 모르는 사람은 남을 바르게 대접할 수 없는 것입니다.

그렇다면 자기가 자기를 바르게 대접할 줄 아는 사람은 어떤 사람일까요? 이기적인 양심, 더러운 양심, 악한 양심, 화인 맞은 양심(딤후 4 : 2)이 아니라 착한 양심(딤전 1 : 19), 깨끗한 양심(딤전 4 : 9) 을 가지고 있는 사람을 가리키는 말입니다.

착한 양심, 깨끗한 양심을 지니기 전에는 예수님께서 말씀하시는 '황금률'을 바르게 이해할 수 없고, 황금률의 의미를 이론적으로 이해한다 하더라도 전혀 실천을 할 수 없지요. 그러므로 착한 양심, 깨끗한 양심을 가져야 하는데 착한 양심, 깨끗한 양심은 예수님을 믿으며 죄를 회개하고 죄 씻음을 받은 양심, 성령으로 거듭난 양심을 가리키는 것입니다.

성령으로 거듭나지 못한 양심, 죄로 더럽혀진 양심, 화인 맞은 양심을 가지고 있으면 자기 자신을 잘 대접할 수 없는 것이지요. 거짓말을 하고, 시기하고, 질투하고, 미워하고, 거친 욕설을 하고, 남을 비난하면서도(이런 것들은 자기 자신을 해롭게 하는 것들이다) 전혀 죄의식이 없고 부끄러운 것을 모르는 것입니다.

육체적으로도 자기 자신을 잘 대접하지 못하는 사람은 자기 육체를 스스로 해롭게 하지 않습니까? 해로운 줄을 알면서도 술, 담배, 심지어 마약을 하면서 자신의 육체를 스스로 해롭게 하지 않나요?

마찬가지로 죄로 더럽혀진 양심, 화인 맞은 양심을 가지고 있으면 자신의 마음과 말과 행동으로 자기 자신을 바르게 대접하지 못하고 오히려 자기 자신을 해롭게 하지요.

그래서 자신을 바르게 대접할 수 없는 사람은 남을 잘 대접할 수 없는 것입니다. 자신을 잘 대접할 수 있는 사람(착한 양심, 깨끗한 양심을 가진 사람)이 남을 잘 대접할 수 있는 것이지요. 천국 백성은 착한 양심을 가지고 먼저 자기 자신을 잘 대접할 수 있는 사람이 되어야 하는 것입니다.

둘째, '남을 대접하기 위해서는 무엇이 필요한가?'를 바르게 알아야 한다.

자기 자신을 바르게 대접할 수 있는 사람이 남을 대접할 수 있는데, 남을 대접하기 위해서는 무엇이 필요합니까? 상대방에 대한 바른 이해와 긍휼히 여기는 마음이 필요한 것입니다.

사람들과 관계를 맺을 때 내 입장과 처지에서 생각하지 말고, '내가 상대방의 입장과 처지에 있다면 어떤 대접을 받고 싶은가?' 상대방의 입장과 처지에서 생각해 보아야 하는 것이지요. 상대방의 입장과 처지를 바르게 이해하지 않고서는 상대방에게 바른 대접을 할 수 없는 것입니다.

우리를 죄와 사망에서 구원하러 오셨던 예수님은 죄 성을 가지고 있어서 죄를 지으며 소망 없이 고통 속에 살고 있는 우리의 입장과 처지를 온전히 바르게 이해하시고 긍휼히 여기셨던 분입니다. 그렇기에 우리를 죄와 사망의 고통 속에서 온전히 구원하실 수 있으셨던 것이지요. 우리의 죄를 용서해주시고 사망에서 구원해 주시고 하나님의 자녀가 되어 천국 백성으로 살도록 우리를 대접해주신(섬겨주신) 것입니다.

예수님은 친히 무엇이라고 하셨습니까? "인자가 온 것은 섬김을 받으려 함이 아니라 도리어 섬기려 하고 자기 목숨을 많은 사람의 대속물로 주려 함이니라"(막 10 : 45) "내가 의인을 부르러 온 것이 아니요 죄인을 불러 회개시키러 왔노라"(눅 5 : 32)고 하셨지요.

예수님은 누구를 대하든지 상대방의 입장과 처지에서 이해하고 상대방을 긍휼히 여기며 대하셨습니다. 죄를 지은 죄인을 대하실 때 예수님은 죄가 없으시면서도 죄를 지은 죄인의 입장과 처지에서 긍휼히 여기시며 대해 주셨지요. 죄로 인한 결과로 고통을 당하는 사람들을 대하실 때 고통을 당하는 사람의 입장과 처지에서 대해 주셨습니다.

간음을 하다가 현장에서 붙들린 여인을 끌고와 고발하는 무리들 앞에서 '너희 중에 죄 없는 자가 먼저 돌로 치라'(요 8 : 7)고 하시며 정죄하는 무리를 물리쳐주시고 "나도 너를 정죄하지 아니하노니 가서 다시는 죄를 범하지 말라"(요 8 : 11)고 하셨지요.

병든 자를 만나실 때 병든 자의 입장과 처지에서 병든 자를 이해하시고 긍휼히 여기시며 고쳐주셨습니다. 중풍병자, 한편 손 마른 병자, 나병환자, 귀신들려 고통을 당하는 자를 이해하시며 고쳐주셨지요. 심지어 12살 먹은 딸이 죽어 눈물을 흘리는 회당장, 청년 아들이 죽어 눈물을 흘리는 나인성 과부, 오라비 나사로가 죽어 눈물을 흘리는 마르다와 마리아를 이해하시고 긍휼히 여기시며 죽었던 회당장의 12살 먹은 딸, 나인성 과부의 청년 아들, 마르다 마리아의 오라비 나사로를 살려주시지 않았습니까?

아니 마지막에는 죄와 사망에서 구원을 받아야 할 모든 사람들(우리들)의 입장과 처지를 이해하시고 긍휼히 여기시며 대신 십자가에 달려 피 흘리며 죽어주시지 않으셨나요?

상대방의 입장과 처지에서 이해하시고 긍휼히 여기시며 사람들을 섬기신 예수님이 '무엇이든지 남에게 대접을 받고자 하는 대로 너희도 남을 대접하라'고 하신 것입니다. 예수님을 믿고 따르는 하나님의 자녀들은 남을 대접하며 살아야 하는 것이지요. 언제든지 내 입장과 처지에서 다른 사람을 생각하며 대하지 말고, 상대방의 입장과 처지에서 상대방을 이해하고 긍휼히 여기며 대해야 하는 것입니다.

남을 바르게 대접하는 사람의 생활 자세(생활 모습)는 어떠한가?

남에게 대접을 받기 위해서는 내가 남을 대접해야 하는데, 남을 대접하는 것이 쉽지 않습니다. 상대방의 입장과 처지에서 이해하고 긍휼히 여기는 마음을 갖는다 하더라도 긍휼히 여기는 마음을 행동으로 옮기는 것이 쉽지 않은 것이지요. 상대방을 긍휼히 여기는 마음을 행동으로 옮기기 위해서는 사람과 상황에 따라 다르기는 하지만 내가 **무엇인가를 반드시 희생을 해야**(손해를 보아야) 하기 때문입니다. 물질을 희생해야 하고, 몸을 희생해야 하고, 시간을 희생해야 하고, 좋아하는 무엇인가를 희생해야 하지요. 내가 희생을 하지 않고는 절대로 남을 대접할 수 없는 것입니다.

그러므로 착한 양심을 가지고 자신을 희생하며 남을 잘 대접하고 섬기는 사람에게는 몇 가지 특징이 있습니다.

하나, 공의와 공평을 힘쓸 줄 압니다.

'공의'는 하나님이 인정해주시는 의, 어느 쪽으로 치우치지 않고 모든 사람이 의롭게 인정하는 '의'입니다. 이런 공의가 이루어지고 누구에게나(반대하는 입장에서 보더라도) 공평할 수 있도록 말을 하고 행동을 하지요. 자기 자신에게 손해가 나더라도 언제나 어떤 상황에서나 공의가 이루어지고 공평하도록 힘을 씁니다. 자기 자신의 사리사욕을 위해서 절대로 다른 사람의 명예나 권력이나 지위나 재산을 침해하지 않지요. 자기보다 힘이 있고 권력이나 재물을 많이 가진 사람에게 아부하지 않고, 자기보다 힘이 없고 연약한 사람이라고 무시하지 않습니다. 오히려 힘이 없고 연약한 사람을 도와주고 세워주지요.

둘, 다른 사람의 죄와 실수와 허물을 용서하며 잘 덮어줍니다.

사람은 누구나 죄 성을 가지고 있고 온전하지 못해서 죄를 짓기도 하고 자주 이런저런 실수를 하지 않습니까? 죄를 짓지 않고 실수를 하지 않고 사는 사람은 없는 것이지요.

그런데 내가 무엇인가 죄를 짓고, 실수를 했을 때 상대방(다른 사람)이 어떻게 대해 주기를 원합니까? 내가 지은 죄와 실수와 허물을 비난하며 동네방네 소문을 내는 것을 원하는 사람은 없지 않나요? 비록 내가 죄를 짓고 실수를 했더라도 사랑으로 용서해주고, 덮어주기를 원하지 않습니까?

그런 것처럼 남을 잘 대접하는 사람은 다른 사람의 죄와 실수와 허물을 용서하며, 사랑으로 권면하며, 덮어줍니다.

셋, 누구를 대하든지 사랑과 친절로 대합니다.

남을 잘 대접할 줄 아는 사람은 누구(어린아이, 어른, 부자, 가난한 자, 건강한 자 병든 자 많이 배운 자 배우지 못한 자)를 대하든지 상대방을 사랑하며, 상대방에게 친절을 베풀며 생활을 합니다. 가족을 사랑하고, 형제를 사랑하고, 친구를 사랑하고, 이웃을 사랑하고 - 자신을 해롭게 한 원수까지도 용서하며 사랑하며 살려고 노력하지요. 원수까지 사랑하는 사람은 그 누구도 그 무엇도 그런 사람을 감당할 수가 없는 것입니다. 마귀가 손을 대지 못하는 사람이 되는 것이지요.

이제 말씀을 맺겠습니다.

어떤 사람으로 인생을 살고 있습니까? 어떤 사람으로 인생을 살고 싶습니까? 관계를 맺는 모든 사람들에게 사랑과 존경을 받으며, 대접을 받으며 살고 싶지 않나요? 가정에서 가족들에게, 형제들에게, 교회에서 믿음의 형제들에게, 만나는 친구들에게, 친척들에게, 이웃들에게, 나를 알고 있는 모든 사람들에게 사랑과 존경을 받으며 대접을 받으며 살고 싶지 않습니까? 내가 먼저 그 사람들을 사랑하고 존경하며 잘 대접을 하면 되는 것입니다.

어떤 사람이 자기를 좋아하지 않고 싫어하고 멀리하는 것 때문에 괴로워하며 고민을 했습니다. 인생을 비관하며 아무도 없는 산속으로 들어갔지요. 그런데 산도, 산에 있는 나무들도, 자기를 싫어하며 미워하며 모른 척하는 것입니다. 너무나 상심한 그는 산과 나무들을 향하여 큰 소리로 외쳤지요. "나는 너를 싫어한다."

그랬더니 큰 소리로 메아리가 들려왔습니다. "나는 너를 싫어한다."

겁이 나서 산으로 내려온 그는 현자를 찾아가 말을 했습니다.

"저 산에는 무서운 사람이 삽니다. 내가 산을 향하여 '나는 너를 싫어한다'고 했더니, 산도 나를 향하여 '나는 너를 싫어한다'고 했습니다."

그 말을 들은 현자가 무서워하는 그에게 이렇게 말했습니다.

"겁을 내지 말고 다시 산에 올라가서 '나는 너를 사랑한다'고 큰 소리로 외쳐보십시오."

그는 현자가 알려준 대로 다시 산에 올라 큰 소리로 외쳤습니다.

"나는 너를 사랑한다" 그러자 큰 울림으로 메아리가 들려왔지요. "나는 너를 사랑한다"

그렇습니다! 생명이 없는 산도 내가 대접을 한 대로 나에게 대접을 하는 것이지요. 그러니 사람들이야 어떠하겠습니까? 내가 대접을 한 대로 나를 대접하지 않겠습니까?

"그러므로 무엇이든지 남에게 대접을 받고자 하는 대로 너희도 남을 대접하라 이것이 율법이요 선지자니라"

남에게 칭찬을 받으며 살기를 원하십니까? 먼저 남을 칭찬하며 사시기를 바랍니다.

남에게 친절을 받으며 살기를 원하십니까? 먼저 남에게 친절을 베풀며 사시기를 바랍니다.

남에게 격려와 위로를 받기를 원하십니까? 먼저 남에게 격려와 위로를 하시기를 바랍니다.

남에게 인정과 사랑을 받기를 원하십니까? 먼저 남을 인정하고 사랑하시기를 바랍니다.

알고 지내는 모든 사람들을 사랑으로 잘 대접하고 섬기며, 알고 지내는 모든 사람들에게 사랑과 존경을 받으며 사는 천국 백성이 되시기를 예수님의 이름으로 축원합니다.

아 멘.

좁은 문으로 들어가라

마태복음 7 : 13~14

"좁은 문으로 들어가라 멸망으로 인도하는 문은 크고 그 길이 넓어 그리로 들어가는 자가 많고 생명으로 인도하는 문은 좁고 길이 협착하여 찾는 자가 적음이라"(마태복음 7 : 13~14)

산상보훈은 예수님을 믿는 성도가 천국의 백성으로 이 세상에서 살아야 할 윤리와 생활을 말씀하시는 내용입니다.

지난 시간에는 예수님이 말씀해주신 마태복음 7장 12절 말씀을 살펴보면서 하나님의 음성을 들었지요. "그러므로 무엇이든지 남에게 대접을 받고자 하는 대로 너희도 남을 대접하라 이것이 율법이요 선지자니라"(마 7 : 12) 이 말씀은 인간관계에 있어서 '황금률(黃金律), The Golden rule'이라고 했습니다. 예수님은 이 말씀에 이어서 13절부터 3가지 말씀을 더 해주셨지요.

'좁은 문(생명으로 인도하는 문)으로 들어가라'(마 7 : 13~14)

'거짓 선지자들을 삼가라'(마 7 : 15~23)

'말씀을 듣고 행하는 사람이 되라(반석 위에 집을 짓는 사람이 되라)'(마 7 : 24~27)

왜 예수님께서 '황금률'로 산상보훈을 끝내시지 않고 3가지를 더 말씀해 주셨을까요? 예수님은 어떤 진리에 대한 말씀을 하실 때 단순히 진리에 대한 선언으로 끝내시지 않으셨습니다. 예수님이 행하시는 것을 보고 말씀을 듣는 대상이 보고 들은 것을 따라 결단하고 행동(생활)해야 할 것을 촉구하셨지요. 이것이 예수님이 생활을 통해 보여주시고 진리의 말씀을 선포하신 특징입니다. 예수님께서 생활하시며 보여주시고 말씀해 주신 진리를 보고 들은 대상들이 행동하며 살 때 예수님이 보여주시고 말씀해 주신 진리(설교)가 완성이 되는 것이지요. 설교가 단순히 진리의 전달에 그친다면 완전한 설교가 아닌 것입니다.

오늘부터 살펴보고자 하는 산상보훈의 마지막 부분들은 '종말과 심판에 대한 전제를 하고 조심해야 할 것'을 경계하는 말씀입니다. 사람은 누구에게나 반드시(100%) 자신의 종말과 심판(히 9 : 27)이 있고, 이 세상 나라도 반드시(100%) 종말과 심판이 있을 것이지요.

 반드시 종말이 있고 심판이 있을 것이니까, '좁은 문으로 들어가라' '거짓 선지자들을 삼가라' '말씀을 듣고 행하는 사람이 되라(모래 위에 집을 짓는 사람이 되지 말고 반석 위에 집을 짓는 사람이 되라)'고 하신 것입니다.

 이 시간에는 '좁은 문(생명으로 인도하는 문)으로 들어가라'는 말씀을 강론하면서 하나님의 음성을 듣기를 원합니다.

천국 백성의 삶은 좁은 문(생명으로 인도하는 문)으로 들어감으로 시작이 된다

 예수님은 예수님을 믿고 따르는 제자(성도)들에게 '멸망으로 인도하는 크고 넓은 문으로 들어가지 말고 좁은 문으로 들어가라'고 하십니다. 예수님을 믿고 따르는 '천국 백성의 삶은 좁은 문으로 들어감으로 시작'이 되는 것이지요. 고개를 숙이고 허리를 굽히고 몸을 움츠리고 들어가야만 하는 '좁은 문'으로 들어가면서 시작이 되는 것입니다.

 어떤 사람들은 "기독교 신앙은 처음 믿기는 쉬운데 믿고 난 뒤에 신앙생활 하는 것은 어렵다"고 하는 사람들이 있습니다.

 구원을 받고 하나님의 자녀가 되는 것이 사람의 어떤 공로나 노력이나 돈을 주고 사는 것이 아니라 전적으로 하나님의 은혜로 되는 것이기에 그런 생각이 들 수 있기는 하지요. 사람이 구원을 받는 것은 예수님에 대한 말씀(십자가 대속의 죽음과 부활, 천국 복음)을 들을 때 예수님을 믿는 믿음으로 구원을 받지 않습니까? 예수님을 믿을 때(물과 성령으로 거듭날 때) 하나님 나라를 볼 수 있고, 하나님 나라에 들어갈 수 있는 사람이 되지 않나요? 그런데 복음을 들을 때 누구에게나 다 믿음이 생겨납니까? 하나님께서 은혜(선물)로 믿음을 주시는 자만이 믿음이 생겨나지 않나요? 에베소서 2 : 8에 무엇이라고 말씀하십니까?

 "너희는 그 은혜에 의하여 믿음으로 말미암아 구원을 받았으니 이것은 너희에게서 난 것이 아니요 하나님의 선물이라"하시지 않나요?

 얼핏 생각하면 자신의 노력이나 어떤 공로가 없이 하나님의 은혜로 믿음이 생겨나서 구원을 받는 것이어서 가볍고 쉽게 여기기가 쉬운 것입니다.

 그러나 예수님에 대한 말씀(하나님의 아들, 십자가 대속의 죽음과 부활)을 듣는다고 해서 사람들이 다 예수님을 믿는 것은 아니지요. 실제로 그렇지 않습니까? 예수님에 대한 말씀을 듣는 정도가 아니라 성경을 많이 읽으면서도 믿지 않는 사람들이 얼마나 많은가요?

예수님을 믿기 위해서는 먼저 선행되어야 하는 것이 있습니다. "이르시되 때가 찼고 하나님의 나라가 가까이 왔으니 회개하고 복음을 믿으라 하시더라"(막 1 : 15) "이 때부터 예수께서 비로소 전파하여 이르시되 회개하라 천국이 가까이 왔느니라 하시더라"(마 4 : 17)

예수님께서 천국 복음(하나님 나라 복음)을 전하실 때마다 '회개하라'고 하셨지요. 여기에서 '회개하라'는 말을 빼면 신앙생활의 시작은 쉬울 것입니다. 그런데 '먼저 회개하라'고 하신 것이지요. 회개가 없이는 복음을 믿을 수가 없는 것입니다. 자신이 죄인인 것과 지은 죄와 죄로 말미암아 주어진 참상을 깨닫고 회개하지 않고서는 절대로 복음(하나님, 예수님)이 믿어지지 않는 것이지요.

'회개'가 구원에 이르는 '좁은 문'으로 들어가게 하는 것입니다. '회개'는 하나님을 알지 못하고 예수님을 알지 못하며 살고 있는 자리에서 마음으로 결단하고 돌이키는 것이지요. 예수님(성령으로 오신 예수님)을 마음에 모셔 들이고 예수님을 믿고 따르는 생활로 방향을 돌이키는 것입니다. 회개가 없이는 절대로 예수님을 믿고 따를 수가 없는 것이지요.

기독교의 역사가 그것을 증거하지 않습니까? 기독교를 박해하던 로마제국(전 세계를 지배하던 나라)이 AD 313년 콘스탄티누스 황제 때 기독교를 로마의 국교로 정하고 선포를 했습니다. 예수님을 믿는 일 때문에 온갖 박해를 당하던 기독교인들이 얼마나 좋았겠습니까?

그러나 역설적이지만 콘스탄티누스가 기독교를 국교로 공인하며 선포하던 그 날이 기독교 역사상 가장 어두운 암흑의 날이 되었던 것이지요. 왜냐구요? 콘스탄티누스가 기독교를 국교로 공인하자 많은 사람들이 이런 생각을 하기 시작했습니다.

"우리나라의 국교는 기독교다. 그러니 나도 기독교인이다."

회개도 하지 않고, 거듭나는 체험도 없이, 세례도 받지 않고, 신앙생활을 하지 않으면서도 교회의 일원이 되었다고 생각을 한 것이지요. 이것이 기독교를 부패시키는 어두운 출발점이 되었던 것입니다.

그렇습니다! 천국 백성(하나님의 자녀)의 생활은 회개하고 예수님을 믿으며 새 사람이 되어 시작하는 것이지요. "그런즉 누구든지 그리스도 안에 있으면 새로운 피조물이라 이

전 것은 지나갔으니 보라 새 것이 되었도다"(고후 5 : 17) 천국 백성의 생활은 예수님을 믿으며, 좁은 문으로 들어가며 시작이 되는 것입니다.

좁은 문은 협착한 길(좁은 길, 생명으로 인도하는 길, 천국 길)로 이어지는 길이다

그런데 예수님은 '좁은 문으로 들어가라. 멸망으로 인도하는 문은 크고 그 길이 넓어'라고 하시면서 '생명으로 인도하는 문은 좁고 길이 협착하여'라고 하셨습니다. '좁은 문'이 '생명으로 인도하는 문, 영생을 얻는 천국으로 들어가는 문'인 것을 말씀해 주신 것이지요. 그리고 좁은 문으로 들어가서 가야 하는 길이 '넓지 않고 협착하다(좁다)' '좁은 문'이라고 하신 것입니다.

복음을 들을 때 깨닫고 회개하고 '예수 그리스도를 주님으로 믿고 따르는 것'이 좁은 문으로 들어가는 것인데, 좁은 문으로 들어가서도 크고 넓은 길이 아니라, 좁은 문에서 이어지는 좁은 길을 가야 하는 것을 말씀해 주신 것이지요. 생명으로 인도하는 길, 영생 복락을 누릴 천국으로 가는 길이 넓은 길이 아니라 좁은 길인 것을 말씀해 주신 것입니다.

그렇다면 멸망으로 인도하는 넓은 길은 무엇이고 생명(영생, 천국)으로 인도하는 좁은 길이 무엇일까요?

하나, 멸망으로 인도하는 넓은 길은 거듭나기 전의 옛사람으로 사는 것입니다. 예수님을 믿지 않고 하나님을 알지 못하고 내세(천국과 지옥)를 알지 못하는 이방인들처럼 육신의 눈에 보이는 세상이 전부인 줄 알고 사는 것이지요. 육신의 정욕 안목의 정욕 이생의 자랑으로 사는 것입니다. 교회에 다니고 신앙생활을 한다고 하면서도 죄 성이 요구하는 대로 이기적인 육체의 소욕을 따라 사는 것이지요. 이런 사람들을 성경은 어떤 사람들이라고 했습니까?

"육체의 일은 분명하니 곧 음행과 더러운 것과 호색과 우상 숭배와 주술과 원수 맺는 것과 분쟁과 시기와 분냄과 당 짓는 것과 분열함과 이단과 투기와 술 취함과 방탕함과 또 그와 같은 것들이라 전에 너희에게 경계한 것 같이 경계하노니 이런 일을 하는 자들은 하나님의 나라를 유업으로 받지 못할 것이요"(갈 5 : 19~21)

음행, 더러운 것, 호색, 우상숭배, 주술, 원수 맺는 것, 분쟁, 시기, 분냄, 당 짓는 것, 분열함, 이단, 투기, 술 취함, 방탕함 ········· 이런 것들이 육체의 소욕대로 살 때 나타나는 것들이지요. 하나님을 알지 못하는 사람들, 내세(천국과 지옥)가 있는 것을 모르는 사람들은 다 그렇게 살지 않습니까?

둘, 생명으로 인도하는 좁은 길은 거듭난 새 사람(성령을 받은 사람, 그리스도 안에 있는 사람, 영생을 소유한 천국 백성)으로 사는 길입니다.

예수님을 믿고 구원을 받은 새 사람들(영생을 얻은 천국 백성들)은 어떻게 살아야 합니까? 육체의 소욕을 따라 살지 않고 성령의 인도를 받으며 성령을 따라 살아야 하는 것이지요. 성령을 따라 사는 것이 좁은 길을 가는 것입니다.

성령을 따라 좁은 길을 가기 위해서는 **끊임없이 사탄이 유혹하는 육체의 욕심을 절제해야(자기 자신이 죽어야)** 합니다. 성령으로 거듭난 새 사람도 여전히 죄 성을 가지고 있어서 끊임없이 육체의 욕심을 따라 살고 싶은 유혹을 받기 때문이지요. 육체의 욕심을 절제하지 못하면 하나님의 나라를 유업으로 받는 생명 길(천국 길)을 갈 수 없는 것입니다.

그래서 예수님이 무엇이라고 하셨습니까? "또 무리에게 이르시되 아무든지 **나를 따라오려거든 자기를 부인하고 날마다 제 십자가를 지고 나를 따를 것이니라**"(눅 9 : 23)고 하셨지요.

예수님을 믿고 따르는 길(생명 길, 좁은 길)은 자기 자신을 부인하고, 날마다 제 십자가(주님께서 맡겨주신 십자가)를 지고 예수님의 뒤를 따르는 것입니다.

그래서 위대한 전도자 바울 사도는 어떤 고백을 했습니까?

"이기기를 다투는 자마다 모든 일에 절제하나니 그들은 썩을 승리자의 관을 얻고자 하되 우리는 썩지 아니할 것을 얻고자 하노라 그러므로 나는 달음질하기를 향방 없는 것 같이 아니하고 싸우기를 허공을 치는 것 같이 아니하며 내가 내 몸을 쳐 복종하게 함은 내가 남에게 전파한 후에 자신이 도리어 버림을 당할까 두려워함이로다"(고전 9 : 25~27)

"형제들아 내가 그리스도 예수 우리 주 안에서 가진 바 너희에 대한 나의 자랑을 두고 단언하노니 나는 날마다 죽노라"(고전 15 : 31)

'모든 일에 절제한다' '내가 내 몸을 쳐 (하나님의 말씀, 하나님의 뜻, 성령에) 복종하게 한다' '나는 날마다 죽노라' 한 것입니다.

생명 길, 천국을 향해서 가는 길은 좁은 길이지요. 천국을 향해서 가는 길에는 왕도(王道, Royal Road, '평탄하고 쉬운 길'/어떤 어려운 일을 해 나가기 위한 쉬운 방법이나 지름길/프톨레

마이오스 왕이 그리스의 학자 에우클레이데스(유클리드)에게 기하학을 좀 더 쉽게 배울 수 있는 방법이 없냐고 물었을 때 유클리드가 "기하학에는 왕도가 없다"라고 대답했다는 서양 고사에서 유래한 것)가 **없는 것**입니다.

천국을 향해서 가는 길은 육체의 소욕을 따라 살지 않고 성령을 따라 사는 것이지요. 성령을 따라 살기 위해서는 육체의 소욕을 잘 절제해야 하는 것입니다. 언제나 어떤 일을 할 때나 육체의 소욕(육체가 요구하는 이기적인 욕심)을 절제해야 하는 것이지요.

성령을 받은 새 사람의 마음속에는 누구나 성령만이 있는 것이 아니라 육체의 소욕이 있습니다. 그런데 육체의 소욕은 성령을 거스르고, 성령은 육체의 소욕을 거스르지요.

"내가 이르노니 너희는 성령을 따라 행하라 그리하면 육체의 욕심을 이루지 아니하리라 육체의 소욕은 성령을 거스르고 성령은 육체를 거스르나니 이 둘이 서로 대적함으로 너희가 원하는 것을 하지 못하게 하려 함이니라"(갈 5 : 16~17)

성령을 받은 성도의 마음속에서는 성령의 소욕과 육체의 소욕이 서로 대적하며 싸웁니다. 그런데 성령의 소욕이 육체의 소욕을 이기고 육체의 소욕을 절제해야 성령을 따라 살 수가 있는 것이지요.

그런데 육체의 소욕을 절제하고 성령을 따라 사는 것은 저절로 되는 쉬운 것이 아닙니다. 성령이 충만해야 되는 것이지요. 성령이 충만하기 위해서는 다른 방법이 없습니다. 날마다 성경을 읽고, 묵상하고, 기도하는 생활을 해야 하는 것이지요. 하루라도 게으름을 피우지 말아야 하는 것입니다.

20세기 최고의 피아니스트였던 루빈스타인(출생/1887. 1. 28, 러시아 제국령 우지(지금의 폴란드), 사망/1982. 12. 20, 스위스 제네바)이 있습니다. 루빈스타인은 나이 80이 넘어서도 하루에 6시간씩 피아노에 앉아 연습을 했다고 하지요. 그는 이런 말을 했습니다.

"하루 만 연습을 거르면 내가 알고, 이틀을 거르면 내 친구가 알고, 사흘을 거르면 내 청중들이 안다."

천국 백성은 날마다 성경을 읽고 묵상하고 기도하며, 성령이 충만해서 육체의 소욕을 절제하며 성령의 인도를 따라 사는 성도가 되어야 하는 것입니다.

좁은 문으로 들어가 좁은 길을 가는 것은 많은 무리가 아니라 적은 무리이다

생명으로 인도하는 문은 '좁은 문'이고, 생명으로 인도하는 길(구원을 받는 길, 천국으로 가는 길)은 넓고 평탄한 길이 아닙니다. 좁고 험한 길이지요. 그래서 많은 사람들이 찾지 않는 길입니다. 많은 사람들은 크고 넓은 길로 가는 것을 좋아하지요.

그래서 예수님이 본문에서는 예수님이 '좁은 문으로 들어가라'고 하셨지만, 예수님께서 더 적극적으로 '좁은 문으로 들어가기를 힘쓰라'고도 하신 것입니다.

예수님이 각 성(사람들이 많이 사는 곳) 각 마을(사람들이 적게 사는 곳)로 다니시며 천국 복음(구원을 받고 천국에 들어가는 복음)을 전하며 가르치시고, 공생애 말기 예루살렘으로 올라가실 때였지요.

어떤 사람이 예수님께 물었습니다. "예수님! 구원을 받는 자가 적으니이까? 구원을 받고 천국에 가는 사람들이 많지 않고 적은가요?" 물었지요.

그 질문을 받으신 예수님께서 따라오는 사람들에게 뭐라고 하셨습니까? '좁은 문으로 들어가기를 힘쓰라 내가 너희에게 이르노니 들어가기를 구하여도 못하는 자가 많으리라'(누가복음 13 : 23~24)고 하셨지요.

무슨 말씀입니까? '구원을 받고 천국에 들어가기를 구하여도 들어가지 못하는 자가 많을 것이니까 좁은 문으로 들어가기를 힘쓰라'고 하신 것입니다.

이 말씀을 보면 구원을 받는 자, 예수님을 진실되게 믿고 따르며 천국에 들어가서 영생을 누리는 자가 많지 않을 것임을 말씀해 주신 것이지요. 그래서 '좁은 문으로 들어가기를 힘쓰라'고 하신 것입니다.

히브리서 11장에는 믿음으로 산 믿음의 선진들에 대한 말씀을 기록하고 있습니다. 각 시대 속에 믿음을 가지고 믿음으로 산 선진들에 대한 말씀이지요. 많은 무리(다수)가 아니라 적은 무리(소수)였던 것을 보여줍니다. 아벨, 노아, 아브라함, 이삭, 야곱, 요셉, 모세, 애굽을 나온 이스라엘 백성들 ………

이 선진들이 보여준 공통적인 특징이 무엇입니까? 멸망 당할 세상을 사랑하며 살지 아니하고 천국을 바라보며, 소망을 가지고 믿음으로 세상을 살았다는 것입니다.

"그들이 이제는 더 나은 본향을 사모하니 곧 하늘에 있는 것이라 이러므로 하나님이 그들의 하나님이라 일컬음 받으심을 부끄러워하지 아니하시고 그들을 위하여 한 성을 예비하셨느니라"(히 11 : 16)

노아 시대에 노아가 '물 심판'에 대한 하나님의 말씀을 듣고 사람들에게 '물 심판'을 있을 것을 전하며 아내와 세 아들과 세 며느리(가족들)와 함께 방주를 지을 때에 사람들은 믿지 않았지요. 오히려 노아와 노아의 가족들을 어리석게 여기며 조롱하고 비웃었습니다.

믿음의 조상 아브라함이 하나님의 부르심을 받고 75살에 고향 갈대아 우르를 떠날 때 고향 사람들은 아브라함을 바보처럼 여기지 않았을까요?

바로 왕의 궁궐에서 공주의 아들로 자란 모세가 당시에 가장 큰 나라 애굽 나라의 왕이 될 수도 있었는데(가만히 있기만 하면 부귀영화를 누릴 수 있었는데) 오히려 동족인 이스라엘 백성들을 도우려고 애굽 사람을 쳐 죽였다가 죽음의 위기를 만나 미디안 광야로 도망을 쳐야 하지 않았습니까? 모세가 어떻게 그럴 수가 있었나요?

"믿음으로 모세는 장성하여 바로의 공주의 아들이라 칭함 받기를 거절하고 도리어 하나님의 백성과 함께 고난 받기를 잠시 죄악의 낙을 누리는 것보다 더 좋아하고 그리스도를 위하여 받는 수모를 애굽의 모든 보화보다 더 큰 재물로 여겼으니 이는 상 주심을 바라봄이라"(히 11 : 24~26) 모세는 그리스도를 위하여 받는 수모를 애굽의 보화보다 더 큰 재물로 여겼지요. 하나님을 경외하며 동족들을 사랑하는 믿음의 삶, 좁은 길을 택한 것입니다.

세상 나라와 세상에 있는 것들을 사랑하지 않고, 하나님 나라를 사모하며 믿음으로 사는 천국 백성들, 예수님을 믿는 믿음을 가지고 육체의 소욕을 절제하며(자기 자신을 죽이며) 말씀에 순종하며 성령을 따라 사는 사람들이 많지 않은 것임을 보여주는 것입니다.

예수님께서 친히 하늘 아버지께서 하나님 나라를 주실 사람들이 어떤 사람들이라고 하셨습니까? 이방인들처럼 '무엇을 먹을까 무실까' 구하며 근심하지 않고, 먼저 하나님 나라를 구하는 사람들이라고 하시지 않았나요? 그런데 그런 사람들이 어떤 무리라고 하셨습니까?

"너희는 무엇을 먹을까 무엇을 마실까 하여 구하지 말며 근심하지도 말라 이 모든 것은 세상 백성들이 구하는 것이라 너희 아버지께서는 이런 것이 너희에게 있어야 할 것을 아시느니라 다만 너희는 그의 나라를 구하라 그리하면 이런 것들을 너희에게 더하시리라

적은 무리여 무서워 말라 너희 아버지께서 그 나라를 너희에게 주시기를 기뻐하시느니라"(눅 12 : 29~32) '많은 무리가 아니라 적은 무리'라고 하셨지요. 좁은 문으로 들어가 마지막까지 좁은 길을 걸으며 하나님 나라를 기업으로 받을 사람들은 '적은 무리'인 것입니다.

이제 말씀을 맺겠습니다.

천국 백성은 생명으로 인도하는 좁은 문으로 들어가 생명(영생, 천국)으로 인도하는 좁

은 길을 가는 사람들인 것입니다. 마귀는 끊임없이 좁은 길로 가지 말고 크고 넓은 길로 가라고 유혹을 할 것입니다. 멸망으로 인도하는 문으로 들어가 멸망으로 가는 길을 가는 사람들이 좋아보일 때도 있을 것입니다. 좁은 길을 가는 것이 쉽지 않을 것입니다. 그러나 자신을 절제하며 마지막까지 실족하지 말고 좁은 길을 걷는 적은 무리 중의 한 사람, 그런 천국 백성이 되시기를 예수님의 이름으로 축원합니다. 아 멘.

거짓 선지자들을 삼가라

마태복음 7 : 15~23

"거짓 선지자들을 삼가라 양의 옷을 입고 너희에게 나아오나 속에는 노략질하는 이리라

그들의 열매로 그들을 알지니 가시나무에서 포도를, 또는 엉겅퀴에서 무화과를 따겠느냐

이와 같이 좋은 나무마다 아름다운 열매를 맺고 못된 나무가 나쁜 열매를 맺나니 좋은 나무가 나쁜 열매를 맺을 수 없고 못된 나무가 아름다운 열매를 맺을 수 없느니라 아름다운 열매를 맺지 아니하는 나무마다 찍혀 불에 던져지느니라 이러므로 그들의 열매로 그들을 알리라

나더러 주여 주여 하는 자마다 다 천국에 들어갈 것이 아니요 다만 하늘에 계신 내 아버지의 뜻대로 행하는 자라야 들어가리라

그 날에 많은 사람이 나더러 이르되 주여 주여 우리가 주의 이름으로 선지자 노릇 하며 주의 이름으로 귀신을 쫓아 내며 주의 이름으로 많은 권능을 행하지 아니하였나이까 하리니 그 때에 내가 그들에게 밝히 말하되 내가 너희를 도무지 알지 못하니 불법을 행하는 자들아 내게서 떠나가라 하리라"(마 7 : 15~23)

예수님께서는 산상보훈에서 천국 백성이 된 성도들이 '어떻게 살아야 할 것인가?'에 대하여 말씀을 하셨습니다. 천국 백성의 삶의 윤리를 말씀해주신 것이지요. 마태복음 7장에서는 예수님을 믿고 따르며 천국 백성으로 살 때 조심하고 경계해야 할 것을 말씀해 주시고 있습니다.

지난 시간에는 '넓은 문으로 들어가 멸망으로 인도하는 넓은 길로 가지 말고 좁은 문으로 들어가 생명으로 인도하는 좁은 길로 가라'고 하신 말씀을 살펴보았지요. 이 말씀은 '자

기 자신에 대하여 조심하고 경계해야 할 것'을 말씀해 주신 것입니다.

오늘의 본문에는 '넓은 문으로 들어가게 하고 멸망 길로 인도하는 거짓 선지자들을 삼가라'는 말씀을 하고 계시지요. 이 말씀은 '타인(특히 하나님의 말씀을 잘못 전하고 가르치는 자)에 대하여 조심하고 경계해야 할 것'을 말씀해 주신 것입니다.

'선지자(헬, προφήτης (프로페테스)/영, prophet)'란 앞으로 일어날 미래의 것을 미리 말하는(fore-tell) 사람이라는 의미도 있지만 하나님의 말씀을 풀어 생활과 연결시키는(forth-tell) 말을 하는 사람이라는 의미가 있지요. 그러므로 '선지자'란 오늘날로 말하면 목회자와 같은 사람이라고 할 수 있습니다.

예수님은 하나님의 뜻을 전하는 선지자 중에도 가짜(거짓 선지자)가 있다는 것을 경고하신 것이지요. 예수님께서 이렇게 말씀을 하시는 이유는 거짓 선지자에 의하여 피해를 당하지 않도록 하기 위함인 것입니다.

거짓 선지자들을 삼가라

천국 백성이 되어 예수님을 믿고 따르는 생활(천국 백성의 생활)을 시작할 때에 마귀는 내버려 두지 않습니다. 좁은 문으로 들어가 좁은 길(생명 길, 천국 길)을 갈 때 마귀는 좁은 길(생명 길)을 가도록 내버려 두지 않지요. 좁은 길을 가지 말고 넓은 길(멸망으로 인도하는 길)을 가라고 유혹을 합니다. 그런데 마귀가 넓은 길을 가라고 유혹할 때 가장 위험하고 강렬한 유혹은 거짓 선지자들(헬, ψευδοπροφήτης (프슈도프로페테스)/영, false prophets)를 통한 유혹이지요. 그래서 예수님은 "거짓 선지자들을 삼가라"고 하신 것입니다.

거짓 선지자들은 비단 이 시대에만 있는 것은 아니지요. 성경에 보면 하나님의 뜻을 거스르고 반역하는 거짓 선지자들은 항상 있었습니다.

하나님의 말씀을 받아 모세오경을 기록한 모세 시대부터 있었지요. 하나님의 말씀을 받아 하나님의 말씀을 전하는 모세를 대적하는 **얀네와 얌브레**가 있었습니다.

"**얀네와 얌브레**(애굽 바로 왕의 마술사/모세가 하나님이 주신 말씀과 능력으로 이적을 행할 때 비슷한 흉내를 냈던 사람들/얀네 - 유혹하는 자, 얌브레 - 반란을 일으키는 자라는 의미)**가 모세를 대적한 것 같이 그들도 진리를 대적하니 이 사람들은 그 마음이 부패한 자요 믿음에 관하여는 버림받은 자들이라 그러나 그들이 더 나아가지 못할 것은 저 두 사람이 된 것과 같이 그들의 어리석음이 드러날 것임이라**"(딤후 3 : 8~9)

아합왕 시대에는 참 선지자인 엘리야 선지자를 대적하는 거짓 선지자들이 있었지요. 거짓

선지자들은 이방인들이 섬기는 바알과 아세라가 하나님이라고 가르쳤습니다. (왕상 18장)

예수님 당시에도 거짓 선지자들이 있었지요. 외식하는 서기관과 바리새인들이 바로 그들입니다.

사도시대에도 사탄의 일꾼(거짓 사도와 거짓 선지자)들이 있었지요.

"저런 사람들은 거짓 사도요 궤휼의 역군이니 자기를 그리스도의 사도로 가장하는 자들이니라 이것이 이상한 일이 아니라 사단도 자기를 광명의 천사로 가장하나니 그러므로 사단의 일꾼들도 자기를 의의 일꾼으로 가장하는 것이 또한 큰 이 아니라 저희의 결국은 그 행위대로 되리라"(고후 11 : 13 - 15)고 했고,

"민간에 또한 거짓 선지자들이 일어났었나니 이와 같이 너희 중에도 거짓 선생들이 있으리라 저희는 멸망케 할 이단을 가만히 끌어들여 자기들의 사신 주를 부인하고 임박한 멸망을 스스로 취하는 자들이라"(벧후 2 : 1)고 했고,

요일 2 : 18에도, "아이들아 이것이 마지막 때라 적그리스도가 이르겠다 함을 너희가 들은 것과 같이 지금도 많은 적그리스도가 일어났으니 이러므로 우리가 마지막 때인 줄 아노라"(요일 2 : 18)고 했지요.

그리고 나아가서 예수님은 세상의 마지막 때가 되어지면 거짓 그리스도와 거짓 선지자가 더 많이 출현할 것이라고 예언을 하셨지 않습니까?

"예수께서 감람 산 위에 앉으셨을 때에 제자들이 조용히 와서 이르되 우리에게 이르소서 어느 때에 이런 일이 있겠사오며 또 주의 임하심과 세상 끝에는 무슨 징조가 있사오리이까

예수께서 대답하여 이르시되 너희가 사람의 미혹을 받지 않도록 주의하라 많은 사람이 내 이름으로 와서 이르되 나는 그리스도라 하여 많은 사람을 미혹하리라"(마 24 : 3~5)

"거짓 선지자가 많이 일어나 많은 사람을 미혹하겠으며 불법이 성하므로 많은 사람의 사랑이 식어지리라"(마 24 : 11~12)

"거짓 그리스도들과 거짓 선지자들이 일어나 큰 표적과 기사를 보여 할 수만 있으면 택하신 자들도 미혹하리라"(마 24 : 24)라고 하셨습니다.

예수님께서 재림하실 날이 가까워지면 가까워질수록 '거짓 그리스도' '거짓 선지자들'이 더 많아질 것이라고 하셨지요. 거짓 그리스도들과 거짓 선지자들이 일어나 큰 표적과 기사를 행하며 택하신 자들까지 미혹할 것이라고 하셨습니다.

지금은 예수님이 재림하실 날이 가까운 말세이기 때문에 많은 거짓 그리스도와 거짓 선지자들이 유혹을 하고 있습니다. 멀리 있지 아니하고 바로 우리가 살고 있는 주변에도 있지 않습니까? 거짓 그리스도와 거짓 선지자들을 조심하고 경계해야 할 때인 것입니다.

거짓 선지자들의 특징이 있다

거짓 선지자들을 조심하고 경계하기 위해서는 거짓 선지자들의 정체를 바르게 알아야 합니다. 그런데 거짓 선지자들의 정체를 구별하는 것이 쉽지가 않지요. 예수님께서 말씀해 주신 것을 보면 참 선지자와 거짓 선지자의 구별이 어렵습니다. 거짓 선지자가 어떻게 한다고 했습니까?

하나, 양의 옷을 입고 나아온다.

"거짓 선지자들을 삼가라 양의 옷을 입고 너희에게 나아오나 속에는 노략질하는 이리라"(마 7 : 15)고 하셨지요.

거짓 선지자들은 실상은 양을 잡아먹는(해롭게 하고 죽이는) 이리인데 순한 양의 옷을 입고 나온다는 것이지요. 양의 옷을 입고 있기 때문에 양처럼 보인다는 것입니다.

'양의 옷'을 입고 찾아온다는 것이 무슨 뜻입니까? 진실해 보이고, 착해 보이고, 천사 같이 좋아 보인다는 것이지요. 사실은 '노략질하는 이리'이면서도 외면으로 볼 때는 그렇게 보인다는 것입니다. 실체를 드러내기 전에는 전혀 구별이 되지 않는다는 것이지요. 거짓 선지자들이 정체를 드러내기 전까지는 양인지 이리인지 구별이 안 되는 것입니다. 참 선지자 같이 성경을 이야기하고, 하나님(예수님)을 이야기하지요. 오히려 성경에 대하여 더 잘 알고 있고, 하나님을 더 잘 믿는 것처럼 말을 한다는 것입니다. 그것이 사탄의 전술인 것이지요. 사탄은 유혹을 할 때 광명의 천사로 가장을 하는 것입니다.

"그런 사람들은 거짓 사도요 속이는 일꾼이니 자기를 그리스도의 사도로 가장하는 자들이니라 이것은 이상한 일이 아니니라 사탄도 자기를 광명의 천사로 가장하나니 그러므로 사탄의 일꾼들도 자기를 의의 일꾼으로 가장하는 것이 또한 대단한 일이 아니니라 그들의 마지막은 그 행위대로 되리라"(고후 11 : 13~15)

거짓 선지자들이 미혹하기 위해 성도들을 찾아올 때 '양의 옷'을 입고 찾아오지요. 그러므로 외모로 드러나는 것만을 보고 사람을 잘 못 판단하지 말고 조심해야 하는 것입니다.

둘, 예수님을 '주여 주여' 라고 부른다.

"나더러 주여 주여 하는 자마다 다 천국에 들어갈 것이 아니요 다만 하늘에 계신 내 아버지의 뜻대로 행하는 자라야 들어가리라"(마 7 : 21)

'나더러 주여 주여 하는 자마다 다 천국에 들어갈 것이 아니요' 거짓 선지자들도 예수님을 '주여! 주여!'라고 부른다는 것이지요. 예수님을 '주님'이라고 부른다는 것입니다.

예수님을 '주님!'으로 부르는 것이 얼마나 귀하고 복된 일입니까? 예수님께서 제자들에게 '너희는 나를 누구라 하느냐?' 물으셨을 때, 베드로가 '주는 그리스도시요 살아계신 하나님의 아들이시니이다' 했지요. 예수님을 '주(Lord)!'라고 했습니다. 그 고백을 들으신 예수님이 얼마나 기뻐하셨습니까? '시몬'이라는 이름을 '베드로(반석이라는 의미)'라고 고쳐주시고, '내가 이 반석 위에 내 교회를 세우리니 음부의 권세가 이기지 못하리라'고 하셨지 않나요?

예수님을 '주님!'이라고 부르는 것은 성령을 받은 사람, 구원을 받은 사람만이 부를 수 있는 것입니다. "그러므로 내가 너희에게 알리노니 하나님의 영으로 말하는 자는 누구든지 예수를 저주할 자라 하지 아니하고 또 성령으로 아니하고는 누구든지 예수를 주시라 할 수 없느니라"(고전 12 : 3) 그런데 거짓 선지자들이 예수님을 '주님'이라고 부른다는 것입니다. 마음으로 믿지도 않으면서 입술로만 그렇게 부른다는 것이지요. 외적으로 볼 때 전혀 분별이 안 되는 것입니다.

"주께서 이르시되 이 백성이 입으로는 나를 가까이 하며 입술로는 나를 공경하나 그들의 마음은 내게서 멀리 떠났나니"(사 29 : 13)라고 하셨지요.

셋, 주(예수님)의 이름으로 선지자 노릇하며 귀신을 쫓아내며 많은 권능(이적)을 행한다.

거짓 선지자는 예수님을 '주님'이라 부르며 나아가서 예수님의 이름으로 선지자 노릇을 하고 귀신을 쫓아내고 많은 권능을 행하기도 합니다.

"그 날에 많은 사람이 나더러 이르되 주여 주여 우리가 주의 이름으로 선지자 노릇 하며 주의 이름으로 귀신을 쫓아 내며 주의 이름으로 많은 권능을 행하지 아니하였나이까 하리니

그 때에 내가 그들에게 밝히 말하되 내가 너희를 도무지 알지 못하니 불법을 행하는 자들아 내게서 떠나가라 하리라"(마 7 : 22~23)

"큰 이적을 행하되 심지어 사람들 앞에서 불이 하늘로부터 땅에 내려오게 하고"(계 13 : 13) "거짓 그리스도들과 거짓 선지자들이 일어나 큰 표적과 기사를 보여 할 수만 있으면

택하신 자들도 미혹하리라"(마 24 : 24)라고 하십니다.

심지어 거짓 선지자들이 '주(예수님)의 이름으로 선지자 노릇을 하며 주의 이름으로 귀신을 쫓아내며 주의 이름으로 많은 권능을 행한다' '불이 하늘로부터 내려오게 한다' '큰 표적과 기사를 보여 할 수만 있으면 택하신 자들도 미혹한다'는 것이지요.

하나님(성령)은 기적을 행하시는 분이 아닙니까? 그런데 사탄도 비슷하게 흉내를 낸다는 것이지요. 사탄의 지배를 받는 거짓 선지자들이 표적과 기사를 행하기도 한다는 것입니다. 그래서 택하신 자들까지도 미혹을 한다는 것이지요.

연약한 육신을 가진 사람은 보편적으로 표적과 기사에 약합니다. 표적과 기사를 보면 미혹을 당하기가 쉬운 것이지요. 누군가가 표적이나 기사를 행한다 하더라도 조심하며 영적으로 잘 분별을 하며 미혹을 당하지 말아야 하는 것입니다.

거짓 선지자를 어떻게 분별해야 하는가?

하나님의 말씀인 성경을 가지고 분별을 해야 합니다. 적 그리스도와 거짓 선지자를 선명하게 분별하는 잣대는 하나님의 말씀인 성경이지요. 성경 말씀이 거짓 선지자를 분별하는 잣대인 것입니다.

첫째, 예수님이 그리스도(메시야, 구원주)이신 것을 부인하고, 하나님이 성부 성자 성령 삼위일체 하나님이신 것을 부인하면 적 그리스도요 거짓 선지자입니다.

"사랑하는 자들아 영을 다 믿지 말고 오직 영들이 하나님께 속하였나 분별하라 많은 거짓 선지자가 세상에 나왔음이라 이로써 너희가 하나님의 영을 알지니 곧 예수 그리스도께서 육체로 오신 것을 시인하는 영마다 하나님께 속한 것이요 예수를 시인하지 아니하는 영마다 하나님께 속한 것이 아니니 이것이 곧 적그리스도의 영이니라"(요일 4 : 1~3)

예수님이 하나님의 독생자(메시야)이시고, 육신을 입고 세상에 오셔서 십자가에 달려 택한 백성들의 죗값을 지불하시며 대신 죽어주시고, 택한 백성들을 의롭다 하시기 위하여 다시 살아나시고, 승천하시고 재림하실 것을 부인하는 사람은 적그리스도의 영을 받은 거짓 선지자입니다. 오직 예수님만이 구원주이시고 그리스도이신 것을 부인하면 거짓 선지자인 것이지요. 하나님은 한 분이시지만 아버지 하나님(성부), 아들 하나님(예수님, 성자), 영이신 하나님(보혜사 성령), 3위로 계신다는 것을 부인하면 거짓 선지자이고 이단인 것입니다.

둘째, 성경 말씀을 가감하면 거짓 선지자이고 이단입니다.

"내가 이 두루마리의 예언의 말씀을 듣는 모든 사람에게 증언하노니 만일 누구든지 이것들 외에 더하면 하나님이 이 두루마리에 기록된 재앙들을 그에게 더하실 것이요

만일 누구든지 이 두루마리의 예언의 말씀에서 제하여 버리면 하나님이 이 두루마리에 기록된 생명나무와 및 거룩한 성에 참여함을 제하여 버리시리라"(계 22 : 18~19)

하나님의 말씀은 신구약 성경으로 완성이 되었습니다. 그래서 성경의 마지막 책인 요한계시록 마지막 장, 마지막 부분에 이 말씀을 기록한 것이지요. 성경 말씀에 없는 것을 하나님의 말씀이라고 하거나 성경에 있는 말씀인데 없다고 하면 거짓 선지자요 이단인 것입니다.

셋째, 열매를 보아야 한다.

"그의 열매로 그들을 알지니 가시나무에서 포도를 또는 엉겅퀴에서 무화과를 따겠느냐 이와 같이 좋은 나무마다 아름다운 열매를 맺고 못된 나무가 나쁜 열매를 맺나니 좋은 나무가 나쁜 열매를 맺을 수 없고 못된 나무가 아름다운 열매를 맺을 수 없느니라 아름다운 열매를 맺지 아니하는 나무마다 찍혀 불에 던지우느니라 이러므로 그의 열매로 그들을 알리라" (마 7 : 16 - 20)

열매를 보면 그 나무가 어떤 나무인가를 알 수 있습니다. '어떤 열매를 맺고 있느냐?'는 것은 바로 '그 나무가 어떤 나무인가?'를 드러내지요. 포도나무는 포도 열매를 맺고, 무화과나무는 무화과 열매를 맺습니다. 감나무는 감 열매를 맺고 사과나무는 사과 열매를 맺지요. 좋은 나무는 좋은 열매를 맺고 나쁜 나무는 나쁜 열매를 맺는 것입니다.

참 선지자와 거짓 선지자의 구별은 그 증거한 말이 어떻게 되어지는가를 보아야 합니다. 참 선지자는 하나님의 말씀을 전하는 것이므로 그 말씀이 그대로 이루어지며 열매가 맺히지요. 그러나 거짓 선지자의 말은 하나님의 말씀이 아닌 자기의 생각과 뜻을 전한 것이므로 그 말이 성취되지 않습니다. 열매가 맺히지 않는 것입니다.

그렇다면 참 선지자와 거짓 선지자를 어떻게 구별을 할 수 있습니까? 참 선지자는 예수님의 이름으로 선지자 노릇을 하고 귀신을 쫓아내고 능력을 행하더라도 절대로 그 영광을 자기가 취하지 않습니다. 자신이 온갖 수고를 하고 희생을 하면서도 그 영광을 온전히 하나님께 돌리지요. 참 선지자는 하나님이 주신 권능으로 많은 능력을 행하여 수많은 무리가 따라와도 그 무리들로 하여금 자신을 따르게 하지 않고 예수님만을 따르게 합니다. 그리고 자기는 무익한 종으로 여기며 겸손해 하지요.

그러나 거짓 선지자들은 그 영광을 자기 자신과 자기 단체가 취합니다. 자기를 따르게

하지요. 그래서 꼭 자기를 따르고 자기 단체에 들어와야만 구원을 받고 축복을 받는다고 가르칩니다. 그리고 거짓 선지자들은 영적인 것보다는 썩어지고 없어질 세상적인 것(물질, 명예, 권세)에 더 마음을 갖게 합니다.

세상에는 여러 종교가 있습니다. 우리 기독교를 비롯해서 불교, 이슬람교, 유교, 힌두교, 수많은 무속종교가 있지 않습니까? 그런데 그 중에서 이단(가짜)이 가장 많은 종교가 어떤 종교입니까? 불명예스럽게도 기독교가 아닌가요?

불명예스럽기는 하지만 우리가 알아야 할 것이 있습니다. 생명으로 인도하는 참된 진리의 종교는 오직 우리 기독교뿐이라는 것이지요. 참된 종교는 기독교뿐이기 때문에 이단(가짜)이 많은 것입니다.

세상에도 어떤 것들이 가짜가 많이 있습니까? 가치가 있는 것들이 가짜가 많지 않나요? 가짜 돈(위조지폐), 가짜 금, 가짜 명품, 가짜 보석, 가짜 명품 브랜드(가방, 의류) ……… 가치가 있는 것들이 진짜를 흉내 내는 가짜가 많은 것이지요. 가치가 없는 것을 진짜처럼 모방하는 가짜는 없는 것입니다.

그런데 사회에서는 가짜인 이단들까지도 기독교로 보기 때문에 세상에서는 기독교가 가장 욕을 먹기도 하는 것이지요. 그래서 천국 백성들은 적 그리스도와 거짓 선지자들을 조심하고 경계해야 하는 것입니다.

자신이 가짜에 미혹되어 가짜가 되는 사람이 되어서는 안 되고, 가짜가 많아져서 기독교가 사회의 비방거리가 되고, 하나님의 빛과 영광을 가리어지게 해서는 안 되는 것입니다.

기독교의 이단에는 여러 이단이 있습니다. 우리 주변에서 보게 되는 대표적인 이단들 중에 어떤 이단들이 있습니까? **여호와증인**이 있지요. 여호와증인들은 지옥의 존재를 부인합니다. 성경이 말씀하는 지옥이 없다는 것이지요. 교주인 '러셀'이 지옥에 대한 공포심을 두려워하여 주장하며 생겨난 이단이지요. '사랑의 하나님이 지옥을 만드실 리가 없다'고 주장을 하며 생겨난 이단입니다. 그런데 성경은 수없이 지옥에 대한 말씀을 하시고 있지 않습니까? 성경 말씀에서 자기들 사상에 맞지 않는 것을 뺀 것이지요. 성경 말씀을 가감한 것입니다.

우리나라에서 생겨난 대표적인 이단들이 어떤 단체입니까? 통일교(문선명), 전도관(박태선 천부교), 신천지(이만희), 하나님의교회(안상홍, 장길자), 정통기독교를 가장한 구원파, GMS(정명석, 기독교복음선교회), 근래에 중국에서 건너온 전능신교 ………

 이들의 특징이 무엇입니까? 교주가 자신만이 성경 해석의 권위자라고 주장하며 측근들이 교주(적그리스도, 거짓 선지자)를 신격화하며 사람들을 따르게 하고, 돈을 착취하고, 성을 착취하고, 가정을 파괴하는 악행을 저지르고 있지 않습니까?

 이런 거짓 선지자와 그들에 속한 이단 무리를 어떻게 대해야 합니까? 성경은 어떻게 말씀을 하고 계신가요?
 "이단에 속한 사람을 한두 번 훈계한 후에 멀리하라 이러한 사람은 네가 아는 바와 같이 부패하여 스스로 정죄한 자로서 죄를 짓느니라"(딛 3 : 10~11)
 "누구든지 이 교훈을 가지지 않고 너희에게 나아가거든 그를 집에 들이지도 말고 인사도 하지 말라 그에게 인사하는 자는 그 악한 일에 참여하는 자임이라"(요이 1 : 10~11)
 한두 번 훈계를 한 후에 멀리해야 하는 것이지요. 그런 거짓 선지자, 거짓 교사들이 찾아올 때는 집에 들이지도 말고 인사도 하지 말아야 하는 것입니다.

 이제 말씀을 맺겠습니다.
 천국 백성들이 세상에서 살 때에 조심하고 경계해야 할 것은 적 그리스도와 거짓 선지자들입니다. 속에는 노략질하는 이리이면서도 양의 옷을 입고 접근하는 거짓 선지를 조심해야 하는 것이지요. 그들에게 미혹을 당하면 신앙생활을 한다고 하면서도 생명의 길(천국 길)에서 실족하는 것입니다.
 하나님의 말씀(진리의 말씀)으로 바르게 무장을 하고, 악한 영(사탄, 거짓 선지자, 이단)들을 잘 분별하며, 생명의 길에서 실족하지 않는 천국 백성으로 사는 성도가 되시기를 예수님의 이름으로 축원합니다. 아 멘.

반석 위에 집을 짓는 사람이 되라

마태복음 7 : 24~29

"그러므로 누구든지 나의 이 말을 듣고 행하는 자는 그 집을 반석 위에 지은 지혜로운 사람 같으리니 비가 내리고 창수가 나고 바람이 불어 그 집에 부딪치되 무너지지 아니하나니 이는 주추를 반석 위에 놓은 까닭이요

나의 이 말을 듣고 행하지 아니하는 자는 그 집을 모래 위에 지은 어리석은 사람 같으리니 비가 내리고 창수가 나고 바람이 불어 그 집에 부딪치매 무너져 그 무너짐이 심하니라

예수께서 이 말씀을 마치시매 무리들이 그의 가르치심에 놀라니 이는 그 가르치시는 것이 권위 있는 자와 같고 그들의 서기관들과 같지 아니함일러라"(마태복음 7 : 24~29)

예수님께서는 마태복음 5~7장(산상보훈)에서 예수님을 믿고 따르는 천국 백성이 된 성도(하나님의 자녀)들이 '세상에서 어떻게 살아야 할 것인가?'에 대하여 말씀을 해주셨습니다. 천국 백성의 삶의 원리를 말씀해 주신 것이지요. 영생을 소유한 천국 백성이 되었으면 눈에 보이는 세상이 전부이고 육신을 입고 세상에서 사는 것이 전부인 줄 알고 사는 이방인들과는 달라야 하지 않겠습니까? 죽었던 영혼이 살아난 사람이고, 너무나 존귀한 사람이 되었으니까 존귀한 사람으로 세상을 살아야 하는 것입니다.

이 시간에는 산상보훈의 강해 마지막 시간으로 결론을 내리고 있는 본문 말씀을 살펴보면서 하나님의 음성을 듣는 시간을 갖기를 원합니다.

사람은 누구나 집을 지으며 사는 인생이다

"그러므로 누구든지 나의 이 말을 듣고 행하는 자는 그 집을 반석 위에 지은 지혜로운 사람 같으리니 비가 내리고 창수가 나고 바람이 불어 그 집에 부딪치되 무너지지 아니하

나니 이는 주추를 반석 위에 놓은 까닭이요 나의 이 말을 듣고 행하지 아니하는 자는 그 집을 모래 위에 지은 어리석은 사람 같으리니 비가 내리고 창수가 나고 바람이 불어 그 집에 부딪치매 무너져 그 무너짐이 심하니라"라고 하셨지요.

예수님이 들려주신 '말씀(하나님의 말씀, 성경 말씀)을 듣고 행하지 않는 어리석은 사람이 되지 말고, 예수님이 들려주신 말씀을 듣고 행하는 지혜로운 사람이 되라' 고 하신 것입니다. 가장 중요한 말씀을 하신 것이지요. 아무리 귀한 말씀이라도 말씀을 들은 사람이 **행하지 않으면 말씀이 아무 쓸모가 없는 것입니다.**

예수님은 천국 백성된 제자들에게 천국 백성의 삶의 원리를 말씀해 주시고 말씀에 대한 결론을 내리시면서 '천국 백성의 삶(인생)을 집을 짓는 것'으로 비유를 하셨습니다.

예수님은 이 말씀을 하실 때 '사람이 사는 것(인생)이 무엇인가?'를 명백하게 이해를 하시고, 예수님을 믿고 따르는 제자들에게 제자로서 살게 하시기 위해서 들려주신 말씀이지요. 말씀을 듣는 사람이라면 누구나 어린아이라도 쉽게 이해할 수 있도록 이 말씀을 하신 것입니다.

예수님을 집을 지어본 목수이셨기 때문입니다. 예수님은 동정녀 마리아를 통해서 오셨지 않습니까? 갈릴리 나사렛 동네에서 목수인 요셉의 아들로 자라나셨지 않나요? 예수님은 공생애를 시작하시기 전에 아버지 요셉을 통해서 목수 일을 배우며 자라셨고, 집을 짓는 목수 일을 하셨습니다. 집을 짓는 전문가이셨던 것이지요.

예수님은 사람은 누구나 자기에게 주어진 인생을 하루하루, 1년 2년, 일생을 살면서 집으며 살고 있음을 잘 아신 것입니다.

사람은 집을 지으며 살고 있는데 반석 위에 집을 짓는 지혜로운 사람이 있고, 모래 위에 집을 짓는 어리석은 사람이 있다는 것이지요. 반석 위에 집을 지으면 '비가 내리고 창수가 나고 바람이 불어 그 집에 부딪쳐도 무너지지 않지만, 모래 위에 집을 지으면 '비가 내리고 창수가 나고 바람이 불어 집에 부딪치면 크게 무너진다'는 것이지요. 그러니 비가 내리고 창수가 나고 바람이 불어 부딪쳐도 무너지지 않도록 반석 위에 집을 짓는 사람이 되라고 하신 것입니다.

반석 위에 집을 짓는 사람과 모래 위에 집을 짓는 사람이 있다

반석 위에 집을 짓는 지혜로운 사람이 있고 모래 위에 집을 짓는 어리석은 사람이 있는데 '반석 위에 집을 짓는 것이 무엇이고, 모래 위에 집을 짓는 것'이 무엇일까요?

집을 짓는데 반석 위에 집을 짓는 것과 모래 위에 집을 짓는 것이 외형적으로 볼 때는 구별이 잘되지 않습니다. 기둥을 세우고, 벽을 쌓고, 서까래를 얹고, 지붕을 만들고, 창문을 내며 집을 지을 때는 전혀 구별이 안 되지요. 비슷해 보이는 것입니다. 오히려 모래 위에 집을 짓는 사람이 겉으로 볼 때는 반석 위에 집을 짓는 사람보다 더 쉽고 더 아름답게 보이는 집을 지을 수도 있을 것입니다.

그런데 근본적인 차이가 있지요. 비가 내리고 창수가 나고 세찬 바람이 불어 집에 부딪치면 어떻게 되어집니까? 반석 위에 세운 집은 무너지지 않고 굳건히 서 있지요. 그러나 모래 위에 지은 집은 무너져 내리는 것입니다. 무슨 말입니까? 비가 내리고 창수가 나고 세찬 바람이 불어 집에 부딪치기 전까지는 전혀 구별이 안 되는 것이지요. 그런데 비가 내리고 창수가 나고 세찬 바람이 불어 집에 부딪치면 반석 위에 세운 집은 견고하게 서 있지만 모래 위에 세운 집은 무너져내리는 것입니다.

2023년 2월 6일 튀르키예 남동부와 시리아 서북부를 강타한 7.8의 강진과 수차례 이어진 강한 여진으로 5만명이 넘는 사망자가 발생을 했지 않습니까? 아파트와 수많은 건물들이 무너지면서 많은 사망자가 발생을 했고, 집을 잃은 이재민이 150만 명이 넘게 발생을 했지요. 사망한 자도 사망한 자이지만 허물어진 건물 더미에 묻힌 가족을 구조해 달라고 울부짖는 가족들의 모습은 차마 볼 수가 없었지요. 참혹한 지진이었습니다. 지진 피해를 알리는 뉴스를 들으면서 지구촌의 모든 사람들이 안타까워했지요. 튀르키예는 우리나라가 북한 공산군의 침략을 받은 6·25동란 때 우리나라를 도운 우방국가가 아닙니까? 지진 피해를 입은 튀르키예를 위해 우리나라에서도 구조대를 파견하고 구호금과 구호물품을 모아 보내지 않았나요?

그런데 그 참혹한 지진으로 인해 그 엄청난 피해가 발생을 했는데, 피해를 입지 않은 도시가 있었습니다. 「에르진」이라는 인구 4만 2천명이 사는 작은 도시였지요. 그 도시에는 시정 최고 책임자인 시장이 법과 원칙을 그대로 지켜서 불법 건축물이 없었다는 것입니다. 강한 지진에도 견딜 수 있는 내진 설계를 하고, 내진 설계를 한 그대로 건축법을 지켜서 원칙대로 건물을 짓게 했던 것이지요. 철근과 콘크리이트로 반석 같은 기초공사를 하고, 반석 위에 지진이 발생해도 견딜만한 건물을 짓게 했던 것입니다.

돈을 아끼려고 충분한 건축자재를 사용하지 않고 불법으로 지은 건물들은 다 무너졌는데, 법을 잘 지켜서 지은 집들은 그대로 서 있었던 것이지요.

강한 지진이 발생하기 전까지는 기초공사를 튼튼히 하고 법을 지키며 돈을 많이 들이며 힘들게 지은 건물들과 기초공사를 튼튼히 하지 않고 법을 어기며 지은 집들이 차이가 없었습니다. 그런데 강한 지진이 발생했을 때 전혀 다른 상황이 벌어진 것입니다.

반석 위에 집을 짓는 지혜로운 사람이 되라

예수님께서는 사람들은 누구나 반석 위에 집을 짓든지 모래 위에 집을 짓는데, 제자들(예수님을 믿고 따르는 성도들, 천국 백성들)에게 '모래 위에 집을 짓는 어리석은 사람이 되지 말고 반석 위에 집을 짓는 지혜로운 사람이 되라'고 하시지요.

예수님께서 '천국 백성이 세상에서 어떻게 살아야 하는가?'에 대한 천국 백성의 삶의 원리(윤리)를 길게 말씀을 하신 후 결론적으로 "그러므로 누구든지 나의 이 말을 듣고 행하는 자는 그 집을 반석 위에 지은 지혜로운 사람 같으리니"(마 7 : 24)라고 하신 것입니다.

여기에서 '그러므로'라는 말은 말을 연결시키는 접속사입니다. 앞에서 한 말과 뒤를 잇는 말을 연결시키는 접속사이지요. 그러므로 이 말은 예수님께서 앞에서 선포하신 산상보훈 전체(마태복음 5~7장)를 말씀하는 것입니다.

'팔복(예수님의 성품을 지니는 사람이 되라)' '세상에서 소금과 빛이 되라' '율법과 예수님과의 관계' '노하지 말라' '간음하지 말라' '헛된 맹세를 하지 말라' '악한 자를 대적하지 말라'(5장의 말씀)

'사람에게 보이기 위한 외식하는 구제를 하지 말고 하나님이 기뻐하시는 참된 금식을 하라' '항상 기도하는 생활을 하라(주의기도)' '보물을 하늘에 쌓아두라' '염려하지 말고 먼저 하나님의 나라와 의를 구하라'(6장의 말씀)

'남을 비판하지 말라' '믿음을 가지고 간절히 기도하라' '좁은 문으로 들어가 좁은 길을 가라' '거짓 선지자들을 삼가라'(7장의 말씀)

이 말씀을 하신 뒤에 '그러므로'라는 말씀을 하시면서, '나의 이 말을 듣고 행하는 자는 그 집을 반석 위에 지은 지혜로운 사람 같으리니'라고 하신 것이지요. '**예수님의 말씀을 듣고 행하는 사람이 그 집을 반석 위에 지은 지혜로운 사람 같다**'고 하신 것입니다.

그렇다면 반석 위에 집을 짓는 사람은 구체적으로 어떤 사람일까요? 두 가지를 생각할 수 있습니다.

하나, 예수님을 믿는 믿음의 반석 위(예수 그리스도의 터)에 인생의 집을 짓는 것입니다.

"내게 주신 하나님의 은혜를 따라 내가 지혜로운 건축자와 같이 터를 닦아 두매 다른 이가 그 위에 세우나 그러나 각각 어떻게 그 위에 세울까를 조심할지니라 이 닦아 둔 것 외에 능히 다른 터를 닦아 둘 자가 없으니 이 터는 곧 예수 그리스도라"(고전 3 : 10~11)

"사랑하는 자들아 너희는 너희의 지극히 거룩한 믿음 위에 자신을 세우며"(유 1 : 20)

인생의 집을 세울 유일한 터(반석)는 오직 예수 그리스도라는 것입니다. 다른 터에 세우며 안 된다는 것이지요. 기본적으로 예수 그리스도를 주님으로 믿는 '거룩한 믿음'이 인생의 집을 지을 수 있는 유일한 터(반석)인 것입니다. 예수 그리스도를 주님으로 믿는 믿음은 거룩한 믿음이지요. 예수님을 믿는 거룩한 믿음 위에 자신을 세워야(인생의 집을 건축해야) 하는 것입니다.

다른 어떤 유명한 현자들의 사상(공자와 맹자, 불교 승려들의 가르침)이나 철학, 세상 사람들이 좋아하는 돈이나 명예나 권세의 터 위에 집을 지으면 안 되는 것이지요. 그것은 모래 위에 집을 짓는 것입니다. 비가 내리고 창수가 나고 바람이 불어 부딪치면 다 무너져 내리는 것이지요.

그래서 "너희는 나를 누구라 하느냐?"는 물으시는 예수님의 질문에 베드로가 "주는 그리스도시요 살아 계신 하나님의 아들이시니이다"(마 16 : 15~16) 고백했을 때 예수님은 무엇이라고 하셨습니까?

"바요나 시몬아 네가 복이 있도다 이를 네게 알게 한 이는 혈육이 아니요 하늘에 계신 내 아버지시니라 또 내가 네게 이르노니 너는 베드로라 내가 이 반석 위에 내 교회를 세우리니 음부의 권세가 이기지 못하리라"(마 16 : 17~18)하셨지요.

베드로의 고백을 들으신 예수님은 한없이 기뻐하시며 시몬이었던 베드로의 이름을 '반석'이라는 의미의 '베드로'로 고쳐주시며, '베드로'가 고백하는 믿음의 고백(반석) 위에 '예수님의 몸된 교회(하나님의 자녀들의 공동체, 천국을 기업으로 누릴 사람들의 공동체)를 세우시겠다'고 하신 것입니다.

둘, 예수님의 말씀(하나님의 말씀)을 행하며(순종하며)집을 짓는 것입니다.

예수 그리스도의 터(예수 그리스도를 믿는 거룩한 믿음) 위에 인생의 집을 지어야 하는데 어떻게 집을 지어야 합니까? 본문에서 예수님이 무엇이라고 하십니까?

"그러므로 누구든지 나의 이 말을 듣고 행하는 자는 그 집을 반석 위에 지은 지혜로운 사람 같으리니 비가 내리고 창수가 나고 바람이 불어 그 집에 부딪치되 무너지지 아니하나니 이는 주추를 반석 위에 놓은 까닭이요"(마 7 : 24~25)라고 하셨지요.

  예수님이 들려주신 말씀을 듣고 행하면서(하나님의 말씀에 순종을 하면서) 사는 것이 반석 위에 집을 짓는 지혜로운 사람이라고 하신 것입니다.

  집을 지을 때는 먼저 땅을 깊게 파고 기초공사(터)를 견고하게 해고 그 위에 견고하게 건물을 지어야 하는 것이지요. 건물 벽을 세울 때도 건물이 견딜만한 충분한 철근을 넣고 적합한 시멘트를 넣어 만든 콘크리이트를 부어 벽을 세워야 무너지지 않는 견고한 집(건물)이 세워지는 것입니다.

  마찬가지로 인생이라는 집을 지을 때는 예수 그리스도의 터 위에 짓되, 어떤 일을 하든지 내 생각과 경험과 내가 좋은 대로 살지 말고, 예수님(하나님)의 말씀에 순종을 하면서 집을 지어야 하는 것이지요. 그러면 비가 내리고 창수가 나고 바람이 불어 집에 부딪쳐도 결코 무너지지 않는 견고한 인생의 집이 세워지는 것입니다.

비가 내리고 창수가 나고 바람이 집에 부딪치는 것이 무엇인가?

  그렇다면 예수님께서 말씀하시는 비가 내리고 창수가 나고 바람이 불어 부딪친다는 말이 무슨 의미일까요? 2가지 경우입니다.

  첫째, 인생길에서 만나는 큰 역경과 시련입니다.

  사람은 누구나 세상을 살면서 원치 않는 큰 역경과 시련을 만나기 마련이지요. 사고와 질병, 실직, 입시 실패, 사업 실패, 가정불화, 사랑하는 사람들과의 이별, 사별 ………

  사람들은 인생을 살다가 큰 역경과 시련을 만나면 요동을 합니다. 많은 사람들이 요동을 견디지 못하고 좌절하며 무너지는 것을 볼 수 있지요. 극단적인 선택을 하는 사람들도 있습니다. 노인들이 혼자 생활하다가 노환으로 힘들어지면 극단적인 선택을 하는 것을 볼 수 있지요. 최근(2023년 봄) 전세 사기를 당해 2030세대들이 힘들어 하며 극단적인 선택을 하는 뉴스를 듣고 있지 않습니까? 실직을 당하고 경제적으로 시달리다가 극단적인 선택을 하는 사람들도 있지요. 심지어 청소년들 중에도 학폭에 시달리고 친구들에게 왕따를 당하다가 극단적인 선택을 하는 것을 볼 수 있습니다. 우리나라가 OECD국가 중에 자살률이 1위가 아닙니까? 너무나 안타깝게도 하루에 36명이 극단적인 선택을 하며 죽어갑니다.

  그런데 예수님을 믿고 따르며, 하나님의 말씀에 순종하며 사는 사람들은 아무리 큰 역경과 시련을 만나도 요동하거나 무너지지 않는 것이지요. 넉넉히 이기는 것입니다.

  둘째, 세상에서의 삶(인생)이 끝나고 주님 앞에 가서 서게 되는 것입니다.

사람은 누구나 세상에서 영원히 사는 것이 아니지요. 육신의 생명은 제한적인 것입니다. 한 번 죽는 것은 정해진 것이지요. 한 사람도 예외가 없는 것입니다.

"한 번 죽는 것은 사람에게 정해진 것이요 그 후에는 심판이 있으리니"(히 9 : 27)

사람은 누구나 육신의 생명이 다해서 하나님이 부르시면 심판장되신 예수님 앞에 가서 서야 하지요. 그리고 심판을 받고 난 뒤에는 영원한 나라에 들어가야 하는 것입니다.

심판장되신 예수님 앞에 설 때 예수님을 믿지 않은 사람, 끝까지 예수님의 십자가 대속의 죽음과 부활(하나님의 사랑)을 거부한 사람은 기초까지 다 허물어지는 것이지요. 그런 자들을 위하여 예비된 곳(지옥, 불못)으로 가야하는 것입니다.

반면에 예수 그리스도의 터 위에 집을 지은 사람(예수 그리스도의 십자가 대속의 죽음과 부활을 자신의 죽음과 부활로 믿은 사람)은 예수님이 예비하신 곳(천국, 새 하늘과 새 땅, 하나님 나라)으로 가게 되는 것이지요.

그리고 지난 시간에 말씀을 드렸지만 예수님을 믿는 사람은 누구나 천국에 가기는 가는데 천국에서 다 똑같은 것이 아니고 상급과 영광이 다 다릅니다. 예수님을 믿는 믿음으로 하나님의 말씀에 얼마나 어떻게 순종하며 살았느냐에 따라 상급과 영광이 다 달라지는 것이지요.

성경이 무엇이라고 말씀을 하십니까?

"보라 내가 속히 오리니 내가 줄 상이 내게 있어 각 사람에게 그가 행한 대로 갚아 주리라"(계 22 : 12)

"만일 누구든지 금이나 은이나 보석이나 나무나 풀이나 짚으로 이 터 위에 세우면 각 사람의 공적이 나타날 터인데 그 날이 공적을 밝히리니 이는 불로 나타내고 그 불이 각 사람의 공적(功績)이 어떠한 것을 시험할 것임이라

만일 누구든지 그 위에 세운 공적이 그대로 있으면 상을 받고 누구든지 그 공적이 **불타면 해를 받으리니 그러나 자신은 구원을 받되 불 가운데서 받은 것 같으리라**"(고전 3 : 12 ~15)

하나님은 행한(功績) 대로 갚아주시는 분입니다. 그렇기에 영원한 나라 천국에서 누리는 상급과 영광은 다 다른 것이지요. 하나님의 말씀에 얼마나 어떻게 순종하며 살았느냐에 따라 상급과 영광이 달라지는 것입니다.

하나님은 불로 공적(功績)을 시험을 하신다고 하십니다. 불로 공적을 시험하시는데 금이나 은이나 보석으로 지은 집은 그대로 있고, 나무나 풀이나 짚으로 지은 집은 다 불에

타 없어진다는 것이지요. 예수 그리스도의 터 위에 집을 지었다 하더라도 공적이 없으면 불에 타 다 없어지고 남는 것이 없다는 것입니다. 그러면 구원을 받는다 하더라도 상급이 없이 불 가운데서 구원을 받은 것 같이 부끄러운 구원을 받는다는 것이지요. 부끄러운 구원을 받지 말고 천국에 가서 상급과 영광을 누릴 천국 백성으로 살아야하는 것입니다.

이제 말씀을 맺겠습니다.

우리들은 모래 위에 집을 짓지 말고 반석 위에 집을 짓는 지혜로운 사람들이 되어야 할 것입니다. 예수 그리스도를 주님으로 믿는 믿음을 가지고 인생을 살아야 하는 것이지요.

예수 그리스도를 믿는 믿음을 가지고 예수님(하나님)의 말씀을 듣고 행하며(순종하며) 살아야 하는 것입니다. 말씀에 불순종하며 나무와 풀과 짚(불에 타 없어질 것)으로 짓지 말고, 말씀에 순종하며 금과 은과 보석(영원히 보존될 것)으로 인생의 집을 지어야 하는 것이지요. 그래서 세상에 사는 날 동안도 복을 받는 사람, 주님이 예비하신 영원한 나라(천국, 새 하늘과 새 땅)에서 큰 상급을 받고 영광을 누리는 천국 백성으로 인생을 사는 성도가 되시기를 예수님의 이름으로 축원합니다.   아   멘.

지은이 **송영광**
1955년 8월 15일 충청북도 청주시(청원군) 문의면 출생
문의초등학교
대성중학교
대전고등학교
총회신학교
총신대학교신학대학원
총회목회대학원

경력
부광교회 개척 시무(1991년 1월~현재)

저서
좋으신 하나님
칼빈주의 5대교리의 골격과 그 중요성 연구 등

천국백성으로 사는길

인쇄일 : 2023년 8월   30일
발행일 : 2023년 8월   30일
저 자 : 송영광
발행처 : 도서출판 홍광
　　　　서울특별시 중구 초동 42 아시아미디어타워 601
인 쇄 : 도서출판 홍광   TEL: 02-797-6101
　　　　서울특별시 중구 초동 42 아시아미디어타워 601

ISBN : 979-11-91422-25-2　　　　　　정가 28,000원

※ 본 책의 저작권은 도서출판 홍광에 있으며, 사전 승인없이 무단복제를
　 금합니다.